U0963636

"本科教学工程"重点专业建设系列教材

总主编 陆道平 路海洋

# 现代礼仪实训教程

主 编 孙 虎
副主编 吴蕴慧 徐 白

WUHAN UNIVERSITY PRESS
武汉大学出版社

**图书在版编目(CIP)数据**

现代礼仪实训教程/孙虎主编.—武汉:武汉大学出版社,2017.6(2021.8重印)
"本科教学工程"重点专业建设系列教材/陆道平,路海洋总主编
ISBN 978-7-307-19420-5

Ⅰ.现… Ⅱ.孙… Ⅲ.礼仪—高等学校—教材 Ⅳ.K891.26

中国版本图书馆 CIP 数据核字(2017)第 131639 号

责任编辑:白绍华　　责任校对:汪欣怡　　版式设计:马　佳

---

出版发行:**武汉大学出版社**　(430072　武昌　珞珈山)
(电子邮箱:cbs22@ whu.edu.cn 网址:www.wdp.com.cn)
印刷:湖北金海印务有限公司
开本:787×1092　1/16　印张:17.25　字数:409 千字　插页:1
版次:2017 年 6 月第 1 版　2021 年 8 月第 4 次印刷
ISBN 978-7-307-19420-5　定价:49.00 元

---

# 总　序

“本科教学工程”(全称“高等学校本科教学质量与教学改革工程”)，是“十二五”期间我国在高等教育领域实施的一项重要工程。2011年，教育部、财政部联合下发了《关于“十二五”期间实施“高等学校本科教学质量与教学改革工程”的意见》，明确指出：“鼓励各高等学校根据学校特色，积极筹措资金设立校级‘本科教学工程’项目”，“支持高校开展专业建设综合改革试点，在人才培养模式、教师队伍、课程教材、教学方式、教学管理等影响本科专业发展的关键环节进行综合改革，强化内涵建设，为本校其他专业建设提供改革示范”，根据其中要求，苏州科技大学于2013年开展了“本科教学工程”第二批校级重点建设专业遴选工作，办学历史较长、实力比较雄厚的汉语言文学专业顺利获得立项批准。经过几年的建设，这项工作已经取得了明显的成效。

汉语言文学专业是中国大学发展史上开设最早的专业之一，该专业培养出的大量人才为中国社会的发展做出了重要的贡献。当然，随着中国经济社会的快速发展，包括汉语言文学专业在内的许多传统专业的人才培养，已经与“经济社会发展对应用型人才、复合型人才和拔尖创新人才的需要”(《关于“十二五”期间实施“高等学校本科教学质量与教学改革工程”的意见》)存在一定的脱节，我校汉语言文学专业的人才培养同样也存在类似的问题。为了解决这一问题，必须对专业人才培养进行综合改革，这包括改革人才培养模式、教师队伍、课程教材、教学方式、教学管理等一系列工作。必须承认，在上述的专业改革建设环节中，高水平、有特色的自有课程教材建设一直是我们的一个弱项，在认清问题后，我们从“十一五”期间开始就着力推进此项工作，“十二五”期间，这项工作所取得的最重要成果，就是编撰了“本科教学工程”重点专业建设系列教材。

“本科教学工程”重点专业建设系列教材编撰的总体思路或说定位，可以表述为紧扣实践、兼顾基础、努力创新。学界对传统的教师教育人才培养，流行一种“三重”、“三轻”之说，即重理论、轻实践，重动脑、轻动手，重知识、轻能力，将这一说法迻论于传统的汉语言文学专业人才培养，也有一定的针对性。有鉴于此，我们在编撰该系列教材时，首先，考虑到了它们的实践指向，亦即这些教材的首要特点就是针对专业人才实践动手能力的培养，这一点与区域经济发展对应用型人才、复合型人才和拔尖创新人才的实际需要是相吻合的。其次，考虑到实践动手能力是一个综合的能力，因此，在强调教材编写实践性的同时，我们也充分重视对相关基础性知识的融摄，换言之，兼顾实践能力培养与基础理论知识传授，是这套教材的共同特点。再次，我们所编撰的以本科生实践能力培养为主的系列教材，还努力在某一些领域进行开创性探索，尝试完成一些专业人才培养迫切需要而前人尚未涉及或者做得不够的工作。当然，我们的努力是否已经实现了既定的设想，还有待学界和广大师生来检验、评价。

这套教材由陆道平、路海洋担任总主编，由我校汉语言文学专业具有丰富教学经验的资深教授、副教授担任分卷主编，各卷实行主编负责制。诸教材按课程立卷，体例设置不要求“整齐划一”，但必须遵循严格的学术规范，并符合教材编写的实际需要。

由于水平所限，这套教材还存在一些不足之处，敬请同行专家和广大读者批评指正。

**编　者**

2016 年 6 月

# 前　言

近年来，高等院校课程教育现状堪忧，教育改革成为必然的趋势。在教学过程中，教育者普遍意识到大学生知识体系与职业实践能力之间存在脱节现象。为此，本教材将理论与实践相结合，以实践中应用能力的培养作为重点研究方向。现代礼仪是一门跨学科、综合性、实践性、技能性的课程，它是一门行为学科，具有知易行难的特点，这更要强调通过实训来掌握礼仪规范，形成实践中运用自如的技能。

本教材以培养学生礼仪知识与技能为目标，强调实训的可操作性，因而改变了以学科体系构建课程的传统教材编著方式。编写组成员根据礼仪素质要求和职业岗位能力需要确定教学内容，以案例实训为载体，整合知识、技能与态度，设置了七个典型的学习情境。每一个典型情境都清晰地反映了礼仪的具体运用，介绍惯例性做法和经常存在的不当行为，使课程学习领域更加具体化。教材编写以真实的职业环境为背景，将客观的职业需要与课本知识学习相结合，提高了学生解决问题的能力，使学生能够获得熟练的职业行动能力。

本书体现了最新的教学改革思想，符合高等院校教育的性质、任务和培养目标，遵循了教育与教学基本规律，编写形式新颖。每个章节都包含了案例导入、案例讨论、知识要点、技能实训等部分，对于“实训任务”提出具体的“实训要求”，指导具体的“实训操作”，并在“实训提示”中给出参考性观点，真正体现“以能为本”“融教与学为一体”的教材编写理念。在分解具体情境下的礼仪运用之后，又以综合实训任务为载体，组织项目实施，指导情境模拟，并制定了“实训测试表”，便于师生使用。综合实训部分将第一课堂与第二课堂相结合，教与学相结合，进一步强化和巩固所学礼仪知识，提高职业礼仪技能的综合运用能力。

本教材由苏州科技大学孙虎老师任主编，苏州职业大学吴蕴慧老师、上海行健技术学院徐白老师任副主编。全书分理论和实训部分，其中前四章由吴蕴慧老师撰写，后四章理论部分由徐白老师撰写，案例实训部分由孙虎、吴蕴慧老师撰写，综合实训部分由孙虎老师撰写。主编通审全稿。

本书在编写过程中，参阅并引用了诸多专家、学者的观点和见解，并参考、摘引了有关报刊、专著和网络资料，特此说明，一并表示衷心的感谢。

由于各种因素的限制，本书的编撰尚存在诸多不足之处，恳请各位专家和读者批评指正，以期进一步修订和完善。

**编　者**

2017年3月

# 目　录

# 第一章　现代礼仪概述

## 第一节　礼仪的起源与发展

【案例导入】

### 修养的作用

有一批应届毕业生共22个人，实习时被导师带到北京的国家某部委实验室里参观。全体学生坐在会议室里等待部长的到来，这时有秘书给大家倒水，同学们表情木然地看着她忙活，其中一个还问了句："有绿茶吗？天太热了。"秘书回答说："抱歉，刚刚用完了。"林晖看着有点别扭，心里嘀咕："人家给你水还挑三拣四。"轮到他时，他轻声说："谢谢，大热天的，辛苦了。"秘书抬头看了他一眼，满含着惊奇，虽然这是很普通的客气话，却是她今天唯一听到的一句。

门开了，部长走进来和大家打招呼，不知怎么回事，静悄悄的，没有一个人回应。林晖左右看了看，犹犹豫豫地鼓了几下掌，同学们这才稀稀落落地跟着拍手，由于不齐，越发显得零乱起来。部长挥了挥手："欢迎同学们到这里来参观。平时这些事一般都是由办公室负责接待，因为我和你们的导师是老同学，非常要好，所以这次我亲自来给大家讲一些有关情况。我看同学们好像都没有带笔记本，这样吧，王秘书，请你去拿一些我们部里印的纪念手册，送给同学们作纪念。"接下来，更尴尬的事情发生了，大家都坐在那里，很随意地用一只手接过部长双手递过来的手册。部长脸色越来越难看，来到林晖面前时，已经快要没有耐心了。就在这时，林晖礼貌地站起来，身体微倾，双手握住手册，恭敬地说了一声："谢谢您！"部长闻听此言，不觉眼前一亮，伸手拍了拍林晖的肩膀："你叫什么名字？"林晖照实作答，部长微笑点头，回到自己的座位上。早已汗颜的导师看到此景，才微微松了一口气。

两个月后，毕业分配表上，林晖的去向栏里赫然写着国家某部委实验室。有几位颇感不满的同学找到导师："林晖的学习成绩最多算是中等，凭什么选他而没选我们？"导师看了看这几张尚属稚嫩的脸，笑道："是人家点名来要的。其实你们的机会是完全一样的，你们的成绩甚至比林晖还要好，但是除了学习之外，你们需要学的东西太多了，修养是第一课。"

（资料来源：张岩松：《现代交际礼仪》，经济管理出版社，2006年版。）

【案例讨论】

结合案例，讨论为什么在现代社会要进行礼仪的学习。

礼仪是人们步入文明社会的标志，体现了人类社会不断摆脱愚昧、野蛮、落后的进化程度，也是一个国家，一个民族进步、开化与兴旺的标志。它随着人类社会的产生而产生，随着经济发展、社会进步而不断发展，是人类文明的产物。

## 一、中华礼仪的渊源

礼仪作为中华民族文化的基础，有着悠久的历史。中华民族自古就有“礼仪之邦”的美誉。源远流长的礼仪是华夏祖先留给后人的一笔宝贵财富，讲“礼”重“仪”是中华民族世代相传的优良传统。中华礼仪经历了一个从无到有、从低级到高级、从零散到完整的渐进过程，大致可以分为以下几个时期：

### （一）礼仪的起源时期（公元前 21 世纪夏朝之前）

原始社会中、晚期（约旧石器时期）出现了早期礼仪的萌芽。远古先祖对于生存环境中出现的风雨雷电、洪水、地震、日食、月食、动植物的生生灭灭以及自身的生老病死等自然现象感到迷惑不安，无法驾驭，便认定冥冥之中存在着一种超越现实和自然的力量，即鬼神。为了祈求鬼神消灾祛祸、福佑人间，古代先祖想方设法使鬼神满意，以便让鬼神对人们宽容开恩。他们认为一切事物都有看不见的鬼神在操纵，履行礼仪即是向鬼神讨好求福。繁体字“禮”，表示用器具托着两块玉奉给鬼神。汉代学者许慎说：“礼，履也，所以事神致福也。”（《说文解字》）因此，礼仪起源于鬼神信仰，也是鬼神信仰的一种特殊体现形式。生活在距今约 1.8 万年前的北京周口店山顶洞人，就已经在去世的族人身旁撒放赤铁矿粉，举行原始宗教仪式，这是迄今为止在中国发现的最早的葬仪。

公元前 1 万年左右，人类进入新石器时期，能制作精细的磨光石器，并开始从事农耕和畜牧。在其后数千年的岁月里，原始礼仪渐具雏形。例如，在今天西安附近的半坡遗址中，发现了生活距今约 5 千年前的半坡村人的公共墓地。墓地中坑位排列有序，死者的身份有所区别，有带殉葬品的仰身葬，还有无殉葬品的俯身葬等。此外，仰韶文化时期的其他遗址及有关资料表明，当时人们已经注意尊卑有序、男女有别。“长辈坐上席，晚辈坐下席；男子坐左边，女子坐右边”等礼仪日趋明确。

### （二）礼仪的形成时期（公元前 21 世纪—公元前 771 年）

进入奴隶社会后，“礼”开始打上阶级的烙印。在周代，周公对周代礼制的确立起了重要作用。他制作礼乐，将人们的行为举止、心理情操等纳入一个尊卑有序的模式之中。许多基本礼仪在商末周初已大体形成。礼除了用于祭祀之外，还作为治国之本。《礼记·经解》说：“朝觐之礼，所以明臣子之义也；聘问之礼，所以使诸侯相尊敬也；丧祭之礼，所以明君臣之恩也；饮酒之礼，所以明长幼之序也；婚姻之礼，所以明男女之别也。”周礼不仅内容已大为增加，而且还包含着社会政治制度的结构形式和社会生活行为规范。礼已成为阶级统治的工具，成为社会等级制度的表征，成为区分贵贱、尊卑、顺逆、贤愚的准则。

### （三）礼仪的发展、变革时期（公元前 770—公元前 221 年）

西周末期，王室衰微，诸侯纷起争霸，出现了“礼崩乐坏”的局面，奴隶社会向封建社会过渡。在此期间，相继涌现出孔子、孟子、荀子等思想家，系统阐述了礼乐的起源、本质与功能，第一次在理论上全面而深入地阐述了社会等级秩序的划分及意义，以及与之相适应的礼仪规范、道德义务，并整理了一批珍贵的礼仪典籍和文献资料。孔子在他的《论语》里多处谈到礼仪，主张以礼治国，要求人们用规范约束自己的行为。

**(四)礼仪的强化、衰落时期(公元前221—公元1911年)**

秦朝统一“六国”以后，在全国推行“书同文”“车同轨”“行同伦”，实行中央集权制，奠定了封建体制的基础。

西汉武帝时期，思想家董仲舒把封建专制制度的理论系统化，提出“唯天子受命于天，天下受命于天子”的“天人感应”之说。(《汉书·董仲舒传》)他把儒家礼仪具体概括为“三纲五常”。“罢黜百家，独尊儒术”的治国方略确立后，礼仪作为社会道德、行为标准和精神支柱，其重要性提高到了前所未有的程度。汉代时，孔门后学编撰的《礼记》问世，堪称集上古礼仪之大成，是封建时代礼仪的主要源泉。

盛唐时期，《礼记》由“记”上升为“经”，成为与《周礼》和《仪礼》并列的“礼经”三书之一。

宋代时期，家庭礼仪研究成果卓著，这是宋代礼仪发展的另一个特点。司马光的《涑水家仪》和朱熹的《朱子家礼》等礼仪著作，强调父母的言传身教，注重礼仪教育与启蒙知识、日常生活行为的结合。至此，我国古代礼仪由政治化向日常生活化发展。

明代时期，交友之礼更加完善，忠、孝、节、义等礼仪日趋繁多。

满族入关后，逐渐接受了汉族的礼制，并且使其复杂化，导致一些礼仪显得虚浮、繁琐，例如“三跪九叩”之礼。清代后期，清王朝政权腐败，民不聊生。古代礼仪盛极而衰。伴随着西学东渐，一些西方礼仪传入中国，长期占据统治地位的封建礼仪根基渐渐松动。

**(五)现代礼仪时期(公元1911—1949年)**

辛亥革命在推翻了封建帝制的同时，也结束了封建礼制，“五四”新文化运动使中华民族开始了新文化建设征程。孙中山先生和战友们破旧立新，用民权代替君权，用自由、平等取代宗法等级制；普及教育，废除祭孔读经；改易陋俗，剪辫子、禁缠足等，从而正式拉开了现代礼仪的帷幕。民国期间，由西方传入中国的握手礼开始流行于上层社会，后逐渐普及民间。

新中国成立以后，随着社会制度的彻底变革，人与人的关系也出现了前所未有的变化。中国的礼仪建设从此进入一个崭新的历史时期。人与人之间建立起真正平等的、亲密的同志关系，真正做到只有分工不同，没有高低贵贱之分，尊老爱幼、以诚待人、先人后己、礼尚往来等中国传统礼仪中的精华，得到了继承和发扬。

改革开放以后，中国的礼仪建设进入新的全面复兴时期。各行各业的礼仪规范纷纷出台，岗位培训、礼仪教育日趋红火，讲文明、重礼貌蔚然成风。《公共关系报》《现代交际》等一批涉及礼仪的报纸刊物不断问世。人们对礼仪重新进行了文化审视和理性思考，不仅汲取了西方文明的优秀成果，而且使东西方文化和东西方礼仪有机地交融，逐步地完善和发展。

《周礼》《仪礼》《礼记》合称“三礼”。

《周礼》是儒家经典，西周时期的著名政治家、思想家、文学家、军事家周公旦所著。《周礼》所涉及之内容极为丰富，大至天下九州，天文历象；小至沟洫道路，草木虫鱼。凡邦国建制，政法文教，礼乐兵刑，赋税度支，膳食衣饰，寝庙车马，农商医卜，工艺制作，各种名物、典章、制度，无所不包，堪称上古文化史之宝库。

《仪礼》记载周代贵族的各种礼节、仪式和行为规范，是西周至春秋、战国时代一部分礼制的汇编，记有冠、婚、丧、祭、饮、射、燕、聘、觐等具体仪式。因为它所记均为“士”这一阶层的礼仪，而没有天子、卿、大夫、诸侯之制，所以又称《士礼》。

《礼记》是对《仪礼》的解释、说明与补充，侧重于阐明礼的作用和意义，是战国至西汉儒者关于礼的论文集。凡130篇。为刘向所编定。另有两个删节本。汉宣帝时学者戴德选定85篇，称作《大戴礼记》，其侄子戴圣又从《大戴礼记》中选定49篇称《小戴礼记》。后来收入十三经的是《小戴礼记》。其中《大学》《中庸》《檀弓》《礼运》《乐记》等对后世影响甚大。

## 二、西方礼仪的渊源

在西方，礼仪的演变与中国有相似之处，但又有很大的特殊性。西方礼仪的形成和发展经历了更为复杂的历史过程。

### （一）古希腊罗马时期的礼仪

古希腊是西方文明的发源地。古希腊哲学家对礼仪有许多精彩的论述。例如，毕达哥拉斯率先提出了“美德即是一种和谐与秩序”的观点；苏格拉底认为，哲学的任务不在于谈天说地，而在于认识人的内心世界，培植人的道德观念，他不仅教导人们要待人以礼，而且在生活中身体力行，为人师表；柏拉图强调教育的重要性，指出理想的四大道德目标：智慧、勇敢、节制、公正；亚里士多德指出，德行就是公正，他在《政治学》里说：“人类由于志趣善良而有所成就，成为最优良的动物，如果不讲礼法、违背正义，他就堕落为最恶劣的动物。”

公元前146年，古罗马开始统治西欧。此间，教育理论家昆体良撰写的《雄辩术原理》一书论及罗马帝国的教育情况，认为一个人的道德、礼仪教育应从幼儿期开始。在孩子幼儿时期要选择品质优秀、“言行合礼”的人来充当保姆，到了一定的年龄后就应该送到学校学习，以提高他们的交际能力。诗人奥维德通过诗作《爱的艺术》，告诫青年朋友不要贪杯，用餐不可狼吞虎咽。

### （二）中世纪时期的礼仪

公元476年，西罗马帝国灭亡，欧洲开始封建化过程，12至17世纪，是欧洲封建社会鼎盛时期。中世纪欧洲形成的封建等级制，将封建主与附庸联系在一起。此间制定了严格而繁琐的贵族礼仪、宫廷礼仪等。例如，于12世纪写定的冰岛诗集《埃达》，就详尽地叙述了当时用餐的规矩，嘉宾贵客居上座，举杯祝酒有讲究……宫廷是一个要求廷臣按礼仪规范自觉行为的地方。贵族青年被送到宫廷里去担任少年侍从，以后继续留在那里当侍从或骑士，他们不仅要学习一些音乐、诗歌的基本知识和军事技能，还要学习文雅的举止。

### （三）近现代时期的礼仪

14 至 16 世纪，欧洲进入文艺复兴时代。意大利作家加斯梯良编著的《朝臣》论述了从政的成功之道和礼仪规范及其重要性；尼德兰人文主义者伊拉斯谟撰写的《礼貌》着重论述了个人礼仪和进餐礼仪等，提醒人们讲究道德、清洁卫生和外表美。英国哲学家弗兰西斯·培根指出："一个人若有好的仪容，那对他的名声大有裨益，并且，正如女王伊莎伯拉所说，那就'好像一封永久的推荐书一样'。"（《培根论说文集·论礼节与仪容》）

17、18 世纪是欧洲资产阶级革命浪潮兴起的时代，资本主义社会的礼仪逐渐取代封建社会的礼仪。资本主义时代编撰了大量礼仪著作。例如，英国资产阶级教育思想家约翰·洛克撰写的《教育漫话》系统地、深入地论述了礼仪的地位、作用以及礼仪教育的意义和方法。德国学者缅南杰斯的礼仪专著《论接待权贵和女士的礼仪，兼论女士如何对男士保持雍容态度》，对具体交际场合的礼仪作了详尽的阐述。英国政治家切斯特菲尔德勋爵在其名著《教子书》中指出："世间最低微、最贫穷的人都期待从一个绅士身上看到良好的教养，他们有此权利，因为他们在本性上是和你相等的，并不因为教育和财富的缘故而比你低劣。同他们说话时，要非常谦虚、温和，否则，他们会以为你骄傲，而憎恨你。"说明了人际交往中对礼仪要求的普遍性。

随着具有现代文明特色的交际礼仪广泛地渗透到社会生活的方方面面，西方现代学者编撰、出版了不少礼仪书籍，其中比较著名的有：法国学者让·塞尔著的《西方礼节与习俗》，英国学者埃尔西·伯奇·唐纳德编的《现代西方礼仪》，德国作家卡尔·斯莫卡尔著的《请注意您的风度》，美国礼仪专家伊丽莎白·波斯特编的《西方礼仪集萃》以及美国教育家卡耐基编撰的《成功之路丛书》，等等。

著名西方礼仪专家让·塞尔在分析西方礼仪形成时指出：它是地中海式的礼仪，因为思想方法、思维方式的灵活性和分寸感，都来自古希腊文化；从法的观念和等级形式来看，它是古罗马式的；注重博爱、自由和平等的精神，体现出它是基督教式的；它是欧洲式的和大西洋式的，因为在西欧同北美的结合所形成的熔炉里，锻炼了欧洲最有前进力的分子，创造出在其他地区未见到的物质文明的繁荣；中世纪和文艺复兴的连续影响把妇女置于社交生活的中心地位，使妇女成为受尊重的对象，这是其他文明所没有的；西方礼仪深受法国思想的影响，因为它是在 17 和 18 世纪的法国宫廷里形成了今天的状态，并在当时成为全欧洲仿效的样板。

（资料来源：http：//www. docin. com）

## 第二节　现代礼仪的内涵、分类与特征

**【案例导入】**

据《左传·昭公五年》记载，鲁昭公到晋国去访问，晋平公对女叔齐说，鲁昭公很懂得礼，女叔齐却不以为然，答道："鲁昭公哪里知礼？"晋平公觉得很奇怪，就反问道："鲁昭公从效劳一直到赠贿，从没有失礼之处，为何说他不知礼？"女叔齐说：

“鲁昭公在外交上善于应酬，那只不过是仪，根本算不上礼。”

**【案例讨论】**

借助工具书查阅“礼”“仪”“礼仪”的区别。

礼仪是人类文明的产物，是人们进行社会交往的行为规范与准则。礼仪在漫长的社会实践中产生、演变和发展，并逐渐形成了自身的特点。

## 一、礼仪的概念与内涵

礼仪有广义和狭义之分。广义的礼仪泛指社会规范和道德规范，它既包括外在的形式，又涉及内在的修养。狭义的礼仪指礼节和仪式。要真正了解礼仪，首先要了解与礼仪相关的几个概念的含义。

### （一）与“礼”相关的概念

1. 礼

礼的本意为敬神，后引申为表示敬意的通称。礼的含义比较丰富，它既可以指表示敬意和隆重而举行的仪式，也可泛指社会交往中的礼貌、礼节，是人们在长期的生活实践中约定俗成、共同认可的行为规范。还特指奴隶社会、封建社会等级森严的社会规范和道德规范。在《中国礼仪大辞典》中，“礼”定义为特定的民族、人群或国家基于客观历史传统而形成的价值观念、道德规范以及与之相适应的典章制度和行为方式。礼的本质是“诚”，有敬重、友好、谦恭、关心、体贴之意。“礼”是人际间乃至国际交往中，相互表示尊重、亲善和友好的行为。

2. 礼貌

礼貌是人们在交往过程中相互表示敬意和友好的行为准则和精神风貌，是一个人在待人接物时的外在表现。它通过仪表及言谈举止来表示对交往对象的尊重。礼貌反映了时代的风尚与道德水准，体现了人们的文化层次和文明程度。

3. 礼节

礼节是指人们在日常生活中，特别是在交际场合中，相互表示问候、致意、祝愿、慰问以及给予必要的协助与照料的惯用形式。礼节是礼貌的具体表现，具有形式化的特点，主要指日常生活中的个体礼貌行为。

4. 礼仪

礼仪包括“礼”和“仪”两部分。“礼”，即礼貌、礼节；“仪”即“仪表”“仪态”“仪式”“仪容”。礼仪是人们在各种社会的具体交往中，为了相互尊重，在仪表、仪态、仪式、仪容、言谈举止等方面约定俗成的、共同认可的规范和程序。从广义的角度看，礼仪泛指人们在社会交往中的行为规范和交际艺术。从狭义的角度看，礼仪通常是指在较大或隆重的正式场合，为表示敬意、尊重、重视等所举行的合乎社交规范和道德规范的仪式。

在我国古代，“礼”主要包含三层意思：第一，我国奴隶社会和封建社会的等级制度，以及与之相适应的一整套礼节仪式。例如，《礼记·曲礼上》：“礼不下庶人，刑不上大夫。”第二，表示尊敬和礼貌。例如，《左传·襄公二十二年》：“执事不礼于寡君。”第三，礼物，即赠送的物品。例如，《晋书·陆纳传》：“及受礼，唯酒斗，鹿肉一。”“仪”有两种意思：第一，指容貌和外表。例如，《晋书·温峤传》中有“风仪秀整，美于谈论”。第二，指礼节和仪式。《晋书·谢安传》中有“诏府中备凶仪”。

在欧洲，“礼仪”一词最早见于法语“etiquette”(法庭上的通行证)。古代法国的法庭为了保证审判的公正，开庭时总是安排既庄严肃穆，又戒备森严，并把各种规则及法庭纪律写在进入法庭的通行证上，让所有进入法庭的人员必须严格遵守。不仅在法庭上，在社交活动中人们也应遵守一定的规矩和准则，以此保证文明社会得以维系和发展。当“etiquette”一词进入英文后就演变成“courtesy”和“protocol”。西方礼仪具有三层含义：一是谦恭有礼的言谈举止；二是教养和规矩；三是指仪式、典礼、习俗等。

英文中有关礼仪的词汇有：etiquette 指礼貌行为的正式规范；politeness 即礼貌、文雅的举止及语言；manner 为社交行为的礼貌、风俗习惯；courtesy 指一般的礼貌及客气礼让的行为；formality 指礼仪或仪式，即各种仪式规范；protocol 指外交和军事次序上的礼规礼仪。

### (二)礼、礼貌、礼节、礼仪之间的关系

礼是一种社会道德规范，是人们社会交际中的行为准则。礼貌、礼节、礼仪都属于礼的范畴，礼貌是表示尊重的言行规范，礼节是表示尊重的惯用形式和具体要求，礼仪是由一系列具体表示礼貌的礼节所构成的完整过程。

“礼貌”“礼节”“礼仪”三者尽管名称不同，但都是人们在相互交往中表示尊敬、友好的行为，其本质都是尊重人、关心人。三者相辅相成，密不可分。有礼貌而不懂礼节，往往容易失礼；谙熟礼节却流于形式，充其量只是客套。礼貌是礼仪的基础，礼节是礼仪的基本组成部分。礼是仪的本质，而仪则是礼的外在表现。礼仪在层次上要高于礼貌、礼节，其内涵更深、更广，它是由一系列具体的礼貌、礼节所构成的。礼节只是一种具体的做法，而礼仪则是一个表示礼貌的系统的、完整的过程。

### (三)礼仪的分类

礼仪的内容涵盖着社会生活的各个方面。从表现形式上看，有仪容、举止、表情、服饰、谈吐、行为等；从执行对象上看，有个人礼仪、公共场所礼仪、职场礼仪等；从类别内容上看，有沟通礼仪、交际礼仪、公务礼仪、文字礼仪等；从行业角度来看，可以大致分为政务礼仪、商务礼仪、服务礼仪、社交礼仪、涉外礼仪等五大分支。但所谓五大分支，仅是相对而言，各分支礼仪的内容都是相互交融的，大部分礼仪内容都相互渗透，在运用上更是需要综合使用。

### (四)礼仪的要素

礼仪的基本要素包括主体、客体和载体。

礼仪的主体即礼仪活动的实施者，礼仪的客体即礼仪指向的承受者。交往的双方只有互相以礼相待，才可能真正交往下去。否则，如果礼仪主体实施礼仪，而承受礼仪的客体回应的是“无礼”，就会导致交往的中断。所以，在社交礼仪的实施过程中一般都表现为互为主客体。所谓的“礼尚往来”，即强调施行礼仪是一个互动的过程。礼仪的载体则是实施礼仪过程中必不可少的条件。礼仪都要通过礼仪主体的语言、行为或物体表达对礼仪

客体的尊重，如主人面带笑容给客人端上茶，请客人享用。在这个过程中所体现的主人对客人的热情接待，是通过人体、物体(载体)表达出来的。

## 二、礼仪的特征

礼仪作为一种文化现象和社会交往规范，它的表现形式是多种多样的。我们不仅要研究各地区各民族不同的礼仪规范，还要对礼仪作跨地区跨民族的审视，借以了解礼仪这种文化现象的内在规律性。

**(一)综合性**

礼仪是一门综合性较强的行为科学，是指在人际交往中，自始至终地以一定的、约定俗成的程序、方式来表现的律己、敬人的完整行为，是习惯、风俗、禁忌等的综合体现；它同时与特定的社会制度、社会体制、人们的文化素养以及社会的物质、精神文明的水平密切相关。除此之外，礼仪决不是简单的外在仪式，通过它还可以反映特定历史条件下社会道德规范和传统的文化习惯。

**(二)社会性**

在历史的发展中，礼仪本身就是社会的产物，贯穿于人类社会的始终，遍及社会的各个领域，渗透到各种社会关系之中，只要有人和人的关系存在，就会有作为人的行为准则和规范的礼仪存在。作为一种在生活中约定俗成的规范，礼仪被全社会认同并遵守。但与其他规范相比，礼仪规范又是一种弱性规范，它受不同时期、不同地域的政治、经济、文化、风俗、宗教以及社会风尚等因素的影响，具有弹性。它也不像法律规范、政治规范那样，如果违法就会受到制裁。礼仪规范是约定俗成的，靠道德舆论和社会风尚约束。不遵守礼仪规范，仅构成失礼，一般不会引起责任，但却可能受到社会舆论的谴责，并对自身形象造成负面影响。

**(三)时代性**

《礼记》中多次谈到“礼，时为大”。任何时代的礼仪由于受其时代的特性和内容的影响，往往会带上时代的烙印。在我国漫长的封建社会中，形成了具有浓厚封建色彩的、为统治阶级服务的规范礼仪，如“三纲五常”等封建习俗。随着时代的进步，它逐步被人们所唾弃，而代之符合社会主义需要的现代礼仪。2001 年 9 月中共中央颁布《公民道德建设实施纲要》，落实“以德治国”思想的重要方略，在全社会大力倡导“爱国守法、明礼诚信、团结友善、勤俭自强、敬业奉献”的基本道德规范。时代总在不断地前进。礼仪文化也随着社会的进步而不断发展。1912 年 3 月 5 日《时报》上一篇名为《新陈代谢》的文章写道：“清朝灭，总统成，皇帝灭……新礼服兴，翎顶补服灭，剪发兴，辫子灭，爱国帽兴，瓜皮帽灭，放足鞋兴，菱鞋灭，鞠躬礼兴，跪拜礼灭，卡片兴，大名刺灭……”可见，礼仪文化总是一个时代的写照。一方面，礼仪文化随时代的不断进步而发生变化，另一方面，随着国家对外交往的不断扩大，各国的政治、经济、思想、文化等诸种因素的互相渗透，我国的传统礼仪自然也被赋予了许多新鲜的内容，礼仪规范更加国际化。例如，逢年过节或遇喜庆之事，中国人有燃放烟花鞭炮的习俗，但随着人口密度的提高，烟花鞭炮造成的人身、财产损失和环境污染越来越大，人们安全和环保意识提高后，许多大中城市已经禁放或限时燃放烟花爆竹，人们庆祝的方式发生了很大的变化。

**（四）继承性**

在礼仪发展的源流中，礼仪文化的发展是一个扬弃的过程，一个剔除糟粕、继承精华的过程，那些代表剥削阶级帝王将相封建迷信的繁文缛节得以根除，而那些反映劳动人民的精神风貌、代表劳动人民道德水平和气质修养的健康高尚的礼仪得到了继承和发扬。比如，古代的磕头跪拜风早已被现代的握手敬礼所替代。而那些“温良恭俭让”“孝悌忠信”“尊老爱幼”的行为规范得到了弘扬。以往老人生日寿辰时，晚辈行祝寿礼仪，置办寿辰酒宴以祝老人福寿无疆、万事如意，而如今的年轻人除了摆寿酒外，还在电台点歌、电视台点节目以祝老人生日快乐、寿长福远。这种变迁不仅反映了人类礼仪的一脉相承，也反映了礼仪在继承过程中的发展。

**中国人的传统美德（十章八则）**

《十章》是指“孝、悌、忠、信、礼、义、廉、耻、仁、智”

孝以顺敬双亲，劬劳报恩，人子事亲，顺承意命，克尽天良

悌以手足情深，恭兄友弟，兄友弟恭，穆穆棣棣，和气相亲

忠以尽责力行，事持坚贞，竭诚尽责，献身国族，正直无私

信以履约崇实，言出必行，一诺千金，言重九鼎，诚实毋疑

礼以伦常宗守，蹈矩循规，分别尊卑，谦恭逊让，言行安分

义以公道合理，贯彻初衷，患难相扶，荣辱与共，无分贵贱

廉以俭朴不苟，清白毋贪，知足常乐，操守高洁，俭朴节约

耻以私欲有戒，心身知辱，不贪财色，知足常乐，明所羞惭

仁以天道博爱，毋轻伤残，爱己及人，体恤天物，博遵人道

智以聪明悉辨，力学求知，广求见识，审察是非，奋发自励

《八则》是指“不欺、不贪、不伪、不妄、不骄、不怠、不怨、不恶”

不欺：恶臭以慎独；不贪：戒争以崇义；不伪：虔衷以诚意；不妄：正心以格欲

不骄：虚怀以纳善；不怠：奋力以为功；不怨：恕人以消恨；不恶：去憎以通情

（资料来源：http：//www. chinafc. org. cn）

**（五）规范性**

所谓“规范”就是标准化的做法。礼仪本身就是人们在交际场合待人接物时必须遵守的行为规范。它对个体在律己、待人、接物以及人们在社会交往中的举止、谈吐、着装、仪容等方面提出规范性的要求，它帮助人们修身养性，约束自我，尊重他人，互相理解，互相帮助，自觉地认识和处理个人与他人、个人与社会的关系，维护社会公德、职业道德和家庭美德。例如，人们见面时以握手等行为表示问候，告别时用握手、招手表示再见，关系特别的甚至以拥抱、亲吻表示问候和告别。至于怎样握手、拥抱等，礼仪都有严格的规定。讲究规范与否，不仅反映一个人的道德水准，而且有可能影响个人交际的成败。

**（六）差别性**

俗话说：“百里不同风，千里不同俗。”由于世界各民族、各地区的自然环境、文化传

统、宗教信仰的差异，导致了礼仪规范的差异。一位美国人在中国墓地见到一位中国人极其虔诚地在墓前摆上新鲜水果、糕点等食品，感到很困惑，不解地问他的中国朋友："你认为你的祖先什么时候会起来吃这些水果。"他的这位中国朋友回答说："就在你的祖先起来闻你献给他的鲜花的时候。"这位中国人用幽默的方式道出了礼仪的这种差异性。礼仪的地区性十分明显，同一种礼仪在这个国家、这个民族具有这种意义，而在另一个国家或民族则可能是另一种意义。如果忽视了这种差别性就达不到施礼的目的，甚至让人啼笑皆非。比如，在美国，男人之间手拉手一起行走被视为同性恋，而在阿拉伯地区，却是友好和尊重的表示。又如，中国人点头表示同意，摇头表示不同意；而在保加利亚，摇头表示同意，点头则表示不同意。同一种礼节，在不同场合、对不同对象也有细微的差别，如握手，若是初识，手别握得太久；碰到久别重逢的好友，可尽情地紧握、摇晃，更能表达友情的深厚、热烈；男士与女士握手，一般握一下就松开，不宜太久，否则会让人不安，有失礼之嫌。此外，礼仪的差异性还表现在等级差别上，对不同身份、地位的对象施以不同的礼仪。

**（七）多样性**

礼仪作为一种行为规范，涉及社会生活的各个方面，从而决定了礼仪具有多样性的特点。这种多样性具体表现在两个方面：首先，不同的职业具有不同的礼仪规范。礼仪具有鲜明的职业特点。各行各业都有自己特定的角色形象，规定礼仪的侧重点也不同。如，公关小姐或公关先生常常代表着一个企业或机关的形象，具有礼貌的谈吐、得体的衣着、大方的举止、高雅的气质，才会受到客人的瞩目，才会赢得各方人士的信任和支持；被称为白衣天使的医务工作者，其工作就是救死扶伤，医务工作者应具有的基本礼仪规范应是自信、干练、举止轻盈利落、待人耐心体贴，用高尚的职业道德为患者服务；教师是人类灵魂的工程师，是学生学习的典范，教师的礼仪形象应该是端庄文雅、气宇轩昂、充满自信、精力充沛；朴素勤奋是学生最基本的礼仪要求，着装、举止、谈吐各方面都必须符合这一礼仪规范。其次，不同的生活领域具有不同的礼仪规范。随着社会的发展，人们的生活领域也在不断地拓宽，但无论怎样发展，以社会职能为标准都可以划分为三大领域，即社会生活领域、职业生活领域和家庭生活领域。每个人在不同的社会生活领域中扮演着不同的角色。要把在不同的生活领域中我们扮演的各种角色都演好，就必须遵守不同生活领域中的礼仪规范，否则就会产生角色冲突，引起麻烦和痛苦。比如，在家庭生活中，对自己的父母我们有时任性，父母不会计较，甚至会更加疼爱。在学校任性，就有可能处理不好与同学、老师之间的关系。

**（八）互动性**

礼仪是在人与人相互交往的过程中，在人与社会发生关系时发挥作用的，互动性就成了礼仪的一个重要特征。俗话说："礼尚往来，往而不来非礼也，来而不往亦非礼也。"礼仪的互动性表明，在一方施礼的情况下，另一方必须作出相应的反应，否则视为失礼。因为施礼本身就是相互尊重有礼貌的表现。礼仪的互动性告诉我们，要想得到别人的尊重，首先要尊重别人，你想让别人怎样对待你，你就先怎样对待别人。

**（九）适应性**

有些不同的礼仪经过长期交流、调整而互相融合，被另一个国家或民族接纳。这种来源于不同文化背景的礼仪之间互相兼容和适应的情况称之为礼仪的适应性。比如，西装是现代社交界常穿的礼服，它起源于欧洲。西装于晚清时传到中国，很快被当时激进的青年学生所接受，穿西装一时成了新潮流的象征，而穿中国传统的长袍马褂却日渐稀少。20世纪80年代后的中国，随着改革开放力度的加大，穿西装又一次成为中国的新时尚。不仅国家领导人出访、接见外宾要穿，而且一般公务员和群众参加各种会议、洽谈业务、走亲访友甚至日常上班都喜欢穿西装了，西装大有成为标准社交服的趋势。这一方面反映了西服具有优越性，同时这也反映了中国人对西方礼仪的适应性。又如，中国人过去过生日，特别是北方人，讲究吃馒头、面条和鸡蛋，如今点生日蜡烛、吃蛋糕、唱生日赞歌已被越来越多的人采用。这种过生日的方式也是向西方人学来的。再如，在日本的茶道、书法中都能看到中国礼仪文化的影子，就连日本的管理也有人认为是中国的儒家文化加上日本人的精打细算构成的。礼仪的适应同时是一个建立新礼仪模式的过程。它不仅存在风俗、习惯、制度的再解释的问题，而且存在一个目标与价值、行为与规范的新取向。当然，礼仪的适应性也不是无限的，一种礼仪只有适应一定政治、经济、文化需要时才能与本国的礼仪结合、融化在一起，否则，会受到原来礼仪的排斥。

## 第三节 现代礼仪的功能和原则

**【案例导入】**

北京奥运会是一场史无前例的体育盛会，中国运动健儿以豪情壮志开创了历史、填补了空白，中国观众也以崭新的姿态向全世界阐释着中华民族对奥林匹克精神的理解，展示着中国人的礼仪风貌，昭示着当前中国礼仪教育和礼仪建设的新成就。

在本届奥运会众多比赛中，中国观众的掌声不再狭隘和吝啬，不论种族、肤色，各国运动员的精彩表现都能赢得中国观众的热烈掌声，日本“蛙王”北岛康介站上领奖台时，中国观众报以热烈掌声表示祝贺，哥伦比亚62公斤级举重运动员菲格罗亚屡屡失误、痛哭不已时，观众报以热烈的掌声以肯定他付出的努力……中国观众的言行举止不再过激，国骂、京骂、膀爷销声匿迹，绝大多数观众能以文明的方式来表达激情，尤其是面对争议时学会了冷静。在8月12日中国选手与奥地利沙滩排球比赛中，一个球的落点引发了争议。裁判最初判中国选手得分，当奥地利选手提出异议重审后，裁判做出了改判。在整个裁定过程中，全场的中国观众都非常冷静，没有发出一声嘘声，平静地接受了裁判的判决。中国观众以自己的成熟和理智表现出了作为东道主的热情和风度。

与文明观赛相比，更重要的是中国观众懂得了宽容、理解和尊重。当杜丽、朱启南、杨维和张洁雯等被国人寄予夺金希望的名将先后失利时，观众喊出了“我们永远支持你”的口号；当中国男篮在赛场上不敌对手、屡战屡败时，观众给出了“虽败犹荣”的评价；当体操老将程菲在跳马和自由体操两个项目中都出现致命的失误而潸然泪下时，观众一次又一次用热烈和鼓舞的掌声抚平了她心中的伤痛；当跨栏飞人刘翔因脚伤退出比赛时，亿万中国观众更是强忍着遗憾的泪水表示理解和支持……宽容、理解和尊重是礼仪的核心与灵魂，也是人际交往的首要原则。懂得了宽容、理解和尊重的中国观众自然也懂得了欣赏比赛，懂得了不以成败论英雄，展现出了良好的个人修养和礼仪素质。

（资料来源：吴蕴慧《从奥运会看中国礼仪教育现状》，《成功》2009 年 12 月）

**【案例讨论】**

通过资料收集，试分析礼仪在北京奥运会成功举办过程中的重要意义与发挥的作用，由此总结出礼仪的功能及其基本原则。

礼仪是维系社会生活的纽带，能帮助人们自我约束，处理好人际关系，从而创造一个和谐的社会环境。礼仪作为一种行为规范或行为模式，在人类社会生活的各个方面都发挥着重要作用。

## 一、礼仪的功能

在加强人们之间的联系和合作、推动社会进步中，礼仪表现出多方面的功能，主要有：

### （一）礼仪是提高道德素质的基本起点

礼仪本身是一种既具有内在道德要求，又具有外在表现形式的行为规范。谦逊恭敬的态度、文明礼貌的语言、优雅得体的举止等表现出来的，是一个人的内在文化修养、道德品质、精神气质和思想境界等。没有内在的修养，外在的形式就失去了根基。内在的良好道德品质、文化修养只有通过一定的外在形式才能表现出来，才能在现实的社会生活中具有实际的意义和作用，离开了一定的外在表现形式的抽象道德理论和思想都是空洞和无用的。所以，礼仪教育是培养高尚道德品质和道德情操的起点。没有对礼仪的正确认识、对礼仪精神内涵的深刻理解和把握，就不可能产生积极的道德情感和正确的道德判断能力。

### （二）礼仪是改善人际关系的重要因素

美国《幸福》杂志，对美国 500 位年薪 50 万美元以上的企业高级管理人员和 300 位政界人士进行的一项调查表明，93.7%以上的人认为人际关系畅通是事业成功的最关键性因素。JR 人才调查中心一份调查报告显示，中国每 100 位头脑出众、业务过硬的人士中，就有 67 位因人际关系障碍而在事业中严重受挫，难以获得成功，他们共同的心理障碍是难以启齿赞美别人。世界人际关系专家卡耐基认为："成功来自 85%的人脉关系，15%的专业知识。"而影响人际关系的主要因素不是个人的言辞和技巧，而是自身人格的完整和具有良好的品德基础。礼仪是人际交往的"润滑剂"。在社会交往中，礼仪不仅可以使人充满自信，胸有成竹，处变不惊，而且能够规范交际行为，更好地向交际对象表达自己的尊重、敬佩、友好与善意，增进彼此的了解与信任，造就和谐、融洽的人际关系。此外，外表的魅力——美的容貌、优雅的举止、得体的谈吐、翩翩的风度等，往往有形无形地左右着人际关系的建立与发展。俗话说："礼多人不怪。"加强个人礼仪修养，注重礼仪，才能在社会交往中左右逢源，无往不利；才能在尊敬他人的同时也赢得他人的尊敬，从而使人与人之间的关系更趋融洽，使人们的生存环境更为宽松，使人们的交往气氛更加愉快。

### （三）礼仪是提高职业素质的有效手段

职业素质是职业人必备的思想、知识、技巧等，包括职业道德、职业礼仪、职业知识、职业技巧等。大学生在平时的专业课程里往往很少学习到，而这些在职业生涯中却是必不可少的。礼仪学习能补上这一课。现代社会是一个开放和全球一体化的社会，特别是在中国加入 WTO 后的今天，礼仪也正日益与国际接轨，大学生必须能够按照标准的礼仪规范站、坐、行、打接电话，掌握办公礼仪、会谈礼仪、仪式礼仪等。只有这样才能适应社会的需要。良好的礼仪修养能增强自身的竞争能力。礼仪在今天，不仅是现代职业人员必备的知识，也是必备的素质。因此，许多用人单位在招聘面试时都在礼仪方面进行考察。

**(四)礼仪是提升个人形象的主要途径**

礼仪体现素质，形象决定成败。所谓个人形象，是一个人仪容、表情、举止、服饰、谈吐、教养的集合，而礼仪在上述诸方面都有自己详尽的规范。在现代社会，礼仪可以有效地展现施礼者和受礼者的教养、风度与魅力，它体现着一个人对他人和社会的认知水平、尊重程度，是一个人的学识、修养和价值的外在表现。通过礼仪学习，人们能够更好地、更规范地设计个人形象、维护个人形象，更好地、更充分地展示个人的良好教养与优雅的风度。得体的穿着、整洁的仪表、文雅的举止、风趣的谈吐、高贵的气质所构成的良好个人形象有助于增强个人的自信心，是交际成功的重要条件。礼仪有助于提高个人的自身修养和素质，完善个人形象。

> 一位先生要雇一个没带任何介绍信的小伙子到他的办公室做事，先生的朋友挺奇怪。先生说："其实，他带来了不止一封介绍信。你看，他在进门前先蹭掉脚上的泥土，进门后又先脱帽，随手关上了门，这说明他很懂礼貌，做事很仔细；当看到那位残疾老人时，他立即起身让座，这表明他心地善良，知道体贴别人；那本书是我故意放在地上的，所有的应试者都不屑一顾，只有他俯身捡起，放在桌上；当我和他交谈时，我发现他衣着整洁，头发梳得整整齐齐，指甲修得干干净净，谈吐温文尔雅，思维十分敏捷。怎么，难道你不认为这些小节是极好的介绍信吗？"

**(五)礼仪是塑造组织形象的根本保证**

礼仪是影响社会组织得失成败的重要因素。一个人的言行举止、衣帽修饰，不仅代表个人，更主要的是代表其所在的集体，是组织形象的重要窗口。假如你代表某个单位去做接待工作，有来访者会对你的彬彬有礼留下深刻的印象。相反，如果你行为无礼，蓬头垢面，对方可能会认为你所在单位的人员素质低下，进而怀疑整个组织的形象和实力。组织中极简单的礼节所起的作用往往是不简单的，小到一个商店，一个家庭，一个公司，大到一个国家，轻视礼仪就会损伤组织形象。现在社会上不少企业不惜花费重金聘请或评选"形象大使""品牌代言人"，为自己的企业树立公众形象，正是因为这些"形象大使""品牌代言人"品貌端庄、言谈有节、积极向上，颇得公众的认可和赏识。企业的知名度也因此大大提高。由此可见礼仪对组织形象的重要性。

> 日本一家公司，由于扩大经营，需要买一块居民区的地皮。通过做工作，其他住户全搬走了，但只有一位老太太表示不愿意离开自己居住多年的老屋，她要在这里度

完余生，公司毫无办法。当老太太决定到公司表明态度时，公司一位小姐的接待使她改变了初衷。小姐见到她，即向她鞠躬表示欢迎，老太太表明来意后，小姐领老太太去总经理办公室。在日本，进房间通常是要脱鞋子的。当老太太把鞋子脱下时，小姐连忙把自己的鞋子让给她穿，因为当时天气很冷，便搀扶着老太太上楼。正是这位小姐高尚的礼仪修养改变了固执的老人。

## 二、礼仪的原则

礼仪的原则是指人们行礼致仪时应遵循的一些基本要求。探讨这些原则，有助于社交基本礼仪的规范化，增强人们对礼仪的认识，进而加强礼仪在社会活动中的指导作用。

### (一)真诚尊重原则

真诚尊重是礼仪的核心。惟有真诚，才能使人的行为举止自然得体，才能自然而然地显示出对对方的关切与爱心。例如，有礼貌的微笑应是自然的坦诚，内心真实情感的表露，否则强颜欢笑，假意奉承，使人感到虚伪。真诚和尊重首先表现为不说谎、不虚伪、不骗人、不侮辱人。其次表现为相信他人，尊重他人，所谓“敬人者，人恒敬之”。一个人只有在尊重他人的前提下，自己才会被他人尊重，在这种互相尊重的过程中，才能逐步建立人与人之间的和谐关系。尊重原则还表现为尊重各地的习俗与风俗禁忌。世界每个民族地区都可能有自己独特的风俗禁忌，我们应当理解它、尊重它，不违反这些风俗禁忌。

有这样一则传闻：清朝大臣李鸿章出使德国时，曾应俾斯麦之邀前往赴宴，由于不懂西餐礼仪，把一碗吃水果后洗手的水喝了。当时俾斯麦为了不使李鸿章难堪，他也将洗手水一饮而尽，见此情景，其他文武百官只能奉陪。我们无法考证传闻的真实性，但我们从中可以得到以下两个启示：第一，俾斯麦的做法令人钦佩，他不拘泥于礼仪的外在形式，而是本着尊重对方的礼仪内核，为对方着想。可见，尽管东西方礼仪形式不同，但自尊及他尊是礼仪的精髓。第二，在国际交往中，了解对方国家的习俗，是尊重对方的表现，也便于交往的顺利进行。如果李鸿章出使德国前能多了解国际通用的礼仪知识，了解礼仪文化的差异性，就不会闹笑话了。

### (二)公平对等原则

现代礼仪与传统礼仪的根本区别便是强调公平对等。公平对等原则是指尊重交往对象，对任何交往对象都必须一视同仁，给予同等程度的礼遇，不允许因为交往对象彼此之间在地位、财富以及与自己的关系亲疏远近等方面有所不同，就厚此薄彼，区别对待，给予不同待遇。在涉外交往中，国家不分大小、贫富、强弱，一律平等，违反了这一点，会破坏两国的关系，甚至影响世界和平。例如，按国际惯例，在国际会议上，各国代表的位次，不是按国家的大小强弱状况来排序，而是按会议所用文字的国名的字母顺序来排序的。在签订条约协定时，应遵守“轮换制”，即每个缔约国在其保存的一份文本上名列首位，由它的代表在这份文本上首先签字。这种平衡的做法，体现的也是平等的原则。

**（三）和谐适度原则**

和谐适度的原则，是要求使用礼仪一定要具体情况具体分析，因人、因事、因时、因地恰当处理。应用礼仪时特别要注意做到把握分寸，认真得体，不卑不亢，热情大方，有理、有利、有节，避免过与不及。分寸感是礼仪实践的最高技巧，运用礼仪时，假如做得过了头，或者做得不到位，都不能正确地表达自己的自律、敬人之意。

一天中午，一位住在某饭店的外国客人到饭店餐厅去吃饭，走出电梯时，站在电梯口的一位女服务员很有礼貌地向客人点点头，并且用英语说："先生，您好。"客人微笑地回道："你好，小姐。"当客人走进餐厅后，引位员发出同样的一句话："您好，先生。"那位客人微笑着点了一下头，没有开口。客人吃好午饭后，顺便到饭店的庭院中去遛遛，当走出大门时，一位男服务员又是同样的一句话："您好，先生。"这时客人下意识地只是点了一下头了事。等到客人重新走进内大门时，劈头见面的仍然是那个服务员，"您好，先生"的声音又传入客人的耳中，此时这位客人已感到不耐烦了，默默无语地径直去乘电梯准备回房间休息。恰好在电梯口又碰见那位女服务员，自然又是一成不变的套话："您好，先生。"客人实在不高兴了，装作没有听见的样子，皱起了眉头，而这位女服务员却丈二和尚摸不着头脑。这位客人在离店时，写给饭店总经理的一封投诉信，内中写到："……我真不明白你们饭店是怎样培训员工的，在短短的中午时间内，我遇到的几位服务员竟千篇一律地简单重复一句话'您好，先生'，难道不会使用其他的语句吗"？

**（四）宽容自律原则**

宽容自律的原则是要求人们在交际活动中运用礼仪时，既要严于律己，更要宽以待人。要多容忍他人，多体谅他人，多理解他人，学会为他人着想，善解人意。豁达大度、容纳意识和自控能力是现代人应具备的基本素质。只有能理解人，才能做到宽宏大量。千万不要求全责备，斤斤计较，咄咄逼人。宽容是一种较高的境界，容许别人有行动与见解自由，对不同于自己和传统观点的见解要耐心公正地容忍。站在对方的立场去考虑一切，是你争取朋友的最好方法。芝加哥人茅谈在林肯竞选期间频频发出尖刻的批评，可谓修炼不到家。而林肯当选总统后，却为茅谈在大饭店举行了一个欢迎会，虽然茅谈大声辱骂过林肯，但林肯仍很有风度地对茅谈说道："你不该站在那儿，你应该过来和我站在一块。"当天的欢迎会十分热闹，宽容的林肯给了不够宽容的茅谈极多的荣耀，之后，"茅"便成了"林"的"死党"，两人成了好朋友。自律是对待个人的要求，是礼仪的基础和出发点。自律最重要的就是要自我要求、自我约束、自我控制、自我对照、自我反省、自我检点。

日本是个经济大国，也是高度注重文明的国度。当 1997 年亚运会在日本广岛结束时，6 万人的会场上竟没有一张废纸。全世界的报纸都登文惊叹："可敬可怕的日本民族！"就因为没有一张废纸，令全世界惊讶。1998 年世界杯足球赛在法国举行。

据报道，因为赛会方面的丑闻，日本数千名交了钱的球迷抵达图鲁兹赛场后却无票进场，但他们不骂不闹，服从东道主的安排，在体育场内通过大屏幕观赛。更令人感动的是，转播结束后，工作人员清理现场时，同样没有发现一点垃圾，所有的废物都被日本人自备的塑料袋带走了。日本队在第二场比赛中以0：1输给克罗地亚队后，在场的日本球迷一边流着伤心的眼泪，一边向法国工作人员鞠躬致谢，没有一个人泄愤闹事。

**（五）遵时守约原则**

遵时守约是指约会要事先发出邀请，不论是邀请方，还是应邀方，一旦答应，就应该按时履约，遵守时间，信守诺言。无论什么理由，不遵时守约都是不礼貌的。中国传统文化提倡人与人交往，都要以信义为本，提倡“一诺千金”。改革开放以后，中国和国际接轨，社会节奏加快，遵时守约更为重要。不讲究诚信，就不会有商品经济的发展，就不会有国际合作的加强，就不会有社会进步。

某年，国内的一家企业前往日本寻找合作伙伴。到了日本之后，通过多方努力，这家企业终于寻觅到了自己的“意中人”——一家具有国际声望的日本大公司。经过长时间的讨价还价，双方商定，首先签一个有关双边实行合作的协议。当时，在中方人士看来，基本上可以算是大功告成了。到了正式草签中日双方合作协议的那一天，由于种种原因，中方人员阴差阳错，抵达签字地点的时间比双方预先的正式约定晚了一刻钟。当他们气喘吁吁地跑进签字厅时，只见日方人员早已衣冠楚楚地排列成一行，正在恭候他们的到来。在中方人员跑进来之后，还没容他们做出任何有关自己迟到的解释，日方的全体人员便整整齐齐、规规矩矩地向他们鞠了一大躬，随后便集体退出了签字厅。因为中方人员在签字仪式举行时所迟到的一刻钟，双方的合作竟然搁浅了。事后，日方对此的解释是：“我们绝对不会为自己寻找一个没有任何时间观念的生意伙伴。不遵守约会的人，永远都是不值得信赖的。”

**☞技能实训**

## 实训任务一

**【案例描述】**

《辞源》解释：礼仪即行礼之仪式。

《辞海》解释“礼”的主要含义：一是指表示敬意；二是指为表示敬意或隆重而举行的仪式；三是指奴隶社会或封建社会贵族等级制的社会规范和道德规范；四是指礼物。

《中国大百科全书》的解释：礼是中国奴隶社会的典章制度，奴隶社会对封建社会的道德规范。作为典章制度是指维护宗法等级制度的上层建筑以及与之相适应的人与人交往中的礼节仪式；作为道德规范是指奴隶主贵族和封建地主阶级一切行为的准则。

《简明不列颠百科全书》把“礼”解释为：中国儒家的社会道德规范，一般指礼节；把“礼节”解释为：规定社会行为和职业行为的习俗和准则的体系。

【实训要求】

请借助工具书及网络工具，查询“礼仪”的界定和内涵，并概括出你的理解和认识。

【实训操作】

1. 将全班学生分成若干小组，以小组为单位组织学习活动，每组选派一位负责人；
2. 每组选派一位代表进行汇报、交流；
3. 将经典的、富有哲理的礼仪个性化的定义汇编成集。

【实训提示】

礼仪的个性定义：从礼仪的应用角度来看，礼仪在人际交往过程中的行为规范被称为礼节，在人们言语动作上的表现被称为礼貌；从传播的角度来看，礼仪是社会生活中必不可少的进行相互沟通的一种技巧；从人际交流的角度来看，礼仪是人们交往中非常实用的一种交流艺术；是调节人际关系的一副良好的润滑剂；是约定俗成的示人以尊重、友好的一种通行做法。

## 实训任务二

【案例描述】

### 案例一

2008 年奥运会上国人综合素质的提升让人欣慰，但一些“有礼不循”的现象也让我们汗颜：

奥运赛场上不光彩的声音还是声声入耳：女子团体射箭决赛中韩对决时候刺耳的口哨声、体操比赛时现场传来“照相时不要用闪光灯”的中文劝导声、男篮中国对西班牙比赛时现场的干扰声、气手枪决赛时不懂规矩的拍手声、中国对希腊女子沙滩排球赛时解说员用大喇叭组织的加油声、中美两国男篮比赛时干扰美国球员投篮的嘘声、网球赛场上情绪失控的中国选手李娜“shut up(闭嘴)”的怒吼声……这些都令国人尴尬不已。

8 月 8 日，北京开幕式开始之前，国家体育场向全场观众发了两条短信，一条中文，一条英文。英文短信的内容是欢迎观众来国家体育场观看开幕式，并祝观众度过一段愉快的时间。中文短信除了这些内容之外，还提醒观众“场内请勿吸烟，请保持环境清洁。散场时请带走垃圾，有序退场”。然而开幕式结束后，除了少数水瓶被观众带走外，多数留在了体育场内。据北京市市政管委统计，8 日晚开幕式期间共产生生活垃圾 107. 9 吨……

（资料来源：吴蕴慧《从奥运会看中国礼仪教育现状》，《成功》2009 年 12 月）

### 案例二

当代人在循礼、施礼时常常会出现混沌的局面。在为四川汶川大地震遇难同胞进行默哀时，国人却不知如何行默哀礼，有举目四顾者，有抓耳挠腮者，有祈祷祈福者，有泣不成声者，有不修边幅者，有披金戴银者……殊不知，行默哀礼时，须服饰肃穆，脱帽致意，起身肃立，低头默哀。又如，近年来，我国一些运动健儿出席颁奖仪式时，随着五星红旗冉冉升起，总是情不自禁地把自己的右手放在左胸前，高唱国歌。这一看似庄严神圣的举动实际上是模仿美国的升旗礼节。殊不知，我国于 1990 年 6 月制定并于同年 10 月 1

日起施行的《中华人民共和国国旗法》第十三条第一款明确规定："举行升旗仪式时，在国旗升起的过程中，参加者应当面向国旗肃立致敬，并可以奏唱国歌。"这样的例子不胜枚举。

（资料来源：吴蕴慧《〈礼记〉对构建和谐社会礼仪体系的启示》，《前沿》2009年12月）

案例三

历史从来就不是清清白白、澄明透彻的。它有太多含混不清的细节需要追究，有太多似是而非的"定见"可以质疑。

朱大可在《"礼仪之邦"的教养问题》中披露：最近一次在1500名欧洲酒店经理中进行调查显示，日本人当选为世界最佳游客，中国则在世界最差游客中名列第三。国人在公共场合的诸多陋习与礼仪之邦应有的行为风范相去甚远，形成尖锐的形象冲突，遭遇莫大的现代尴尬。造成这种落差的原因固然很多，但有一点肯定值得追问：我们维护与坚守的"礼"的精神内涵本质是什么？它与现代文明的普适诉求区别何在？

延绵数千年的宗法制度编织了一张等级森严的"礼"的网络，覆盖整个社会的方方面面。每个人都由各自的身份、地位被定格在该网络的某一间隙。这一制度一方面造就了居高临下执掌权柄的掌权者，培植了不可挑战的主人意识；另一方面则造就了大批微臣矮民，培植了逆来顺受的仆从意识。上下各行其礼，不得僭越。威权与臣服都是规矩，是铁律。这就难怪康熙剧中，和珅竟固执地要求英女王特使觐见皇上时无一例外必行跪拜大礼。

建立在公民社会基础上的现代文明，体现的是人与人的平等关系。尊重人是天经地义的，维护公共规秩，是衡量现代合格公民的基本尺度。无论地位如何悬殊。宗法社会之礼不等于公民社会之礼。宗法礼仪的崩溃，萌生对公民社会通行规则的陌生、漠视与突围。臣服之身被有条件释放后，仍游走于固有礼仪与现代文明的断裂地带。"礼仪之邦"遭遇现代文明时产生的疏离、区隔和冲突，在深度迷惘和普遍尴尬的同时，也留下诸多值得自省和求证的空间。

（资料来源：频闻《"礼仪之邦"的现代尴尬》，《领导文萃》2008年第7期）

**【实训要求】**

仔细阅读以上案例，讨论"作为礼仪之邦的中国如何才能避免现代尴尬"，提出切实可行的措施。

**【实训操作】**

1. 结合案例以及所学的礼仪知识，以当代社会国民素质和礼仪修养现状为切入点，深入探讨提高社会文明礼仪素养的办法和对策；

2. 将全班学生分成若干小组，以小组为单位组织学习活动，每组选派一位负责人；

3. 以"提案"的形成制作ppt进行汇报。

**【实训提示】**

根据中国的国情，礼仪教育应在学校、家庭、社会全方位展开，汲取中国传统礼仪的精粹，借鉴西方礼仪的合理成分，鼓励国人将所学礼仪知识和原则运用到学习、生活和工作的实践中去，构建全面系统、持之以恒的养成教育，力求在全社会范围内形成一个知礼、尚礼的氛围。

## 实训任务三

**【案例描述】**

据有关调查资料显示，目前我国高等院校学生专业技能较高，而人文素质、礼仪素养较差，具体表现在：个人形象欠佳、穿着打扮不够得体，追新追奇，标新立异；举手投足不够文雅，站没站相，坐没坐相；言语谈吐不够文明，满嘴粗话，出口成脏；人际关系相对紧张，人际交往过程缺少对他人的礼貌尊重、友好诚信和宽容理解，难以缓解矛盾、消除误会；诚信意识比较淡薄，考试作弊、作业抄袭、欺瞒师长，爽约失信无动于衷，违章电器屡禁不止；家庭观念、集体观念尤为淡漠，缺乏传统的尊师重道意识，不懂得谦恭礼让、感恩关爱，体谅不到父母的良苦用心和养育之恩，感受不到老师的谆谆教导和呕心沥血。

**【实训要求】**

1. 试分析造成高等院校学生礼仪素质缺失的原因有哪些；

2. 借助网络工具搜集相关资料，制作图文并茂的《大学生礼仪行为规范手册》，规范大学生的礼仪行为。

**【实训操作】**

1. 将全班学生分成若干小组，以小组为单位组织学习活动，每组选派一位负责人；

2. 每组选派一位代表进行 ppt 汇报；

3. 小组互评，选出内容最完善、制作最精美的手册，通过海报、网络等途径面向全校学生进行宣传教育。

**【实训提示】**

1. 归根究底，导致当代大学生礼仪缺位的因素主要有以下几个方面：(1)漠视传统礼仪、缺乏文化底蕴。在多元并存、错综复杂的礼仪生态环境中，当代大学生出现了崇洋媚外的“反传统”“反文化”倾向，普遍存在缺乏传统文化积淀与文化修养的现象，难以把握和领悟传统礼仪文化精髓和理念，其礼仪观念和礼俗价值被颠覆，甚至被全盘西化。(2)知与行相脱节、理与实相分离。一方面是由于长期以来说教式、灌输式的教育偏重于知识性的传授，忽略实践性的运用，“学”与“做”两张皮；另一方面是由于礼仪教育存在“知”易行“难”的特点，礼仪规范要具体地内化为个人行为习惯，需要经过漫长的熏陶和修炼，甚至是矫枉过正地纠正长期以来形成的不良习惯。(3)角色意识缺失、价值取向扭曲。然而由于国内外形势的变化、市场经济的冲击、家庭环境的影响、学校礼仪教育的不足，当代大学生对家庭、对社会都缺乏必要的责任意识，人情冷漠，处世不恭，拜金主义、享乐主义、个人主义均有所滋长。大学生的道德观、价值观、世界观出现了不同程度的扭曲和异化。

2. 面向当代大学生的礼仪教育不仅要从最基本的礼仪行为规范着手，引导大学生约束和规范自身的行为，更为重要的是要从根本上培养大学生高尚的道德情操，形成正确的道德观、价值观、世界观，完善道德人格，健全责任意识，遵守社会公德，有效加强以德育人的实践性和可操作性。

3. 通过学生自己动手查询“礼仪规范”的相关资料，引导学生结合自己平时为人处世方面礼仪实践的运用情况，尤其是礼仪缺失的行为，为自身进一步提升礼仪修养制订详细的方案。

# 第二章　个人形象礼仪

## 第一节　仪 容 礼 仪

**【案例导入】**

1960 年 9 月，尼克松和肯尼迪在全美的电视观众面前，举行他们竞选总统的第一次辩论。当时，这两个人的名望和才能大体上相当，可谓棋逢对手。但大多数评论员预料，尼克松素以经验丰富的“电视演员”著称，可以击败比他缺乏电视讲演经验的肯尼迪。但事实并非如此。为什么呢？肯尼迪事先进行了练习和彩排，还专门跑到海滩晒太阳，养精蓄锐。结果，他在屏幕上出现时，精神焕发，满面红光，挥洒自如。而尼克松没听从电视导演的规劝，加之那一阵十分劳累，更失策的是面部化妆用了深色的粉底，因而在屏幕上显得精神疲惫，表情痛苦，声嘶力竭。正如一位历史学家所形容：“他让全世界看来，好像是一个不爱刮胡子和出汗过多的人带着忧郁感等待着电视广告告诉他怎么不要失礼。”正是仪容仪表上的差异和对比，最终帮助肯尼迪取胜，使竞选的结果出人意料。

（资料来源：张岩松：《新型现代交际礼仪实用教程》，清华大学出版社，2008 年版。）

**【案例讨论】**

肯尼迪取胜的原因是什么，对你有何启示？

仪容是指一个人的容貌，它包括人的面部、头发、手部、脚部等，是个人仪表美的重要组成部分。在人际交往中，每个人的仪容都会引起交往对象的特别关注，并将影响到对方对自己的整体评价。

### 一、仪容修饰的原则

在职业活动中，适当的化妆既是工作的需要，也是对他人的尊重，但贵在适度，所谓“清水出芙蓉，天然去雕饰”，化妆过于浓艳，不仅有损于皮肤的健康，而且还有损于别人的观瞻，仪容修饰的原则是自然、协调、美观。

#### （一）自然

自然是美化仪容的最高境界，使人看起来真实而生动，不是一张呆板生硬的面具。一位高明的化妆师说过：“最高明的化妆术，是经过非常考究的化妆，让人家看起来好像没有化过妆一样，并且这化出来的妆与主人的身份匹配，能自然表现那个人的个性与气质。次级的化妆是把人突显出来，让她醒目，引起众人的注意。拙劣的化妆是一站出来别人就发现她化了很浓的妆，而这层妆是为了掩盖自己的缺点或年龄的。最坏的一种化妆，是化妆后扭曲了自己的个性，又失去了五官的协调，例如，小眼睛的人竟化了浓眉，大脸蛋的人竟化了白脸，阔嘴的人竟化了红唇……”可见化妆的最高境界是无妆，是自然。做到仪容的自然美，要依赖正确的技巧，合适的化妆；要一丝不苟，井井有条；要讲究过渡和层次；要点面到位，浓淡相宜。这样才能使人感到自然、真实的美。

**（二）协调**

美化仪容需要做到以下几个方面的协调：一是全身协调，即脸部修饰必须与发型、服装、饰物协调，力求取得完美的整体效果。二是妆面协调，即化妆部位色彩搭配、浓淡协调，所化的妆针对脸部个性特点，整体设计协调。三是身份协调，即化妆时要考虑到自己的职业特点和身份，采用不同的化妆手段和化妆品。例如，作为职业人士，应注意化妆后体现端庄稳重的气质。四是场合协调，即化妆、发型要与所去的场合气氛要求一致。例如，日常工作，略施淡妆；出入舞会、宴会，可施浓妆。

**（三）美观**

美观是从化妆效果来说的。漂亮、美丽、端庄的仪容是形成优美良好的社交形象的基本要素之一。人们都希望自己在社交场合中变得更美丽，但事实上很多人不知道如何化妆做到美观，有些人误认为把发胶、摩丝喷在头上，把各种色彩涂抹在脸部适当位置就美了。要使仪容达到美观的效果，首先必须了解自己的脸形及脸上各部位特点，孰优孰劣做到心中有数；其次要清楚怎样化妆才能扬长避短，变拙陋为俏丽，使容貌更迷人。这些，是要在把握脸部个性特征和正确的审美观的指导下进行的。

## 二、仪容卫生

良好的仪容卫生，既能体现自尊自爱，又能表示对他人的尊重与礼貌。做好个人的仪容卫生，要注意以下几点：

**（一）头发要勤于梳洗，发型要朴素大方**

俗话说：“远看头，近看脚。”在人际交往中，首先映入眼帘的就是头发，所以人的头发应该保证没有头皮屑、不粘连、无异味，保持头发柔顺、整洁。男士可选择中分式、侧分式、短平式、后背式；女士可选择齐耳的直发或留稍长微曲的长发。男士头发不应盖过耳部，不触及后衣领，也不要烫发。女士头发不应遮住脸部，前面刘海不要过低。在正式社交场合，无论男士还是女士，不可将头发染成黑色以外的颜色。

**（二）面部要注意清洁与适当的修饰**

男士要剃净胡须、刮齐鬓角、剪短鼻毛，不留小胡子和大鬓角。女士可适当化妆，但以浅妆、淡妆为宜，不可浓妆艳抹，并避免使用气味浓烈的化妆品。在参加活动的过程中，应该及时用面巾纸等清洁面部的油脂，做到无泪痕、无汗渍、无灰尘等。另外，还应注意及时清理眼角、鼻孔、耳朵、口角等处细微的残留物。

**（三）做到勤洗澡、勤换衣袜、勤漱口**

在参加重大的社会活动之前，洗澡是一项必须做的准备工作。洗澡一方面是为了保持干净；另一方面还可以使人清爽、精神焕发，不仅可以给交往对象留下良好的印象，还能使自己充满信心。同时，在参加正式的交际场合之前也应该刷牙，至少要咀嚼口香糖，尽量避免吃一些带有刺激性气味的食物，如葱、蒜、韭菜等。

**（四）保持手部卫生**

手是与外界进行直接接触最多的一个部位，它最容易沾染脏东西，所以必须勤洗手。在出席重大场合之前应做到手上无汗渍、无异味、无异物。此外，不能留长指甲，指甲的长度与指尖齐平为最佳，并保证指甲内部无污垢，指甲两侧无死皮。

## 三、仪容修饰

在人际交往中，为了维护自我形象，有必要修饰仪容。仪容，通常指一个人的容貌，主要指头发和面部的修饰。修饰仪容，以下几点需要注意：

**（一）头发修饰**

职场人士头发修饰应简约、典雅。长短要适度，男性“前发不覆额，侧发不掩耳，后发不及领”，女性长发不过肩。发型展现出高雅、干练、大方的形象，并与个人年龄、脸型、身材、服装等相符合。

1. 发型与脸型

椭圆型脸：任何发式都与它配合，能达到美容效果。如果采用中分头路，左右均衡、顶部略蓬松的发式，更能显示脸型之美。

圆脸型：接近于孩童脸，双颊较宽，因此，选择头前部或顶部略微半隆的发式，两侧则要略向后梳，将两颊及两耳稍微留出。这样，既可以在视觉上冲淡脸圆的感觉，又显得端庄大方。圆脸型的人适合梳纵向线条的垂直向下的发型或是盘发，使人显得挺拔而秀气。

长脸型：端庄凝重，但给人一种老成感。因此，选择优雅可爱的发式来冲淡这种感觉，顶发不宜太丰隆、前额部的头发可适当下倾，两颊部位的头发适当蓬松，可以留长发，也可以齐耳，发尾要松散流畅，以发型的宽度来缩短脸的视觉长度。若将头发做成自然成型的柔曲状，会更理想。

方脸型：前额较宽，两腮突出，显得脸型短阔。因此，选择自然的大波纹状发式，使整个头发柔和地将脸孔包起来，两颊头发略显蓬松遮住脸的宽部，在视觉上由线条的圆润冲淡脸部方正直线条的印象。

“由”字型脸：选择表现额角宽度的发型，中长发型较好。可使顶部的头发梳得松软蓬松些，两颊侧的头发宜向外蓬出以遮住腮，在视觉上减弱腮部的宽阔感。

“甲”字型脸：选择能遮盖宽前额的发型，一般说两颊及后发应该蓬松而饱满，额部稍垂“刘海”，顶部头发不宜丰隆，以遮住过宽的额头。这种脸型适宜烫波浪型的长发。

2. 发型与身材

身材高大威壮者，应选择显示大方、洒脱的发式，避免给人形成大而粗、呆板生硬的印象。高大身材的女士，一般留简单的短发为好，切忌花样复杂。烫发时，不应卷小卷，以免造成与高大身材的不协调。

身材高瘦者，适合留长发型，并且适当增加发型的装饰性。如卷曲的波浪式发型，对于高瘦身材有一定的协调作用。但高瘦身材者不宜盘高发髻，或将头发削剪太短，以免给人一种更加瘦长的感觉。

身材矮小者，适宜留短发或盘发，因露出脖子可以使身材显得高些，并可以根据自己的喜爱，将发式做得精巧、别致些，追求优美、秀丽。但矮小身材者不宜留长发或粗犷、蓬松的发型，那样会使身材显得更矮。

身材较胖者，适宜梳淡雅舒展、轻盈俏丽的发式，尤其要注意将整体发势向上梳理，将两侧束紧，使脖子亮出，这样会使人产生视错觉，感觉你瘦长一些。但若留长波浪，两侧蓬松，就会显得更胖。

如果上身比下身长或上下身等长者，发式可选择长发以遮盖其上身；如肩宽臀窄，就应选择披肩发或下部头发蓬松的发式，以发盖肩，分散肩部宽大的视角；若颈部细长，可选择长发的发式，不适宜采用短发式，以免使脖颈显得更长；若颈部短粗，则适宜选择中长发式或短发式，分散颈粗的感觉。

**(二)化妆修饰**

化妆既为自尊，也为尊重他人。男士一般情况下不化妆，女士的化妆视情形而定。化妆基本步骤：

1. 妆前准备

(1)洁肤。用清洁霜、洗面奶或洁面乳清洁面部的污垢、油脂，有条件的话还可以用洁肤水、磨砂膏清除枯死的细毛皮屑，然后结合按摩涂上有营养的紧肤水。

(2)护肤。选择膏霜类护肤品，如日霜、晚霜、润肤露、乳液等涂在脸上，令肌肤柔嫩，并且可以防止化妆品与皮肤直接接触，起到保护皮肤的作用。

(3)修眉。用眉镊、眉剪修整眉形，并拔除多余的眉毛，使之更加清秀有型。

2. 施妆过程

(1)抹粉底。选择与肤色较为接近的粉底，用海绵扑或手指从鼻子处向外均匀涂抹，尤其不要忽视细小的部位，在头与脖子衔接处要渐淡下去。粉底千万不要太厚，以免像戴上一个面具。粉底抹完后要达到调整肤色、掩盖瑕疵、使皮肤细腻光洁的目的。

(2)画眉毛。首先用眉刷自下而上将眉毛梳理整齐，然后用眉笔顺眉毛生长方向一道道描画，眉毛从眉头起至2/3处为眉峰，描至眉峰处应以自然弧度至眉尾，眉尾处渐淡。最后用眉刷顺眉毛生长方向刷上几遍，使眉道自然、圆滑。

(3)画眼影。眼影用什么颜色、用多少种颜色、如何上色，是因人、因事而异的。一般深色眼影刷在最贴近上睫毛处，中间色刷在稍高处向眼尾处晕染，浅色刷在眉骨下。

(4)画眼线。眼线要贴着睫毛根画，浓妆时可稍粗一点，淡妆时应稍细一些。上眼线内眼角方向要淡而细，外眼角方向则可加重，至外眼角时要向上挑一点，把眼角向上提，显得眼角上翘。

(5)刷睫毛。先用睫毛夹子夹将睫毛由内向外翻卷。然后用睫毛刷从睫毛根到睫毛尖刷上睫毛液，为了使睫毛显得长而浓，可在睫毛液干后再刷第二遍、第三遍。最后再用眉刷上的小梳子将粘在一起的睫毛梳开。

(6)涂腮红。腮红应抹在微笑时面部形成的最高点，然后向耳朵上缘方向抹一条，并将边缘晕开。可用腮红和阴影粉做脸形的矫正，例如在鼻梁两侧抹浅咖啡色，鼻梁正中抹上白色，使鼻子立体感增强。

(7)定妆。用粉扑蘸上干粉轻轻地、均匀地扑到妆面上，只须薄薄一层，可起到定妆作用，使妆面柔和，吸收粉底过多的油脂。扑好粉后，用大粉刷将妆面上的浮粉扫掉。

(8)抹唇彩。先用唇线笔画好唇廓，再用唇膏涂在唇廓内，可用唇刷涂，也可用棒式唇膏直接涂。口红的颜色应与服装及妆面相协调。为了使口红色彩持久，可用纸巾轻抿一下口红，同时也避免了唇膏染到餐具与杯子上。

3. 妆后检查

(1)检查左右是否对称。眼、眉、腮、唇、鼻侧等，两边形状、长短、大小、弧度是否对称，色彩浓淡是否一致。

(2)检查过渡是否自然。脸与脖子，鼻梁与鼻侧，腮红与脸色，眼影、阴影层次等过渡是否自然。

(3)检查整体与局部是否协调。各局部是否缺漏、变花，要符合整体要求，该浓该淡是否达到应有效果。整个妆面是否协调统一。

(4)检查整体是否完美。化妆忌“手镜效果”，即把镜子贴近脸部检查。虽然这样会看清细小的部分，但一般人只是在一米之外的距离与你面谈或打招呼。所以要在镜前稍远处审视自己，对脸部整体的平衡做出正确的判断。

### 化妆的忌讳

1. 残妆示人。残妆，是指在出汗之后、用餐之后、休息之后，妆容出现了残缺现象。以残妆示人，既有损于自身形象，也显得对人的不礼貌。因此，要注意及时地进行检查和补妆。

2. 当众化妆。在公共场所、众目睽睽之下修饰面容是没有教养的行为。如果有必要化妆或补妆，一定要到洗手间去完成，切莫当众进行。

### (三)香水使用

香水是无形的装饰品。善用香水，就是掌握了一种征服的“软”力量。与有形的修饰不同，它在空间上更加迅速有效地改变着一个人的形象，使人气质更加高雅，精神更加饱满。香水是以芳香为主要特征的化妆品，其主要功能为溢香祛味、芬芳宜人。

按香精含量多少和香气持续的时间长短，可将香水分为四类：浓香型香精含量为15%至20%，香气持续时长为5至7小时；清香型香精含量为10%至15%，香气持续时长为4至5小时；淡香型香精含量为5%至10%，香气持续时长为3至4小时；微香型香精含量为5%以下，香气持续时长为1至2小时。通常情况下，浓香型适合在宴会、舞会、演出等较为正式的活动场合使用，清香型适用于商务交往场合，淡香型适合上班时间，微香型适用于休闲场合。

香水一般应该洒在脉搏或接触部位，便于挥发。如喷在耳后、颈部和手腕，但不宜用在头发、衣物或身体汗腺部位。使用香水不应该影响本职工作，或者妨碍别人，也不应该过量使用，使效果适得其反。

### (四)化妆的基本原则

1. 注意时间场合。在工作时间、工作场合，只能允许化工作淡妆；浓妆只宜在晚上使用。外出旅游或参加运动时，不宜化浓妆。

2. 不要非议他人的化妆。由于文化、肤色的差异性，以及个人的审美观不同，每个人的化妆不可能是一样的，切不可对他人的化妆评头论足。

3. 不要在他人面前化妆。化妆是遮掩个人的不足，它的过程也不雅观，因此不宜在他人面前化妆，暴露自己的不足。

4. 不要借用他人的化妆品。化妆品是私密用品，不宜混用，不仅不卫生，而且不礼貌。

## 第二节　仪表礼仪

**【案例导入】**

陈雨和陶霞大学毕业后同期被AD公司录用，分到行政部工作。陈雨是某名牌大学中文系毕业的高材生，在学校就发表过多篇文章，能说一口流利的英语，而且长得明眸皓齿，身材高挑，走到哪里都有羡慕的目光追逐。陶霞毕业于某高职院校的秘书专业，长相平平。一开始，陈雨颇受部门领导重视。追求标新立异的陈雨每天上班总给人焕然一新的感觉，或者T恤、牛仔裤、旅游鞋的经典搭配；或者是花枝招展、前卫开放的时尚打扮。每天早上来到办公室，陈雨做的第一件事就是打理她那一头长发。看到总是穿着一身正装、留着短发的陶霞，陈雨心里称她为“小古板”，不屑一顾。在公司与日商举行的一次洽谈会上，陈雨对自己的服饰精心地做了准备：黄绿相间的无袖短裙、叮叮作响的高跟凉鞋、闪闪发光的银色耳环、耀眼夺目的宝石戒指，这让总经理身上的那套价值千元的名牌西服也黯然失色。

不久，陈雨就被调离了行政部，接替她工作的是不惹人注目的陶霞。

**【案例讨论】**

1. 讨论陈雨着装的欠妥之处。
2. 讨论陶霞的着装是否是“小古板”？

仪表，就是人的外表，主要和个人的着装打扮、服饰使用等相关。仪表礼仪，大而言之是一种文化，反映着一个民族的文化素质、精神面貌和物质文明发展的程度；从小的方面来说，是一种语言，反映一个人的社会地位、文化修养、审美品位，同时也表现出一个人对自己、他人以至于生活的态度。在生活中，不注意个人着装者往往遭人非议，而职业人士的着装总是与单位的形象联系在一起的，显示着单位的管理水平、人员素质、文化理念等诸多内涵。

### 一、着装的TPO原则

着装时，应遵循人们普遍认可的“TPO”原则，即时间原则（Time）、地点原则（Place）、场合原则（Ocassion），这是日本男装协会1963年提出来的着装原则。它要求人们的服饰应力求和谐，以和谐为美。着装要与时间、季节相吻合，符合时令；要与所处场合环境，与不同国家、区域、民族的不同习俗相吻合；符合着装人的身份；要根据不同的交往目的、交往对象选择服饰，给人留下良好的印象。

根据 TPO 原则，着装时要做到整洁、和谐、个体和文明：

**（一）整洁**

在任何情况之下，人们的着装都要力求整洁，避免肮脏或邋遢。着装要保持整洁，应体现以下四个方面：一是着装应当整齐。不允许又折又皱，不熨不烫。二是着装应当完好。不应又残又破，乱打补丁。至于成心自残式的“乞丐装”，在正式场合应禁穿。三是着装应当干净，不应当又脏又臭，令人生厌。四是着装应当卫生，对于各类服装，都要勤于换洗，不允许存在明显的污渍、油迹、汗味与体臭。穿着整洁的人能给人以积极向上的感觉，并且也表示出对交往对方的尊重和对社交活动的重视。整洁并不意味着时髦和高档，只要保持服饰的干净合体、全身整齐有致即可。

**（二）和谐**

选择服装时不仅要与自身体型相协调，还要与着装者的年龄、肤色相配。服饰本是一种艺术，能掩盖体形的某些不足。借助服饰能创造出一种美妙身材的错觉。不论是高矮胖瘦，年轻的还是年长的，只要根据自己的特点，用心地去选择适合自己的服饰，总能创造出服饰的神韵。正确的着装，应当基于统筹的考虑和精心的搭配。它的各个部分不仅要“自成一体”，而且要相互呼应、配合，在整体上尽可能地显得完美、和谐。如果着装的各个部分之间缺乏联系，“各自为政”，再完美的局部也毫无意义。要使服装各个部分相互适应，局部服从于整体，力求展现着装的整体之美、全局之美。

**（三）个体**

不同的人由于年龄、性格、职业、文化素养等方面的不同，自然就会形成不同的气质。在选择服装时，不仅要符合个人的气质，还要突出自己美好气质的一面，为此，必须深入了解自我，正确认识自我，选择自己合适的服饰，可以让服饰尽显自己的风采。要使着装富有个性，应当照顾自身的特点，要做到“量体裁衣”，使之适应自身，并扬长避短。此外，着装应创造并保持自己所独有的风格，在条件允许的前提下，着装应当与众不同。切勿穷追时髦，随波逐流，毫无特色可言。

**（四）文明**

着装要文明大方，符合社会的道德传统和常规做法。具体要求：一是忌穿过于暴露的服装。在正式场合，忌穿袒胸露背，暴露大腿、脚部和腋窝的服装。二是忌穿过于透视的服装。如果使内衣、内裤“透视”在外，有失检点。三是忌穿过于短小的服装。不要为了标新立异而穿着小一号的服装。更不要在正式场合穿短裤、小背心、超短裙之类过于短小的服装。四是忌穿过于紧身的服装。不要为了展示自己的线条而有意选择过于紧身的服装。

## 二、着装的配色原则

着装的配色应遵循一般的美学常识。服装与服装、服装与饰物、饰物与饰物之间的色彩应色调和谐，层次分明。饰物只能起到“画龙点睛”的作用，不应该喧宾夺主。服饰色彩在统一的基础上应寻求变化，肤色与服饰、服装与饰物、饰物与饰物之间在变化的基础上应寻求平衡。衣服的里料颜色与表料颜色、服装颜色与饰物的颜色均可进行呼应式搭配。

**（一）服饰色彩搭配**

1. 同色搭配

由色彩相近或相同、明度有层次变化的色彩相互搭配造成统一和谐的效果。如墨绿配浅绿、咖啡配米色等。在同色搭配时，应该掌握上淡下深、上明下暗的方法。这样整体上就有一种稳重踏实之感。

2. 相似色搭配

色彩学把色环上大约九十度以内的邻近色称之为相似色。如蓝与绿、红与橙。相似色搭配时，两个色的明度、纯度要错开，如深一点的蓝色和浅一点的绿色配在一起比较合适。

3. 主色搭配

指首先确定整体服饰的基调，其次选择与基调一致的主色，最后再选出多种辅色，造成一种互相陪衬、相映成趣的效果。主色调搭配如果不当，容易造成色彩的混乱不堪，有损整体形象，因此使用的时候要慎重。

**（二）服饰色彩选择**

在选择服饰色彩的时候，不仅要考虑色彩之间的相配，还要考虑与着装者的年龄、体形、肤色、性格、职业等相配。

1. 服饰色彩与年龄

不同年龄的人有不同的着装要求。年轻人的着装具有鲜艳、活泼和随意性特点，体现年轻人朝气蓬勃的青春美；中老年人的着装要注意庄重、雅致、含蓄，体现出成熟和端庄，充分表现成熟之美。无论何种年龄段，只要着装与年龄相协调，都可以显示出独特的韵味。

2. 服饰色彩与体形

人的高矮胖瘦各有不同，不同的体形着装应该有所区别。对于高大的人而言，服色宜选择深色、单色为好，太亮、太淡、太花的色彩使着装者显得更加高大，不利于展现体型美感。对于较矮的人而言，服色应该偏淡色、明快柔和，上下色彩一致还可以造成修长之感。对于较胖的人而言，在服色的选择上，应以冷色调为好。对于偏瘦的人而言，服饰色彩选择应以明亮柔和为好。

3. 服饰色彩与肤色

肤色影响着服饰搭配效果，也影响着服装及饰物的色彩。但反过来说服饰色彩同样作用于人的肤色而使肤色发生变化。肤色发黄或略黑、粗糙的人，在选择服饰色彩时应慎重。服饰色彩过深，会加深肤色偏黑的感觉，使肤色毫无生气；反之，也不宜用色彩过浅的服色，色泽过浅，会反衬出肤色的黝黑，同样会令人显得暗淡无光。这种肤色的人最适宜选用的是与肤色对比不强的粉色系、蓝绿色。最忌色泽明亮的黄、橙、蓝、紫或色调极暗的褐色、黑紫、黑色等。肤色略带灰黄，则不宜选用米黄色、土黄色、灰色的服饰色彩，否则会显得精神不振和无精打采。肤色发红，则应配用稍冷或浅色的服饰色彩，但不宜使用浅绿色和蓝绿色，因为这种强烈的色彩对比会使肤色显得发紫。

4. 服饰色彩与性格

不同的性格需要由不同的色彩来表现，只有选择与性格相符的服饰色彩才会给人带来舒适与愉快。性格内向的人，一般喜欢选择较为沉着的颜色，如青、灰、蓝、黑等；性格外向的人，一般以选用暖色或色彩纯度高的服色为佳，如红、橙、黄、玫瑰红等。

## 三、服饰穿戴礼仪

### (一)鞋袜

鞋子的选择应与服装的色彩和款式、质地相匹配。身穿深色或中性色的西装，宜与黑色皮鞋搭配；穿旅游服，则应与旅游鞋搭配；穿运动服应穿运动鞋或旅游鞋；穿西装裙和旗袍则宜与高跟或半高跟无袢皮鞋相搭配。鞋的颜色应选择比服装深或相似才显和谐美观。穿红色、黑色皮鞋显得稳重，白色、黑色皮鞋可以搭配任何色调的服装，但在正式社交场合宜穿黑色皮鞋，尤其在庄重、肃穆的场合不宜穿棕色及红色皮鞋。穿着皮鞋还应注意一定要擦光擦亮，这不仅是自身形象的需要，也是对他人的尊重。

袜子也是仪表的一部分。与西装及皮鞋搭配的男袜，颜色宜略深一些，因为深色的袜子可以遮盖男子的腿毛。但要注意男袜花色的选择要尽可能朴素大方，所穿袜子的袜口必须隐在裤管内。女士对袜子的选择应比男士更加严格，一般而言，不应露出腿部肌肤。在穿着裙子时，外露着腿部，由于各人的腿形粗细、肤色及所穿裙子与袜子的颜色不同，极易造成不同的视觉效果。腿部较粗的人，宜穿深色的袜子，深色的袜子会使人感到腿形修长；腿形过于细长的人，宜选浅色或肉色的袜子，可以给人一种丰满的感觉。女士可以选择与服装同色调的袜子，但应与服装和谐相配，一般不宜选用色调鲜艳的袜子；不能上装较浅、袜子色调很深，否则将给人以头轻脚重、突然变矮的感觉；穿着鲜艳的裙子或旗袍宜穿肉色的长筒丝袜。此外，女性着袜应注意不露出袜口，不可以赤脚穿凉鞋，否则也都是有失礼貌。

### (二)帽子

帽子不仅具有防寒、防晒功能，而且也是服饰搭配的组成部分。帽子的选择一定要依自身条件、服装与场合而定。因此，帽子的式样、颜色的选择非常讲究，只有在其风格、色彩、造型等方面与其所搭配的其他服饰浑然一体，才能达到服饰的整体效果。

帽子的式样较多，常用的有鸭舌帽、棒球帽、圆帽、礼帽、贝雷帽等。在其选用上应考虑脸形、身材、年龄、职业与身份，以及与服装的配套。圆脸形及宽脸形者宜戴棒球帽，不宜戴圆顶帽和高沿阔边的帽子；尖脸形和长脸形者宜戴圆帽，不宜戴棒球帽及小帽或高筒帽。身材高大者选用的帽形宜大不宜小；身材瘦小者选用的帽形宜小不宜大。高个子不宜戴高筒帽；矮个子不宜戴阔沿帽。穿西装礼服可戴礼帽，不能戴棒球帽，更不能戴遮阳帽；穿中山装宜戴圆顶帽；穿夹克衫等服装时可戴贝雷帽等。

在正式社交场合是否戴帽子，必须依据场合要求和规定。参加正式宴会而穿晚礼服时，绝对不能戴帽子；在正式的午餐或招待会上，有时规定必须戴帽子；出席鸡尾酒会可以随意选戴各式与服饰相配的帽子。

### (三)箱包

箱包不仅可以盛放东西，而且是不可忽视的装饰物。男士外出应携带一个手提箱或公文包，不管其款式如何，它是男士成功的象征；女士外出，特别是出入正式场合应随身携带一个精致、漂亮的皮包，以显示女性的魅力。但对箱包的颜色和款式选择，必须注意同衣服和其他饰物相匹配。男士的箱包在质量上以皮质为首选，在颜色上则以深咖啡色为最好，黑色或灰色次之，在款式上宜选择手提式。女性宜选择手袋或肩包。

女性的手袋和肩包的选择比较讲究。首先，要注意颜色应与服装的色彩相协调，最好选用中性色，如黑色、白色、棕色，以便与各种色彩衣服搭配。其次，要注意应与体形相协调，体形苗条的女性宜选用小巧玲珑的；体形矮胖的女性应选用体积小、造型不能过于秀巧的；体形高胖的女性，应选用体积稍大的。再次，应注意与年龄相适应，年轻的宜选用色彩鲜艳、造型美观的羊皮或缎面小包；中年女性宜选用黑色天鹅绒或黑色丝绒的小提包。参加鸡尾酒会携带的手包可随意些，以色彩鲜艳、轻巧为佳。在社交场合，肩包可挂在桌子底下或座椅背上，手袋可放在桌子上或腿上。

**（四）围巾**

围巾是服饰中最活泼的部分，它的质料多种，有羊毛、棉织、混纺等。选择时应考虑个人的爱好、肤色、年龄及服装的款式。在颜色的选择上，重在对服装颜色的衬托，一般选用服装的对比色，即采用冷色与暖色、深色与浅色的搭配。如青年人身穿咖啡色的上衣，围一条乳白色的围巾，会显得格外英俊；身穿乳白色的外套，配上一条鲜红色的围巾，又会显得分外热情和优雅。老年人穿一件深灰色大衣，围上一条浅色围巾，定会很有风度。男性围巾的围着方式多为交叉式，而女性围巾的围着方式比较多，有古典矩形式、阔领式、肩形式等。同一套衣服，配以不同围巾装饰，可以起到不同的着装效果。因此，女性要特别注意围巾的搭配，这样可使衣服花样出新。

**（五）手套**

装饰性手套，曾是西方社会的时髦装饰。男士的装饰性手套多为专业性服装的组成，其颜色多为白色，如礼宾仪仗队、乐队、饭店的迎宾员等的服装全配以白色手套，一般在执行任务或在岗时与服装配套戴用。女士戴用的手套一般为白色或黑色，也可选用其他颜色，但应选用颜色淡雅、朴素一点的，以衬托衣服的颜色。

**（六）眼镜**

一副合适的眼镜，可以强调个性，是现代人修饰脸形的重要饰物。在选择眼镜时，首先应考虑镜架与脸形是否相宜：脸形窄长者宜选圆形或偏方形的宽边镜架，以缓和人们对长脸的印象；脸形较圆者，宜选方形的宽边镜架，增加脸形的力度感；三角形或瘦脸形者，宜选圆形或偏圆形的镜架，可使脸部饱满。其次要考虑眼镜的颜色和大小要与面部脸色和脸形大小相协调。最后在选择眼镜的外观造型、颜色、质地等方面也要考虑到职业和身份。年轻人不宜戴过于厚重深暗、造型古板的眼镜；有身份的年长者，不宜戴过于新奇轻巧的眼镜。知识分子应选择精致大方的眼镜；外事工作者可戴精美华贵的眼镜。

此外，应注意眼镜的佩戴场合。在正式场合，即便在室外，如无特殊原因，也不应戴颜色深的太阳镜；在与地位或年龄明显高于自己的人交谈时，也不宜戴深色太阳镜；与女士做较正式接触时或在与人握手谈话时，亦不宜戴太阳镜。如有特殊情况或不方便将眼镜摘下时，应向对方说明。

### (七)胸花

胸花是一种纯装饰性的饰品，适用于春秋季节，在对其选择时也应考虑自身的脸形、年龄、场合和服饰的整体效果。首先，做到与脸形协调，长脸形者宜选用圆形或弧度较多的胸花，圆脸形者则不宜。其次，与年龄相适应，青年人宜选用小型精致的胸花；老年女性宜佩戴各种深色的、造型传统、做工精细的胸花。再次，与所处的场合相符合，喜庆场合宜佩戴艳丽的胸花；追悼会等丧葬场合只能戴白花；出席宴会等正规社交场合，宜选配较大型的胸花。其四，与服饰的整体色调相协调，应采用对比手段，使之“素中带艳”“艳中带素”，对服饰整体起到“画龙点睛”的效果。

## 四、西装礼仪

随着经济的发展和世界各国人民的友好交往，西装已成为当今国际上最标准的通用礼服，它能在各种礼仪场合穿着。其具体的礼仪规范为：

### (一)穿好衬衣

穿西装必须要穿长袖衬衣，颜色应与西服颜色协调，不能是同一色。白色衬衣配各种颜色的西服效果都不错。正式场合男士不宜穿色彩鲜艳的格子或花色衬衣。衬衣袖口应长出西服袖口1~2厘米。穿西服在正式庄重场合必须打领带，其他场合不一定要打领带。打领带时衬衣领口扣子必须系好，不打领带时衬衣领口扣子应解开。与西装配套的衬衫要挺括、整洁、无皱折，尤其是领口。领子应略高于西服领，下摆要塞进西裤。

### (二)扣好扣子

西服纽扣有单排、双排之分，纽扣系法有讲究：双排扣西装应把扣子都扣好。单排扣西装：一粒扣的，系上端庄，敞开潇洒；两粒扣的，只系上面一粒扣是正统，只系下面一粒是霸气，全扣上是土气，都不系敞开是帅气，全扣和只扣第二粒不合规范；三粒扣的，系上面两粒或只系中间一粒都合规范要求。

### (三)注意口袋

西装的上衣口袋和裤子口袋是装饰性的，不宜放太多的东西。西装上衣左侧里边的口袋是功能性的，可以适当放些东西。

### (四)穿好内衣

穿西装内衣不要穿太多，春秋季节只配一件衬衣最好，冬季衬衣里面也不要穿棉毛衫，可在衬衣外面穿一件羊毛衫。穿得过分臃肿会破坏西装的整体线条美。

### (五)鞋袜整齐

穿西装一定要穿皮鞋，而不能穿布鞋或旅游鞋。皮鞋的颜色要与西装相配套。皮鞋还应擦亮，不要蒙满灰尘。穿皮鞋要配上合适的袜子，袜子的颜色要比西装稍深一些，使它在皮鞋与西装之间显示一种过渡。

### (六)打好领带

在比较正式的社交场合，穿西装应系好领带。领带的颜色、图案应与西服相协调。领带的长度要适当，以达到皮带扣处为宜。如果穿毛衣或毛背心，应将领带下部放在毛衣领口内。不同场合可以选择不同款式的领带。例如，斜纹领带给人果断权威、稳重理性的感觉，适合谈判、主持会议、演讲的场合；圆点或方格领带给人中规中矩、按部就班的感觉，适合初次见面和见长辈上司；不规则图案的领带显得活泼、有个性、有朝气、较随意，适合酒会、宴会和约会。

**（七）拆除商标**

西服袖口的商标牌应摘掉，否则不符合西服穿着规范，高雅场合会贻笑大方。

**（八）领带夹用法**

领带夹在一些西方国家是已婚人士的标志，应在穿西服时使用，也就是说仅仅单穿长袖衬衫时没必要使用领带夹，更不要在穿夹克时使用领带夹。穿西服时使用领带夹，应将其别在特定的位置，即从上往下数，在衬衫的第四与第五粒纽扣之间，将领带夹别上，然后扣上西服上衣的扣子，从外面一般应当看不见领带夹。因为按照妆饰礼仪的规定，领带夹这种饰物的主要用途是固定领带，如果稍许外露还说得过去，如果把它别得太靠上，甚至直逼衬衫领扣，就显得过分张扬。

领带的几种常规打法

浪漫结

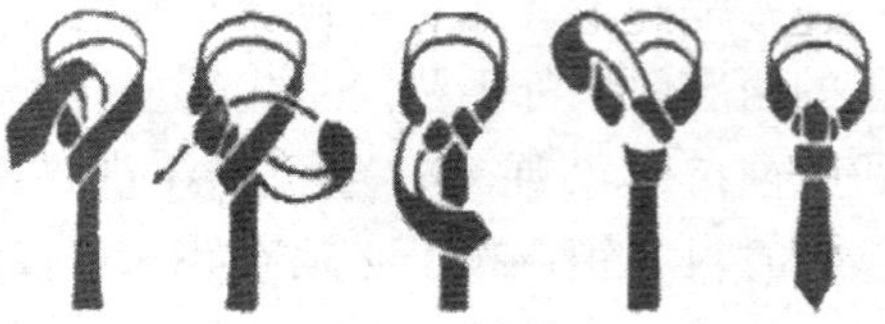

温莎结

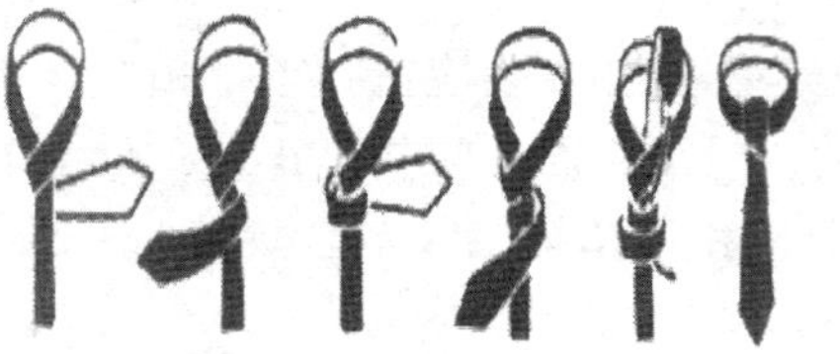

王子结

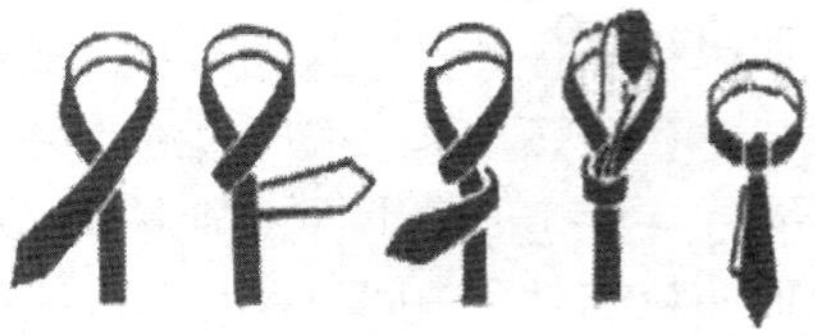

四手结

## 五、首饰礼仪

对于服饰而言，首饰起着辅助、烘托、陪衬、美化的作用。首饰礼仪需要把握两个方面：一是使用规则，二是佩戴方法。通常应当恪守以下规则：

**（一）数量规则**

戴首饰时，应以少为佳。在必要时，可以一件首饰也不必佩戴。若有意同时佩戴多种首饰，在总量上不应当超过三种。除耳环、手镯外，最好不要佩戴同类首饰超过一件。新娘可以例外。

**（二）色彩规则**

戴首饰时，应力求同色。若同时佩戴两件或两件以上首饰，应该使它们色彩一致。戴镶嵌首饰时，应使它与主色调保持一致，千万不要使所戴的几种首饰色彩斑斓。同时还要注意首饰的色彩与服装的色彩协调。

**（三）质地规则**

戴首饰时，宜争取同质。若同时佩戴两件或两件以上首饰，应该使其质地相同。戴镶嵌首饰时，应使被镶嵌物质地一致，托架也应力求一致。此外，高档饰物，尤其是珠宝首饰，多适用于隆重的社交场合，不适合在工作、休闲时佩戴。

**(四)身份规则**

戴首饰时，不仅要照顾个人爱好，更应当服从于本人身份，要与自己的性别、年龄、职业、工作环境保持大体一致，不宜使之相去甚远。例如，像医务工作者、宾馆服务员、厨师等由于行业的特点，不宜佩戴首饰。

**(五)体形规则**

戴首饰时，要使它为自己的体形扬长避短。选择首饰时，应该充分审视自身的形体特色。例如，脖子长的人适合戴短、粗的项链，脖子短的人适合戴细、长的项链；手掌大、手指粗的人不宜戴过大或过小的戒指，而手指短粗的人适合戴线条流畅的戒指，应避免戴方戒指或大嵌宝戒。

**(六)习俗规则**

戴首饰时，应遵守习俗。不同的地区、不同的民族，佩戴首饰的习惯做法多有不同。既要了解，更要尊重。例如，女士戒指戴在不同的手指上有不同的寓意，戴在食指上表示自己还没有男朋友，戴在中指上表示自己还在热恋，戴在无名指上表示已婚，戴在小指上表示主观上自愿独身。再如，戒指应该戴在手套里面(新娘例外)，脚链应该戴在袜子外面。

## 第三节　仪态礼仪

**【案例导入】**

××公司正在招聘副总经理。硕士研究生毕业的小陆对此信心百倍，因为他专业对口，而且其他条件也非常符合，并顺利通过笔试且成绩很优秀。面试当天，小陆与其他面试者一起在面试办公室外等候。他松松垮垮地倚在门口准备上场，回头看见一排沙发，便坐在沙发上，跷起二郎腿，悠闲地嚼起口香糖。进入办公室，还没等主考官们发话，小陆便一屁股坐了下来。这时，秘书小姐给他端来一杯茶。小陆上上下下把她打量了一番，并一直目送她走出办公室。面试时，小陆觉得主考官提的问题太简单了，得意之余，他习惯性地跷起二郎腿，还抖了起来。面试快结束时，来了另一位经理，主考官示意小陆去搬一把椅子来，小陆很快拖来了一把沙发椅子，一路上发出刺耳的声音。面试结束后，主考官礼貌地对小陆说："请回去等通知吧。"小陆喜形于色，拇指、食指捻指作响，然后挎起公文包飞跑了出去……

**【案例讨论】**

小陆本次面试的表现如何，有哪些失礼之处?

仪态是指一个人的动作、表情，是一种无声的"语言"，也称"肢体语言"。它反映了一个人的基本素质、受教育的程度以及被信任的程度。仪态礼仪是个人气质内涵的外在表现。哲学家培根有句名言："相貌的美高于色泽的美，而秀雅合适的动作美又高于相貌的美。这是美的精华。"仪态不仅表现为一个人的外表，同时反映了一个人的品格和精神气质。仪态礼仪主要包括以下六个方面：表情、站姿、坐姿、走姿、蹲姿、手势。

## 一、表情

在人际交往中，表情不仅真实地反映着人们的思想、情感及其心理活动，而且传达出比语言更加巧妙的情感信息。人的表情非常丰富，表达方式多种多样，目光和微笑是最主要的表情方式。在面对他人时，面含微笑，注视对方，显得落落大方、彬彬有礼。

### （一）目光

“眼睛是心灵的窗户”，目光能传情达意，目光的注视区域、注视时间和注视方式表述不同的含义，在不同的场合要学会科学地利用目光表达情感。

1. 注视区域

（1）公务注视

在洽谈、磋商、谈判等公事活动中，目光应注视对方双眼或双眼与额头之间的区域。这种注视方式会显得严肃认真，让对方感到你很有诚意，在交谈过程中容易把握谈话的主动权和控制权。

（2）社交注视

在社交活动中，目光应注视对方以两眼为上线，嘴为下顶角的区域，即双眼和嘴之间的三角区域。这种注视方式会营造出一种社交气氛，主要用于茶话会、舞会及各种类型的友谊聚会。

（3）亲密注视

亲人、恋人、家庭成员之间可注视对方两眼与胸部之间的三角形区域，被称之为亲密注视。

2. 注视时间

在交谈过程中，交谈双方的目光接触应该累计达到50%～70%，其余30%～50%的时间，可注视对方脸部以外3～5米处。

3. 注视方式

在不同场合中，应运用不同的注视方式，传达信息。

（1）见面时，不论是见到熟悉的人，或是初次见面的人，不论是偶然见面，或是约定见面，首先要睁大眼睛，以闪烁光芒的目光正视对方片刻，面带微笑，显示出喜悦、热情的心情。对初次见面的人，还应头部微微一点，行一注目礼，表示出尊敬和礼貌。

（2）在集体场合，开始发言讲话时，要用目光扫视全场，表示“我要开始讲了，请予注意”。

（3）在与人交谈时，应当不断地通过各种目光与对方交流，调整交谈的气氛。交谈中，应始终保持目光的接触，这是表示对话题很感兴趣。随着话题、内容的变换，及时作出恰当的反应。或喜或惊，或微笑或沉思，用目光流露出会意的情意，使整个交谈融洽、和谐、生动、有趣。长时间回避对方目光而左顾右盼，是不感兴趣的表示。

（4）交谈和会见结束时，目光抬起，表示谈话的结束。道别时，仍用目光注视着对方的眼睛，面部表现出惜别的神情。

【课堂训练】

1. 学会察看别人的眼色与心理；锻炼自己丰富多彩的眼神。

2. 配合眉毛和面部表情，充分表情达意。

3. 注意眼神礼仪。不能对陌生人长久盯视，除非感情很亲密、欣赏、观看演出；眼睛眨动不要过快或过慢，过快显得贼眉鼠眼、挤眉弄眼或不成熟，过慢显得死气木呆；不要轻易使用白眼、媚眼、斜眼、蔑视等不好的眼神，除非特殊情况。

4. 点上一支蜡烛，视点集中在蜡烛火苗上，并随其摆动，坚持训练可达目光集中、有神，眼球转动灵活。

5. 追逐鸽子飞翔可使目光有神。

**（二）微笑**

俗话说："面带三分笑，礼数已先到。"微笑是一种无言的答语，起着微妙的作用。微笑可以表现出温馨、亲切的表情，能有效地缩短双方的距离，给对方留下美好的心理感受，从而形成融洽的交往氛围，可以反映本人高超的修养，待人的至诚。微笑的礼仪要求是：发自内心、自然大方、亲切有度，要由眼神、眉毛、嘴巴等方面协调完成。

1. 微笑的作用

在人际交往中，保持微笑，有以下几个方面的作用：

（1）表现心境良好。面露平和欢愉的微笑，说明心情愉快，充实满足，乐观向上，善待人生，这样的人具有吸引他人的魅力。

（2）表现充满自信。面带微笑，表明对自己的能力有充分的信心，以不卑不亢的态度与人交往，使人产生信任感，容易被别人真正地接受。

（3）表现真诚友善。微笑反映自己心底坦荡，善良友好，待人真心实意，而非虚情假意，在交往中使他人自然放松，不知不觉地缩短了双方的心理距离。

（4）表现乐观敬业。工作岗位上保持微笑，说明热爱本职工作，乐于恪尽职守。如在服务岗位，微笑可以创造一种和谐融洽的气氛，让服务对象倍感愉快和温暖。

2. 微笑的训练方法

真正的微笑应发自内心，表里如一，这样的微笑才有感染力，才能被视作参与社交的"通行证"。微笑是可以通过训练养成的：

（1）笑不露齿。嘴角两端稍稍用力向上拉，使两端嘴角向上翘起，让唇线略成弧形，在不牵动鼻子、不发出笑声、不露出牙齿的前提下，微微一笑。

（2）诱导练习。假如你平时不苟言笑，可以通过训练有意识地改变自己。当你独处的时候，深呼吸、唱歌或听愉快的歌曲，忘掉自我和一切烦恼，让心中充满爱意，使微笑源自内心，有感而发。

（3）借助技术辅助。在训练时，经常念到一些字、词，正好是微笑最佳的口型，如英文字母"G""V"，词语"茄子"等。

【课堂训练】

1. 与脸部表情的结合。当你在微笑的时候，要眼形笑（两只眼角柔和地上扬）、眼神笑（眼神亲切自然，眼神流动着发自内心的笑意）、嘴也笑（嘴角两边稍微往上扬），流露出善意、礼貌、喜悦之情。取一张厚纸遮住眼睛下边部位，对着镜子，心里想着最使你高兴的情景。这样，你的整个面部就会露出自然的微笑，这时，你的眼睛周围的肌肉也在微笑的状态，这是“眼形笑”。然后放松面部肌肉，嘴唇也恢复原样，可目光中仍然含笑脉脉，这就是“眼神笑”的境界。学会用眼神与客人交流，这样你的微笑才会更传神、更亲切。

2. 与口头语言的结合。即在你真诚微笑的同时，还要有热情、真诚的语言。例如，微笑地说“早上好”“您好”。

3. 与肢体语言的结合。即微笑的同时与正确的肢体语言相结合，相得益彰。

## 二、站姿

站立是人最基本的姿势，是人体动态造型的基础和起点，良好的站姿能体现出一种静态的美。古人主张“站如松”，也就是说规范的站姿给人一种挺拔高大的感觉。女士站姿要体现端庄、优雅的阴柔之美，男士站姿要体现稳健、洒脱的阳刚之美。

### (一)标准站姿

1. 头正。头部要保持端正，两眼平视前方，嘴微闭，下颌微收，脖颈挺直，表情自然，稍带微笑。

2. 肩平。双肩平直，微微放松，稍稍向后下沉。

3. 臂垂。两臂自然下垂，双手对称垂放在身体两侧，中指对准裤缝。

4. 躯挺。挺胸收腹，臀部向内向上收紧。

5. 腿并。两腿立直，腿部肌肉收紧，大腿内侧夹紧，脚跟靠拢，两脚夹角成45~60度，身体重心落在两个前脚掌。

### (二)其他站姿

1. 叉手式站姿

女性将右手搭握在左手四指，四指前后不要露出；男性左手握住右手腕。男子可以两脚分开，距离不超过肩宽。女子可以用小丁字步，即一脚稍微向前，脚跟靠在另一脚内侧。站“丁”字步时，上体前倾，腰背挺直，臀微翘，双腿叠合，玉立于众人间，富于女性魅力。在站立较久时身体重心还可以在两脚间转换，以减轻疲劳，这是一种常用的接待站姿。

2. 背手式站姿

双手在身后交叉，右手贴在左手外面，放置于两臀中间。两脚可分可并，分开时，不超过肩宽，脚尖展开。两脚夹角成60度。挺胸立腰，收颌收腹，双目平视。这种站姿优美中略带威严，易产生距离感。如果两脚改为并立，则突出了尊重的意味。

3. 背垂手式站姿

一手背在后面，贴在臀部，另一手自然下垂，中指对准裤缝，两脚既可以并拢也可以分开，也可以成小丁字步。男士多用这种站姿，显得大方、自然、洒脱。

### (三)不同场合的站姿

在升国旗、奏国歌、接受奖品、接受接见、致悼词等庄严的仪式场合，应采取严格的标准站姿，而且神情要严肃。

在发表演说、新闻发言、作报告宣传时，为了减少身体对腿的压力，减轻由于较长时间站立双腿的疲倦，可以用双手支撑在讲台上，两腿轮流放松。

主持文艺活动、联欢会时，可以将双腿并得很拢站立，女士站成“丁”字步，让站立姿势更加优美。

门迎、侍应人员往往站的时间很长，双腿可以平分站立，双腿分开不宜超过肩。双手可以交叉或前握垂放于腹前；也可以背后交叉，右手放到左手的掌心上，但要注意收腹。

礼仪小姐的站立，要比门迎、侍应更趋于艺术化，一般可采取立正的姿势或“丁”字步。如双手端执物品时，上手臂应靠近身体两侧，但不必夹紧，下颌微收，面含微笑，给人以优美亲切的感觉。

**（四）站姿禁忌**

1. 站立时忌头歪、肩斜、臂曲、胸凹、腹凸、背弓、臀撅、膝屈。

2. 忌双腿叉开超过双肩，双脚乱动或交叉的站立。

3. 忌将手插在裤袋里，或交叉在胸前，那样会给人一种敌对的感觉，貌似盛气凌人。

4. 忌自由散漫，无精打采或下意识地做些小动作，那样会显得拘谨、缺乏自信。

**【课堂训练】**

1. 学生在形体训练室排队站立，按照站姿的基本要求练习。教师不断提醒动作要领，并逐个纠正。学生进行自我调整，尽量用心去感觉动作要领。每次训练20分钟左右。

2. 贴墙站立。要求学生后脚跟、小腿、臀、双肩、后脑勺都紧贴墙。这种训练是让学生感受到身体上下处于一个平面。

3. 背对背站立。要求两人一组，背对背站立，双人的小腿、臀部、双肩、后脑勺都贴紧。两人的小腿之间夹一张小纸片，不能让它掉下。每次训练20分钟左右。

4. 站姿训练可结合微笑进行，强调微笑的准确、自然、始终如一，可配上优扬、欢乐的音乐以调整学生的心境。

## 三、坐姿

坐姿是人体的静态造型，端庄优美的坐姿，会给人以文雅、稳重、自然大方的美感。不论采取何种坐姿，上身都要保持端正，如古人所说的“坐如钟”。

**（一）基本要求**

上体自然坐直，两肩放松，两腿自然弯曲，双腿平落地上，双膝应并拢，男士可稍稍分开，女士的双膝、脚跟必须靠紧，两手半握拳放在膝上或双手交叉放在膝间，小臂平放在坐椅两侧的扶手上，注意由肩到臂，紧贴胸部，胸微挺，腰要直，目平视，嘴微闭，面带笑容，大方、自然。

**（二）常见坐姿**

1. 正坐。两腿并拢，上身挺直坐正，小腿与地面垂直，两手放在双膝上（男士双腿可略分开且小于肩宽）。

2. 侧坐。坐正，女士双膝并拢，上身挺直，两脚同时向左放或向右放，双手叠放，置于左腿或右腿上。男士小腿垂直于地面，上身左倾或右倾，左肘或右肘关节支撑于扶手上。

3. 开关式坐姿。坐正。女士双膝垂紧，两小腿前后分开，两脚前后在一条线上，男士既可两小腿前后分开，也可左右分开，两膝并紧，双手交叉于双膝上。

4. 重叠式坐姿。腿向正前方，而将两脚交叉放或跷起一条腿架在另一条腿上，但女士要尽力使上面的小腿向后收，脚尖屈向下。男士也不能跷起很高的二郎腿。

5. 交叉式坐姿。两腿前伸，一脚置于另一脚上，在踝关节处交叉成前交叉坐式，也可小腿后屈，脚前掌着地，在踝关节处交叉或女士采用一脚挂于另一脚踝关节处成后交叉式坐姿。

**(三)不同场合坐姿**

1. 谈判、会谈时，场合一般比较严肃，适合正襟微坐，但不要过于僵硬。要求上体正直，端坐于椅子中部，注意不要使全身的重量只落于臀部，双手放在桌上、腿上均可。双脚为标准坐姿的摆放。

2. 倾听他人教导、知识、传授、指点时，双方是长者、尊者、贵客，坐姿除了要端正外，还应坐在坐椅、沙发的前半部或边缘，身体稍向前倾，表现出一种谦虚、迎合、重视对方的态度。

3. 在比较轻松、随便的非正式场合，可以坐得轻松、自然一些。全身肌肉可适当放松，可不时变换坐姿，以作休息。

《韩诗外传》记载：有一次，孟子的妻子独自在房间里休息时，无所顾忌地将两腿叉开坐着，箕踞向人。孟子推门进来，看见妻子仪态不雅，非常生气，于是告诉母亲打算休妻。孟母知情后却教导孟子说："失礼的人是你，而不是你妻子。难道你忘了《礼记》上是怎么教人的吗？进屋前，要先问一下里面是谁；上厅堂时，要高声说话；为避免看见别人的隐私，进房后，眼睛应向下看。卧室是休息的地方，你不出声、不低头就闯了进去，看到她两腿伸开坐着，失礼的人是你自己而不是你的妻子！"孟子甚是惭愧，再也不提休妻之事。

孟子欲休妻之由是妻子"箕踞而坐"，依据是《曲礼》之"坐毋箕"；孟母驳斥孟子之依据亦出自《曲礼》："将适舍，求毋固。将上堂，声必扬。户外有二屦，言闻则入，言不闻则不入。将入户，视必下。"

**(四)就座规范**

1. 入座时，要轻而稳，轻盈舒缓，从容自如。若着裙装，要用手将裙子稍拢一下，不要坐下后再站起整理裙子。注意落座的声音要轻，不要猛地蹲坐，如同与别人抢座位。特别是忽地坐下，腾地站起，如同赌气，造成紧张气氛。

2. 正式场合一般从椅子的左边入座，离座时也要从椅子左边离开。女士入座要娴雅、文静、柔美。如果椅子位置不合适，需要挪动时，应当先把椅子移至欲就座处，然后入座，不要坐在椅子上移动位置。

3. 腿的摆法。两腿笔直向前、两膝分得太开、抖动腿脚、两腿并拢或八字而两膝外展，或两脚放到座椅下等，都是非"礼"的动作。

4. 坐宽大的椅子(沙发)时，要注意不要坐得太靠里面，应坐椅子的2/3，不要靠背，休息时则可轻微靠背。若因谈话等需要侧转身时，上体与腿应同时转动，幅度不宜过大。

5. 女子入座时，注意两膝不能分开，两脚要并拢，可以交叉小腿。如果跷腿坐，注意不要跷得过高，不要把衬裙露出来，还应注意将上面的小腿向后收，脚尖向下。起立时，双腿先后收半步或右脚先向后收半步，然后站起，注意动作不要迅猛，也不要双手扶腿站起。

6. 男子如有需要，可交叠双腿，但一般是右腿架在左腿上。但不宜过高，在礼仪场合，绝不要首先使用这一姿势，因为会给人以显示自己地位和优势的不平衡的感觉。“4”字形的叠腿方式是绝对禁止的。

**【课堂训练】**

1. 练习坐姿。按规范的坐姿坐下，放上音乐，练习在高低不同的椅子、沙发、不同交谈气氛下的各种坐姿。训练时，重点强调上身挺直，双膝不能分开，用一张小纸片夹在双膝间，自始至终不能掉下来。

2. 练习入座、起立。入座时，女士双手掠一下裙子，按规范动作坐下。起立时，速度适中，既轻又稳。

## 四、走姿

走姿是人的主要动作。“行如风”是用风行水上来形容轻快自然的步态。走姿的基本要求是轻盈自如，稳健大方，有节奏感。

### (一)基本要求

1. 以站姿为基础，起步时，上身略微前倾，身体重心在前脚掌上。行走时，要上体正直，头部端正，双目平视前方，挺胸收腹立腰，重心稍向前倾，面带微笑。

2. 行走时双肩平稳，双臂以肩关节为轴前后自然摆动，摆动幅度以30~40厘米为宜。

3. 女性行走时两只脚行走线迹应是正对前方成一条直线，即常说的“一字步”，或尽可能走成一条直线，形成腰部与臀部的摆动而显优美，千万不要走成两条直线。相反，男性则要走成两条直线而不能走成一条直线。男性脚步要利落、稳健、雄健；女士要行如风，自如、匀称、轻柔，有明显的节律感和步韵感。

4. 步幅要适当，着装不同步幅也要有所不同。标准步幅是：男子步幅40厘米左右，女子步幅30厘米左右。男子每分钟步速108~110步，女子每分钟步速118~120步。男子脚跟离地2~3厘米，女子脚跟离地3~4厘米。

### (二)不同场合走姿

1. 男士着西装行走时，要注意保持挺拔之感，后背平正，两腿立直，走路的步幅可略大一些。女士穿旗袍就要走出女性柔美的风韵，要求身体挺拔，胸微含，下颌微收，走路时步幅不宜过大，两脚跟前后要走在一条直线上，脚尖略外开，成“柳叶步”。

2. 在与人告辞时，为了表示对在场的其他人的敬意，在离去时，可采用后退法。在楼道、走廊等道路狭窄处，为了表示对他人“礼让三分”，应当采用侧行步。

3. 参加喜庆活动，步态应轻盈、欢快、有跳跃感，用来反映喜悦的心情。参观吊丧活动，步态要缓慢、沉重、有忧伤感，用来反映悲哀的情绪。参观展览、探望病人，环境安谧，不宜出声响，脚步应轻柔。进入办公场所，登门拜访，在室内这种特殊场所，脚步应轻而稳。走入会场、走向话筒、迎向宾客，步伐要稳健、大方、充满热情。举行婚礼、迎接外宾等重大正式场合，脚步要稳健，节奏稍缓。办事联络，往来于各部门之间，步伐要快捷又稳重，以体现办事者的效率、干练。陪同来宾参观，要照顾来宾行走速度，并善于引路。

**(三)走姿禁忌**

1. 方向不定，忽左忽右，变化多端。

2. 摇晃肩膀，低头驼背，扭腰摆臀。

3. 瞻前顾后，左顾右盼，速度多变，忽快忽慢。

4. 脚蹭地面，发出声响，忌内八字和外八字步伐。

**【课堂训练】**

1. 在地上画一直线，行走时双脚内侧稍稍碰到这条线，即证明走路时两只脚几乎是平行的。配上节奏明快的音乐，训练行走时的节奏感，强调眼睛平视，不能往地上看，收腹、挺胸、面带微笑，充满自信和友善。

2. 顶书而行。这是为了纠正走路时摆头晃脑的毛病，保持在行走时头正、颈直的训练。

3. 练习背小包、拿文件夹、公文包时的行走。

## 五、蹲姿

蹲姿不像站姿、坐姿、行姿那样使用频繁，但讲究行为举止礼仪的人士，同样应当讲究蹲姿。

**(一)正确蹲姿**

基本要领是：站在所取物品的旁边，屈膝蹲下去拿，不要低头，也不要弓背，要慢慢地把腰部低下；两腿合力支撑身体，掌握好身体的重心，臀部向下。优雅的蹲姿，一般采取下列两种方法：

1. 交叉式蹲姿

下蹲时右脚在前，左脚在后，右小腿垂直于地面，全脚着地。左腿在后与右腿交叉重叠，左膝由后面伸向右侧，左脚跟抬起，脚掌着地。两腿前后靠紧，合力支撑身体。臀部向下，上身稍前倾。

2. 高低式蹲姿

下蹲时右脚在前，左脚稍后(不重叠)，两腿靠紧向下蹲。右脚全脚着地，小腿基本垂直于地面，左脚脚跟提起，脚掌着地。左膝低于右膝，左膝内侧靠于右小腿内侧，形成右膝高、左膝低的姿势，臀部向下，基本上以左腿支撑身体。男士选用这种蹲姿时，两腿之间可有适当距离。

**(二)注意事项**

1. 男士下蹲时，两腿之间可有适当的距离。但女士无论采取哪种蹲姿，都要注意将两腿靠紧，臀部向下。在着裙装时更要特别留意，以免尴尬。

2. 不要突然下蹲，不要蹲在椅子上，不要蹲着休息。

3. 不要东张西望。从地上取物、东张西望会让人产生猜疑。

## 六、手势

手是人体上最灵活的器官，如果说“眼睛是心灵的窗户”，那么手就是心灵的触角，是人的第二双眼睛。手势在传递信息、表达意图和情感方面发挥着重要作用。

手的“词汇”量是十分丰富的。据语言专家统计，表示手势的动词有近二百个。例如，“双手紧绞在一起”，显示的意义是精神紧张。用手指或笔敲打桌面，或在纸上涂画，显示不耐烦、无兴趣。搓手，显示的意义是有所期待，跃跃欲试，也可表示着急或寒冷。摊开双手，表示真诚和坦直。用手支着头，显示的意义是不耐烦、厌倦。用手托摸下巴，说明老练、机智。用手不停地磕烟灰，表明内心有冲突和不安。突然把没吸完的烟掐灭，表明紧张地思考问题。又如，招手致意、挥手告别、握手友好、摆手回绝、合手祈祷、拍手称快、拱手答谢(相让)、抚手示爱、指手示怒、颤手示怕、捧手示敬、举手赞同、垂手听命，等等。可见，丰富的手势语在人们交往间是不可缺少的。

在社会交往中，手势有着不可低估的作用，生动形象的有声语言再配合准确、精彩的手势动作，必然能使交往更富有感染力、说服力和影响力。

**(一)手势的区域**

手势活动的范围，有上、中、下三个区域。此外，还有内区和外区之分。肩部以上称为上区，多用来表示理想、希望、宏大、激昂等情感，表达积极肯定的意思；肩部至腰部称为中区，多表示比较平静的思想，一般不带有浓厚的感情色彩；腰部以下称为下区，多表示不屑、厌烦、反对、失望等，表达消极否定的意思。

**(二)手势的类型**

人的手势一般可分为4种：

1. 情意性手势

主要用于带有强烈感情色彩的内容，它的表现方式极为丰富，感染力极强。比如说“我非常爱她”时，用双手捧胸，以表示真诚之情。

2. 象征性手势

主要用来表示一些比较复杂的感情和抽象的概念，从而引起对方的思考和联想。例如，把大军乘胜追击的场面，用右手五指并齐、并手臂前伸这个手势来形容，象征着奋勇进发的大军，就能引起听众的联想。

3. 指示性手势

主要用于指示具体事物或数量，其特点是动作简单，表达专一，一般不带感情色彩。如当讲到自己时，用手指向自己；谈到对方时，用手指向对方。

4. 形象性手势

其主要作用是摹拟事物的形状，以引起对方的联想，给人一种具体明确的印象。如说到高山，手向上伸；讲到大海，手平伸外展。

**(三)常见的手势**

1. 引领的手势

在各种交往场合都离不开引领动作，例如，请客人进门，客人坐下，为客人开门等，都需要运用手与臂的协调动作，同时，由于这是一种礼仪，还必须注入真情实感，调动全身活力，使心与形体形成高度统一，才能做出色彩和美感。引领动作主要有以下几个表现形式：

（1）横摆式

在表示“请进”“请”时常用横摆式。具体做法是：五指并拢，手掌自然伸直，手心向上，肘微弯曲，腕低于肘。应从腹部之前抬起，以肘为轴轻缓地向一旁摆出，到腰部与身体正面成45度时停止。头部和上身微向伸出手的一侧倾斜，另一手下垂或背在背后，目视宾客，面带微笑，表现出对宾客的尊重、欢迎。

（2）双臂横摆式

当来宾较多时，表示“请”可以动作大一些，采用双臂横摆式。具体做法是：两臂从身体两侧向前上方抬起，两肘微曲，向两侧摆出。指向前进方向一侧的臂应抬高一些，伸直一些，另一手稍低一些，曲一些，也可以双臂向一个方面摆出。

（3）前摆式

当一只手扶房门或电梯门，或一手拿着东西，同时又要做出“请”或“指示方向”的手势时，可以用前摆式手势。以右手为例，具体动作要求是：五指伸直并拢，从身体的右侧前方，由下向上抬起，抬至上臂离开身体的高度时，以肘关节为轴，手臂由体侧向体前的左侧摆动，摆到距身体15厘米，掌心向上，手尖指向左方，头部随客人由右转向左方。

（4）斜摆式

请客人落座时，手势应摆向座位的地方。具体做法是：手要先从身体的一侧抬起，到高于腰部后，再向下摆去，使大小臂成一斜线。

（5）直臂式

需要给宾客指方向时，采用直臂式。具体做法是：手指并拢，掌伸直，屈肘从身前抬起，向指引的方向摆去，摆到肩的高度时停止，肘关节基本伸直。

> 得体的手势能起到锦上添花的作用。它的要求是：自然、规范、适度。“自然”指手势曲线适宜，力度适中，动作不要过快，忌突然性。“规范”指每一手势应做到符合标准，给人幽雅含蓄、彬彬有礼的感觉。“适度”指手势不宜过大，手的位置上界不超过对方视线，下界不低于胸区，左右摇动范围不宜太宽，应在人的胸前或右方进行。

2. “OK”的手势

拇指和食指合成一个圆圈，其余三指自然伸张。这种手势在西方某些国家比较常见，但应注意在不同国家其语义有所不同。如：美国表示“赞扬”“允许”“了不起”“顺利”“好”；在法国表示“零”或“无”；在印度表示“正确”；在中国表示“零”或“三”两个数字；在日本、缅甸、韩国则表示“金钱”；在巴西则是“引诱女人”或“侮辱男人”之意；在地中海的一些国家则是“孔”或“洞”的意思，常用此来暗示、影射同性恋。

3. 伸大拇指手势

大拇指向上，在说英语的国家多表示“OK”的意思或是打车的意思；若用力挺直，则含有骂人的意思；若大拇指向下，多表示坏、下等人的意思。在我国，伸出大拇指这一动作基本上是向上伸表示赞同、一流、好等意思，向下伸表示蔑视、不好等意思。

4. “V”字型手势

伸出食指或中指，掌心向外，其语义主要表示胜利(英文 Victory 的第一个字母)；掌心向内，在西欧表示侮辱、下贱的意思。这种手势还时常表示“二”这个数字。

5. 伸出食指手势

在我国以及亚洲一些国家表示“一”“一个”“一次”等；在法国、缅甸等国家则表示“请求”“拜托”之意。在使用这一手势时，一定要注意不要用手指指人，更不能在面对面时用手指着对方的面部和鼻子，这是一种不礼貌的动作，容易激怒对方。

6. 捻指作响手势

用手的拇指和食指弹出声响，它的语义或表示高兴，或表示赞同，或是无聊，有轻浮之感。应尽量少用或不用这个手势，因为它的声响有时会令他人反感或觉得没有教养，尤其是不能对异性运用这种手势，这是带有挑衅、轻浮的举动。

## 七、相关活动仪态

### (一)上下楼梯的动作仪态

下楼梯前先停一停，扫视片刻楼梯后，运用感觉来掌握行走的快慢高低，沿梯而下。不要低头看梯，而是眼睛平视前方。引导客人上下楼梯时，扶手那边应让给客人行走。交际场合，上楼时尊者、女士在前；下楼时相反。

### (二)上下轿车的动作仪态

上车时要侧着身体，先坐于车座上，后将双腿、脚同时挪入车门，再将身体调整好。不要头先进去再弯腰撅臀钻身体，像爬行一样，很不雅。下车时，应侧着身体，移动靠近车门，然后一只脚踏在地面上，眼睛看前方，再以手的支撑力移动另一只脚，头部自然伸出，起身立稳后，再缓步离开。要主动为客人开启、关闭车门，并让宾客先上先下。

### (三)低处取物的动作仪态

拿取低处物品或拾起落在地上的东西时，最好走近物品，上体正直、单腿下蹲，利用蹲和屈膝的动作，慢慢低下拿取，以显文雅，不要只弯上身，撅臀。给客人送茶水、饮品时，如果是低矮的茶几，也应使用蹲姿。

### (四)递物与接物的动作仪态

应当双手递物和双手接物(五指并拢)，表现出恭敬与尊重的态度。递接物品时注意两臂夹紧，自然地将两手伸出。递剪刀、刀子或尖利的物品时，应用手拿着尖头部位递给对方，方便对方接取。递笔时，笔尖不可以指向对方。递书、资料、文件、名片等，字体应正对接受者，便于对方马上看清楚。

### 常见的不良举止

1. 随便吐痰。吐痰是最容易直接传播细菌的途径，随地吐痰是非常没有礼貌而且绝对影响环境、影响我们的身体健康的。如果要吐痰，把痰吐在纸巾里，丢进垃圾箱，或去洗手间吐痰，但不要忘了清理痰迹和洗手。

2. 随手扔垃圾。随手扔垃圾是应当受到谴责的最不文明的举止之一。

3. 当众嚼口香糖。有些人必须嚼口香糖以保持口腔卫生，但应当注意在别人面前的形象。咀嚼的时候闭上嘴，不能发出声音，并把嚼过的口香糖用纸包起来，扔到垃圾箱。

4. 当众挖鼻孔或掏耳朵。有些人习惯用小指、钥匙、牙签、发夹等当众挖鼻孔或者掏耳朵，这是一个很不好的习惯。尤其是在餐厅或茶坊，别人正在进餐或茶，这种不雅的小动作往往令旁观者感到非常恶心。

5. 当众挠头皮。有些头皮屑多的人，往往在公众场合忍不住挠头，皮屑飞扬，令人不快。特别是在庄重的场合，这种行为难以得到别人的谅解。

6. 在公共场合抖腿。有些人坐着时会有意无意地双腿颤动不停，或者让跷起的腿像钟摆似地来回晃动，并且自我感觉良好以为无伤大雅。其实这会令人觉得很不舒服。这不是文明的表现，也不是优雅的行为。

7. 当众打哈欠。在交际场合，打哈欠给对方的感觉是：你对他不感兴趣，表现出很不耐烦了。因此，如果你控制不住要打哈欠，一定要马上用手盖住你的嘴，跟着说“对不起”。

（资料来源：http：//www. diyifanwen. com）

## ☞技能实训

### 实训任务一

**【案例描述】**

S市宏利集团有限公司成立于1983年9月，是一家以供应链运营和房地产开发为主业的现代服务型企业，主要业务包括供应链运营、房地产开发、旅游酒店、会展业等。截至目前，集团资产总额超过890亿元人民币，位列2013年中国企业500强。公司以“开拓新价值，让更多人过上更有品质的生活”为使命，以“专业、高效、优质、诚信”的服务理念为客户提供供应链增值服务和房地产综合服务。在供应链运营领域已形成浆纸、钢铁、矿产品、农产品、轻纺、化工、机电、物流服务及汽车、酒类十大核心业务板块，与180多个国家和地区建立了业务关系；在房地产开发领域形成了两大品牌，现在中国20个城市进行房地产开发，初步形成了全国性战略布局。通过持续不断的创新改进和提升服务，公司努力打造成为员工热爱、客户满意、股东信任、社会尊重的企业。

随着规模的迅速扩大，集团领导深刻体会到员工自身的素质直接关系到集团的形象和发展。因此，宏利集团特别重视对员工的岗前培训，特别是管理人员的个人礼仪的培训。集团决定通过对全体员工进行轮训、定期开展礼仪讲座、举行员工个人形象设计大赛等方式在全公司营造学习礼仪、提高自身素质的氛围。

2013年9月，宏利集团准备举办以“展示自我、规范自我、弘扬自我”为主题的个人形象设计大赛，作为集团30周年华诞献礼。

**【实训要求】**

1. 模拟宏利集团举行个人形象设计大赛的情境；

2. 设计在工作、社交、休闲不同场景中的个人形象；

3. 要求根据自己的脸型设计发型，根据不同的场景选择服装搭配；女士根据服装色彩和具体环境的要求为自己化妆；

4. 每小组轮流上台展示，展示时间为5~10分钟，可以配乐、辅以旁白。

【实训操作】

1. 将全班学生分成若干小组，以小组为单位组织情境模拟；

2. 此次内容安排在个人礼仪的讲解之后，提前布置，让学生在课后充分准备；

3. 通过评选“最佳职业形象设计”“最佳社交形象设计”“最佳休闲形象设计”的方式提高学生参与的积极性；

4. 评分可由老师、学生共同参加，取平均分评出成绩。

【实训提示】

1. 仪容指的是人的仪表、姿容，包括发式、面容、颈部、手部及总体的精神面貌。

2. 服装要求整洁、大方、和谐、雅致，具有实用性、审美性、象征性的特点。男士的职业装一般以单位的工作服或西装为宜，全套深色，质地优良。女士以西装套裙为宜。

3. 女士的社交服饰可多种多样，整体要求是典雅端庄、气质高贵。女士参加社交场合还应配搭合适的饰物、包袋等，其风格要与服装搭配和谐，手袋讲究用真皮的、款式精美。

4. 休闲装一般是在工作及运动时间以外穿着的衣服休闲装。款式多样，色彩丰富，以穿着舒适、美观、实用和反映个性为主要标志。

## 实训任务二

【案例描述】

第一夫人彭丽媛出访造型回顾

第一套造型：彭丽媛这身深蓝色双排扣风衣用丝巾做点缀，简约而典雅。中国“第一夫人”彭丽媛的首次出访受到各界的强烈关注，这套深色的造型看起来简约大气，实际上珍珠耳环、点亮造型的丝巾、腰带的系法、风衣与裙子长度的比例、鞋子的高度等细节上一点都不疏忽，从精致细节中展现出中国特有的典雅与大气。

第二套造型：彭丽媛陪同习近平主席访俄的第二套装扮曝光，换上与下午双排扣风衣同色系的长及小腿的大衣，踝靴换成了漆皮的高跟鞋，用芥末黄色的围巾点亮造型，放下黑色皮质手提包后换上更便携的黑红色长款手拿包。

第三套造型：彭丽媛访俄第三套造型曝光，经历了两套低调的黑色造型之后，她换上藏蓝色刺绣花纹收腰外套，搭配及膝黑短裙。藏蓝色的外套从颜色到花纹都具有浓郁的民族风情，但无论怎么变化造型依旧非常优雅和大气，将民族元素拿捏得恰到好处。

第四套造型：彭丽媛第四套造型曝光，藏青色长款大衣搭配蓝色围巾，同一色系不同色调在视觉上形成对比。整个造型与之前几个造型差别不大。

第五套造型：彭丽媛第五套造型曝光，驼色及膝裙套装与之前几个造型相比让人眼前一亮。双排扣的西服外套无论廓形还是颜色都非常优雅，收腰和外扩的细节是今年非常流行的元素；内搭中式立领民族印花上衣，民族与现代风格完美融合在一起。

抵达达累斯萨拉姆，彭丽媛第六套造型亮相：印花暗纹素白套装沉稳干练中增加女性的柔美清爽，搭配的浅蓝色丝巾让人眼前一亮，衬托皮肤白皙柔和，与身边习近平主席的蓝色系领带相得益彰。手提的纯白色包包与套装同色系，整体洁白简约，纯净高雅。

第七套造型：彭丽媛在基奎特总统夫人萨尔玛·基奎特陪同下参观了坦桑尼亚“妇女与发展基金会”。小立领闪光面料的风衣带有灰蓝色调，较之此前的黑色系大衣多了一些活泼、飒爽的因素，与当日参观妇女与发展基金会的主题呼应，体现了新时代的妇女干练的性格和多彩的生活；搭配泼墨感印花中长裙装，英姿飒爽中不失女性的柔美温和，深浅不一的蓝色花系与风衣外套的灰蓝色遥相呼应，十分和谐。

（资料来源：http：//www.china.com.cn）

**【实训要求】**

仔细阅读以上报道，结合服饰礼仪相关知识，谈谈你的理解和看法。

**【实训操作】**

1. 上网查阅彭丽媛随同国家主席习近平于3月22日至30日对俄罗斯、坦桑尼亚、南非、刚果共和国进行国事访问并出席金砖国家领导人第五次会晤时的着装打扮；

2. 将全班学生分成若干小组，以小组为单位组织学习活动；

3. 每组选派一位代表总结发言。

**【实训提示】**

专家点评一：第一夫人整体着装沉稳含蓄。

北京服装学院服装艺术设计系主任谢平表示，第一夫人的服装在设计上含有西式古典军服元素，整体给人的感觉是沉稳含蓄中透露出一股英姿飒爽的气质。“立领、脖头翻开……”谢平表示，该风衣造型在现代时装款的基础上巧妙地运用了西式古典军服元素，加上修身裁剪，给人的不是一种军装所特有的硬朗感觉，而是端庄大气之派。另外，衣服在色彩的选取上没有采用军绿色或者是鲜亮的颜色，而是和习近平主席的大衣颜色一致采取藏蓝色，沉稳而含蓄。谢平说，彭丽媛所穿的及踝、系带的短靴与其服饰中的军装风格也相呼应，“整体给人的感觉是端庄中不失英姿飒爽”。

（资料来源：http：//www.china.com.cn）

专家点评二：大气自信，展现优雅气质。

羽西品牌化妆品创始人靳羽西：衣服、妆容得体大方。大衣深蓝色，包、袜子和鞋都是黑色，蓝色围巾很抢眼，懂得运用“有颜色的延伸”穿衣法则，很厉害！特别要说的是，中国领导人夫人出访一般会选择胸针作为配饰，而这次彭丽媛选择珍珠耳环，非常抢眼，也是其他国家第一夫人常用的配饰。

国际形象顾问协会中国分会主席张玲：深蓝色大衣富有立体设计感。亮色纽扣的点缀，腰间带子的搭配，塑造出夫人的风韵身姿。区别于主席男士洒脱宽阔的大衣，夫人大衣下摆仿佛是修身的筒裙，展现出中国职业女性的优雅气质。在庄重的大衣领口处，淡雅的柔和蓝色丝巾，映衬出白皙肤色。漆皮手包搭配黑色高跟鞋，经典协调。一身深色看似缺少色彩，但符合国际着装标准和规范。

北京奥运会形象设计总监易茗：彭丽媛这次的装扮，给了国人一个大大的惊喜，这是中国范儿的装扮，黑色与蓝色的搭配，很精致，用四个字来形容，就是“雅致自信”。充分展现了优雅和简约。而且这次与习主席是一对“情侣装”，从另一层面上来讲，也是浪漫的体现。

（资料来源：http：//news. qq. com）

## 实训任务三

【案例描述】

风景秀丽的某海滨城市的朝阳大街，高耸着一座宏伟楼房，楼顶上“远东贸易公司”六个大字格外醒目。

某照明器材厂的业务员金先生按原计划，手拿企业新设计的照明器材样品，兴冲冲登上六楼，脸上的汗珠未来得及擦一下，便直接走进了业务部张经理的办公室。正在处理业务的张经理被吓了一跳。“对不起，这是我们企业设计的新产品，请您过目。”金先生说。张经理停下手中的工作，接过金先生递过来的照明器，随口称赞道：“好漂亮啊！”并请金先生坐下，倒上一杯茶递给他，然后拿起照明器仔细研究起来。

金先生看到张经理对新产品如此感兴趣，如释重负，便往沙发上一靠，跷起二郎腿，一边吸烟一边悠闲地环视着张经理的办公室。当张经理问他电源开关为什么装在这个位置时，金先生习惯性地用手挠了挠头皮。好多年了，别人一问他问题，他就会不自觉地用手挠头皮，虽然金先生作了详尽的解释，张经理还是有点半信半疑。谈到价格时，张经理强调：“这个价格比我们预算高出较多，能否再降低一些？”金先生回答：“我们经理说了，这是最低价格，一分也不能降了。”张经理沉默了半天没有开口。金先生却有点沉不住气，不由自主地拉松领带，眼睛盯着张经理，张经理皱了皱眉，“这种照明器的性能先进在什么地方？”金先生又挠了挠头皮，反反复复地说：“造型新、寿命长、节电。”张经理托辞离开办公室，只剩下金先生一个人。金先生等了一会儿，感到无聊，便非常随便地抄起办公桌上的电话，同一个朋友闲谈起来。这时，门被推开，进来的却不是张经理，而是办公室秘书。

（资料来源：《现代礼仪实用教程》）

【实训要求】

1. 根据材料，讨论金先生的失礼之处有哪些？

2. 请分角色模拟金先生、张经理和办公室秘书，体会如何做才符合职业形象礼仪规范。

【实训操作】

1. 将全班学生分成若干小组，以小组为单位组织情境模拟；

2. 小组成员轮流担任不同角色，体会不同身份的职业礼仪要求；

3. 各小组互相点评，评选出最佳主角和配角。

【实训提示】

1. 金先生的失礼之处表现在以下几个方面：

(1)兴冲冲登上六楼，脸上的汗珠未来得及擦一下，便直接走进了业务部张经理的办公室；

(2)金先生看到张经理对新产品如此感兴趣，如释重负，便往沙发上一靠，跷起二郎腿，一边吸烟一边悠闲地环视着张经理的办公室；

(3)金先生习惯性地用手挠了挠头皮；

(4)金先生回答："我们经理说了，这是最低价格，一分也不能降了"。

(5)金先生却有点沉不住气，不由自主地拉松领带，眼睛盯着张经理。

(6)金先生等了一会儿，感到无聊，便非常随便地抄起办公桌上的电话，同一个朋友闲谈起来。

2. 金先生正确的礼仪规范：

(1)仪态规范的基本原则是保持端庄、文静、亲和的形象，使对方产生尊重和信赖。日常姿势包括：站姿、走姿、坐姿、蹲姿；

(2)站姿是其他人体动态造型的基础和起点，站立时，头部要保持挺拔，目光平视，双肩平直，挺胸收腹，手臂下垂，双脚成小八字或成丁字步，身体重心落在两个前脚掌；

(3)坐姿是人体的静态造型，坐姿的基本要领是：腰背挺直，肩放松，上身和大腿、大腿和小腿成两个90度，女士要求两膝并拢，男士的膝部可分开一些，但不能超过肩宽；

(4)走姿的基本要求是：轻巧、自如、稳健、大方，走路时尽量走成一条直线，步态要轻盈，步幅不宜过大，脚步迈出时身体重心自然随之向前移，不能用脚跟着地；

(5)行进时要节奏均匀，步幅适中，正常步幅为一脚之长，女生可小些，步伐应轻快、端庄、有节奏感。男生步幅可大些，走路时双腿膝盖内侧似乎有些摩擦的感觉，双手自然随步伐前后摆动，手指不外翘，手提重物行走时，要注意保持身体的平衡；

(6)见面应微笑，与对方目光交流，要给人以亲切感。

# 第三章 日常交际礼仪

交际礼仪是指人们在日常交际活动中的举止行为及其具体规范，主要包括见面礼仪、交谈礼仪和馈赠礼仪等。遵循交际礼仪规范，是人们在人际交往中取得成功的前提，同时也是事业发展的基础。

## 第一节 见面礼仪

**【案例导入】**

小乔今年大学刚毕业，在AD公司销售部担任助理，为人热情，做事主动。一天，GT公司销售部的吴丽晶经理要来洽谈业务。销售部王经理把接机的任务交给了英语流利的小乔。小乔准时来到机场。在出口处吴经理见到小乔手中的字牌，走到小乔面前说："你好！你是AD公司的小乔吧，我是吴丽晶！"小乔连忙用不太标准的普通话说："是的是的，我是小乔！您好！您就是GT公司的狐狸精(吴丽晶)吧？我是公司派来接您的。我是东方大学的研究生，现在是王总的得力助手。"一边说一边伸手准备与吴经理握手。返程的路上，小乔主动向吴经理介绍公司最近的发展情况。交流过程中，小乔因为有凑近和别人交谈的习惯，又怕别人顾忌被自己的口沫溅到，于是先知趣地用手掩住自己的口。

**【案例讨论】**

面对小李这样的称呼、这样的自我介绍、这样的握手方式，吴经理会有什么感觉呢？

在日常生活与工作中，不可避免地要与他人见面、打交道，懂得见面礼仪就显得非常重要。亚里士多德说："一个人不跟别人打交道，他不是一个神就是一个兽。"而要与人愉快地见面和交往，就要知道在见面时如何称呼、介绍、握手、使用名片、致意等礼仪，这是见面时必不可少的润滑剂与交往纽带。

### 一、称呼礼仪

称呼，即日常交往中人们彼此之间所使用的称谓语。选择正确、适当的称呼，不仅反映着自身的教养和对被称呼者尊重的程度，而且在一定程度上还体现着双方之间关系的亲疏。从某种意义上讲，当一个人称呼另外一个人时，实际上意味着自己主动地对双边关系进行定位。

**(一)职场中的称呼方式**

主要有以下几种：

1. 职务性称呼

在职场中彼此进行交往时以职务进行称呼，可以表明身份区别，既得体又可以显示出敬意。职务性的称呼大体有三种情况：一是仅仅称呼其职务，如“局长”“处长”“经理”等等。二是在职务前加上姓氏，如“王局长”“李处长”“张经理”等等。三是称呼前加上其姓名。这一般只适用于正式场合。如“王利局长”“李湛处长”“张坤经理”等等。

2. 职称性称呼

对具有职称，特别是中、高级职称者，可在职场中直接以其职称相称。一般来说也有三种称呼方式：一是仅用职称称呼，如“教授”“工程师”“研究员”等等。二是在职称前加上其姓氏，如“李教授”“王工程师”“张研究员”等等。而这种称呼又常常为了简单而采用约定俗成的简称法来称呼，如将“王工程师”简称为“王工”、将“林编审”简称为“林编”等。但是要注意的是，在使用简称法时，要以不发生误会或歧义为原则。三是在职称前加上其姓名的称呼。这一般是在比较正规的场合才使用的称呼方式，如“杜威主任编辑”“马洪教授”等。

3. 学衔性称呼

在工作中，对有学衔的，特别是具有较高学衔者，以学衔进行称呼，往往会增加现场的学术气氛，提高被称呼者的学术权威性。具体有四种方式：一是仅称学衔，如“博士”。二是在学衔前加上其姓氏，如“方博士”。三是在学衔前加上其姓名，如“田志强博士”。四是根据社交场合的具体需要，可将学衔具体化进行称呼，如“法学博士张力”“工程硕士胡娜”等。这种称呼是最为正式的。

4. 职业性称呼

在比较正式的场合，往往习惯于职业性的称呼，这带有尊重对方职业和劳动的意思，同时也暗示了谈话与职业有关。通常也有两种称呼方式：一是用其职业来称呼，如“师傅”“大夫”“医生”“老师”“警官”等。二是在其职业前加上姓氏，如“李师傅”“史大夫”“张医生”“刘老师”等。

5. 姓名性称呼

这是在职场交往中，对于交往对象直接称呼其姓名的方式。一般仅限于同事、熟人之间，也有两种方式：一是直呼其名，如“李丽”“王芳”；二是只呼其姓，不呼其名，并根据具体情况在其姓氏前，加上“老”“大”“小”等进行称呼，如“老李”“大刘”“小张”等。

**（二）职场中称呼的注意事项**

1. 避免使用错误称呼

在称呼他人时，要避免将对方的姓名念错，对于把握不准的字，要事先请教，不要凭自己的主观想象，贸然称呼对方。如将“查”“盖”等姓氏望字猜音，发生错误。对于交往对象的年龄、辈分、婚否、职务等情况拿不准时，千万不要想当然地去称呼，而要摸准情况，选择合适的称呼。

2. 称呼要与时俱进

称呼有一定的历史时代性，有些称呼会随时代的变化而被淘汰，也有些称呼会随时代变化应运而生。因此，称呼一定要合乎时宜，否则会闹出笑话。如现在再称呼领导为“长官”“大人”，一定会贻笑大方的。

3. 避免使用低级庸俗的称呼

在职场交往的场合中，不要将私下个人之间交往的称呼搬出来。诸如“哥们儿”“兄弟”“姐们儿”“老兄”之类的称呼，是不适宜正式社交场合的。

**（三）一般称呼**

这是最简单、最普遍，特别是面对陌生公众时最常用的称呼方式，如“小姐”“先生”“夫人”“同志”等。其中，目前世界上使用的称呼方式中，频率最高的是“小姐”和“先生”，未婚女子统称为“小姐”，已婚女子统称为“夫人”或“太太”，如果搞不清被称呼女子的婚姻状况，可统称“小姐”。对职业女性可统称为“女士”。特别值得注意的是，当面对一位虽然年龄较大，但却并未结婚的女士时，绝对不能仅凭直觉或猜测将她称呼为“太太”。

在与外国人打交道的时候，有些称呼方式是比较固定的，比如：官方的军政要员，应称阁下、职衔或先生，并可在前面加姓氏，如“总统阁下”“班达总统”“司令先生”等；对军人一般称军衔加先生，亦可在前面加姓氏，如“乌克少尉”“中将先生”“韦恩大校先生”等；对有博士学位的人以及教授，律师、法官、医生等，可称“博士”“教授”“律师”“法官”“医生”等，也可在前面加姓氏，如“艾尔文博士”；对少数以同志相称的国家和地区的成年人，可一律称“同志”或姓名加同志，或职衔加同志，如“朴玉珠同志”“阮石同志”“部长同志”等。

## 二、介绍礼仪

介绍通常指在人们初次相见时，经过自己主动沟通，或者借助第三者的帮助，使原本不相识者彼此之间有所了解，相互结识。它是社交活动最常见的重要礼节之一，也是初次见面时陌生的双方开始交往的起点。正确地使用介绍，可以扩大自己的交际圈，进行必要的自我展示和宣传，并且避免人际交往中的误会。

**（一）介绍的类型**

1. 按照社交场合来分，有正式介绍和非正式介绍。正式介绍是指在较为正规的场合进行的介绍，而非正式介绍是指在一般非正规场合中进行的介绍。非正式介绍可不必拘泥礼节。

2. 按照介绍者在介绍中所处的位置不同来分，有自我介绍、他人介绍和为他人介绍。

3. 按照被介绍者的人数来分，有集体介绍和个别介绍。

4. 按照被介绍者的身份、地位来分，有重点介绍和一般介绍。如对于要人和贵宾，可作重点介绍。

**（二）介绍的方法**

在社交场合中使用较多的介绍方法有以下几种：

1. 为他人作介绍

（1）注意介绍的礼仪

为他人作介绍时，态度要热情友好，不要厚此薄彼。不可以详细介绍一方，粗略介绍另一方。介绍前，应先向双方打招呼，使其具有思想准备。介绍时，语言应清晰、准确。作为被介绍者，在被介绍给他人时，一般都应面向对方，并做出礼貌反应。例如，可以说

“幸会”“久仰大名”“认识您非常高兴”等。

(2)掌握正确的介绍顺序

为他人作介绍时的原则是“尊者居后”，要坚持受到尊重的一方有了解对方的优先权，即把身份、地位较低的一方介绍给身份、地位较高的一方，以表示对尊者的敬重之意。在口头表达上应先称呼受到尊敬的一方，再将被介绍者介绍出来。所以，在介绍的顺序上应该将男士介绍给女士、将未婚者介绍给已婚者、将晚辈介绍给长辈、将职位低者介绍给职位高者、将客人介绍给主人、将个人介绍给团体。比如，先把职位低者介绍给职位高者时，可以这样说：“张总，这是王秘书。”然后介绍说：“王秘书，这是张华总经理。”

当被介绍人是同性别，或者年龄相仿，或者一时难以辨别身份、地位时，可以把与自己关系较熟的一方介绍给自己较为生疏的一方。例如，“陈强，这是我的同学方刚。”然后说：“方刚，这位是陈强。”

(3)运用正确的介绍姿势

作介绍时，介绍人应起立，行至被介绍人之间。在介绍一方时，应微笑着用自己的视线把另一方的注意力吸引过来。手的正确姿势应为手指并拢，掌心向上，胳膊略向外伸，指向被介绍者。作为介绍人，在为他人作介绍时，一定要认认真真，不要敷衍了事或油腔滑调，也不要用手指对被介绍人指指点点。

(4)陈述正确的介绍语

介绍人在为他人作介绍时，语言宜短，内容宜简，并应该使用敬语。例如，“李小姐，请允许我向您介绍一下……”也可以这么介绍：“王先生，我来为您介绍一下，这位是……”如果时间允许，气氛融洽，在为被介绍人作介绍时，除介绍姓名、单位、职务和与自己的关系外，还可介绍双方的爱好、特长、学历、荣誉等情况，为双方提供交谈的前提条件。当然，在介绍前，最好了解一下双方是否有相识的愿望。

(5)选择恰当的介绍人

在不同的场合应有不同的人担任介绍人。在公务活动中，公关人员是最适宜的介绍人；在接待贵宾时，介绍人应该是本单位职位最高的人士；在社交场合，主人义不容辞地应当作介绍人；在非正式场合，与被介绍人双方都相识的人担任介绍人。

2. 自我介绍

自我介绍，是指把自己介绍给对方。自我介绍的内容要根据交往的具体场合、目的、对象的特点等实际情况确定，不可盲目，不能一概而论。

(1)自我介绍的方式和内容

①应酬式

适合于一些公共场合和一般性的社交场合，如旅途中、宴会厅里、舞场、通电话时。这种介绍方式的内容应该简单为好，往往只介绍自己的姓名即可，如：“你好！我的名字叫胡娜娜。”

②工作式

又称为公务式的自我介绍，适用于工作之中。它是以工作为中心的自我介绍。为此，这种介绍的内容应包括三方面，即姓名、单位和部门、职务或具体工作。介绍时应报全称，如：“你好！我是刘林，是××市政府外事办公室的联络处处长。”

③交流式

这是在社交场合以寻求与对方进行沟通、交流为目的的自我介绍。这种介绍可以包括以下内容：姓名、工作、籍贯、学历、兴趣及与交往对象的某些熟人关系等，如：“我叫李颖，现在上海大学从事教学工作。我是清华大学自动控制系99级的，我想我们是校友，对吗?”

④礼仪式

这是一种对于交往对象表示友好、敬意的自我介绍。适用于讲座、报告会、庆典等正规而又隆重的场合。这种自我介绍除了姓名、单位、职务外，还应该加入一些适宜的谦辞和敬语，以表示自己的礼待。如：“各位来宾，大家下午好！欢迎大家光临这次大会。我是海大公司的公关部经理王海燕。现在，由我代表本公司宣布我们的开业仪式正式开始。”

⑤应聘式

这种自我介绍主要适用于应试、应聘和公务交往。这种介绍形式的内容主要有姓名、单位、专业、学历、职务、职称、年龄、政治面貌、籍贯、教育背景、工作经历、专长、成绩或业绩、兴趣，等等。这些内容是介绍的重点，同时还要根据现场的情况，见机行事地介绍一些问题。

(2)自我介绍的技巧

①介绍内容要有针对性

自我介绍要根据不同场合、对象和实际需要进行有目的性、选择性地介绍，不能够千人一面。一般性的应酬，介绍要简单明了，通常介绍姓名就可以了。工作性的自我介绍还要介绍工作单位和具体从事的工作。社交性的自我介绍则还需进一步介绍兴趣、爱好、专长、籍贯、母校、经历及与交往对象某些熟人的关系等，以便进一步交流和沟通。

②介绍内容要实事求是

自我介绍应当实事求是、态度真诚。既不要自吹自擂、夸夸其谈，谎报自己的职务，吹嘘自己的才能，胡诌认识许多社会名流等，也不要自我贬低，过分谦虚。恰如其分地介绍自己，才会给人诚恳、可以信任的印象。

③把握介绍时机

自我介绍要找准适当的机会。当对方正与他人亲切交谈时，此时不宜走上前去进行自我介绍，以免打断别人的谈话，而是在对方有兴趣、有需要时适时介绍，例如当对方一个人独处或者与人闲谈时，不妨见缝插针，抓住时机进行自我介绍。

④讲究介绍艺术

开门见山。自我介绍要看场合，通常与对方问好后便可开门见山进行自我介绍；进行自我介绍前，也可以引发对方先作自我介绍，诸如：“请问您贵姓?”“您是……”等，待对方回答后再顺水推舟地介绍自己；与对方相互认识后想要深交，还可以交换名片，以便日后联系。

3. 集体介绍

集体介绍是指在双方和多方人员共同参与聚会或活动时，为使参与人员之间互相认识而进行的介绍。集体介绍的形式很多，要根据活动的内容、参加人员的多少、活动的时间长短以及必要性，决定介绍的形式。

(1)介绍的方法

介绍集体时，其先后顺序可以比照介绍他人时的规则进行。此外，还有以下几种方法：

①单向式。又称“少数服从多数”原则。当被介绍者双方一方为个体，另一方为群体时，往往应当前者礼让于后者，即只将前者介绍给后者，而不必再向前者一一介绍后者。

②笼统式。当被介绍者双方人数较多，而且无必要逐个介绍时，可以简明扼要地介绍双方的概况。例如：“介绍一下：这些是我的家人，这几位是我生意上的伙伴。”

③尊卑式。尊卑式介绍多见于正式的商务交往中。它要求双方均不止一人，需要先介绍地位卑的一方，后介绍地位尊的一方，而且在介绍其中任何一方时，均应遵循由尊而卑的顺序逐个介绍。例如：“各位来宾：这些都是我们天津荣发公司的负责人。这位是荣发公司的副总经理何大伟先生，这位是荣发公司的总经理助理陈云小姐，这位是荣发公司的财务总监马林先生……各位同仁，这些都是来自厦门汇才集团的客人们。这位是汇才集团的CEO欧阳夏丹先生，这位是汇才集团销售部经理吴菁小姐……”

(2)介绍的注意事项

集体介绍时，由一位主持人出面为大家互相介绍，或是各方出一人为本方人员逐个介绍，或是各方人员依次自我介绍。

进行具体介绍时，对被介绍者双方一定要平等对待。不论是介绍的态度、内容还是其他具体方面，均应有规可循，切忌厚此薄彼。

## 三、握手礼仪

握手是相见、离别、祝贺和致谢时表示友谊和致意的一种礼仪，双方常常是先打招呼，然后握手致意。

### (一)握手规范

握手作为一种礼仪，应掌握好握手的姿态、顺序、力度和时间，注意握手中的禁忌，具体做好以下几点：

1. 握手的姿态

握手要注意姿势，一般在距离对方约一米左右的地方站立，上身略微前倾，自然伸出右手，四指并拢，拇指张开，掌心向上或略微偏向左，手掌稍稍用力握住对方的手掌，握力适度，上下稍许晃动几下后松开。握手时要注视对方，面露笑容，以示真诚和热情，同时讲问候语或敬语。

2. 握手的顺序

握手时伸手的先后顺序遵循“尊者决定”的原则，由尊者先行伸手，对方予以响应。在公务场合，先后顺序主要取决于职位、身份，社交场合和休闲场合主要取决于年龄、性别和婚否。一般来说，握手的基本顺序是：主人与客人之间，客人抵达时主人应先伸手，客人告辞时由客人先伸手；年长者与年轻者之间，年长者应先伸手；身份、地位不同者之间，应由身份和地位高者先伸手；女士和男士之间，应由女士先伸手。

3. 握手的力度

握手的力度要因人而异，把握分寸，既不能有气无力，也不能过分用力，以不轻不重、适度为好。男士和女士握手一般不能握得太紧，老朋友可以例外，但也不能握痛对方的手。

4. 握手的时间

握手的时间长短应根据双方的身份和关系来定，一般时间约为2~3秒。初次见面时，应该立刻握住对方伸出的手，稍稍用力一下，即可分开。朋友相逢，握手时间可以延长。但不管怎样，握手时间不宜过长或过短。时间过短，给人以应付、走过场的感觉；时间过长，尤其与异性朋友或初次相识者握手时间过长，是失礼的表现。

5. 握手的禁忌

握手时不要将左手插在裤袋里，不要边握手边拍人家的肩头，不要在握手时眼看着别处或与他人打招呼。要站着而不能坐着握手，年老体弱或者有残疾人除外。一般情况下不能拒绝别人伸出来的手，拒绝握手是非常失礼的，但如果是因为感冒或其他疾病，或者你的手脏，也可以谢绝握手。此时可以解释说："很抱歉，我不能握手。"不要用左手与他人握手，尤其是在与阿拉伯人、印度人打交道时，需要牢记此点，因为在他们看来左手是不洁的。不要在握手时戴着手套，女士在社交场合戴着薄纱手套与人握手例外。不要在握手时戴着墨镜，患有眼疾或眼部有缺陷者方能例外。不要在握手时面无表情，无视对方的存在，纯粹是为了应付。不要在握手时长篇大论，点头哈腰，热情过度，显得过于客套。过于客套，会使对方不自在、不舒服。不要在握手时把对方的手拉过来、推过去，或者上下左右抖个没完。

握手礼有时也可以灵活变通。如一个人面对人数众多的人，相见时则不可能一一握手，可以用点头礼、注目礼、招手礼代替。行握手礼在伸手之前，如果不能肯定对方是否愿意握手时，或看到对方没有握手意思时，则用点头礼、招手礼或注目礼也是很礼貌的。不然，你伸出手去，对方没有反应，那是很尴尬的。多人握手时，不可交叉握手，互相影响，应当待别人握过之后，再去握手，也可以用点头礼、招手礼代替。

**（二）握手样式与信息传递**

美国著名女作家海伦·凯勒曾说："我接触的手，虽然无言，却极有表现力。有的人握手能拒人千里之外，……我握着冷冰冰的手指，就像和凛冽的北风相握手一样；而有些人的手充满阳光，他们伸出来与你相握时，你会感到很温暖。"由此可见，握手传递的信息是丰富的。握手信息是通过握手的具体样式传递出来的。了解一些握手的典型样式，既有助于我们通过握手了解对方的性格、情感、态度等，也有助于我们在人际交往中根据不同的场合、不同的对象去选择具体的样式。

1. 对等式握手

这是标准的握手样式。握手时两人伸出的手心都不约而同地向着对方，或者说是到了最后都不得不将手心向着对方。这样的握手多见于双方社会地位都不相上下时，由于双方都"试图"处于支配地位，通过"竞争"最后双方的手心在握住时不得不都向着对方；也可能是一种单纯的、礼节性的表达友好的方式。

2. 双握式握手

美国人称政客式握手。据说在历届美国竞选总统时，几乎所有的竞选人都要以这种样式对上至亿万富翁、下至西部牛仔握手。其具体样式是：在用右手紧握对方右手的同时，再用左手加握对方的手背、前臂、上臂或肩部。使用这种握手样式的人是在表达一种热情真挚、诚实可靠，显示自己对对方的信赖和友谊。从手背开始，对对方的加握部位越高，其热情友好的程度显得也就越高。

3. 支配式握手

也称“控制”式握手，用掌心向下或向左下的姿势握住对方的手。以这种样式握手的人想表达自己的优势、主动、傲慢或支配地位。这种人一般来说说话干净利落、办事果断、高度自信，凡事一经自己决定，就很难改变观点，作风不大民主，在交际双方社会地位差距较大时，社会地位较高的一方易采用这种方式与对方握手。

4. 谦恭式握手

也叫“乞讨式”握手、顺从型握手。与支配式握手相对，用掌心向上或向左上的手势与对方握手。用这种样式握手的人往往性格软弱，处于被动、劣势地位，这种人可能处世比较民主、谦和、平易近人，对对方比较尊重、敬仰，甚至有几分畏惧。这种人往往易改变自己的看法，不固执，愿意受对方支配。

5. 抠手心式握手

两手相握之后，不是很快松开，而是双手掌相互缓缓滑离，让手指在对方手心适当停留。握手本来就是身体感觉最敏感的部位相互接触，彼此都能通过握手获得一种快感。如果再让手指在手心轻轻滑过，无疑更会使对方热血沸腾、情绪高涨。因此，抠手心式握手一般只见于恋人、情人之间或心有灵犀的好朋友之间。

6. 拉臂式握手

将对方的手拉到自己的身边相握，且往往相握时间较长。这常常是社会地位较低者，特别是那些有较强自卑感的人在与社会地位较高者握手时采用的形式。这种人往往过分谦恭，在他人面前唯唯诺诺，轻视自我，缺乏主见与敢作敢为的精神。

7. 捏手指式握手

不是两手的虎口相触对握，而是有意或无意地只捏住对方的几个手指或手指尖部。女性与男性握手时，为了表示自己的矜持与稳重，常采取这种样式。如果是同性别的人之间这样握手，就显得有几分冷淡与生疏。据说，英国女王与人握手时，为了不让对方完全握住她的手，她总是不把手完全伸出来，并把拇指明显地曲向下方。有不少官僚显贵人物，与人见面时，也总是伸出两三个指头一握了之，以显示他们地位的“尊贵”。

8. “死鱼”式握手

握手时伸出一只无任何力度、质感，不显示任何信息的手。给人的感觉就好像是握住一条腐烂的死鱼。这种人的特点如不是生性懦弱，就是对人冷漠无情，待人接物消极傲慢。假如你握到这样一双手，那你就一般不要指望手的主人会热情地为你办事。

## 四、名片礼仪

名片是现代社会中必不可少的社交工具，它像一个人的简单的履历表，在递送名片的过程中，也在告诉对方自己的姓名、职务、地址和联络方式等。在交往中，人们用它做自我介绍、介绍友人相识，也通过名片的设计展现你的个人风格。随着社会文明的发展，名片在人们之间的信息传递中，扮演了越来越重要的角色。

**（一）名片的存放**

名片是个人尊严、价值的外在显现方式，所以对自己还是他人的名片都应该妥善保管。名片应放在较精致的名片夹里。男士的名片夹应该放在左胸内侧的西装口袋或专门的公文包里，女士的名片夹应该放在手提包里。将名片夹放置于其他口袋，尤其是后侧袋里是一种失礼的行为。在保管存放自己和他人的名片时，最好分开放置，避免误将他人的名片当作自己的送给别人，造成交际中的尴尬境地。

**（二）名片的递送**

1. 应事先把名片准备好，放在易于取出的地方。

2. 向对方递送名片时，要用双手的大拇指和食指拿住名片上端的两个角，名片的正面朝向对方，以便对方阅读，以恭敬的态度，眼睛友好地注视对方，并用诚挚的语调说："这是我的名片，请多联系"，或"这是我的名片，请以后多关照"。

3. 同时向多人递名片时，可按由尊而卑或者由近而远的顺序，依次递送。以独立身份参加活动的来宾，都应该递送名片，以免使人有厚此薄彼之感。要特别忌讳向一个人重复递送名片。

4. 初次相识，双方经介绍后，如果有名片就可以取出名片递送给对方。如果是事先约定好的面谈，或事先双方都有所了解，不一定急于交换名片，可在交际结束、临别之时取出名片递给对方，加深印象，表示愿意保持联络的诚意。

**（三）名片的接受**

接受他人的名片时，应尽快起身或欠身，面带微笑，眼睛要友好地注视对方，并口称"谢谢"，使对方感受到你对他的尊重。接过名片后，应认真阅读一遍，最好将对方的姓名、职务轻声地念出来，以示敬重，看不明白的地方可以向对方请教。要将对方的名片郑重收藏于自己的名片夹或上衣口袋里，或者办公室显著的位置。妥善收好名片后，应随之递上自己的名片。如果自己没有名片或者没带名片，应当首先向对方表示歉意，再如实说明原因，如"很抱歉，我没有名片""对不起，今天我带的名片用完了"。如果接受了对方的名片，不递上自己的名片，也不解释一下原因，是非常失礼的。接受了对方的名片，不要看也不看一眼就放入口袋，或者随手放在一边，也不要将其他东西压在名片上，或拿在手里随便摆弄，这都是对对方的一种不恭。

**（四）名片的索取**

社交中，尽量不要去索取名片，因为名片交换有一个讲究，即地位低的人首先把名片递给地位高的人。如果需要索要名片，最好不要采取直白的表达，恰到好处地交换名片的方法有以下几个：

1. 交易法。这是最常用的方法。交换的方法，即"将欲取之，必先予之"。

2. 激将法。如："尊敬的威廉斯董事长，很高兴认识你，不知道能不能有幸跟您交换一下名片？"这样激发对方交换名片。

3. 联络法。如："史玛尔小姐，我认识你非常高兴，以后到联邦德国来希望还能够见到你，不知道以后怎么跟你联络比较方便?”联络法就是暗示对方提供联络方式，从而达到交接名片的目的。

【课堂训练】

2005年4月，广州商品交易会，各方厂家云集，企业家们济济一堂。华新公司的徐总经理在交易会上听说伟业集团的崔董事长也来了，想利用这个机会认识这位素未谋面又久仰大名的商界名人。午餐会上他们终于见面了，徐总彬彬有礼地走上前去，“崔董事长，您好，我是华新公司的总经理，我叫徐刚，这是我的名片。”说着，便从随身带的公文包里拿出名片，递给了对方。崔董事长显然还沉浸在之前与人的谈话中，他顺手接过徐刚的名片，以“你好”回应了一句并草草看过，放在了一边的桌子上。委屈的徐总在一旁等了一会儿，并未见这位崔董有交换名片的意思，便失望地走开了。

你认为双方问题出在哪里?

**(五)名片的用途**

名片除了自我介绍的功能外，还具有以下几种用途：

1. 代替便条，表示简单的礼节。有人常在名片左下角处用小字简单寄语，表达感谢、道别、慰问等内容。如果是本人亲自递交，要用铅笔写，如投寄，用钢笔写。

常见的外文缩写：

介绍(p. p.)，向对方介绍某人时使用。邮寄时，要连同被介绍人的名片一并寄去。

祝贺(p. f.)，庆祝各种节日时使用。

谨唁(p. c.)，凭吊、追悼时使用。

谨谢(p. r.)，接受礼物、款待、祝词之后表示谢意。另外，收到某人庆祝、吊唁之类名片后，应回赠自己的名片，作为还礼。

辞行(p. p. c.)，调离、离任等场合，向同吉者告别时使用。

恭贺新年(p. f. n. a.)，新年之际互问安好时使用。

备忘(p. m.)，就某件事情提示对方注意使用。

慰问(p. p. n.)，问候病人身体状况等时候使用。

2. 西方人在送礼时通常附上一枚名片，而不书写礼单，这就表明自己不能亲自前往。

3. 拜访生人或长辈时，可先请人递上一名片作为通报之用，让对方考虑一下能否见自己。

4. 在名片上方写上“兹介绍××先生”(“introducing Mr. ______”“To introduce Mr. ______”，“p. p. mr. ______”)之类的话，名片就具有介绍信的作用。这种情况下，介绍人比较礼貌的做法是先用电话等形式告知对方：有人将拿我写有某某字样的名片去见您。

## 五、致意

致意是一种常用的礼节，它表示相互问候之意。

**(一)致意的形式**

1. 起立致意

通常用在集合时领导、来宾到场，或者坐着的晚辈与下级见到长辈和上级进屋、离去时。一般站立的时间不长，只要对方表示你可以就座，即可坐下。

2. 举手致意

一般不必出声，只是举起右手，掌心朝向对方，轻轻摆一下即可，摆幅不要太大，手不要反复摇动。举手致意，用于公共场合与远距离的熟人打招呼。

3. 点头致意

适用于不便与对方直接交谈的场合。如在会议、会谈的进行中，与相识者在同一地点多次见面或仅有一面之交的朋友在社交场合相逢，均可以点头为礼。点头致意的方法：头微微向下一动，幅度不必太大。

4. 欠身致意

这是一种表示致敬的举止，常常用在别人将你介绍给对方，或是主人向你献茶时。这时候你可用欠身表示自谦，相当于向对方致敬。欠身要求身体稍向前倾，不一定低头，眼仍可以直视对方。如果是坐姿，欠身时只需稍微起立，不必站直。

5. 脱帽致意

戴帽男士见到朋友、熟人时可摘帽点头致意，离别时再戴上帽子。其方法是：微微欠立，用距对方稍远的一只手摘下帽子，将其置于大约与肩平行的位置，同时与对方交换目光，稍稍欠立，同时问好。若自己一只手拿着东西，则应以另一只空着的手去脱帽。

6. 鞠躬致意

鞠躬，即欠身行礼，是表示对他人敬重的一种礼节。其方法是：先立正站好，同时双手在身体前搭好，右手搭在左手上，面带微笑，然后弯身行礼。鞠躬时应同时问候“您好”“欢迎光临”等。

**(二)致意的礼节**

在各种场合，男士应先向女士致意，年轻者先向年长者致意，学生先向老师致意，下级先向上级致意。

女士不论在何种场合，不论年龄大小，不论是否戴帽，只需点头致意或微笑致意。

致意方法，往往同时使用两种：点头与微笑并用；脱帽与欠身并用。

遇到对方向自己致意时，应以同样的方式向对方致意，毫无反应是失礼的。

在餐厅等场合，若男女双方不是十分熟悉，一般男士不必起身走到跟前去致意，在自己座位上欠身致意即可。女士如果愿意，可以走到男士的桌前去致意，此时男士应起立，协助女士就座。

致意的动作不可马虎，也不能满不在乎，必须是认认真真的，以充分显示对对方的尊重。

## 六、其他礼节

**(一)鞠躬礼**

鞠躬的深度与受礼对象和场合相关。一般问候、打招呼时施15度左右的鞠躬礼，迎客与送客分别行30度与45度的鞠躬礼，90度的大鞠躬常用于悔过、谢罪等特殊情况。

行鞠躬礼必须脱帽。用右手握住帽前檐中央将帽取下，左手下垂行礼，用立正姿势。男士在鞠躬时，双手放在裤线稍前的地方，女士则将双手在身前下端轻轻搭在一起，注意头和颈部要梗住，以腰为轴上体前倾，视线随着鞠躬自然下垂，行礼后起身迅速还原。敬礼时要面带微笑，施礼后如果想与对方谈话，脱下的帽子不用戴上。

受礼者应以鞠躬礼还礼，若是长辈、女士和上级，还礼可以不鞠躬，而用欠身、点头、微笑示意以示还礼。

**（二）拥抱礼**

拥抱礼的标准做法是：两人正面对立，各自举起右臂，将右手搭在对方的左臂后面；左臂下垂，左手扶住对方的右后腰。首先向左侧拥抱，然后向右侧拥抱，最后再次向左侧拥抱。拥抱时，还可以用右手掌拍打对方左臂的后侧，以示亲热。

**（三）拱手礼**

指两手抱拳致意。施礼时，一般以左手包握在右拳上，双臂屈肘拱手至胸前，自上而下，或自内而外有节奏地晃动二三下。

**（四）合十礼**

又称合掌礼，即把两个手掌在胸前对合，掌尖和鼻尖齐高，手掌向外倾斜，头略低，兼含敬意和谢意双重意义。合十礼通行于南亚与东南亚信奉佛教的国家。

**（五）吻手礼**

吻手礼是流行于欧美上层社会的一种礼节，起源于中世纪的欧洲。在社交场合中，同上层社会的贵族妇女见面时，如果女方先伸出手作下垂式，男方则可将其指尖轻轻提起吻之；若女方不伸手表示，不可行吻手礼。

**（六）举手礼**

这是世界各国军人见面时的专用礼节，起源于中世纪的欧洲。行举手礼时，要举右手，手指伸直并齐，指尖接触帽檐右侧，手掌微向外，右上臂与肩齐高，双目注视对方，待受礼者答礼后方可将手放下。

**（七）点头礼**

这是同级或平辈间的礼节，如在路上行走时相遇，可以在行进中点头示意。若在路上遇见上级或长者，必须立正行鞠躬。但上级对部下或长者对晚辈的答礼，可以在行进中进行，或伸右手示意。

## 第二节　交 谈 礼 仪

**【案例导入】**

**案例一**

在一次外交事务中，有一外国记者不怀好意地问周恩来总理：“在你们中国，明明是人走的路为什么却要叫‘马路’呢？”周总理不假思索地答道：“我们走的是马克思主义道路，简称马路。”

……

一位美国记者在采访周总理的过程中，无意中看到总理桌子上有一支美国产的帕克钢笔，便以带有几分讥讽的口吻问道：“请问总理阁下，你们堂堂的中国人，为什么还要用我们美国产的钢笔呢？”周总理听后，风趣地回答道：“谈起这支钢笔，说来话长，这是一位朝鲜朋友的抗美战利品，作为礼物赠送给我的。我无功受禄，就拒收。朝鲜朋友说，留下做个纪念吧。我觉得有意义，就留下了这支贵国的钢笔。”美国记者一听，顿时哑口无言。

……

在一次记者招待会上，一个西方记者问周总理：“请问，中国人民银行有多少资金?”周恩来委婉地说：“中国人民银行的货币资金嘛？有十八元八角八分。”当他看到众人不解的样子，又解释说：“中国人民银行发行的面额为十元、五元、二元、一元、五角、二角、一角、五分、二分、一分的十种主辅人民币，合计为十八元八角八分……”

（资料来源：http：//www. chinanews. com）

**案例二**

杨安琪被派到一位意大利来京工作的专家家里做服务性工作。因为她热情负责，精明强干，起初专家夫妇对她的印象很是不错，她也把自己当成了专家家庭中的一名成员。有一个星期天，那位意大利专家偕夫人外出归来。小杨在问候了他们以后，如同对待老朋友那样，随口便问：“你们去哪里玩了?”专家迟疑了良久，才吞吞吐吐地相告：“我们去建国门外大街了。”小杨当时以为对方累了，根本未将人家的态度当回事，于是她接着话茬儿又问：“你们逛了什么商店?”对方被迫答道：“友谊商店。”“你们为什么不去塞特购物中心看看，秀水街的东西也不错。”小杨好心地向对方建议说。然而，她的话还没说完，专家夫妇已转身走了，两天后，杨安琪就被辞退了。

（资料来源：http：//www. docin. com）

**【案例讨论】**

1. 分析、体会周总理说话的艺术。
2. 讨论杨安琪为什么被辞退?

有人说：“眼睛可以容纳一个美丽的世界，而嘴巴能描绘一个精彩的世界。”欧美等发达国家就把“舌头、金钱、电脑”并列为现代人必备的三大法宝。口才的重要性毋庸置疑。交际中好口才若再加上得体的礼仪礼节，就一定会带来好的人缘，进而获得事业上的成功。掌握好谈话技巧，是职场人士必备的技能。

## 一、交谈礼仪

在交谈中必须遵从一定的礼仪规范，才能达到交流信息、沟通思想的目的。

**(一)交谈的态度**

谈话的时候态度要诚恳、自然、大方，语气要和蔼亲切，表达要得体。谈话内容事先要有准备，开门见山地向对方说明来意或交谈的目的，或是寒暄几句后就较快地进入正题。那种东拉西扯的闲聊，既浪费时间，又会使对方厌烦，甚至怀疑你的诚意。

不要轻易打断别人的谈话。自己讲话的时候，要给别人发表意见的机会，不要滔滔不绝，旁若无人，大搞一言堂。对方讲话的时候要耐心倾听，目光要注视对方，不要左顾右盼，也不要有看手表、伸懒腰、打呵欠等漫不经心的动作。

如果对方提到一些不便谈论的问题，不要轻易表态，可以借机转移话题。如果有急事需要离开，要向对方打招呼，表示歉意。

**(二)交谈的声音**

对于交谈的声音，可从音量、语速和语调三个方面来阐述。

1. 音量

特别要注意控制自己的音量。在国际礼仪中，说话声音的高低适度是有修养的表现。所谓适度，就是以能让交谈对象听清而不影响他人为准。声调略低，是职业的需要，有利于树立良好的职业形象。

2. 语速

交谈中陈述意见要尽量采用中速，平实稳重。为了表达的需要，在特定的场合下，也可以通过改变语速来引起对方的注意，加强表达的效果，比如语速变慢引起注意。不论何种语速都要以对方能够听清为主，这也是对对方的尊重。

3. 语调

要根据交际对象、交际场合恰当运用不同的语气、语调交谈。如面对上司、长者时，语气要平和、谦恭，给对方以敬重感；面对同事、客人时，语气要和缓、有礼；面对下属时，语气要亲切、随和。

**(三)交谈的用语**

要想与人更好地沟通交流，就必须具备较好的普通话水平，没有浓重的地方口音，能使用正确的语法，不用令人反感的字眼，所有的字都注意发音正确，不要一再使用口头禅，尽量避免使用俚俗语。

要用礼貌用语。要有意识地多使用礼貌用语，而且要时时注意去运用。例如：一个刚参加工作的秘书奉命接待一位公司客户。客户来到公司大楼，秘书看见了，走上前就说："陈先生，我们经理叫你上去。"陈先生一听，心想：我又不是你下属，凭什么你叫我上去我就上去。一气之下就说："你们要想做生意，让你们经理去找我，要不想做就不必去了。"于是就以这样的局面收场。试想如果那位秘书当时说的是"请"字，就不会这样尴尬了。要把礼貌用语的运用作为一种职业素养。此外，要多用一些良言，少用一些恶语。俗语说：良言一句三冬暖，恶语伤人六月寒。如《三国演义》中着力渲染了诸葛亮的三寸不烂之舌，当场骂死曹魏的名臣王朗。在三气周瑜中，只听得两旁伏兵大呼："周郎妙计安天下，赔了夫人又折兵！"周瑜便大叫一声，口吐鲜血跌下马来。此时最关键的就在于这一句话的含义之尖刻，如果没有这句话，周瑜只不过内心痛苦一阵，而这句话好比一支毒箭穿透周瑜的心。既生瑜，何生亮，绝顶聪明的周瑜一时无法承受，只好命丧黄泉。

1. 敬语

敬语，亦称"敬辞"，它与"谦语"相对，是表示尊敬礼貌的词语。除了礼貌上的必须之外，能多使用敬语，还可体现一个人的文化修养。

敬语的运用场合有：第一，比较正规的社交场合。第二，与师长或身份、地位较高的人的交谈。第三，与人初次打交道或会见不太熟悉的人。第四，会议、谈判等公务场合等。

2. 谦语

谦语亦称“谦辞”，它是与“敬语”相对，是向人表示谦恭和自谦的一种词语。谦语最常用的用法是在别人面前谦称自己和自己的亲属。例如，称自己为“愚”“家严”“家慈”“家兄”“家嫂”等。自谦和敬人，是一个不可分割的统一体。尽管日常生活中谦语使用不多，但它的精神无处不在。只要你在日常用语中表现出你的谦虚和恳切，人们自然会尊重你。

3. 雅语

雅语是指一些比较文雅的词语。雅语常常在一些正规的场合以及有长辈和女性在场的情况下，用来替代那些比较随便、甚至粗俗的话语。使用雅语，能体现出一个人的文化素养以及尊重他人的个人素质。

在待人接物中，要是你正在招待客人，在端茶时，你应该说：“请用茶。”如果还用点心招待，可以说：“请用一些茶点。”假如你先于别人结束用餐，你应该向其他人打招呼说：“请大家慢用。”

雅语的使用不是机械的、固定的。只要你的言谈举止彬彬有礼，人们就会对你的个人修养留下较深的印象。只要大家注意使用雅语，必然会对形成文明、高尚的社会风气大有益处，并对我国整体民族素质的提高有所帮助。

4. 礼貌用语集萃

仰慕已久说“久仰”，长期未见说“久违”，求人帮忙说“劳驾”，向人询问说“请问”，请人协助说“费心”，请人解答说“请教”，求人办事说“拜托”，麻烦别人说“打扰”，求人方便说“借光”，请改文章说“斧正”，接受好意说“领情”，求人指点说“赐教”，得人帮助说“谢谢”，祝人健康说“保重”，向人祝贺说“恭喜”，老人年龄说“高寿”，身体不适说“欠安”，看望别人说“拜访”，请人接受说“笑纳”，送人照片说“惠存”，欢迎购买说“惠顾”，希望照顾说“关照”，赞人见解说“高见”，归还物品说“奉还”，请人赴约说“赏光”，对方来信说“惠书”，自己住家说“寒舍”，需要考虑说“斟酌”，无法满足说“抱歉”，请人谅解说“包涵”，言行不妥说“对不起”，慰问他人说“辛苦”，迎接客人说“欢迎”，宾客来到说“光临”，等候别人说“恭候”，没能迎接说“失迎”，客人入座说“请坐”，陪伴朋友说“奉陪”，临分别时说“再见”，中途先走说“失陪”，请人勿送说“留步”，送人远行说“平安”。

（资料来源：http：//zhidao. baidu. com）

### （四）交谈的内容

交谈是一种有来有往的双边或多边的言语，是情感交流活动。交谈话题的选择，不仅仅是技巧问题、礼仪问题，有时甚至可以成为政治问题，造成外交纠纷，所以要务必小心交谈的内容。

1. 交谈内容的选择

社交场合或访友拜客，总要先寒暄几句，如果开门见山、单刀直入，会给人唐突感。交谈时可以选择轻松的话题，如文艺演出、体育比赛、电影电视、休闲娱乐、旅游观光、名胜古迹、风土人情、天气状况等；可以选择格调高雅的话题，如文学、艺术、哲学、历史、地理、建筑等；可以选择既定的话题，即交谈双方业已约定，或者一方先期准备好的话题，如传递信息、商谈讨论等；选择时尚的话题，即以此时此刻正在流行的事物作为谈论的中心。

话题的选择可以就地取材、随机应变。例如，在朋友家，可先赞美一下室内的陈设，谈谈墙上的画如何漂亮，家具如何高雅等。这样的开场白主要是使气氛融洽。在说这类话题的时候，要多用称赞的口气和语言，而不应用挑剔的口吻。还可以根据情况的变化转换话题。例如，和朋友在舞会相遇，可先谈一下厅里的装饰，等服务小姐摆上啤酒，可以谈起某一次值得纪念的宴会，使交谈自然融洽地进行下去。

但是在交谈时话题要有所忌讳。若双方是初交，则有关对方年龄、收入、婚恋、家庭、健康、经历这一类涉及个人隐私的话题，切勿加以谈论。

2. 交谈要看对象定内容

交谈不是一味地表达自己的想法或见闻，而是一种双向交流。交谈应该看对象，因人而异设定内容。不同年龄、职业、地位的人有不同的情趣、特点及习惯等。因此，在交谈中选择什么样的话题，用什么样的语言与口吻应当有所不同，这样才不至于产生“层次差”。例如，不要和艺术家大谈金钱，不要和失恋的人大谈你和异性朋友的甜蜜感情等，否则别人是没兴趣听的。

**(五)交谈的技巧**

得体的交谈，首先就是要恰当选择话题，其次要运用一些技巧：

1. 委婉含蓄

要时时注意谈吐的柔和、用语的委婉，以利于工作的开展。语意的准确明白从来就不排斥用语的委婉，它不仅是礼仪的要求，也是职业的角色要求。同一种意思有不同的表述方法，有的人爱听，有的人听了会心生反感，所以应尽量避免使用强硬的、高压式的、措辞激烈的话语。例如：法官打猎归来，两手空空。人们问向导：“法官今天收获如何？”回答是：“法官枪法高明，只是今天上帝对飞鸟太仁慈了。”又如，建议上司采用某一方法并予以评价时，如果说“我认为这是唯一可行的方法”，就不如说“这个方案不一定是最好的，但它是目前看来唯一可行的”，后者效果可能会更好。有时谈话的对象是单位内部的同事，必须将一个有关辞退、处分、拒绝之类的决定告诉对方，此时在准确表达的前提下，用语委婉含蓄会使双方都好受些，从淡化事件的角度也可以这样说，“这事过去了，现在你有了新的机会”，或“这次我帮不上忙，非常抱歉”。如果对方是客户，当其提到一些不便谈论的问题时，不要轻易表态或拒绝回答，可以借机转移话题，以免影响关系。例如：一位客户来你单位参观，你作为本单位的负责人员全程陪同。在参观过程中，若客户突然问起你方产品的产量、公司的产值一类原本不宜问到的问题，此时你完全可以运用适当的谈话技巧来表达“无可奉告”之意。比方说，“单位让我们生产多少，就生产多少”，“有多大生产能力，就生产多少”，“能卖出去多少产品，就能创造多大产值”，“一年和另一年创造的产值，往往不尽相同”。面对这种照顾对方情绪的“答非所问”，但凡敏感识趣者都会知难而退。

2. 学会赞美

爱听赞美之辞，出于人的自尊需要，是一种正常的心理需求。经常听到真诚的赞美，获得他人的肯定，就能明白自身的价值，有助于增强自信心。赞美他人不仅让他人得到快乐，自己在人际交往中也能得到意想不到的收获。从心理学角度讲，赞美是一种有效的交往技巧，能有效地缩短人与人之间的心理距离。所以要学会赞美，恰当的赞美能为自身和组织创造一个良好的人际环境。最有效的赞美不是“锦上添花”，而是“雪中送炭”。每个人身上早已众所周知的明显长处不是最值得赞美的，或者说不是最有效的赞美，最有效的赞美应是对蕴藏在对方身上的既可贵又尚未引起重视的优点的赞美，因为对对方来说这是以前没有得到过的赞美，所以最有实效。有的人不习惯当面直接赞美别人，或不习惯当面被直接赞美，而采用恰如其分的间接赞美，其意义与效果并不亚于直接赞美。如，“严师出高徒”“将门出虎子”“名厂无劣品”之类的说法，就是一种间接的赞美。英国文豪查尔斯·狄更斯，年轻时穷困潦倒，做什么事都不顺利，辛辛苦苦写成的作品也常常被退稿，为此他消极至极。后来终于有一名编辑承认了他的价值，并热情赞扬了他。正是这个赞扬改变了狄更斯的一生，为此世界上又多了一个伟大的文豪。无论什么人，当其受到真心的赞赏时，都会深深地感动，有时甚至终生难忘。美国著名心理学家杰斯·雷尔说过：“赞赏对温暖人类的灵魂而言，就像阳光一样，没有它，我们就无法成长开花。”

3. 幽默风趣

英国哲学家培根曾经说：“善谈者必善幽默。”具有幽默感的人，往往有较高的智商和较好的人际关系与工作业绩。据统计，那些在工作中取得成就的人，并非都是最勤奋的人，而是善于理解他人和颇有幽默感的人。幽默不仅可以让人愉悦，还可以解决问题、帮助人摆脱困境。在处理工作中的问题、矛盾时，若采用幽默的艺术，将会收到意想不到的效果。如：一个外国旅游团在中国游览的时候，一位美国姑娘不慎扭伤了脚，导游和其他游客都很着急。这时，同行的几个美国男青年就对她说：“哈哈，这下子我们有机会背你啦！”姑娘也幽默地回答：“只许你们背我的脚和皮鞋！”大家在愉快的气氛中继续游览。又如：萧伯纳与一路人相撞，那人下车一看，吓出一身冷汗，说自己差点落下千古罪名。萧伯纳说：“不对，应当是您将会因为撞死萧伯纳而名垂青史！”

4. 礼貌拒绝

拒绝，是一项高难度的专门技巧，要善于根据不同情况运用不同的拒绝艺术，才能收到理想的效果。断然地拒绝必将导致公众的不满；轻易地、直截了当地说“不”，只会让人以为你是一个毫无诚意的人。需要否定时，我们不妨在言语中安排一两个逻辑前提，不直接说出逻辑结论，逻辑上必然产生的否定结论留给对方自己去得出，这样的逻辑诱导否定法如果是在面对上级组织或身处领导地位的公众时使用，效果往往比较理想。例如，战国时，韩国大臣掺留，就曾经有效地使用过这样的方法。有一次，韩宣王就欲重用两个部下一事征求掺留的意见，掺留明知重用二人不妥，但直言说“不”，效果肯定不好，一是可能冒犯韩王，二是韩王会以为自己嫉妒贤能。于是掺留用下面这段话表达了自己的见解：魏王曾因重用这两个人丢过国土，楚国也曾因重用他们而丢过国土，如果我们也重用这两个人，将来他们会不会也把我国出卖给外国呢？掺留这种诱导式拒绝法的效果是显而易见的。

有时拒绝的理由很难直陈，或没有时间讲清楚，或担心对方确实难以理解。面对这种情况，我们也不妨只用一些“哎呀，这咋办呢”“真伤脑筋”之类的话就可以了。不必具体解释理由，对方一般也不会再追问具体理由的；即使是问，也可继续使用“哎呀，真是一言难尽，真没办法”之类的话给予回答。

拒绝对方的时候，我们一方面要寻求对方的理解，另一方面，也应主动地理解对方，这样才能达到“生意不成仁义在”的公关效果。为了缓释对方因我们的拒绝而产生的瞬时不快情绪，也为了表明我们的诚意，我们不妨在准备说“不”的时候，就主动为对方考虑一下退路或补救措施，使对方的情感能够转移，不致一下跌进失望的深谷。美国口才与交际学大师卡耐基有一次不得不拒绝一个于情于理都不应拒绝的演讲邀请，他是这样对邀请者说的：“哎呀，很遗憾，我实在是排不出时间来了，对啦，某某先生也讲得很好，说不定是比我更适当的人选呢。”礼貌拒绝对方的方法还有很多很多。又如：技术总监李华应邀去某公司访问。在访问期间会谈的时候，该公司肖副总询问李华公司最新技术的有关细节问题。李华不好正面拒绝，就问：“肖总，您能保守秘密吗？”“能。”肖副总回答。李华笑着说：“我也能。”肖副总一听也就不再问了。他机智而含蓄地拒绝了对方的要求。

5. 打破僵局

交往中，难免会遇到不知道先和对方说些什么，特别是对方比较冷淡甚至有敌意的时候。如何打破僵局，是很多职业人士头疼的问题。但就其方法而言，无非就是谈论一些能被对方认同的、轻松参与的、没有歧义的，最好和对方有些关联的话题。这样会很容易使对方消除戒备心理，进行下一步的交流。例如，业务员小蔡依约来拜访某公司赵总，可能是双方身份的悬殊，或者是因为赵总觉得小蔡是有求于他，所以赵总显得非常冷淡。小蔡说：“听口音赵总是不是苏北人？”“噢，山东枣庄人！”“枣庄？枣庄是个好地方！我小时候看《铁道游击队》的小人书上知道了。”“是吗？铁道游击队就是我们枣庄的。”赵总不无骄傲地说。“是啊。我前年去了一趟枣庄，还玩了一趟呢，枣庄真漂亮。”听了这话，赵总马上来了兴趣，两个人从枣庄和铁道游击队谈开了，那亲热劲，不知底细的人恐怕要以为他们是老乡呢。

**（六）交谈的禁忌**

要使言谈得体，还需注意以下几点：

1. 不可滔滔不绝，使对方没有应答的机会。在交谈中，不可自视口齿伶俐，不顾对方的心理，不管对方是否喜欢，一个劲地说下去，使人不易插嘴，不易改变话题。一般表达完一个意思后，可以让对方提问或答复，否则对方有可能失去交谈的兴趣。

2. 不要太沉默。在交际场合，由于个性内向或心理自卑而沉默寡言会大大妨碍社交活动的进行，并且也容易使对方产生“此人性情高傲”的误会。

3. 不要夸耀。在谈话中，适当地夸张一下可以加强谈话的效果。但是，如果总是喜欢夸耀自己的成就，总是想表现自己的经验才能，很容易引起别人的反感。

4. 少用“我”字。和别人谈话的时候，除非对方要求你谈谈自己的事，否则不要老是以“自己”为中心，句句不离“我”，应该适当地关心对方和对方的亲友，多谈和对方有关或对方所感兴趣的事。

5. 不要用不雅的字眼。言语是个人学问、品格的衣冠，一句不雅的话出口，身份立刻被人看低三分。有些人有口头禅的习惯，也会令人暗自窃笑。如果口头禅是粗鲁或近乎下流的，则必须尽快纠正。

6. 不可出言不逊、强词夺理，不可揭人短处，不可谈人隐私，不可背后议论人，不说荒诞离奇、耸人听闻的事，不传播小道消息。

7. 不可用手指指人，手势幅度不可过大。不要与对方离得过近或过远，更不要拉拉扯扯、拍拍打打，尤其注意不要唾沫四溅。

8. 如果同时与几个人在谈话，要当好主角。不要把注意力只集中在自己感兴趣的一两个人身上，要照顾到在场的每一个人。倾听别人谈话时除注意正在说话的人以外，目光也要适当照应一下其他人，交换一下目光。要尽量启发不爱说话的人并使他开口，启发时不要用提问的方式，要用一些便于开口的话题，例如："记得上次我们在公园见面怪有意思的。"而不是这样启发："我们是上个月在公园见面的吧？"这样他除了回答一个"是"，还能说什么呢？

9. 一般男性不要插入妇女圈内谈话，也不要与妇女长时间攀谈或耳语而引起别人的侧目。

多说宽容的话，宽容就是智者，别人做错的事，要宽容，才有效果；少说抱怨的话，抱怨带来妒恨。

多说尊重的话，尊重会增加了解；少说讽刺的话，讽刺显示轻视，开自己的玩笑，不要开别人的玩笑。

多说关怀的话，关怀会获得友谊；少说拒绝的话，拒绝形成对立，有时拒绝要有道理。

多说商量的话，商量才是领导；少说命令的话，命令只是接受，有时对方愿意接受，才可以命令。

多说鼓励的话，鼓励发挥力量，还得到别人的信心、别人的友谊；少说批评的话，批评产生阻力。

（资料来源：http：//wenku. baidu. com）

## 二、聆听礼仪

在与客人交谈中，不但要善于表达自己的意思，而且应善于聆听对方的谈话，这样才能使双方进行有效的交流。在聆听对方谈话时，应注意做到以下几点：

**（一）要专心**

要全神贯注地聆听，不要做无关的动作。在听对方说话时，应该目视对方，以示专心。要注意语言以外的表达手段。一个人的表达内容，并不一定都在他的话语中，因此，在聆听对方谈话时，还要注意对方的声调、情调、态度以及表情、手势、动作等，以便充分了解对方的本意。同时，以有理而专注的目光表示认真聆听，对说话者来说也是一种尊重和鼓励，可以使其感到自己谈话的重要性和必要性。

**（二）要耐心**

注意听取对方的谈话，以耐心鼓励的目光让对方说完。对方在讲话时不要轻易打断或插话，不管对方态度或谈话内容，中间插话打断、抢过话头等都是不礼貌的。插话如果违背了对方原意或插得不着边际也明显表示出不尊重的味道。如果因未听明白或未了解情况而必须插话，应先征得对方同意，例如，可用这样的方式："请等等，让我插一句""请允许我打断一下""请让我提个问题，好吗?"话听不明白就下结论，或在违背对方原意的情况下发表你的意见，都是粗鲁无礼的，常常会引起争执而导致不欢而散。

**（三）要热心**

在交谈中，强调在对方谈话时目视对方、认真专心地去听，并不是说聆听者完全被动地、默默地听。经验告诉人们，在说话时，如果对方面无表情、目不转睛地盯着自己看，便会使谈话者怀疑自己的仪表或讲话有什么不妥之处而深感不安。因此，聆听者在听取信息后，为使对方感到你的确在听而非发呆，可以根据情景，或微笑，或点头，或发出"哦""嗯"的应答声甚至可以适时插入一两点提问，例如"哦，原来这样，那后来呢?""真的吗?"等。这样就能够实现谈话者与聆听者不断的交流，形成心理上的某种默契，使谈话更为投机。

## 第三节　宴请礼仪

**【案例导入】**

4月1日，出席二十国集团领导人第二次金融峰会的国家主席胡锦涛在伦敦会见法国总统萨科齐。在全球金融风暴肆虐和经济危机持续蔓延的背景下，G20峰会无疑被人们寄予重大期望。从峰会上晚宴的座次设置，或许可以看出言辞之外的玄机。

**"危机"晚宴只有6道菜**

4月2日，备受瞩目的二十国集团（G20）峰会在伦敦登场。

4月1日晚6点，陆续抵达的参会领导人到白金汉宫，参加女王伊丽莎白二世举办的欢迎酒会。晚上8点30分，英国首相布朗和夫人萨拉在唐宁街10号首相官邸设晚宴，款待参加G20峰会的领导人及家眷。

在金融危机的特殊时刻，为减少宴会开支，首相官邸特地邀请了一位"平民厨师"，按照"反危机食谱"，烹饪出简单实惠的商务餐。和去年在日本举行的8国峰会上有18道豪华菜肴的宴会不同，这天的晚宴一共只有6道菜。布朗政府希望向人们传递这样一个讯息："我们没有在世界经济遭遇苦难的时候，花纳税人的钱大吃大喝。"

短短两天时间里，各国首脑相聚开会的时间总计3小时40分钟，而这场晚宴和第二天早、午餐时间则为5小时左右。餐桌座次的设置，与各国首脑的沟通交流密切相关。4月1日晚宴上的座位安排，就引起多方关注。

**最重要的客人是胡锦涛**

作为东道主，布朗坐在了椭圆形宴会桌主人的位置上，他右侧那个众人瞩目的座位，属于中国领导人胡锦涛。按照西方餐桌礼仪，坐在这个位置上的是最重要的客人。

意大利有媒体评论说，在全球经济陷入低谷，各国首脑为此而焦头烂额之际，中国却能够保持正增长，而且拥有2万亿美元外汇储备，不可避免地成为聚焦众多视线的焦点。因此，中国领导人胡锦涛自然成为这次峰会中最受关注的人物。

出人意料的是，美国总统奥巴马被安排在布朗斜对面的位置。而布朗和奥巴马之间的重要座位给了印度尼西亚总统苏西洛和韩国总统李明博。这场晚宴上，这两位总统可能是最幸运也最惊讶的两个人了。布朗对面那珍贵的座位则给了沙特阿拉伯国王阿卜杜拉，这样他们也许可以讨论英国领导人极其期待的军售话题。

拥有好座位的还有德国总理默克尔，她坐在了奥巴马的右侧。阿根廷总统克里斯蒂娜·费尔南德斯，赢得了坐在美国总统对面的机会。

俄罗斯总统梅德韦杰夫可能感到不快。他的座位在墨西哥总统和土耳其总理中间，正对着南非总统，离美国总统的座位有五个席位之远。

宴会桌两端“不受宠”的宾客，则是世界银行、IMF和WTO等国际组织的领导人。其中包括欧盟轮值主席国捷克的总统托波拉内克，他曾声称美国提出的一揽子全球拯救计划是“地狱之路”。

**萨科齐的特别座位**

格外令人注目的是，法国总统萨科齐被安排在胡锦涛的旁边。在中法关系仍陷僵局的今天，这一安排显然别有深意，被舆论认为是西方社会希望中法关系改善的表现。

4月1日，胡锦涛抵达伦敦的同时，中法共同发表了新闻公报。法国前总理拉法兰在博客中表示，这表明“双方关系中的政治战线长久而稳固”。

与中国的关系走向，让萨科齐在本次峰会上备受关注。此外，在之前的新闻发布会上，萨科齐曾宣称，如果此次峰会不能满足他对于金融监管的要求，他就中途退出。因此，很多欧美媒体关注的是，萨科齐会不会真的一言不和便拂袖而去。

法国近日的一则民调显示，59%的被访者认为，萨科齐需要为目前法国的经济窘况负责。有评论说，萨科齐的强硬姿态，更多是做给法国民众看的。

（资料来源：顾晓苏《G20峰会晚宴座次的政治玄机》，《新闻天地》2009年第5期）

**【案例讨论】**

结合上述案例以及宴饮礼仪的知识谈谈你的看法。

## 一、宴会的组织

宴会是以交际为目的的一种重要的交往方式，主人通过宴请，来表达对客人的欢迎、感谢或是与客人分享自己的喜庆、快乐。这种交往形式尽管极为普通，但在宴会的组织过程中，稍有不慎，就会引起客人的不满，进而影响双方的关系。宴请的形式多样，礼仪繁多，掌握其礼仪规范是十分重要的。

### （一）确定规格、种类

1. 国宴(State Banquet)

国宴是以国家名义举行的最高规格的礼宴，国宴通常有两种形式：一种是国家元首或政府首脑为国家庆典、新年贺喜招待各国使节或各界知名人士的宴会；另一种是国家元首或政府首脑为来访的外国领导人或世界名人举行的正式欢迎宴会。举行国宴，宴会厅内要悬挂国旗(如果是欢迎国宾，还须悬挂所在国国旗)，安排乐队演奏国歌及席间乐，安排宾主双方致辞、祝酒，请柬、菜单和坐席卡上均要印有国徽。出席国宴者的身份规格高，宾主均按身份排位就座，礼仪严格。

2. 正式宴会(Banquet；Dinner)

正式宴会是一种隆重而正规的宴请。正式宴会也有两种形式：一种是政府、企事业单位和其他团体为欢迎应邀来访的宾客而举行的宴会，另一种是来访的宾客为答谢主人而举行的宴会。正式宴会除不挂国旗、不奏国歌以及出席者规格低于国宴外，其余的安排大致与国宴相同。对于到场人数、穿着打扮、席位排列、菜肴数目、音乐演奏、宾主致词等，都有十分严谨的要求和讲究。

3. 便宴(informal dinner)

便宴是一种非正式的宴会，包括午宴、晚餐和家宴三种具体的形式。便宴形式从简，不注重规模档次，不拘泥于严格的礼仪，不需要正式致辞或祝酒，可根据具体情况决定是否排席位。

4. 冷餐会/自助餐(Buffet)

冷餐会，在国内又称自助餐，是国际上流行的一种非正式宴会。这种宴会形式不排席位，也不安排统一的菜单，是把能提供的全部主食、菜肴、酒水陈列在一起，根据用餐者的个人爱好，自己选择、加工、享用。

5. 酒会(Cocktail)

酒会，也称鸡尾酒会，是西方传统的集会交往的一种宴请形式，它盛行于欧美等国家和地区。酒会食品以酒水为主，略备小吃，不设座位，宾主皆可随意走动，自由交谈，客人可利用这个机会进行社会交际和商务交际。

6. 茶会(Tea Party)

茶会是一种比较简单的招待方式，以请客人品茶为主，略备点心小吃，不排席位，入座时有意识将主宾和主人安排坐在一起，其他人随意就座。我国通常称为“茶话会”。

7. 工作餐

工作餐分为工作早餐(Working Breakfast)、工作午餐(Working Lunch)、工作晚餐(Working Dinner)，是就餐者利用共同进餐的时间边吃边谈、交流探讨的非正式宴请方式，它是商务活动的另一种形式的继续。

**(二)确定时间、地点**

1. 宴会时间

宴会时间应选择对宾主双方都合适的日期。尽量避免选择对方的重大节假日、有重要活动或有禁忌的日子和时间。例如，信仰基督教的人，忌讳“13”，宴请他们不要选 13 日，尤其是不要选既是 13 日，又是星期五的日子；日本人忌讳“4”和“9”，宴请时间就要尽量避开 4 日和 9 日；根据伊斯兰教的教义，每年回历九月为斋月，斋月期间，穆斯林只许在每天日出前和日落后进餐，因而在斋月宴请穆斯林，应在日落之后进行；除夕夜是中国人传统的团圆夜，请中国人赴宴，不可放在除夕夜。在条件允许的情况下，应首先征询主要客人的意见，主宾同意后再约请其他宾客。

2. 宴会地点

宴请地点的选择应根据宴请的目的、性质、主宾的身份地位以及交通便利情况而定。一般来说，官方正式的宴请活动，安排在政府、议会大厦、客人下榻的酒店或附近的酒店内举行；企事业单位的宴请，可在本单位的酒店或附近的酒店内进行。在可能条件下，宴会厅外另设休息厅（又称等候厅），供宴会前简短交谈用，待主宾到达后一起进宴会厅入席。

**（三）发送邀请**

1. 确定宴请对象

根据宴请的具体目的来决定宴请的对象和范围，也就是请多少人，请哪些人，并详细列出客人名单。在确定邀请对象时应考虑到被邀请客人之间的关系，以免出现不愉快的现象。

2. 邀请方式

（1）发送请柬

通过发送请柬向客人提出邀请，既是一种礼貌，又是对客人的提醒备忘。通常用于比较正式的宴会场合。

（2）当面邀请或电话邀请

通过当面交谈或电话交谈，向对方提出邀请。通常用于比较随意的便餐式的宴请。

3. 邀请的时间

邀请时间不宜过早也不宜过迟。过早发送邀请，客人可能会因时间长久而遗忘；过迟发送邀请，会使客人措手不及，难以如期而至。一般应提前一至二周向客人发出邀请，为避免失误，在宴会进行前夕，可再次用电话与客人联系，进行确认。

**（四）订制菜单**

价格昂贵、数量众多的高档菜肴并不一定就能让客人感到满意。菜单的制订应充分考虑客人的身份、饮食习惯、口味、宗教禁忌、身体状况以及宴请的目的。订菜要遵循以下原则：

1. 考虑来宾的喜好和禁忌而不是根据主人自己的喜好来选择菜肴。

2. 荤素搭配合理，菜肴品种多样化。切记全是高档菜，费用过高，也不要全是家常菜，不够尊重。

3. 追求特色，量力而行。尽量采用酒店的特色菜。控制餐饮的费用。

例如，美国人不吃羊肉和大蒜；俄罗斯人不吃海参、海蜇、墨鱼、木耳；英国人不吃狗肉和动物的头、爪；法国人不吃无鳞鱼；德国人不吃核桃；日本人不吃皮蛋；伊斯兰教禁食不洁之物，包括猪肉、狗肉、驴肉、马肉、兔肉、无鳞鱼及动物的血和非阿訇宰杀的动物和自死的动物，不喝酒，甚至不得饮用任何带酒精的饮料；印度教徒不吃牛肉；佛教徒不食一切动物性食品和葱、蒜、韭等辛香味食物，不饮酒；满族人不吃狗肉；水果富含维生素 C，营养丰富，但糖尿病人却不宜多吃；冠心病病人不宜多饮可乐型饮料等，所有的这些禁忌和特点，都是在制订菜单时需要考虑到的。当然，宴会上如果有个别客人有特殊需要，也可单独为其上菜。

### (五) 安排桌次

1. 中餐桌次的安排

按照国际惯例，桌次高低的排列，以离主桌位置远近而定。其原则是：首先确定主桌，主桌通常正对门，离门最远，或是处于场地的中间。其他桌次的位置是，离主桌越近的位置越高；位置相同，右高左低；竖排是上高下低。

如果室内有表示位置高低的明显的标志物，如婚宴仪式的前台、主席台、西式客厅的壁炉等，则越靠标志物，靠近前台位置越高，位置相等的，则右高左低。

总结为：以远为上，以右为上，居中为上，临台为上。

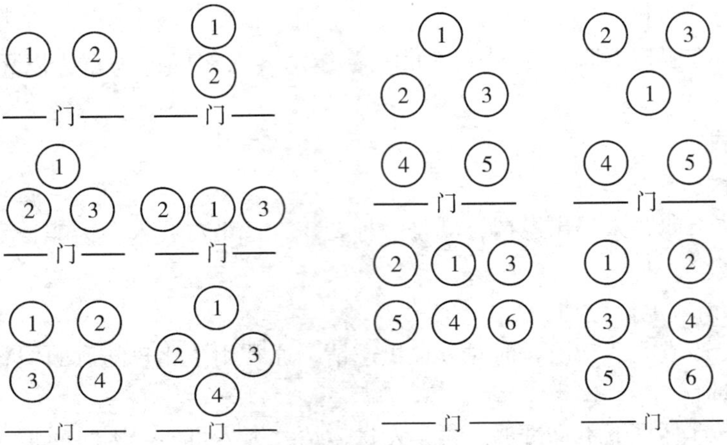

中餐桌次安排图

2. 西餐桌次的排列

举行西餐宴会时，桌子的大小和排列方法可根据用餐人数的多少和场地的大小而定。常见的餐桌排列方法有“一”字形台、“T”形台、“I”形台、“N”形台和“M”形台。西餐的桌次与中餐相同，也是根据主桌远近而定，桌次多时，应摆上桌次牌。

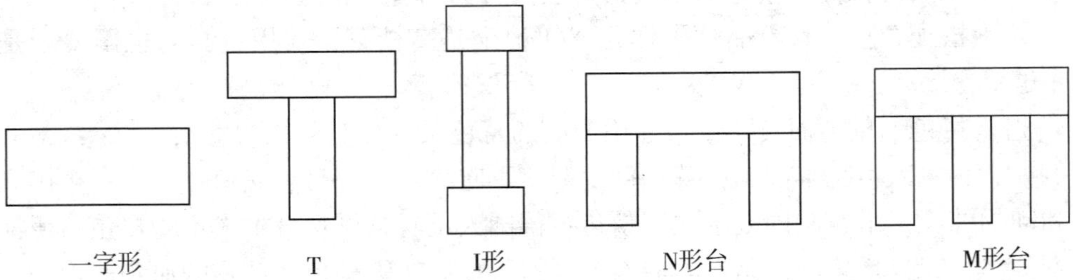


西餐桌次排列图

### (六) 安排席位

1. 中餐宴请席位安排

中餐宴请席位的确定是以门为依据：正对门的、离门最远的是首位，离门最近、靠近门的是末位。其他位置的席次是：离首位越近，位置越高；距离相等的右高左低。

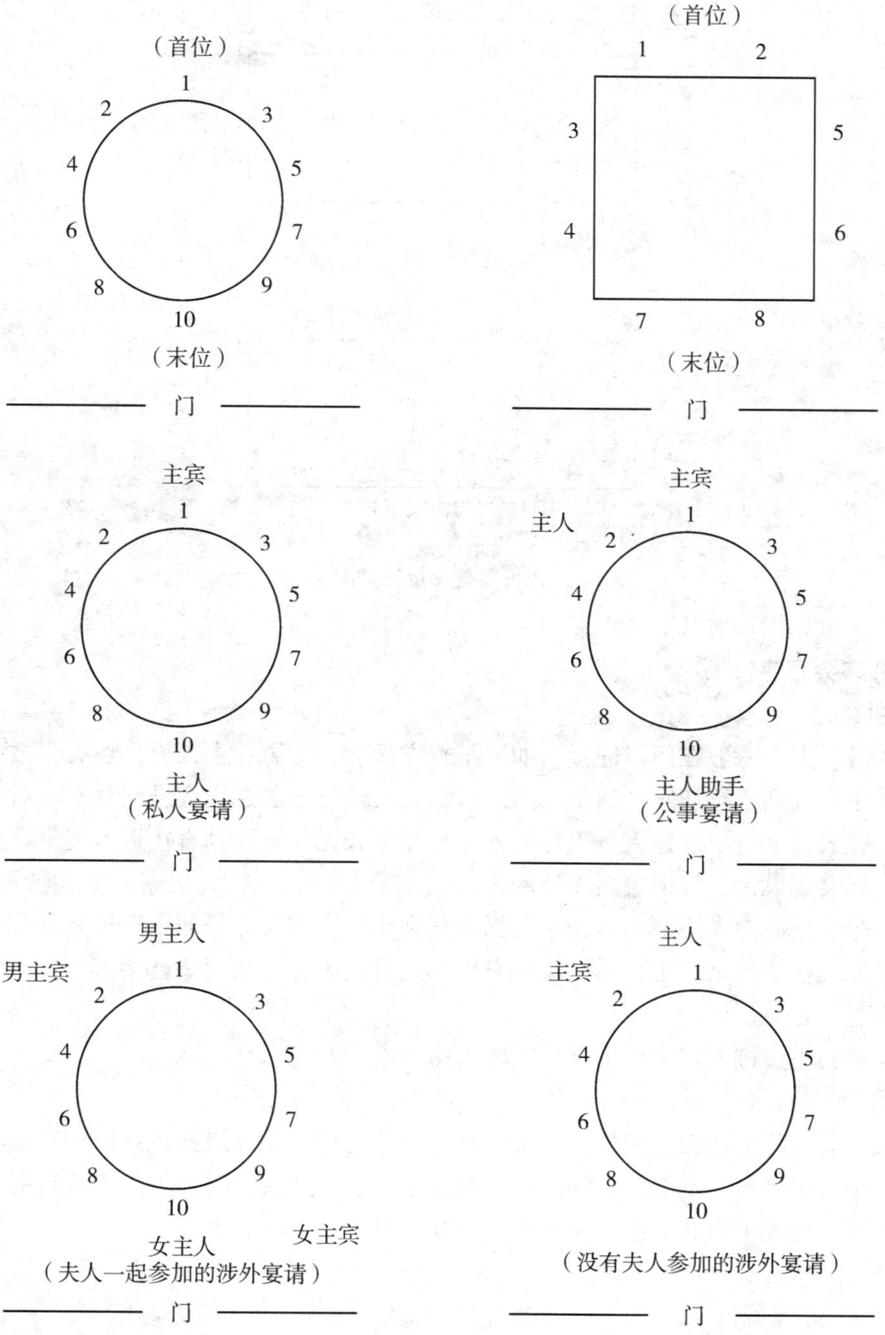


中餐宴请席位安排图

2. 西餐宴请席位安排

西餐席位的安排总原则是男女穿插安排、以女主人为准，主宾在女主人的右上方，主宾夫人在男主人的右上方。下列几种西餐的座位安排方式：

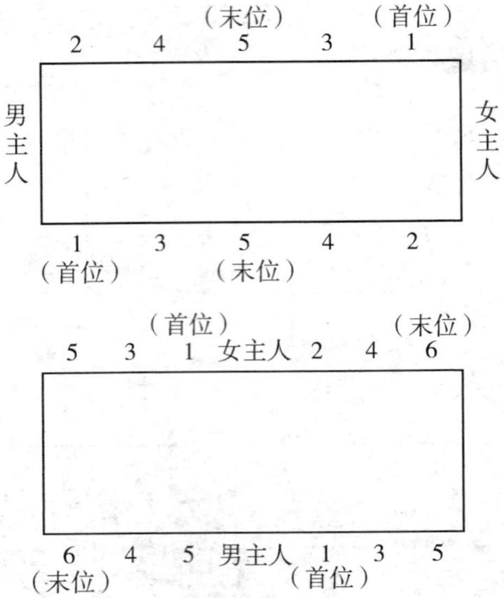


西餐宴请席位安排图

**（七）宴会程序**

1. 迎宾

迎宾时，主人一般在门口迎接。如果是官方活动，除男女主人外，还有少数其他主要官员陪同主人排列成行迎宾，通常称为迎宾线，其位置一般在宾客进门存衣以后进入休息厅之前。客人握手后由工作人员引导进入休息厅，如无休息厅则直接进入宴会厅，如休息厅较小或宴会规模大，可请主桌以外的客人先进宴会厅。在有些国家，正式隆重的宴会，客人到达时，还设专人协助唱名介绍。当主宾到达后，主人即陪同主宾进休息厅。这时如尚有其他客人陆续前来，可由其他相应身份的人员代表主人在门口迎接。

2. 开席

主人陪同主宾进入宴会厅，全体宾客入席，宴会开始。

3. 致辞

如双方需致辞，按西方习惯，一般安排在热菜之后，甜食之前；我国做法是一入席先讲话，后用餐。冷餐、酒会，讲话时间可灵活掌握。讲话次序为：先由主人致辞，接着再由主宾发言。讲稿可事先交换，由主人一方先提供。

4. 送别

正式宴会，吃完水果，主人与主宾起立，宴会即告结束。西方习惯，上完咖啡或茶，客人即可开始告辞。主宾告辞时，主人送主宾到门口，原迎宾人员顺序排列送客。

## 二、出席宴请

主人对宴会的精心设计、安排，是对宾客的一种欢迎与尊重，而宾客在赴宴过程中按照约定俗成的礼节行事，同样是对主人的一种尊重，也是个人素质与修养的综合体现。

**（一）赴宴前的准备工作**

1. 收到请柬后及时回复

请柬的作用除了向客人发出邀请外，还是主人安排席次的参考。因而在收到请柬后，无论是否参加，都要给予主人一个及时、明确的答复。回复太迟，会被视为一种失礼的表现。一旦通知主人决定赴宴后，没有特殊原因，不宜再做变动。如确有万不得已的情况，应及早告知主人，并向主人表示诚挚的歉意。尤其是临时不能出席的话，应立即通知主人，并向主人解释原因，致以歉意。

2. 注重仪容仪表的修饰

赴宴前要注重仪容仪表的修饰。盛大的宴会或较为正式、隆重的宴会，主人在请柬上一般都会注明应该穿着什么样的服装或礼服，赴宴宾客应按要求着装。如没有明确规定，也应穿着比较正式的服装，而不该穿着牛仔裤、T恤衫之类的休闲服装。女士应根据宴会的情况和自身的特点进行适当的化妆，男士应梳理好头发，刮干净胡须，以体现个人的良好气质和对主人的尊重。

3. 赴宴礼物的准备

并不是参加所有的宴会都需要准备礼物的，是否要准备礼物，准备什么样的礼物，取决于宴会的规格、种类与性质。一般而言，出席规模盛大、人数众多的宴会，出席公务宴请是不需带礼物的，出席私人的小型宴会，如家宴、生日宴等需要备上一份礼品。

**（二）赴宴时的礼仪规范**

1. 到达

赴宴时应事先研究好行车路线和路上所需花费的时间，以保证能按时到达宴会地点。一般应该正点到达或略早于规定时间。过早到达，由于主人可能在做准备工作，客人的到来会使他措手不及，而过迟到达，显得对主人不够尊重。

到达宴会地点后，应先前往迎宾处，主动向主人问候。如宴会地点设有专门的衣帽间，可先到衣帽间脱下大衣、帽子，然后再前往迎宾处。对于其他客人，不管认识与否，都要笑脸相迎，点头示意或握手寒暄，互致问候。

2. 入席

进入宴会厅之前，应了解好自己的座位和桌次。在较大规模的宴会上，通常主人会对座位座次事先进行安排，并在请柬上注明或在宴会厅门口标明。入座时注意桌上坐席卡是否写有自己的名字，不可随意入座。如不清楚自己的座位，可等候主人或其他引导人员引座。而在一时无人引座的情况下，可选择次要的或靠下的位置先行坐下，等待主人引座。

落座时，应从座椅左侧就座。挪动座椅时要注意轻拿轻放，避免发出巨大的噪音破坏整个宴会的氛围。如邻座是长者、女士或职位较高者，应主动协助，为其拉出座椅，帮助他们先坐下。入座后，要调整好座椅和餐桌间的适当距离，一般以20厘米左右为宜，以保证坐姿的自然端庄。双手双脚不可随意放置；双手放在邻座的椅背上，双肘搁在桌上，双脚在餐桌下随意伸出，以及随意摆弄餐具、餐巾等，都是失礼的表现。

宴会是一种社交方式，是加深彼此之间的感情和结识各种不同朋友的极好场所，因而在坐定后，应主动与同桌的主人和其他客人交谈，尤其是座位相邻的客人。如果互不相识，可请主人或其他客人介绍，也可自我介绍。忌讳只与个别熟识的人交谈，而冷落了同桌的其他客人。

3. 用餐

宴会开始时，一般是主人先致祝酒辞。此时客人应停止交谈，注意倾听，以示对主人的尊重。致辞完毕，主人招呼后，即可开始进餐。此时可将餐巾打开，打开餐巾时动作幅度不宜过大，打开的餐巾平摊在自己腿上，如餐巾较大可折叠起来使用。需要注意的是，不要把餐巾塞在胸前领口内，也不要用餐巾擦拭餐具。

进餐时举止要文雅得体。不可对菜肴过于挑剔，不顾别人感受，肆意评价菜肴的好坏。取用食物时，要让主人、主宾、长者和女士优先。不可一次取用过多的菜肴，需要等盘中食物吃完后才可再次取用。一次放入嘴里的食物也不可太多，否则两腮高高鼓起，有损个人形象。吃东西时要小口地吃，吞咽时嘴巴要合拢，以避免制造声响，干扰别人。不要口含食物与人交谈，否则说话声音含糊不清，也很容易造成口中食物在说话时掉出来。喝酒或饮料时，注意口红不要沾到玻璃杯上。当食物过热时，切勿用嘴吹，应等食物自然冷却后再食用。遇有残渣、骨头和鱼刺之类不宜咽下的食物，不可随口吐在桌上，也不可直接吐在手上，应用手或餐巾掩口，吐在筷子或勺子上，然后再放入自己面前的骨盆中。餐桌上的餐巾、餐巾纸及送上的热毛巾，只可用于擦手和嘴，不可擦拭头颈、胳膊或胸脯等其他部位，更不可用来擤鼻涕、吐痰。宴会期间，暂时离开座位时，可将餐巾折叠后放在椅子上。用餐完毕后，将餐巾折叠后放在桌子上。在宴会上应尽量避免打喷嚏、打饱嗝和吐痰等行为。若实在控制不住打喷嚏、咳嗽时，应急忙用手帕捂住口鼻低头面向一旁，尽量避免发出声音，并向邻近客人轻轻说声“对不起”。餐桌上尽管常备有牙签，但尽量不要当众剔牙。非剔不可时，用一只手掩住口部，剔出来的东西，不要当众观赏或再次入口，也不要随手乱弹、随口乱吐。剔牙后，不要长时间叼着牙签，更不要用来扎取食物。

4. 祝酒

在宴会上，通常男主人或女主人有致祝酒辞的优先权，如无人祝酒，客人则可以提议向主人祝酒。在主人和主宾祝酒时，应暂时停止用餐，停止交谈，注意倾听，不要借此机会抽烟。主人和主宾讲完话，与贵宾席人员碰杯后，往往要到其他各桌敬酒，遇此情况，应起立举杯，要目视对方致意。祝酒时还应注意不要交叉碰杯，人多时可以同时举杯示意，不一定碰杯。

5. 告别致谢

参加宴会最好不要中途离去。万不得已时应向主人和同桌客人说明原委，并向主人郑重地道歉。同时，应劝请其他客人多待些时间。然后可悄悄离开，以避免影响餐桌气氛。用餐结束后，应该等大家都停止用餐，主人示意可以散席时，才能离席。宴会完毕，应依次走到主人面前，与主人握手，向主人致谢并告辞，但不要拉着主人的手不停地说话，以免妨碍主人送其他客人。一般情况下，退席时男宾应先与男主人告别，女宾则先与女主人告别，然后交叉，再与主人家的其他成员告别。如果退席人数较多时，只需与主人微笑握手就可以了。

## 三、中餐礼仪

中国自古以来就是礼仪之邦，重视饮食之道，餐饮礼仪自然成为中国礼仪文化的一个重要部分。中国的餐饮礼仪始于周代，历经千百年的演进，形成今天为大众所普遍接受的行为准则。

**（一）中餐上菜顺序**

在上菜顺序方面，中餐遵循先冷后热，先炒后烧，先菜后点，先咸后甜，先清淡后油腻的原则。一般第一道先上凉菜，第二道是主菜，通常是较为名贵的菜，第三道是热菜，数量相对较多，第四道是汤，第五道是甜食、点心，第六道是水果。

上菜的方式主要有三种：一是用大盘把菜端上餐桌，由各人自行取用；二是由服务人员托着菜盘逐一给每位分让；三是用小碟盛放，每人一份。

**（二）中餐餐具的使用**

1. 筷子

筷子是中餐最主要的餐具。其准确使用方法是右手执筷，大拇指、食指捏住筷子的上端，另外三个手指自然弯曲扶住筷子，并且筷子的两端一定要对齐。

在中餐礼仪中对筷子的使用是非常讲究的，有较多的禁忌。例如：忌用筷子指人，用筷子指向他人和用食指指向他人一样，被认为是对别人的不恭敬；忌用筷子敲击盘碗，这种做法是乞丐要饭时的行为，会被人鄙视；忌将筷子颠倒过来使用，这种做法会被人认为是一种饥不择食的表现；忌用筷子在菜盘里翻来覆去地寻找喜欢的食物，尤其是当筷子上还粘连着其他食物的时候，这样会让其他宾客胃口全无；忌吮吸筷子并发出声音，这会令人感到反感；忌夹菜时将菜汤滴落到其他菜里或桌上，这会影响其他客人的食欲；忌将筷子插在饭菜上，这种做法是民间为过世的人上供时的行为，会使别人感到晦气；忌用筷子当叉子，用来分菜或将夹不起来的食物叉起来食用，这种行为使人感到很粗鲁；同样，同一道菜连续取用多次，够不着的菜伸长了筷子去取，和别人同时夹菜使筷子撞在一起，拿筷子当牙签等都是不文明的用餐行为。

2. 勺子

勺子也是中餐常用的餐具之一，它的主要作用是取用食物。它的准确使用方法是用右手拇指、食指轻轻地握住勺子上端，另外三个手指自然弯曲扶住勺子。一般而言，除了汤类食物，尽量不要单独用勺子取用，否则容易给人留下贪婪的印象。在取用一些细小颗粒状食物时，可将筷子和勺子配合使用。与筷子夹菜一样，用勺子取用食物时也要注意，不要将汤汁滴落到其他菜肴和餐桌上。用餐期间，如勺子内没有食物，应将其放置在自己面前的骨碟中，如舀取食物后，暂时不食用，可将其放在骨碟中或放入碗中，稍后再食用。

3. 碗

在中餐中，碗是用来盛放主食和羹汤的。在食用碗内盛放的食物时，不可将碗端起直接倒入口中，也不可用嘴凑上去吸食，而应以筷子、勺子之类的餐具加以辅助。即使碗内食物已食用完毕，也不可在碗内放置杂物或垃圾，更不要把碗倒扣放置。有时候，汤是单独由带盖的汤盅盛放的，如果汤已经喝完，可将汤勺取出放在垫盘上，把盅盖反转后平放在汤盅上，这样就等于给服务人员发出可以收走餐具的暗示了。

4. 骨碟

骨碟的主要作用有两个：其一是用来放置从公用的菜盘中取来食用的菜肴，取用食物时要注意每次取用的数量、种类不宜过多，否则多种食物混杂在一起，既影响食物的口味，也影响自己在他人眼中的形象。其二是用来放置食物残渣、骨头和鱼刺等不宜下咽的食物的，在放置这类食物时需注意，不可直接从嘴里吐到骨碟上，而要用筷子夹住，再轻轻放在骨碟前端。通常，当骨碟中的垃圾堆满后，服务人员会主动上前更换的。

## 四、西餐礼仪

“西餐”，是我国对欧美地区菜肴的统称。今天，无论是在公务场合、商务场合，还是私人聚会、家庭聚餐，越来越多的中国人有机会尝试各种西餐。西餐因为注重各类营养成分的搭配组合，选料精细，色泽美观，器皿讲究，正日益受到中国人的认可与欢迎，吃西餐也已成为时尚生活的代名词。在西餐用餐过程中要体现出自己的优雅气质与个人修养，就必须对西餐礼仪有一个较为深入的了解。

### (一)西餐的上菜顺序

西餐可分为“欧美式”和“俄式”，“欧美式”又可细分为英国菜、法国菜、美国菜、意大利菜以及德国菜等。各种菜系自成一体，风味各异，但是上菜的基本顺序是相同的。

1. 头盘

头盘又称开胃菜，其作用主要是增进食欲，因而口味以酸咸为主，数量较少，一般安排一道菜。传统的头盘通常是冷菜，现在以热菜作为头盘也很普遍。常见的头盘有鱼子酱、生菜大虾、焗蜗牛、烟熏三文鱼等。

2. 汤

西餐的汤有清汤、蔬菜汤、奶油汤和冷汤这几种类型。常见的汤有海鲜汤、罗宋汤、焗葱头汤、牛尾清汤等。

3. 副菜

西餐中的第三道菜称为副菜，副菜通常选用较易消化的鱼类菜肴。如啤酒炸鱼条、烩海鲜、纸包鲳参鱼、德容虾等都是副菜的上选品种。

4. 主菜

主菜主要是指肉类、禽类菜肴。沙朗牛排、菲利牛排、惠灵顿牛肉、咖喱鸡、橙子鸭等都是其常见的品种。

5. 蔬菜

蔬菜类菜肴可以安排在主菜之后，也可以和主菜同时上桌，所以可以算为一道菜，或称为一种配菜。西餐中的蔬菜可以是煮熟的，也可以是生食的。煮熟的蔬菜如花椰菜、煮菠菜、炸土豆等，生食的蔬菜主要是用生菜、西红柿、黄瓜等制成的沙拉。

6. 甜品

甜品是指布丁、冰淇淋、奶酪和水果等甜味食物。如苹果馅饼、姜味奶油冻、姜汁蛋奶糕、酸干酪、圣代冰淇淋等都是常见品种。

7. 咖啡或茶

喝咖啡或茶，是西餐从高潮到结束的一个自然过渡。一杯咖啡或茶，可以解除油腻，也为宾主双方餐后的交流、谈心创造一个轻松的环境。

**(二)食用西餐的礼仪**

1. 入座

入座时讲究女士优先的原则。一般餐厅服务员会协助女士就座，男士需要等待女士入座后再自行就座。如果没有服务员，男士应先协助女士入座，然后再自行就座。入座或离座时，都应从座椅左侧走。

2. 餐巾的使用

西餐宴会的正式开始是以女主人打开餐巾为标志的，如没有女主人，则以男主人打开餐巾为标志。在主人打开餐巾后，宾客可依次打开餐巾，如是正规的宴会，男士也需等女士放好餐巾后，再放自己的餐巾。餐巾打开后，平铺在双腿上。如果餐巾很大，可以对折后平放在双腿上。用餐过程中，如可用餐巾擦嘴或擦手，切记若擦拭后在餐巾表面留下污渍，需要将有污渍的一面折到里面，使餐巾外表保持清洁。如果中途暂时离开座位，需要将餐巾折叠后放在椅子上。不可将餐巾放在桌上，以免餐巾上的污渍暴露在同桌人的眼前，影响他人的食欲。用餐完毕离开饭桌时，餐巾才能放回桌面上。

3. 餐具的选用

西餐对餐具的使用极为讲究，每一道菜都有不同的盘子、刀叉、勺子、杯子。一次宴会，每位宾客所使用的餐具大约有二十多件。

西餐餐具一般在开餐前已在桌上摆放好了，餐盘在每个人的正前方，左侧放刀，右侧放叉和勺子，刀叉的数目与上菜的道数是相等的，并按照上菜的顺序由外向内排列。当菜肴送上来后，首先确定应该使用刀叉、还是只用叉、还是勺子。如果菜肴块形较大，则使用最外侧的刀叉分解菜肴。如果是块形较小的食物，则使用最外侧的叉。如果是汤类菜肴，则使用最外侧的勺子舀取菜肴。每一道菜肴用完之后，服务员会撤下用过的刀叉或勺子。以此类推，每次使用最外侧的刀叉或勺子，当所有的菜肴都用完后，餐桌上不应该留下任何刀叉或勺子。

西餐餐具摆放示意图

4. 刀叉的使用

刀叉的使用是西餐礼仪中最基本的一种技能。刀叉可以互相配合使用，也可以单独使用叉。刀叉互相配合使用时，通常右手持刀，左手持叉。右手拇指抵住刀的一侧，食指按在刀柄背上，其余三指自然弯曲抵住刀的另一侧。左手握叉姿势与握刀相似，叉齿向下，按住食物。用刀将食物切割成大小正好一口的小块，切割食物时，忌用力过猛，使得刀叉与餐盘摩擦发出刺耳的声音。然后将右手的刀放到盘子的边沿上，注意刀刃朝自己的方向，再用叉将食物送入嘴中。在使用刀叉时需注意，不要在一开始就将盘里的食物都切成小块后再食用，需切一次，吃一次。刀叉合用的另一种情况是食用一些很难仅用叉子取食的食物，如豆子等一些颗粒状的食物。这时可用刀将食物推到叉子上，再用叉子将食物送入嘴中。单独用叉时，用右手持叉取食，叉齿向上。

用餐过程中，如需暂时离开，刀叉应在餐盘中摆放成“八”字形，刀刃向内，叉齿向下，以示尚未吃完。食用完毕后，将刀叉并拢放在餐盘中心偏右下方，刀右叉左，刀刃向内，叉齿向上，就表示不想再吃。

与他人交谈时，可以不必将刀叉放下。但切不可拿着刀叉在空中比划，也不能将刀叉竖起来拿着。正确使用刀叉，不仅是礼仪上的需要，同时也是为了安全。

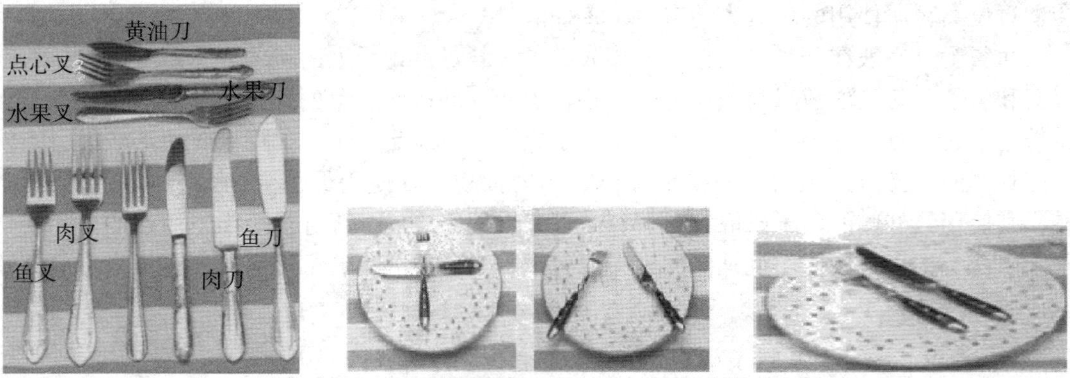


刀叉匙摆放示意图

5. 酒杯的使用

餐桌上的高脚玻璃杯有水杯、雪利酒杯、白葡萄酒杯、红葡萄酒杯和香槟酒杯。服务员会在进餐过程中把不同的酒倒入不同的玻璃杯中，因而无须担心会拿错酒杯。拿高脚酒杯时，特别是饮用的是冰镇白葡萄酒时，需用手指捏着杯脚，以免手的温度传给杯中的酒。喝酒时要将杯子移到嘴边，而不应将嘴伸向酒杯。

6. 面包的吃法

点完菜后，服务员会送上面包，放在餐桌中央，让宾客在等待菜肴的过程中不至于感到饥饿。面包的取用应该用手，而不是用叉。已切好的面包，可直接取用；未切好的面包可用公用餐刀切取或用手掰取。拿好面包后，放在自己的面包碟上。食用时，将面包碟上的面包掰下一小块，用刀抹上黄油，再放入嘴中，忌将整块面包都涂上黄油，以免再次掰面包时将黄油粘到手上。

7. 汤的吃法

汤的食用主要依靠勺子。舀汤的方向是从桌边向桌中心方向，以避免汤汁溅到身上。用盘子装盛的汤，到即将喝完时，可以用左手稍微将盘子边提起，右手将盘中的汤舀起来。喝汤时，不可将整个勺子放入嘴中，应从勺子的侧边处吸吮，但需注意不可发出声响。汤太烫时，不能用嘴吹，可用勺子搅动使之冷却。如汤是用杯子来装盛的，则不可用汤匙舀来喝，而应把勺子放在杯托里．端起杯子直接喝。

8. 沙拉的吃法

沙拉的食用只可用叉子。右手拿叉，叉齿朝上。如蔬菜太大，无法一口食用时，可用叉子的侧面切下大小合适的蔬菜，再用叉子送入嘴中。

9. 甜品的吃法

甜品的食用可使用叉子，也可使用勺子。糕点的食用应选用叉子，而冰淇淋的食用应选用勺子。吃苹果、梨等，不要整个咬着吃。应先切成小瓣，然后削去皮、核，用手拿着吃。削皮时，刀刃朝内，从外往里削。吃香蕉，剥皮后用刀切成小块，用叉取食。橙子可用刀切成四瓣后剥皮吃，西瓜、菠萝等可去皮切块，用叉取食。

10. 洗手钵的使用

甜品中的水果不少是用手直接食用的，手上难免会粘到果汁，这时可使用洗手钵来清洗手指。值得注意的是，洗手钵的作用是清洗手指，而不是整个手，因而不可把整个手都浸到水中，也不可把两只手同时浸入水中。正确的做法是，先左手后右手，依次将手指浸入洗手钵中，洗过的手指应用餐巾擦拭干净。

11. 离席

用餐完毕后，客人应等女主人从座位上站起后，再一起随着离席。在进餐中或宴会结束前离席都不礼貌。起立后，男宾应帮助妇女把椅子归回原处。

## 五、饮品礼仪

饮品是指能够满足人体机能正常需要，可以直接饮用，或以溶解、稀释的方式饮用的食品，如茶、咖啡、酒。

### (一)饮茶礼仪

饮茶在我国，不仅是一种生活习惯，更是一种源远流长的文化传统。“以茶待客”历来是中国最普及、最具平民性的日常生活礼仪。客来宾至，清茶一杯，可以表敬意、洗风尘、叙友情、示情爱、重俭朴、弃虚华，成为人们日常生活中的一种高尚礼节和纯洁美德。“文人七件宝，琴棋书画诗酒茶”，茶通六艺，茶也成为我国传统文化艺术的载体，并与礼仪紧紧相连。

1. 茶的品种

(1)绿茶

绿茶，又称不发酵茶，以茶树新梢为原料，是经杀青、揉捻、干燥等典型工艺过程制成的茶叶。

(2)红茶

红茶是一种全发酵茶(发酵程度大于80%)。红茶就是茶汤的颜色是红色的。它的加工制作方法刚好和绿茶相反，是以新鲜的茶叶经过烘制，等完全发酵后制作而成。

(3)乌龙茶

乌龙茶的制作加工方法介于绿茶和红茶之间，是一种半发酵的茶叶。

(4)花茶

花茶，又叫香片，是各种花香熏制而成的茶。

(5)砖茶

砖茶，又叫茶砖，是特意将茶叶压紧后，做成的一种类似砖块形状的茶叶品种。

2. 饮茶礼仪

(1)座次礼仪

茶道讲究的是“主随客便”，但是从礼仪文化上讲，喝茶也要遵循喝茶座次礼仪的原则。面对主人或者泡茶的人，左手边的是“尊位”。尊位的顺序为：老年人、领导、女士。如果年龄相差不大，女士优先坐尊位。从主人左手方向顺时针旋转，由尊到卑，直到主人的右手边，不论怎样的茶桌，都应该遵循这个原则。

座位方面还有一个特别的规定：忌讳对头坐，就是和主人面对面的对坐。即使只有两个人也不要坐对面，知礼的客人应该做主人右边的卑位，人多实在避免不了坐对面的情况，一般由小孩子来坐这个位置。

(2)敬茶礼仪

①敬茶要礼貌，一定要洗净茶具，切忌用手抓茶，茶汤上不能飘浮一层泡沫和焦黑黄绿的茶末或粗枝大叶横于杯中，茶杯无论有无柄，端茶一定要在下面加托盘，敬茶时温文尔雅、笑容可掬、和蔼可亲，双手托盘，至客人面前，躬腰低声说“请用茶”，客人即应起立说声“谢谢”，并用双手接过茶托。

②我国有“浅茶满酒”的讲究，一般倒茶或冲茶至茶具的2/3到3/4左右，如果冲满茶杯，不但烫嘴，还寓有逐客之意。

③泡茶水温因茶而异，乌龙茶需用沸水冲泡，并用沸水预先烫杯；其他茶叶冲泡水温为80~90度，细嫩的茶末冲泡水温还可再低点。

④面对两位以上的访客时，端出的茶色要均匀，并要配合茶盘端出，左手捧着茶盘底部右手扶着茶盘的边缘，茶杯应摆在客人右前方。

⑤上茶时应向在座的人说声“对不起”，再以右手端茶，面带微笑，眼睛注视对方说：“这是您的茶，请慢用!”

⑥敬茶时应依职位的高低顺序先端给职位高的客人，再依职位高低端给自己公司的同仁。

⑦以咖啡或红茶待客时，杯耳和茶匙的握柄要朝着客人的右边，此外要替每位客人准备一包砂糖和奶精，将其放在杯子旁(碟子上)，方便客人自行取用。

⑧主人陪伴客人饮茶时，在客人已喝去半杯时即添加开水，使茶汤浓度、温度前后大略一致。

⑨饮茶中，可适当佐以茶食、糖果、菜肴等，达到调节口味的功效。

⑩待客人散去后，方可收茶。

(3)续茶礼仪

往高杯中续茶水时，左手的小指和无名指夹住高杯盖上的小圆球，用大拇指、食指和中指握住杯把，从桌上端下茶杯，脚一前一后，侧身把茶水倒入客人杯中，以体现举止的文雅。

(4)让茶礼仪

在以茶待客的过程中，为了表现对客人的尊重，主人要为客人不时斟茶、续水，这种做法也是有寓意的，表示了“慢慢喝，慢慢叙”。

我国古代讲究以茶待客不过三杯，第一杯叫敬客茶，第二杯叫续水茶，第三杯叫送客茶，所以不论是喝盖碗茶还是功夫茶，让茶应该尽量随便自然。如果一而再、再而三地劝饮，就有暗示“应该要走了”之意。

(5)客人回礼

①第一道礼仪

所谓的第一道礼仪是在泡功夫茶中，主人冲泡了第一泡茶品，请客人品尝时，客人要表示对对方的尊重，以示回礼。比较正式的回礼应该是起身，男性抱拳，女性合十或鞠躬(抱拳者，右手握拳左手包上去；合十者，双手手掌伸长合在一起；鞠躬，即躬身行礼，躬身越低，表示对于主人越发尊敬，如主人是长辈而客人是晚辈，躬身应该至少为45度的“倾斜角”)，坐下，双手接过(或者双手捧起茶杯)先闻香，后慢慢啜茶一口，放下茶杯，口中称赞主人。

②伸掌礼仪

伸掌礼仪是品茶中使用频率最高的礼节，是主客双方都要使用的礼仪。伸掌是表示“请”与“谢谢”。两人对坐时均伸右掌行礼对答。两人并坐时，右侧一方伸右掌行礼，左侧方伸左掌行礼。伸掌姿势是将手斜伸在茶杯旁边，四指自然并拢，虎口稍分开，手掌略向内凹，手腕要含蓄用力，不至显得随便。

③叩指礼

喝茶过程里面，客人最重要的回礼礼节是扣指礼，又叫屈指跪。叩指礼即右手握拳，大拇指的指尖对食指的第二指节，伸直屈着的食指和中指，用食指和中指的第二节的面，轻轻点击你面前的茶桌的桌面，三下。从侧面看，食指和中指就好比跪着的人的双腿，立起来，用第二节指面点击，三下，有“三跪九叩”的意思。

### “叩手礼”的来历

传说一：乾隆皇帝微服私访下江南，来到淞江，带了两个太监，到一间茶馆店里喝茶。茶店老板拎了一只长嘴茶吊来冲茶，端起茶杯，茶壶沓啦啦、沓啦啦、沓啦啦一连三洒，茶杯里正好浅浅一杯，茶杯外没有滴水溅出。

乾隆皇帝不明其意，忙问：“掌柜的，你倒茶为什么不多不少齐巧(即恰巧)洒三下?”老板笑着回答：“客官，这是我们茶馆的行规，这叫‘凤凰三点头’。”乾隆皇帝一听，夺过老板的水吊，端起一只茶杯，也要来学学这凤凰三点头。

这只杯子是太监的，皇帝向太监倒茶，这就是反礼了，在皇宫里太监要跪下来三呼万岁、万岁、万万岁。可是在这三教九流罗杂的茶馆酒肆，暴露了身份，是性命攸关的事啊！当太监的当然不是笨人，急中生智，忙用手指叩叩桌子表示以“叩手”来代替“叩首”。这样“以手代叩”的动作一直流传至今，表示对他人敬茶的谢意。

传说二：乾隆微服南巡时，到一家茶楼喝茶，当地知府不小心知道了这一情况，也微服前往茶楼护驾，怕万一出事，自己担待不起。到了茶楼，也就在皇帝对面末座的位上坐下。皇帝心知肚明，也不去揭穿，久闻大名、相见恨晚地装模作样寒暄一番。皇帝是主，免不得提起茶壶给这位知府倒茶，知府诚惶诚恐，但也不好当即跪在地上来个谢主隆恩，于是灵机一动，弯起食指、中指和无名指，在桌面上轻叩三下，权代行了三跪九叩的大礼。于是这一习俗就这么流传下来。

如今没有谁尊谁卑谁给谁下跪的意思，不过从“扣指礼”确实可以看出客人的茶道功力。另外，主人给客人每冲泡一次茶品的时候，客人都应该行“扣指礼”作为回礼。

（资料来源：http：//www. welcome. org. cn）

3. 注意事项

(1)喝茶礼仪要求着装整洁大方，女性切忌浓妆艳抹，大胆暴露；男性也应避免乖张怪诞，如留长发、穿乞丐装等。除了仪表整洁外，还要求举止庄重得体，落落大方。

(2)喝茶忌“一口闷”或者“亮杯底”，喝茶的人和喝酒的人是有区别的。

(3)喝茶严禁抽烟。实在忍不住了，也应该是喝了五泡之后，征询一下主人的意见，得到同意以后方可吞云吐雾。才坐下就发烟的，视为失礼。

(4)第一泡的第一口茶汤，千万不可当着主人的面吐了出来。这被视为极大的失礼，甚至是一种挑衅的开始。

**(二)咖啡礼仪**

早在 17 世纪，咖啡就风靡欧洲，现在咖啡已成为国际化的饮品，出现在人们的日常生活中。在正规的西餐时，饮咖啡是压轴戏。咖啡除了作为饮料的功能外，在现代人际交往中，还能促进人与人之间的感情，展现个人教养和素质。

1. 咖啡的种类

(1)巴西咖啡

苦味较淡，以平顺的口感著称。这种咖啡品质优良，口感圆滑，略微有中度酸，有很强的甘味，因此，是做混合咖啡不可缺少的原料。

(2)哥伦比亚咖啡

具有特殊的厚重味，以丰富独特的香气受到人们的青睐。

(3)蓝山咖啡

产于牙买加西部的蓝山山脉。蓝山咖啡略带苦味，口感调和，风味极佳。

(4)碳烧咖啡

这是一种烘焙咖啡，味道焦、苦而不带酸味。

(5)摩卡咖啡

主要产于也门，风味独特，含有巧克力的味道，具有贵妇人的气质，是一种纯品咖啡。

(6)意大利咖啡

具有浓郁的香味及强烈的苦味。

(7)曼特宁咖啡

主要产于印度尼西亚的爪哇、苏门答腊及苏拉威岛屿。它有丰富醇厚的口感，不涩不酸，醇度、苦味和香度高，相当具有个性。

2. 喝咖啡的礼仪

(1)咖啡杯拿法

咖啡杯的正确拿法，应是拇指和食指捏住杯耳将杯子端起。喝咖啡时，用右手拿着咖啡杯耳，左手轻轻托着咖啡碟，慢慢地移向嘴边轻啜，不可发出响声。不要满握杯耳、大口吞咽，或俯首去吸咖啡。若遇到一些不方便的情况，例如坐在远离桌子的沙发上，不便双手端着咖啡饮用，此时可用左手将碟置于齐胸的位置，用右手端着咖啡杯饮用，饮毕应立即将咖啡杯置于咖啡碟中，不可将二者分别放置。添加咖啡时，不要把咖啡杯从咖啡碟中拿起来。

(2)给咖啡加糖

加糖要轻。给咖啡加糖时，有两种情况：一种是加砂糖，可用咖啡匙舀取，直接加入杯内，同时为避免咖啡溅出，添加时位置应尽量低。另一种是加方糖，可先用糖夹子把方糖夹在咖啡碟的近身一侧，再用咖啡匙把方糖加在杯子里。如果用糖夹子或手把方糖放入杯中，可能会使咖啡溅出，弄脏衣服或台布，这是极不礼貌的行为。

(3)咖啡匙用法

咖啡匙是专门用来搅拌咖啡的，搅过的咖啡匙，上面都会沾有咖啡，应轻轻顺着杯子的内缘将汁液擦掉，绝不能拿起匙甩动，或用舌头舔咖啡匙。用过的匙最好放在托盘的内侧，以免端起咖啡杯时碰落。不要用咖啡匙舀着咖啡一匙一匙地喝，也不要用咖啡匙来捣碎杯中的方糖。标准的搅拌手法是将咖啡匙立于咖啡杯中央，先顺时针由内向外划圈，到杯壁再由外向内逆时针划圈至中央，然后重复同样的手法，这种方法令咖啡浓淡均匀。

(4)咖啡的冷却

刚刚煮好的咖啡太热，可以用咖啡匙在杯中轻轻搅拌使之冷却，或者等待它自然冷却，然后再饮用。用嘴试图去把咖啡吹凉，是很不文雅的动作。

(5)杯碟的使用

盛放咖啡的杯碟一般都是特制的，这种杯子的杯耳较小。手指无法穿过去。但即使用杯耳较大的杯子，也不要将手指穿过杯耳端杯子。咖啡杯应放在自己的面前或右侧，杯耳指向右方。

(6)喝咖啡与用点心

有时饮咖啡可以吃一些点心，但不要一手端着咖啡杯，一手拿着点心，吃一口喝一口地交替进行。饮咖啡时应当放下点心，吃点心时则放下咖啡杯。

(7)咖啡的饮用

一般来说，趁热品尝咖啡最好，但是喝咖啡不能像喝白开水一样一口气喝完一杯，也不像喝茶或果汁，可以连续喝几杯。

一杯咖啡端到面前，先不要急于喝，应该像品茶或品酒那样，有个循序渐进的过程，以达到放松、提神和享受的目的。一个品尝咖啡的行家里手，一定会在咖啡端上来的那一刻，首先体会一下那扑鼻而来的浓香，即对着咖啡杯深深地吸一口气，所有的妙处都在这里了，然后，吹开咖啡油再轻啜一小口，这便是咖啡的原味，之后再随个人喜好加入糖、奶。

3. 注意事项

(1)不可一直端着咖啡杯子说个不停，或者端着咖啡满屋跑，如果有事需要绕场处理，则应将杯子放下。

(2)在没有征得别人允许之前，不可替别人的咖啡加糖或奶精。

(3)在未征得女主人同意之前，不可为自己或别人斟咖啡，因为这是女主人的义务与权利。

(4)正式开始喝咖啡之前，最好先喝一口冰水，冰水能帮助咖啡味道鲜明地浮现出来，让舌头上的每一颗味蕾，都能充分感受咖啡的美味。

(5)喝咖啡时最好能趁热，因为咖啡中的单宁酸很容易在冷却的过程中起变化，使口味变酸，影响咖啡的风味。

(6)喝咖啡时，要适时地和交往对象进行交谈。这时候，要注意与环境氛围相协调，务必要细声细语，不可大声喧哗，乱开玩笑，更不要和人动手动脚。否则，只能破坏喝咖啡的现场氛围。

(7)添加咖啡时，不要把咖啡杯从咖啡碟中拿起来。

(8)喝完咖啡后应当立即把咖啡杯子放回咖啡碟子中，不要使杯、碟二者“分家”。

**(三)饮酒礼仪**

酒席、宴会的祝酒，既能表示对客人的尊敬，又可增添席间的热烈气氛，用酒来表达对宾客的欢迎或谢意。“无酒不成宴”，饮酒是我国人民的传统风俗习惯，也是世界各族人民增进友谊的一种方式。

1. 酒的分类

(1)按制造方法分类

①蒸馏酒：将经过发酵的原料(发酵酒)加以蒸馏提纯，获得的含有较高度数酒精的液体。

②发酵酒：又称为非蒸馏酒，在生产过程中不经过蒸馏，便可形成最终产品。

③配制酒：又称再制酒，配制酒的方法很多，常用浸泡、混合、勾兑等几种。

(2)按酒精含量分类

①高度酒：指酒精含量在40度以上的酒，如52度的泸州老窖、64度的1573国窖等。

②中度酒：指酒精含量在20度-40度之间的酒，如孔府家酒、五加皮等；

③低度酒：指酒精含量在20度以下的酒，如黄酒、葡萄酒等。

(3)按商品的特性分类

①白酒：由曲类、酒母为发酵剂，用淀粉、糖等原料发酵并经蒸馏后而得，又称烧刀

子、烧酒、老白干等。

②黄酒：又称米酒、老酒，是以大米、黍米、粳米、籼米等为原料，因其酒液颜色黄亮而得名。

③啤酒：以大麦芽、啤酒花、水为主要原料，经酵母发酵酿制而成的富含二氧化碳的酒精饮料。

④葡萄酒：是用新鲜的葡萄或葡萄汁经发酵酿成的酒精饮料，分为红葡萄酒、白葡萄酒和桃红葡萄酒 3 种。

⑤香槟酒：是法文 champagne 的音译，因为是以法国东北部马恩河名为“香槟”地区的葡萄酿造而成，所以得名。

⑥威士忌：英文名称为 Whiskey 或 Whisky，威士忌酒是以大麦、黑麦、燕麦、小麦、玉米等谷物为原料，加酵母菌发酵，经过蒸馏获得的烈性酒，再经木桶长期贮存、陈化而成。

⑦白兰地：是英文 Brandy 的译音，是以水果为原料，经过发酵、蒸馏、贮藏陈酿而成的蒸馏酒。通常讲的白兰地是以葡萄为原料酿制而成的，而以其他水果为原料酿成的白兰地会冠以水果的名称。

⑧伏特加：是以土豆、玉米和小麦等原料经过发酵、蒸馏后制作而成，是俄国代表性的白酒。

⑨朗姆酒：又叫糖酒，是以蔗糖汁或糖浆为原料经过发酵、蒸馏加工而成的酒。

⑩金酒：又叫杜松子酒，是用玉米、麦芽等谷物为原料经过糖化、发酵、蒸馏后，加入杜松子和其他一些芳香原料再次蒸馏而制成的酒。

(4)按酒的香型分类

①酱香型酒：就是有一股类似豆类发酵时发出的酱香味。

②浓香型酒：这类酒的主要特征是窖香浓郁，绵甜甘洌，香味协调，尾净余长，很受消费者喜爱。

③清香型酒：这种香型的酒以乙酸乙酯和乳酸乙酯两者的结合为主体香。

④米香型酒：这类酒以清、甜、爽、净见长，其主要特征是蜜香清雅，入口绵柔，落口爽冽，回味怡畅。

⑤兼香型酒：这类酒的特点是一酒多香，即兼有两种以上主体香型。

### 酒龄符号与年代

| | |
|---|---|
| ☆ | 3 年 |
| ☆☆ | 4 年 |
| ☆☆☆ | 5 年 |
| V. O | 10~12 年 |
| V. S. O | 12~17 年 |
| V. S. O. P | 20~25 年 |
| V. U. S. O. P | 40 年 |
| X. O | 40 年以上 |

2. 酒水的饮用礼仪

(1)用酒礼仪

主人在为客人斟酒时，常说“满上满上”，这个“满”不是指满到杯口几乎溢出来，而指斟满八成就行了。

主人斟酒时，客人可行“叩指礼”，表示感谢主人斟酒。行“叩指礼”时，客人把拇指、中指捏在一块，轻轻在桌上叩几下。

席上喝酒讲究碰杯，要碰杯就必须把杯中的酒喝干，一口气喝下去，还要把杯子倒过来让旁人看看杯子是干的。

在酒席上还常常有“无三不成礼”的说法，意思是喝酒一次高潮必须是三杯以上。所谓“酒过三巡”也是这个意思。

(2)敬酒礼仪

敬酒也就是祝酒，是指在正式宴会上，由男主人向来宾提议，提出某个事由而饮酒。在饮酒时，通常要讲一些祝愿、祝福类的话，甚至主人和主宾还要发表一篇专门的祝酒词。祝酒词内容越短越好。敬酒可以随时在饮酒的过程中进行。要是致正式祝酒词，就应在特定的时间进行，并不能因此影响来宾的用餐。祝酒词适合在宾主入座后、用餐前开始，也可以在吃过主菜后、甜品上桌前进行。在饮酒时特别是祝酒、敬酒时进行干杯，需要有人率先提议，可以是主人、主宾，也可以是在场的人。提议干杯时，应起身站立，右手端起酒杯，或者用右手拿起酒杯后，再以左手托扶杯底，面带微笑，目视其他特别是自己的祝酒对象，嘴里同时说着祝福的话。有人提议干杯后，要手拿酒杯起身站立。即使是滴酒不沾，也要拿起杯子做做样子。将酒杯举到眼睛高度，说完“干杯”后，将酒一饮而尽或适量而止。然后，还要手拿酒杯与提议者对视一下，这个过程就算结束。

在中餐里，干杯前，可以象征性地和对方碰一下酒杯；碰杯的时候，应该让自己的酒杯低于对方的酒杯，表示你对对方的尊敬。用酒杯杯底轻碰桌面，也可以表示和对方碰杯。当你离对方比较远时，完全可以用这种方式代劳。如果主人亲自敬酒干杯后，要回敬主人，和他再干一杯。一般情况下，敬酒应以年龄大小、职位高低、宾主身份为先后顺序，一定要充分考虑好敬酒的顺序，分明主次。即使和不熟悉的人在一起喝酒，也要先打听一下身份或是留意别人对他的称号，避免出现尴尬或伤感情的情况。如果你有求于席上的某位客人，对他自然要倍加恭敬，但是如果在场有更高身份或年长的人，也要先给尊长者敬酒，不然会使大家很难为情。如果因为生活习惯或健康等原因不适合饮酒，也可以委托亲友、部下、晚辈代喝或者以饮料、茶水代替。作为敬酒人，应充分体谅对方，在对方请人代酒或用饮料代替时，不要非让对方喝酒不可。要知道，别人没主动说明原因就表示对方认为这是他的隐私。

在西餐里，祝酒干杯只用香槟酒，并且不能越过身边的人而和其他人祝酒干杯。讲究“白肉配白酒，红肉配红酒”。白葡萄酒适合于开胃菜等小菜或者虾、螃蟹、贝类、鱼、鸡肉等菜。红葡萄酒适合于牛排、羊排、猪排等菜。喝汤的时候可以喝雪莉酒。上最后一道菜或甜品时可以饮用香槟。

3. 饮酒禁忌

(1)碰到需要举杯的场合，不要拿着酒杯边说边喝酒，给别人敬酒时酒杯要低于对方的杯子。

(2)在工作前不能饮酒，以免与人谈话时满口酒气。

(3)忌赌酒与强行劝酒。与客人赌酒或强行劝酒会把文明的交际变成粗俗无礼的行为。

(4)忌吵闹、喧嚣。公共场合不得划拳，家庭私人酒会一般也不宜划拳。

(5)忌酒后言行失控。

(6)忌好酒贪杯。

### 碰杯礼和干杯礼

碰杯礼的由来有两种说法：第一种来自古希腊。古希腊人认为，在饮酒的时候，鼻子能闻酒香，眼睛能看酒色，舌头能尝酒味，唯独耳朵不能感受。为了弥补这一缺憾，他们想出在饮酒前互相碰杯的主意，使耳朵能听到酒杯的清脆响声。久而久之，这种做法逐渐成为饮酒礼节。第二种来自古罗马。在古罗马武士“角力”竞赛前，双方先要喝一杯酒，以示相互勉励。但由于酒是事前准备好的，为了证明酒中没有毒，在喝酒时，决斗双方先把酒倒出互相掺和，然后一饮而尽。这种风俗逐步成为酒席上的碰杯礼节。

据说“干杯”一词起源于16世纪的爱尔兰，原意为“烧面包”。当时的爱尔兰饮酒者常有这样的习惯，将一片烤面包放入一杯威士忌酒或啤酒中，以改善酒味和消除酒的不纯洁性。直到18世纪，干杯才有了今天的含义，并发展成配以祝酒颂词。干杯时人们往往要相互碰杯，碰杯的响声与教堂敲钟一样，是为了驱除恶魔。过去干杯还必须右手执杯，伸直与肩齐，这是为了向对方表明自己腰间没有暗藏武器，以示友好。

（资料来源：http：//www. glzy8. com）

## 第四节　馈赠礼仪

**【案例导入】**

### 案例一

1997年，某阿拉伯国家的一个访问团来中国南方某城市进行参观访问。访问结束后，该市的市政府为代表团举办了欢送晚宴。在晚宴上，市长代表中方向客人赠送了一对特制的瓷瓶，上面印有一对可爱的熊猫图样，并用中文和阿拉伯语书写了“友谊长存”的字样。中方本以为这件礼物会博得对方的喜爱，没想到对方代表团的团长却一脸的不高兴，晚宴中甚至一言不发。

（资料来源：http：//blog. sina. com. cn）

### 案例二

钱鑫作为旭日公司代表前往机场接机，客人是英国 Getwei 公司副总裁史密斯先生。钱鑫精细为客人准备一束鲜花。她来到公司的附近的花店，看到柜台上摆着很新鲜的白色香水百合，就买了一束(八支)。钱鑫心里琢磨着：百合花是友谊的象征，而且“八”谐音“发”，客人一定会非常高兴的。当钱鑫将百合花递给史密斯先生时，史密斯惊愕地瞪着眼，不知道如何是好。

**【案例讨论】**

分析两则案例在馈赠方面的不妥之处。

馈赠，是指人们为了向他人表达自己的情意，将某种物品不求报偿、毫无代价地送给对方。社会交往中，礼尚往来是人之常情，也是商务活动中不可缺少的内容。馈赠是联络感情、增进友谊的有效手段，也是人际交往的一种基本行为。

## 一、馈赠的目的

#### (一)为了加深交往与情感

馈赠的目的是为了加深双方的交往和感情，礼品是交往的情感载体。礼品选择的一个重要原则就是要使礼品既能反映送礼者的寓意和思想感情，又能使寓意和思想感情与送礼者的形象有机地结合起来。

#### (二)为了巩固和维系人际关系

人情礼强调礼尚往来，以“来而不往非礼也”为基本原则。因此，礼品的种类、价值的大小、档次的高低、包装的式样、蕴含的情义等方面都呈现出多样性和复杂性。

#### (三)为了酬谢

这类馈赠是为答谢他人的帮助而进行的，因此在礼品的选择上十分强调其物质利益。礼品的贵贱厚薄，取决于他人帮助的性质。

## 二、礼品的选择

选择礼品时要注意以下几点：

#### (一)考虑受礼人的特点及爱好

所谓“宝剑赠英雄，红粉赠佳人”，送礼一定要看对象。例如：给学生可以送文具；给老师可以送书籍；新居落成可以送字画。不论是国际交流，还是国内来往，是正式活动还是私人应酬，交往对象因国家、民族、年龄、性别、职业、兴趣而异，选择时，务必要根据不同的对象选择不同的礼品，满足不同的需要。

#### (二)以情相伴

送礼不是为了满足某个人的欲望，也不是为了显示本人的富有，而是为了表达祝贺、感谢、慰问、友好的情感。常言道：“礼轻情义重。”真正好的礼品不是用价格可以衡量的，送礼的心意应该重于礼品本身的价值。因此，人们在选择礼品时，都是将其看作友情和敬意的物化，通过赠送礼品来表达对对方的情谊和尊重。礼品如果能融进和体现送礼人的情感，就是最好的礼品。

**(三)尊重禁忌**

送礼不当，不如不送。人们形容不吉利的礼物“如同一支会爆炸的雪茄一样危险”。送礼时要尊重以下禁忌：

1. 要尊重因为风俗习惯、民族差异和宗教信仰等形成的禁忌。选择礼品不要凭自己“想当然”办事，要自觉地、有意识地避开对方的禁忌，注意礼品的种类、色彩、图案、形状、数目和包装等。例如，在我国是不能将钟作为礼物送给老年人的，因为“送钟”和“送终”音同。

2. 要尊重个人的禁忌。每个人由于经历、兴趣和习惯的不同，可能形成个人的一些禁忌。选择礼品时，也要注意受礼对象的个人禁忌。例如，向一位丈夫刚刚去世的女士赠送一对情侣表，一定会勾起她的伤心往事。

3. 要遵守国家的有关规定，不能选择违法违规的物品作礼品。例如，不能将涉黄、涉毒的物品作为礼品送人。许多国家对公务员接受礼品有明确的规定，送的礼品价值过重有行贿之嫌。

4. 考虑社会时尚及自身经济能力

所谓社会时尚就是社会潮流，是大众喜好的趋向，这在礼品选择时也应考虑，如流行色、儿童流行玩具等。自身经济能力也影响到礼品的选择，礼品的贵重与否是与价格直接相关的，人们只能在自身条件许可范围内进行选择。

总之，选择礼品时一定要考虑周全，有的放矢，投其所好。可以通过仔细观察或打听了解受礼者的兴趣爱好，然后有针对性地精心挑选合适的礼品。尽量让受礼者感觉到馈赠的礼品在选择上是花了一番心思的，是真诚的。

*在涉外交往中，有“涉外交往八不送”：现金和有价证券(以免有受贿之嫌)；贵重的珠宝首饰；药品与营养品；广告性的或宣传用品；容易引起异性误会的用品；为受礼人所忌讳的物品；涉及国家或商业机密的物品；不道德的物品。*

## 三、把握馈赠的时机与场合

**(一)馈赠的时机**

礼尚往来作为一种人际交往的方式，除了用来向对方表达友情外，还可以用来平衡双方之间的互惠关系。任何一种人际关系从某种程度上讲，都是一种互惠互利的关系。因此，送礼的时机通常有以下两种：一是需要向对方表达自己的友情时；二是需要答谢对方的恩惠和帮助时。具体来讲，主要有：

1. 节假良辰。遇到我国传统节日如春节、端午节、中秋节等，还有法定节日如元旦、五一国际劳动节、六一儿童节、教师节、国庆节等，都可以送些适当的礼物表示祝贺。

2. 喜庆日子。乔迁新居、过生日、生小孩、庆贺寿诞、结婚等，遇到亲友家中这些喜庆日子，应当考虑备礼相赠，以示庆贺。在商务活动中，如开业典礼、周年纪念、重大科技成果投产等，馈赠礼品表示祝贺与纪念，也可以增进人际关系。

3. 探视病人。亲友、同学、同事或领导生病，可以到医院或病人家中探望，顺便带去一些病人喜欢的水果、食品和营养品等，表示关心。

4. 亲友远行。亲友或同事要调离到其他岗位，甚至到异国他乡，为表示惜别之情，一般送些礼物，以表示友谊地久天长。

5. 拜访、做客。这种时候可以备些礼物送给主人，特别是女主人或者小孩。

6. “感谢帮助”“礼尚往来”“略表寸心”。当你在生活或工作中得到别人的帮助时，为了表示感激之情，可以送些礼品酬谢对方。

**(二) 馈赠的场合**

赠礼的场合可以是公开的场合，也可以是私下的场合，这主要看礼品的性质。如果赠送的礼品是实用价值不高却具有某种象征意义的东西，不妨在公开场合赠送。例如一束鲜花、一枚徽章、一张贺卡等礼品就可以直接送到对方的办公室。这样，在向受礼者表达心意的同时，也可以向其同事展示受礼者的高雅和清廉，使受礼者在感受送礼者的尊重的同时也产生一种精神上的圣洁感和崇高感。如果赠送的礼品是食品或者其他实用品，即使是送亲朋好友的，也不宜在公开场合相赠，这容易引起旁人的误解，让人感觉有贿赂的嫌疑，使受礼者的形象受损，并可能招致他人的反感。

## 四、掌握馈赠礼节

选择一件满意的礼品，仅仅是馈赠活动的开始。如何把礼品合乎礼仪地赠送给对方，是整个馈赠行为取得成功不可缺少的重要环节。

**(一) 精心包装**

包装是礼品的外衣，精美的包装是礼品的组成部分。通过包装，可以反映出送礼者的情趣和心意，也可以造成神秘感。不重视包装会导致礼品本身的“贬值”，甚至使受礼人有被对方轻视的感觉。在国际交往中，尤其要加以注意。作为礼品需要讲究包装的精美，多件礼品，要分开包装，切不可随意性地混放在一起。在包装之前，需要除去礼物上的价格标签，贴上写有自己祝词和签名的绸带或彩色卡片，以表示自己的诚意，也便于受礼者确认礼品的赠送人。

**(二) 表现大方**

送礼者一般应站着用双手把礼品送到主人的手中，并说上一句得体的话。送礼时的寒暄一般应与送礼的目的相吻合，得体的寒暄不仅可以表达送礼者的心意，而且让受礼者受之心安。中国人送礼时习惯自谦，一般喜欢强调自己礼品的微薄。西方人在送礼时，喜欢向受礼者介绍礼品的独特意义和价值，以表示自己对对方的特别重视。

## 五、受礼和拒礼

当你收到别人送来的礼物时，你有两种选择：接受或拒绝接受。无论你做何种选择，都需要做出合乎礼仪的表达。

**(一) 接受礼品的礼仪**

1. 表示感谢。有的人可能会对礼品本身赞不绝口，甚至激动万分，但是“谢谢你”这三个实实在在的字眼却不会从他们口中听到，而这正是表达谢意的关键所在。它表明你谢的不是礼物本身而是对方送礼物给你的这一举动。

2. 让对方感受到你的愉快。可以找一些悦耳的话或者是令人开心的话来说。可以感谢送礼人所花费的心血，如："你能想到我太好了。"可以感谢对方为买到合适的礼品所付出的努力，如："你竟然还记得我收集古代地图。"当然，如果确实喜欢某件礼物，就明确地告诉对方。

3. 重视别人送的礼物。不要拿礼物开玩笑，要表现得真心喜欢这件礼物，并对礼物所包含的意义表示感谢。如："哦，多精致的手工啊！""这么罕见的颜色。""我从没见过这样漂亮的东西！""你想得真周到！"

4. 写感谢信。在口头表达感谢之外，别忘了写封感谢信。这表明你花了一些时间欣赏礼物，就像送礼人花费时间来挑选礼物一样。你不仅可以对礼品本身表示感谢，也可以对礼品的外在含义表示感谢。

**（二）拒收礼物的礼仪**

一般情况下，不论你喜不喜欢送给你的这件礼物，最好表示谢意并接受它。当然，有时候有必要拒收礼品，这可能是由于礼品的价格超过了公司规定的限度，也可能是由于你不便接受那个礼物。拒收礼物时，可依照下列步骤：

在 24 小时之内迅速做出反应；

如果送礼人是善意的，向他解释一下将礼品退回的原因并对他表示感谢。

如果送礼人不怀好意（例如隐含附加条件），则只需告诉他礼品不合适。为了自我保护，将退还礼品时写的信复印一份，保存在卷宗里，并注明退还礼品的日期以及退还方式。

**☞技能实训**

## 实训任务一

**【案例描述】**

S 电子技术有限公司成立于 1981 年，地处国家级高科技园区信息产业基地，系高新技术企业。S 电子带着"科技落实生活"的愿景，致力于微控制器、数字信号处理器（DSP）应用与开发，以及系统工具软件、消费类娱乐产品和家庭网络产品的开发和研制，并实现通讯及多媒体技术的商品化，使人们能够享受到高科技带来的舒适、便利与欢乐，从而提升人们的生活品质。S 电子掌握声音和图像处理技术、微控制器设计以及 IC 电路设计和应用软件设计技术，自主研发。从各种高低阶微处理器核心，DSP 设计等 SOC 平台之开发工具，如编译器、集成开发环境、操作系统等，到演算法研究、IC 设计等核心技术，发展出多样化的产品线。公司目前主要产品线包括：单片机、液晶显示控制器、多媒体、语音芯片及各式客户委托设计芯片，应用于电子字典、MP4 及 MP3、计算器外围、智能家电控制器、VCD、DVD、数码相机、播放机、来电显示器、语音复读机等，在日常生活中无所不在。

为了公司的进一步发展，S 电子决定派相关技术人员前往美国同行业知名企业 F 公司进行为期三天的参观交流。F 公司热情地进行了接待，并组织了参观研讨等系列活动。学习结束，F 公司总经理 Smith 先生亲自前来送别，并向客人赠送了具有特殊意义的纪念品。

【实训要求】

1. 请完整模拟S电子技术人员抵达F公司后双方介绍、握手、互赠名片、友好交谈的场面；

2. 请模拟F公司总经理Smith送客的场景；

3. 请为F公司设计具有纪念意义的礼品。

【实训操作】

1. 请根据情境描述，分角色进行模拟；

2. 将全班学生分成若干小组，以小组为单位组织情境模拟，小组之间互相点评；

3. 根据角色的不同身份，充分体会角色的特点。台词可由学生自行设计并有所发挥，只要符合礼仪要求即可。

【实训提示】

1. 在美国，人们见面时喜欢直呼其名，这是亲切友好的表示，纵使交谈之初可能互相用姓称呼，但过一会儿就改称名字。而在中国，人们很喜欢被称为某某经理，某某总裁，因为这是身份与地位的象征。但在美国，人们很少用正式的头衔称呼别人，正式的头衔只用于法官、高级政府官员、军官、医生、教授和高级宗教人士。值得注意的是，美国从来不用行政职务如局长、经理、校长等头衔来称呼别人。

2. 在美国，与人交谈时，切不可谈及个人的私事，诸如年龄、婚姻、收入、信仰等。看到别人买的东西不可问其价格；如果看到别人回来，也不能问他去哪儿了或者从哪里来，否则就会遭人厌恶，美国人常用“鼻子伸到人家私生活里来了”这句话来表示对提问人的轻蔑。

3. 西方人对礼品更倾向于实用，一束鲜花，一瓶好酒，一盒巧克力，一块手表，甚至一同游览、参观等，都是上佳的礼品。当然，如果再讲究礼品的牌子和包装，就更好了。赠受双方喜欢共享礼品带来的欢快。西方人馈赠时，受赠人常常当着赠礼人的面打开包装并表达赞美后，邀赠礼人一同享受或欣赏礼品。此外，讲究赠礼的时机。一般情况下，西方人赠礼常在社交活动行将结束时，即在社交已有成果时方才赠礼，以避免行贿受贿之嫌。

## 实训任务二

【案例描述】

立达公司于2002年在Y市成立“立达信息技术公司”，主要是为了研究中国国内商品的价格趋势，及其对国际商品价格趋势的影响。目前，立达在全国各地区拥有200名研究员，研究涉及国内证券、期货、有色金属、钢材、农业、化工等行业的相关商品。在以研究为目的的前提下，公司为国内一些中小型企业和个人提供着咨询服务，为他们控制生产和投资过程中的风险并扩大利润。截至2012年底，立达国内的企业客户达500多家，个人客户超过2000名。立达为中国的客户提供了适用不同群体的企业级和个人级的决策系统，并针对客户此提供高品质的跟踪及维护服务。公司的目标是以最先进及时的趋势分析技术，帮助更多的企业和个人客户控制因商品价格波动而导致的运营和投机风险，把握商品价格趋势变化中的投机机会，从而获得稳定的收益。为了实现这个目标，立达在中国实行三合一的战略：普及趋势理念、降低进入门槛、承诺高档服务。

公司希望借10周年庆典的机会，以晚宴的形式答谢一直以来支持公司业务发展的合作单位以及客户，同时征询广大客户对公司产品和服务等各方面的意见和建议。晚宴定于2012年12月24日傍晚6：30在五星级酒店国际大酒店举行。为了保证宴请的成功，公司还专门成立了一个筹备工作小组，负责本次宴请活动。根据安排，宴会上董事长还将亲自致祝酒词。

【实训要求】

1. 模拟演示宴会筹备工作，包括宴会场地的确定和宴会的各项准备工作；

2. 模拟演示筹备工作小组成员在迎宾、开席、送客等各个环节中的语言、表情和举止；

3. 模拟演示各类客人达到宴会地点后，与立达公司领导主人问候、入席、用餐、祝酒、告辞时的情形；

4. 根据案例背景，模拟董事长在宴会开始时的致辞；

5. 模拟演示在宴请过程中，出现下列情况时的处理情景：(1)宴会开始前，身份高于主人的来宾到来，需重新调整席座；(2)宴会开始时，临时增加了客人；(3)宴会进行过程中，气氛比较沉闷；(4)就餐过程中，客人不慎打翻酒水等；(5)宴会上，你的领导或客人醉酒。

【实训操作】

1. 请根据情境描述，分角色进行模拟；

2. 将全班学生分成若干小组，以小组为单位组织情境模拟；

3. 小组成员轮流担任不同角色。

【实训提示】

1. 宴请的筹备工作包括确定宴请的目的、对象、形式、地点、时间与发出邀请。

2. 按照国际惯例，宴会席次、桌次顺序的高低以偏离主桌位置的远近而定，近者高，远者低，并遵循“以右为上”，主桌的右手为上，左手为下，即右高左低。

3. 在宴请客人时，尽可能地照顾赴宴者；主动了解客人的民族、宗教背景，注意不同客人的特殊口味和禁忌，尊重少数民族和外宾的饮食习惯。敬酒应以年龄大小、职位高低、宾主身份为序，敬酒前要充分考虑好敬酒的顺序，分清主次。

4. 赴宴时应正点到达或早于规定时间2-3分钟到达。到达宴会地点后，应先前往迎宾处，主动向主人问候。应了解好自己的座位和桌次，不可随意入座。从座椅左侧就座，挪动座椅时要注意轻拿轻放。进餐时举止要文雅得体。主人和主宾祝酒时，应暂时停止用餐，停止交谈，注意倾听。宴会完毕，应依次走到主人面前，与主人握手，向主人致谢并告辞。

5. 宴请程序：迎客→入席→致辞→敬酒→交谈→散席

## 实训任务三

【案例描述】

黄前学院具有近六十年的办学历史，是一所培养应用型、复合型、创业型技术和经营管理人才的高职院校，学科涵盖经、管、文、理、工、艺六科，是一家以培养高素质的创新型、应用型人才为目标的院校。学院以创建“国内一流、有特色、能提供优质本科教育资源的多科性民办大学”为发展目标。半个多世纪，学院始终不渝地服务于商贸和现代服务业，已为社会培养、输送了七万多名管理骨干和专业人才，赢得了社会的美誉。近两年来，为适应新形势的需要，学院积极加强国际合作与交流，与英、法、美、日、澳等国的20多所大学建立了友好关系，开展学术交流、项目合作和人才的培养。本月15日，合作院校乔治大学校长Rodgers先生、校长特别顾问Newman女士及校董事会成员Pons先生一行将来校访问。黄前学院院长姜博士为迎接拉马顿大学校长一行，在一家高档西餐厅预订了丰盛的晚宴。学院主管国际交流的副院长赵教授、国际交流处管处长作陪。

**【实训要求】**

1. 模拟黄前学院院长迎接乔治大学校长一行，表达欢迎、安排就座的情境；
2. 模拟用西餐的情境。

**【实训操作】**

1. 请根据情境描述，分角色进行模拟；
2. 将全班学生分成若干小组，以小组为单位组织情境模拟；
3. 小组成员轮流担任不同角色。

**【实训提示】**

1. 西餐宴会座位的安排遵循“以近为尊，以右为尊，男女交叉”的原则。
2. 西餐的上菜顺序是：头盘、汤、副菜、主菜、蔬菜、甜品、咖啡或茶。
3. 西餐入座讲究女士优先的原则，入座或离座时，都应从座椅左侧走。
4. 西餐宴会的正式开始是以女主人打开餐巾为标志的，如没有女主人，则以男主人打开餐巾为标志，餐巾打开后，平铺在双腿上。
5. 西餐对餐具的使用极为讲究，每一道菜都有不同的盘子、刀叉、勺子、杯子。

# 第四章　办公事务礼仪

## 第一节　办公室礼仪

**【案例导入】**

小许大学毕业后，成功应聘到桑雅公司人事部当助理。第一天上班，为了让自己的办公桌看上去与众不同，小许精心布置了一番，放上她青春靓丽的写真照，摆上可爱的毛绒公仔，感觉又回到了温馨的校园里。小许年轻、时尚，性格外向，爱好交际，朋友很多，为了不耽误与朋友的联系，她上班期间总是挂在网上，不时地聊聊天，有时一发不可收拾，干脆煲起电话粥。在大学里，小许就养成了爱吃零食的习惯，现在办公桌和抽屉里也都塞满了零食，经常一边工作一边享用，也经常和同事们分享。

小许的上司张总监工作能力很强，对下属要求很高，平时也不苟言笑，下属们私下里称呼她为“女魔头”。不过小许有几次竟得到了“女魔头”的表扬，这让她颇为得意，常常流露出沾沾自喜之情。有一次，小许无意间听到办公室的两个同事在议论：“女魔头”最近心情不好，跟丈夫正在闹离婚。好像真的有这么回事，小许忽然想起了什么，凑近那两个同事，补充说：“我和你们说啊，她这两天总是跟老公在电话里吵架。昨天，我还看到她在办公室里抹眼泪呢。”“那肯定是了，她这个女人脾气那么差，哪个男人受得了她啊。”“就是，就是，她老公在外面肯定有新欢了。”小许越聊越起劲了。

**【案例讨论】**

小许在办公室里有哪些不妥之处？

办公室是一个处理工作业务的场所，办公室的礼仪不仅是对同事的尊重和对企业文化的认同，更是每个人为人处世、礼貌待人的最直接表现。

### 一、办公室环境礼仪

办公室就是单位的窗口，展现组织的形象。因此，要注意办公室环境礼仪，做到整洁、安静。

**（一）整洁**

办公室的布置不可以太过花哨，否则会给人眼花缭乱的感觉，给人一种杂乱无章的印象，影响工作。因此，办公室的物品应该整齐摆放，归类整理，便于查找。除了整齐以外，干净也非常必要。干净整齐的办公环境不仅可以使职员办事效率提高，还可以给来访的人员规范高效的感觉。

**(二)安静**

安静的环境不仅需要硬件设施，如墙壁使用吸音材料、铺地毯、安双层玻璃等，可以使办公室不受外界干扰；而且需要大家自觉地遵守办公室行为规范，不在办公室内谈笑、聊天等，安静的环境可以使工作更有效率。

除了要整洁、安静以外，办公室可以增加体现组织特色的装饰物，如绿色盆栽等，但注意要与整体风格协调。

## 二、办公室举止礼仪

办公室职员的言谈举止代表组织形象，办公人员应注意仪表仪容、言行举止，尽职尽责：

**(一)仪表端庄、仪容整洁**

上班时应着职业装。有些企业要求统一着装，以体现严谨、高效率的工作作风，加深客人对企业的视觉印象。男职员上班应穿白衬衣或西服，打领带。衬衣的下摆收进腰间，着深色的皮鞋。服装必须干净、平整，不应穿花衬衣、拖鞋、运动服上班。不留胡须、不留长发，头发梳理要美观大方，衬托出本人良好的精神面貌和工作的责任感。

女职员上班应着西服、套裙或连衣裙，颜色不宜太鲜艳、太花哨。上班不宜穿太暴露、太透明、太紧身的服装或超短裙，也不能穿奇装异服、休闲装、运动装、牛仔装等。应该穿皮鞋上班，皮鞋的颜色要比服装的颜色深。应穿透明的长筒丝袜，袜口不能露在裙口下，不能有钩破的洞。不应穿凉鞋、旅游鞋上班。佩戴首饰要适当，符合规范。发型以保守为佳，不能新潮。最好化淡妆上班，以体现女性端庄、文雅、自尊自重的形象。

**(二)言语友善、举止优雅**

职员的站坐行走，举手投足，目光表情，都能折射出是否具备良好的文化素养、业务能力和工作责任心，同时也能体现出企业的管理水平。

微笑办公是自信、真诚、自尊、魅力的体现。上班时与同事、领导微笑问好，下班微笑道别。接待、邀请、致谢都面含微笑，有利于创造良好的办公气氛。

在办公室讲话时态度谦和，声音要轻，不能在办公室、过道上大声呼唤同事和上级。无论是对同事、上级，还是来访者，都应使用文明用语。在办公室里，说话不要刻薄，与同事开玩笑要适度，不能恶语伤人，或在背后议论领导和同事。

**(三)恪守职责、高效稳妥**

办公人员应树立敬业爱岗的精神，以饱满的工作热情、高度的责任心做好自己本职工作。工作中一丝不苟、精益求精、讲究效率，减少或杜绝差错，按时、按质、按量完成每一项工作。领导交给任务时，应愉快接受，做好记录，确保按时完成。认真办理，及时汇报，恪尽职守，严守机密。

## 三、办公室人际关系礼仪

如何处理好办公室关系是职场人士一直关注的问题，在办公室中的人际交往更讲究技巧。

### （一）与上级相处的礼仪

1. 尊重领导

作为下属，应当维护领导的威望和自尊，时时、处处、事事，都应以恭敬之心相待。在领导面前，应有谦虚的态度。不能顶撞领导。特别是在公开场合，尤其应注意，即使与领导的意见相左，也应私下与领导说明。

2. 听从指示

一个组织的正常运转是通过上传下达、令行禁止维持的，上下级要保持正常的领导与被领导的关系。领导对下属有工作方面的指挥权，对领导在工作方面的安排、指挥，下属必须服从。

3. 当好助手

在日常工作中，认认真真、尽心尽力做好自己的本职工作，就是对上级最好的支持、配合与回报。对领导的工作不能求全责备，多出主意帮助领导干好工作，不要在同事之间随便议论领导、指责领导。

4. 讲究方法

在工作中给领导提建议时，一定要考虑场合，注意维护领导的威信。提建议一般应注意两个问题：一是不要急于否定原来的想法，而是先肯定领导的大部分想法，然后有理有据地阐述自己的见解；二是要根据领导的个性特点确定具体的方法，例如对严肃的领导可用正面建议法，对开朗的领导可用幽默建议法，对年轻的领导可直言建议法。

5. 不能“越位”

在职场中，领导者与被领导者之间并不存在不可逾越的鸿沟，但是客观上赋予这两者不同的社会职能。对于被领导者来说，在工作上不能超越范围内的权限，不能越俎代庖。否则会招致上司的不满，造成工作上的混乱。作为下属，应认清自己工作中的位置，尽可能地帮助上级排忧解难，出谋划策。

### （二）与同事相处的礼仪

与同事相处的好坏，关系到自己的工作、事业的进步与发展。如果同事之间关系融洽，就会感到心情愉快，有利于工作的顺利进行，从而促进事业的发展；反之，同事关系紧张，经常发生摩擦，就会影响正常的工作和生活，阻碍事业的发展。

1. 尊重同事

相互尊重是处理好人际关系的基础。同事关系不同于亲友关系，它不是以亲情为纽带的社会关系。亲友之间一时的失礼，可以用亲情来弥补，而同事之间的关系是以工作为纽带的，一旦失礼，创伤难以愈合。所以，处理好同事之间的关系，最重要的是尊重对方。尊重同事还包括尊重同事的隐私。背后议论他人的隐私，会损害他人的名誉，引起双方关系的紧张甚至恶化。

2. 相互关心

真正的好同事，应该相互关心，风雨同舟。但是，关心应以不干涉他人的私生活、不干扰或妨碍对方的自由为前提。不管是在工作中还是生活上，同事有难应予以体谅理解，并尽力帮助。对力所能及的事应尽力帮忙，这样会增进双方之间的感情，使关系更加融洽。

3. 平等诚恳

同事之间的关系如君子之交，不失信于人，不伤害同事。与许多同事一起时，应不偏不倚，不能在同事中搞宗派、小团体，挑起同事之间的矛盾。

4. 讲求协作

同事之间在工作中一定要同心协力、相互协作、互相支持。自己的工作要克己奉公，不推卸责任。需要帮助时与同事商量，不可强求；对方请求帮助时，应尽己之所能真诚相助。对年长的同事要多学、多问、多尊重，对比自己年轻的同事则要多帮助、多鼓励。这样才能建立一个团结、文明的办公环境。

5. 主动道歉

同事之间长期相处，一时的失误在所难免。如果出现失误，应主动向对方道歉，征得对方的谅解；对双方的误会应主动向对方说明，不可小肚鸡肠、耿耿于怀。

6. 学会幽默

幽默是一种技巧，是化解尴尬气氛的“调和剂”，用幽默化解同事间的紧张关系，必然会赢得所有同事的信赖与尊重。

7. 适当“让利”

让利是一种豁达的处世态度，无疑会赢得人们的好感，也会增加你的人格魅力，有时也会带来更多的“回报”，俗语所说的“吃小亏占大便宜”，从一定程度上就说明了这个道理。

**（三）与下属相处的礼仪**

1. 尊重下属

下属具有独立的人格，领导在工作中应该尊重下属的人格，这是领导最基本的修养和对下属最基本的礼仪。

2. 善于“纳谏”

领导者应当采取公开的、私下的、集体的、个别的等多种方式听取下属的意见和建议，了解下属的愿望，这样既可提高领导的威信，又可防止干群关系的紧张。

3. 宽待下属

领导应该心胸开阔，对下属的失礼、失误应用宽容的胸怀对待，尽力帮助下属改正错误，而不是一味打击、处罚，更不能记恨在心，挟私报复。

4. 培养魅力

作为领导，除权力之外，还应有自己的人格魅力。如良好的形象、丰富的知识、优秀的口才、平易近人的作风等，这些都是领导的自然影响力。

5. 尊崇人才

领导不可能在各方面都表现得出类拔萃，而下属在某些方面也必然会有某些过人之处。作为领导，对下属的长处应及时地给予肯定和赞扬。如接待客人时，将本单位的业务骨干介绍给客人；在一些集体活动中，有意地突出有才能的下属的地位。这样做可以激发下属的工作积极性，更好地发挥他们的才干。相反，如果领导嫉贤妒能，压制人才，就会造成领导和下属的关系紧张，不利于工作的顺利开展。

# 第二节　接待礼仪

**【案例导入】**

某集团公司汪总经理准备在12月23日接待英国的威廉姆斯先生。正在他着手安排具体接待工作时，威廉姆斯先生打来电话，因特殊情况要推迟到25日才能抵达，问汪经理是否可以，并再三对改期表示歉意。汪总经理25日需要到省城参加会议，但还是答应了对方，25日安排专人接待，26日同威廉姆斯会面，并把接待任务交给了毕业于文秘专业的公关部经理焦小姐。

焦小姐立即着手收集有关资料，并制订了详尽的接待计划。25日下午，焦小姐在机场迎接威廉姆斯先生，并用一口纯熟的英文做了自我介绍。在陪同威廉姆斯先生乘轿车去宾馆的路上，焦小姐介绍了沿途的风光及特色建筑。到了宾馆，威廉姆斯先生被眼前的景色惊呆了：圣诞树被五彩缤纷的灯饰装饰得格外绚丽，餐桌上布满了丰盛的圣诞食品。威廉姆斯先生非常兴奋。进餐中，服务人员手捧鲜花和生日贺卡走进来呈给他，原来这天正是威廉姆斯先生55岁生日。焦小姐举起手中酒杯对他说："我代表公司及汪总经理祝您圣诞节快乐、生日快乐！"威廉姆斯兴奋地说道："谢谢你们为我举办了这么隆重的圣诞晚宴及生日宴会，你们珍贵的友谊和良好的祝愿我将终生难忘。"

26日汪总经理由省城返回，双方有关合作业务洽谈得非常顺利。客人回国时，再三向焦小姐及公司对他的接待表示感谢。

（资料来源：杨眉《现代商务礼仪》，东北财经大学出版社2000年。）

**【案例讨论】**

焦小姐组织的这次接待工作为什么取得了良好的效果？

迎来送往是办公室日常工作的重要组成部分。正确的接待工作，除了热情、礼貌和真诚，礼仪常识必不可少。待人接物，言行举止必须符合礼仪规范，否则将直接影响组织的形象，甚至带来经济利益的损失。无论是在日常性的接待还是团体接待过程中，接待者都要讲究一定的礼仪规范，做好接待的准备，掌握好接待的步骤和要求。

## 一、接待的准备

会客室（办公室）环境一般可划分为硬环境和软环境。硬环境包括室内空气、光线、颜色、办公设备及会客室的布置等外在客观条件。软环境包括会客室的工作气氛、接待人员的个人素养等社会环境。清洁、明亮、整齐、美观的会客室，会让来访者感到这里工作有条不紊，充满生气，留下美好的印象。

### （一）物质准备

办公室的用具设计要精美、坚固耐用，适应现代化要求。办公桌应美观、实用。有条件的可采用自动升降办公椅，以适应身体高度。同时应根据不同工作性质，设计不同形式的办公桌、椅。另外，办公室应根据不同情况，设置垂直式档案柜、旋转式卡片架和来往式档槽，以便保存必要的资料、文件和卡片等，便于随时翻检和节约空间。设备和桌椅应装置滑轮，便于移动。

会客室应准备好座位、茶水和电话，有条件的情况下还应装备有复印设备。会客室内在窗台、屋角摆些盆景或花卉，展现生机和活力。为了方便来访者放置衣物，应准备衣帽架。可准备一些书报杂志、单位，以及介绍本单位的材料，便于客人在会客等待时间中翻阅。

**(二)心理准备**

接待礼仪的基本要素是“诚心”。接待中能将心比心，站在对方立场想问题，就能表现出优雅感人的礼仪。待人接物时热情开朗、温存有礼、和蔼可亲、举止大方而灵活，这种良好的行为有助于赢得对方的好感。相反，那种“门难进、脸难看、话难听、事难办”的现象，令人反感。

## 二、日常接待礼仪

日常接待中，迎客、待客、送客是接待工作中的基本环节。接待来访的客人，必须遵循亲切、热忱、礼貌的原则。接待人员都是代表单位接待客人，接待水平的高低，往往对单位的形象产生重要的影响。

**(一)亲切迎客**

来访者进来时，应“来有迎声”。接待人员马上停止手中的工作，站立起来，有礼貌地招呼一声“你好，欢迎”。一般情况下不用主动和来访者握手，如果来访者主动把手伸过来，接待人员要顺其自然，最好能立即确定对方从何处来，叫什么名字。

对于预约的来访者，在来之前要有所准备，要预先记住对方的姓名。当来访者应约而来时，要热情地引入会客室，并通报上司。

遇到事先并不知道的预约来访者时，先询问客人：“事先约好时间了吗?”来访者答：“约好两点钟见面。”然后赶紧道歉：“啊，真对不起，失礼了。”因为站在客人的立场来说，既是约好时间才来的，却被问有没有约好，内心一定感到不太高兴，而且也显示出公司信息传达没做好，所以一定要道歉。

有些来访者事先并未预约面谈时间，属于临时来访，接待者应表示热情友好，让客人感觉是受欢迎的。询问客人的来意，作出适当的应对。如果需要领导接待，要先问清领导是否愿意和是否有时间接待。假如领导正在开会或正在会客，并同意见客，可以对临时来访者说：“抱歉，经理正在开会，您可以等一会儿。”如果领导没时间接待，你要记下对方的要求，日后予以答复，不能推诿、拖延或敷衍了事。如果来访者没有预先约定会谈时间，却突然来访，你向领导汇报，领导说不愿意会见，并请你找借口打发来访者，这时的应对方式可以有两种情形：一种是请示领导可否派人代理接见来客，如果领导同意派人代理，则可以告诉来访者：“不巧，经理正在会客(或开会)，我请××主任来与你谈，好吗?”另一种是以既热情又坚定的态度回答领导确实无法接待来客，帮助上司挡驾。接待人员还要学会在上司受到来访者纠缠不休时代为解围。

如果接待的是已确定好的来访团组，通常应根据上司的意图拟定接待工作方案，它包括来访团组的基本状况(团组名称、人数、日期、目的、要求)；公司接待的详细安排(接待日程、各类接待人员名单、主要活动、日常事务性工作)，经领导批准后，分头布置，按接待方案落实。接待结束，接待人员应将整个接待工作进行总结，形成报告并存档。

**(二)热忱待客**

1. 奉茶

一般来说，茶水、饮料放在客人的右前方，点心、糖果放在客人的左前方；上茶应从客人的左边上。

(1)基本要求

①当桌子上有资料文件时，不要勉强客人收拾整理，而应该说："茶放这儿行吗?"并等待客人的回答，按客人意愿行事。

②开会时，如果出席者众多，可请同事帮忙，一人端着茶盘，另一人专为客人上茶。

③茶溢出来了，这时不要惊慌，不忙乱，先道歉，后擦拭。斟茶时，务必带上干净毛巾。

④有茶和糕点时，要先将糕点放在客人左手边，再将茶置于客人正中略偏右手侧。

⑤洽谈时间较长，在一至一个半小时内，应更换茶叶。

(2)上茶程序

两手端茶盘，盘子高度位于胸部；敲门，并说"对不起"，进入接待室；止步立正，轻轻点头致意；将茶盘的一端置于桌子侧面；桌上不能放盘时，则左手拿盘，右手取茶壶；用毛巾擦净茶壶底，两手从下方托住毛巾；上茶结束后，左手拿茶盘，使盘紧靠左腋下；走到门口时，再次向客人点头致意，退出接待室。

(3)奉茶禁忌

尽量不要用一只手上茶，尤其不能用左手；不要让手指碰到杯口；茶不宜斟得过满，以杯深的2/3处为宜；不能等到茶叶见底后再续水。

2. 敬烟

从健康角度讲，对客人不主动敬烟。若要敬烟，应将烟盒的上部朝着客人，用手指轻弹出几支香烟让客人自取。如果为客人点烟，最好用打火机，打一次火只为一个客人点烟，不要点"转转火"。

3. 座次

有来宾访问，一般都要使用接待室或会议室，座次通常依照面门为上、以右为尊的原则。有几种情形要注意：

①采用"相对式"就座时，面朝门的位置为上。采用"并列式"就座时，以右为上。采用"围坐式"就座时，居中为上。另有离房门较远的位置为上，以材质最好、最高、最舒适的位置为上的原则。

②若未及主人引座，来宾已自行就座，则应顺其自然，不作强求。

4. 引导

引导是指迎宾人员陪同来宾前往目的地。一般情况下，由接待单位的接待人员、礼宾人员专门负责引导，或是由接待方与来宾对口单位的办公室人员负责引导。规范的引导礼仪有以下几个方面：

(1)行进中的位次排列

①行路

常规做法：与客人并排行进时，内侧高于外侧，中央高于两侧。一般让客人走在中央或内侧；与客人单线行进时，标准的做法是行于后方，以前方为上，如果没有特殊情况的话，应该让客人先行。

②楼梯

上下楼梯时，首先要单行行进。上下楼梯时因为楼窄，并排行走会阻塞交通。没有特殊原因应靠右侧单行。引导客人上下楼梯：上楼梯时，客人走前面，陪同者紧跟后面；下楼梯时，陪同者走前面，并将身体转向客人。但如果陪同接待的客人是一位女士又身着短裙，在这一情况下，接待陪同人员要走在女士前面，不要让女士高高在上，因为女士穿着短裙高高在上有可能会出现"走光"的问题。

③电梯

当出入无人值守的升降式电梯时，一般请客人后进，引导者先进、后出。进入有人管理的电梯，引导者应后进后出。

④进门

无论进出什么样的门，总的原则是：轻拉、轻推、轻关。引导人员一定要口手并用，运用手势要规范，同时要说"您请这边走""请各位小心台阶"等提示语。引导人员要注意下面的情况：如果门是朝里开的，引导者要先入内拉住门，侧身请客人进入；如果门是朝外开的，引导者应打开门，请客人先进；如果陪客人走的是旋转式大门，引导者要先迅速过去，在另一边等候。

(2)乘车的位次排列

①轿车

如果引导者与来宾同行，宾主不同车时，一般是引导者的车在前，来宾的车在后；宾主同车时，来宾先上后下，引导者先下后上。

轿车里的位次，大体上有三种情况。公务用车时，也就是当驾驶司机是专职司机时，上座为后排右座。在社交应酬中，当主人开车时，上座为副驾驶座，表示平起平坐。接待重要客人如高级领导、高级将领、重要企业，上座为司机后面之座。

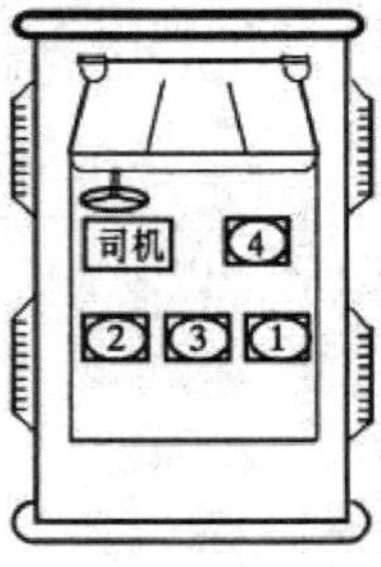

双排五座轿车

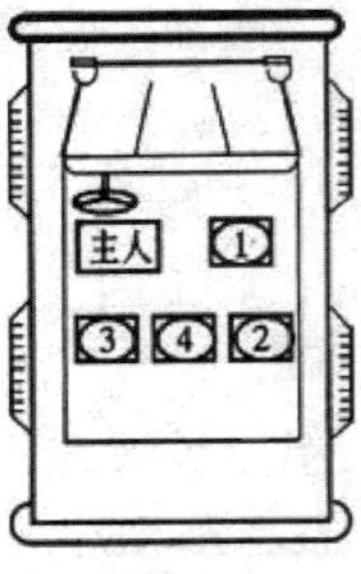

双排五座轿车

②其他车辆

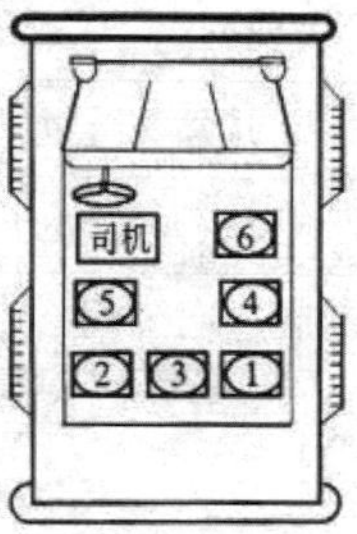

三排七座轿车

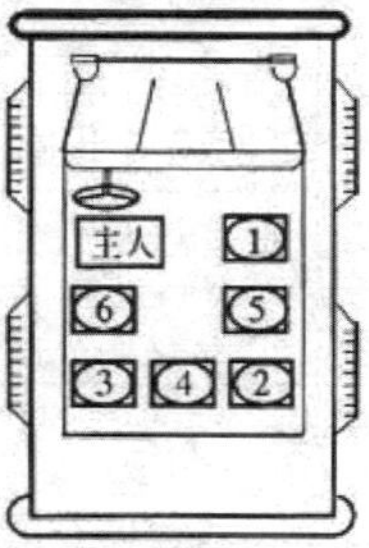

三排七座轿车

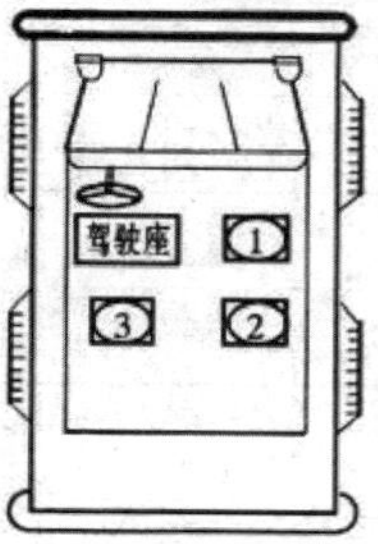

吉普车

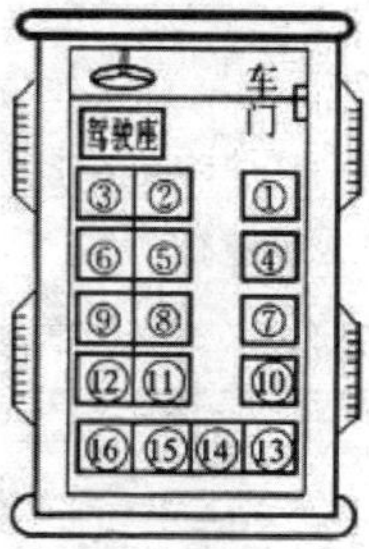

多排座轿车

③列车

乘列车时，列车行驶方向靠窗子的座位为上席，其次是其对面的座位，再后是行驶方向靠过道的座位，最后是其对面的座位。

在接待中，除了注意车辆的正确座次排列外，还需要把握以下几点：

1. 乘坐主人驾驶的轿车时，最重要的是不能让前排空着。一定要有一个人坐在那里，以示相伴。

2. 由专人驾驶车辆时，副驾驶座一般也叫随员座，通常坐于此处者多为随员、译员、警卫等等。从安全角度考虑，一般不应让女士坐于副驾驶座，孩子与尊长也不宜在此座就座。

3. 必须尊重嘉宾本人对轿车座次的选择，嘉宾坐在哪里，则哪里即是上座。

4. 穿短裙的女士上下车最好采用背入式或正出式，即上车时双腿并拢，背对车门坐下后，再收入双腿，下车时正面面对车门，双脚着地后，再移身车外。

5. 合影

有来宾访问，一般都要合影留念。合影留念时，一般主人居中，主人右侧为第一主宾位置，左侧为第二主宾位置，双方人员相间排列，注意两端的位置不要留给来宾。

**(三)礼貌送客**

如客人提出告辞时，要等客人起身后再站起来相送，切忌没等客人起身，自己先于客人起立相送，这是很不礼貌的。若客人提出告辞，接待人员仍端坐办公桌前，嘴里说“再见”，而手中却还忙着自己的事，甚至连眼神也没有转到客人身上，更是不礼貌的行为。“出迎三步，身送七步”是迎送宾客最基本的礼仪。因此，每次见面结束，都要以将“再次见面”的心情来恭送对方回去。通常当客人起身告辞时，接待人员应马上站起来，主动为客人取下衣帽，帮他穿上，与客人握手告别，同时选择最合适的言词送别，如“希望下次再来”等礼貌用语。尤其对初次来访的客人更应热情、周到、细致。

当客人带有较多或较重的物品，送客时应帮客人代提重物。与客人在门口、电梯口或汽车旁告别时，要与客人握手，目送客人上车或离开，要以恭敬真诚的态度，笑容可掬地送客，不要急于返回，应鞠躬挥手致意，待客人移出视线后，才可结束告别仪式。

**送客行为规范表**

| 告别地点 | 行为表现 |
| --- | --- |
| 如果将客人送至会议室或者办公室门口，服务台边 | 宜说“对不起，失陪”，目送客人走远 |
| 如果送至电梯门口 | 则宜点头为礼，目送至电梯门关合为止 |
| 若将客人送至大门口，汽车旁 | 招手为礼，待客人走远后返回公司 |

## 三、重要来宾接待

接待重要来宾或是某些正规隆重的公务团体的接待工作，接待人员要制订周密的接待计划，要特别注意有关的接待环节和礼仪规范。

**(一)接待准备**

接待重要来宾，接到来客通知后，一般应从以下几个方面准备：

1. 收集信息

首先要了解来宾的基本情况，包括客人的单位、姓名、性别、民族、职业、级别、人数等；其次要掌握客人来访的目的和客人在食宿、日程安排上的打算；第三要了解客人到达的日期、所乘车次、航班和到达时间。然后将上述情况及时向主管领导汇报，并通知有关部门和人员做好接待准备工作。

信息可以向领导和有关人员了解，也可直接向来访的一方了解。了解得越多、越具体，准备工作就越有针对性，接待成功的把握就越大。

2. 制订接待计划

接待计划主要包括以下几个方面：

(1)接待方针

接待方针即接待的指导思想，当根据实际情况和领导机构对接待工作的要求以及来宾的具体情况确定。

(2)接待规格

针对不同的客人采用不同的接待规格。第一种是对等接待，即陪同人员与客人职务、级别大体一样，大部分接待都是对等接待。第二种是高规格接待，即陪同人员比客人职务要高，适用于比较重要的接待。第三种是低规格接待，即陪同人员比客人职务要低，主要适用在基层。

(3)接待日程安排

接待日程安排应当制定周全，尤其是接待活动的重要内容不可疏漏，比如安排迎接、拜会、宴请、会谈、参观、游览、送行等事宜。接待日程安排要注意时间上的紧凑，上一项活动与下一项活动之间既不能冲突，又不能间隔太长。

(4)接待经费预算

根据接待规格、人员数量、活动内容做出接待费用的预算。接待费用一般包括：工作经费；租借会议室、打印资料等费用；住宿费；餐饮费；劳务费、讲课、演讲、加班等费用；交通费；参观、游览、娱乐费用；礼品费；宣传、公关费用；其他费用。

经费预算的注意事项：

①有时，客人的住宿费、交通费等由客人一方支付，就要把所需费用数目与日程安排表一起提前寄给对方。

②接待经费从何而出，也是要落实的问题。特别是由两个以上单位联合接待时，从开始筹备就要确定经费的来源问题。

(5)确定工作人员

接待工作人员要做来访前的准备工作、来访期间的联络沟通、协调服务工作。因此，要根据接待规格和活动内容确定工作人员，并事先明确工作任务，保证接待工作的顺利进行。

制订接待计划的注意事项：

1. 如果本单位有接待方面的规章制度，工作人员应严格执行，不得擅自更改接待标准。

2. 接待的规格应根据客人的具体情况而定，一般不可过高，也不可过低，以接待者身份与来访者对等为宜。

**(二)正式接待**

1. 迎接来宾

根据确定的接待规格和具体情况，由有关领导或业务部门、办公室人员去车站(机场、码头)迎接。去迎接的人员应在客人所乘车(船、飞机)到达之前到场等候。如果来宾是初次见面，接待人员应事先准备好示意牌，以便来宾及时发现。客人到达后，应先安排客人到客房稍作休息，然后引领客人就餐。安排客人就餐，要了解来宾的饮食习惯，特别是与宗教相关的饮食忌讳，例如，为信仰伊斯兰教的客人安排餐饮时，应该选择清真餐厅。有时在一个代表团中有不同宗教信仰的客人，要分别满足他们的要求。

2. 商议日程

安排好客人的食宿后，要和客人共同商议活动的具体日程，确定活动的时间、内容、方式，并印发活动日程表。日程表要下发有关接待人员，根据日程做好接待工作。

3. 安排返程

要根据客人要求，订购车(机、船)票，并安排好送行车辆与送行人员，送客人到车站(机场、码头)作最后告别。

1. 如来宾要进行参观学习，则应根据对方的要求，事先安排好参观点，并通知有关部门或单位准备汇报材料，组织好有关情况介绍、现场操作和表演、产品或样品陈列等各项准备工作。

2. 在条件许可的情况下，为来宾安排一些必要的文化娱乐活动，如电影、地方戏剧、晚会、书画活动、参观展览等；根据来宾要求，安排好体育活动，通知体育场馆作好场地、器材等准备，并安排陪同人员。

3. 如果来宾有重要身份，或活动具有重要意义，则应通知有关媒体派人进行采访、报道，负责介绍情况，安排采访对象谈话，并受领导委托对稿件进行把关。

## 第三节　拜访礼仪

**【案例导入】**

王平是一位刚大学毕业分配到大华科技公司市场部的新业务员，准备去拜访顺德公司的秦经理。由于事前没有秦经理的电话，王平没有预约就直接去了顺德公司。王平刚进大华公司，还没有公司制服，所以他选择了休闲运动打扮。这天不巧，天公不作美，狂风暴雨，好几辆公交都误点了。好不容易等到一辆，由于雨大路滑，司机开得格外小心。下车时，王平发现快到下班时间了，于是一路小跑前往顺德公司。王平担心太晚会影响秦经理下班，到达顺德公司顾不上整理衣着便直冲秦经理办公室。刚好秦经理正在接电话，就示意让他在沙发上坐下等。王平总算可以喘口气了，于是往沙发上一靠，跷起二郎腿，一边吸烟一边悠闲地环视着秦经理的办公室。在等待的时间里不时地看表，不时地从沙发上站起来在办公室里走来走去，还随手翻了一下放在茶几上的一些资料。秦总接完电话，发现站在自己面前的是一个头发凌乱、被雨淋湿裤腿、鞋子上沾满泥巴的小伙子，刚才他所走过的地方一步一个脚印……

**【案例讨论】**

请问王平在这次拜访中成功的几率高吗？

拜访又叫拜会，是指前往他人的工作单位或住所去会晤、探望对方，进行接触与沟通。根据拜访地点的不同，拜访可分为工作场所拜访和其他场所拜访，地点不同，礼仪要求也不尽相同。

### 一、工作场所拜访的基本礼仪

工作场所拜访是指以工作为目的的较为正式的交往方式。应注意以下礼仪规范：

**（一）选择时间**

拜访的时间尽量不要安排在对方业务繁忙的时间段或生理倦怠期，如一般单位周一常常会比较忙，而周五一些人已经在为即将到来的周末做准备，拜访如果安排在这些时间，会给对方带来不便。拜访客户适宜时间：一是客户心情很好的时候，如公司营运得很好、利润可观或者是刚出一批货的时候；二是客户不太忙碌的时间，要避免在刚上班的时间、午休或下班前去拜访；三是客户工作告一段落的时间，这是你前去拜访的最佳时段，因为在这个时段客户比较放松，往往能够坐下来和你好好交谈。

**（二）有约在先**

约定拜访时间是拜访的第一步。在与客户约定时间时，要以客户的时间为准。在客户方便的时候拜访，可以充分体现你对客户的尊重，这样会预计先给客户留下较好印象。约定会面，除了约定日期和时间外，还应告知对方将要商谈的主要内容，使客户有所准备；要预先将己方前往访问的人数、姓名、职位等告诉对方，便于对方合理安排。

**（三）准备物品**

拜访前一天就应准备好文件资料、名片及必要的办公用品，以免出发前忙乱和遗漏。准备好合适的礼品，让对方产生好感，有利于接下来的交谈。

**（四）确认拜访**

拜访前应致电再次确认，特别是在距离预约时间比较久的情况下。通常在约定时间的前一天致电确认，这样可以避免因为对方业务繁忙而忘记与你的约会，也可以给对方留下细致有礼的印象。

**（五）修饰仪表**

整洁干净的仪表表达的是对客户的敬意和自重，同时也表明自己对拜访的重视。在拜访之前，应该注意自己的形象，衣着要大方得体，着正装，表现出良好的精神风貌。特别需要强调的是，女士修饰头发时不要让刘海遮住眼睛，最好用发胶稍微把它固定一下。

**（六）如约而至**

宾主双方约定了具体的会面时间，拜访者应该按时守约，如果的确因为特殊原因不能如约，应及早向客户致歉并说明，取得谅解，避免打乱客户的安排。约定到达时间应适当提前 10 分钟左右，用来搭电梯或走楼梯、再次整顿服装仪容等。但是，也不宜过早到达，这会造成客户因为没有做好准备而紧张。在进入访客所定地点之前，要做好以下自我检查工作：重新确认资料的完整性；确认资料摆放的顺序在出示时是否方便；确认名片是否准备妥当等。

**（七）进门守礼**

不能私自闯入别人的工作场所。不论是否开着门，都要先轻叩房门 2-3 次，得到允许后方可入内。如果对方正在开会或有其他客人来访，应该自动退在门外等候，而不应进去站在一旁或在门口走来走去，妨碍他人。如果初次拜访，应向接待人员自我介绍或向接待人员递名片，请求与会见者见面。如果事先有约定，应提及双方约会之事，让接待者明白来意。见到客户应该热情招呼，如房内有其他人员，应该礼貌寒暄或点头致意。客户未请入座前不要随便入座；客户请坐后，要按指定的位置入座。如果客户请你随意入座，要注意尽量不要坐他人的办公座位，以免影响他人办公。对后到的客人应起身相迎，等待介绍或点头致意。客户上茶时，要起身双手迎接并热情致谢。打招呼和谈话时嗓门不要太大，以免影响他人。当对方站立说话时，你也应该站立起来说话，以示尊重，站的时候不要倚靠在别人的办公桌上。拜访时“非礼勿听、非礼勿视、非礼勿动”。不要注意听客户与他人的交谈。未经允许，不要随意翻阅客户资料，触动客户的任何物品，尤其是电脑。没有客户的安排，不要随意参观。

**（八）适时请辞**

到工作场所拜访，一般都是在工作时间，拜访时间不宜过长，一般控制在 15 分钟至半小时之内，适时而止。见客户有倦意或流露出“厌客”之意，应知趣请辞。如果客户请留下用餐，那么餐后不宜马上离开，应在饭后留一会儿再走。告辞时，要真心诚意地跟客户说：“谢谢！感谢你们今天的招待，耽误你们的时间了！”感谢客户时，切忌使用过于夸张的语言动作。告辞时，如果有其他客人在场，也要和他们一一告别。出门后请客人留步，不必远送。握手道别时，可说“拜托了”“谢谢了”“麻烦了”“留步”“再见”等礼貌用语。如有意邀请客户回访，可在与客户告别握手时提出邀请。

**（九）过后感谢**

好的结束和好的开始同样重要，拜访过后的一张感谢函有利于给对方留下好印象，为将来的合作打下良好基础。

## 二、做客的拜访礼仪

做客拜访是日常生活中最常见的交际形式，也是联络感情、增进友谊的一种有效方法。

做客拜访要选择一个对方便利的时间。一般可在假日的下午或平时晚饭后，要避免在吃饭和休息的时间登门造访。拜访前，应尽可能事先告知，约定一个时间，以免扑空或打乱对方的日程安排。约定时间后，不能轻易失约或迟到。如因特殊情况不能前去，一定要设法通知对方，并表示歉意。

拜访时，应先轻轻敲门或按门铃，当有人应声允许进入或出来迎接时方可入内。敲门不宜太重或太急，一般轻敲2-3下即可。切不可不打招呼擅自闯入，即使门开着，也要敲门或以其他方式告知主人有客来访。

进门后，拜访者随身带来的外套、雨具等物品应放置在主人指定的地方，不可任意乱放。对室内的人，无论认识与否，都应主动打招呼。主人端上茶来，应从座位上欠身，双手捧接，并表示感谢。吸烟者应在主人敬烟或征得主人同意后，方可吸烟。和主人交谈时，应注意掌握时间。有要事必须要与主人商量或向对方请教时，应尽快表明来意，不要东拉西扯，浪费时间。

离开时要主动告别，如果主人出门相送，拜访人应请主人留步并道谢，热情说声“再见”。

**☞技能实训**

### 实训任务一

**【案例描述】**

#### 案例一

客人：你好，我是天地公司的李先生，有事找你们的经理。

接待人员：请问你有预约吗？

客人：没有。

接待人员：……

……

#### 案例二

客人：你好，我是天地公司的推销员，姓李，想向你们的经理推销我们的产品，你可以安排我与你们经理见一面吗？

接待人员：……

### 案例三

客人(远道而来)：你好，我是北京威威公司的业务员，想拜访一下你们的经理。

接待人员：……

### 案例四

一天，小王刚上班，就接到总经理从会议室打来的电话，说上午有位姓吕的客人要来，因他正在开会，暂时不想见这位客人，必要时可以让副总经理见一下，并让小王热情接待。刚放下电话，那位客人就到了。客人说自己是总经理的好朋友，有急事找总经理。小王告诉他总经理不在，那位客人便说："我知道你们总经理没有外出，他刚才还给我打了电话呢。"(严格按照上司的意图)

接待人员：……

### 案例五

某公司老总前来拜访你的上司，与你的上司商量要事，可你的上司却外出了，这时你该如何接待这位老总？在接待的过程中，又有一位新客人到达，你如何处理？

### 案例六

一天，公司来了位客人，你凭直觉已经感觉到对方只是一个广告推销员，但既然他说与李总经理有约，也不好点破他的造访目的。接过名片一看，果然是某家杂志社的广告部的钱经理。然后，你仍然很热情地请坐、端茶，然后问道："……"

钱经理答道："如果您方便，我希望很快见到李总。"

(你明白了，他肯定是没有约会。即使是李总亲自约定的，也会有具体的时间。)

于是，你说："……"

钱经理听了你的话后，拿出他的资料，这下你很快明白了。来访者是为了杂志社编撰本市最新工商业名录组广告、拉客户的。这事已经不是你第一次遇到，你深知接待不可草率生硬。你问："……"

客人马上表示可以。但你向李总汇报后，得到的答复只有两个字："不见。"

你回答客人，只能说："……"

钱经理听了您的话后，嘴上说着"好，好"，但已经显得不悦了。

你又说到："……"

"好，好，"钱经理说这个"好"时，和上次不一样。之后，他带着满意的笑容离开。

**【实训要求】**

1. 讨论案例中不同状况的接待技巧；

2. 根据最佳设计方案进行模拟。

**【实训操作】**

1. 请根据情境描述，分角色进行模拟；

2. 将全班学生分成若干小组，以小组为单位组织情境模拟；

3. 小组成员轮流扮演不同角色。

**【实训提示】**

1. 对待所有上门拜访的客人，都必须以礼相待，即使他是上司拒绝见面的客人，也不可草草了事。对于远道而来的客人，或者有重要事情的客人，你可以与上司联系，按照上司的指示办事。

2. 婉言拒绝的礼节：(1)向对方说出原因，至少是大致的原因，凡事有根据，你得为上司拒绝见客人找个理由(不要说上司日程已满)。(2)道歉，说"对不起"。(3)建议另约时间，减轻客人的失望感觉。(4)请示是否派代理接见客人。

3. 老客新客的安排技巧：(1)向原先的来客表示歉意，请他稍等后，立即上前礼貌招呼新来的客人，并询问其来意。(2)如果自己与原先客人的谈话内容不便让新来的客人听到，可安排新来的客人到另外的会客室，请他稍等，并告诉他等候的大约时间。(3)回到原先的客人处继续交谈，并为交谈的中断，及让他等候表示歉意。(4)如果接待新客人需要花很长时间，而原先的客人交谈也需要很长时间，不可能接待新客人，就应该向新客人说明情况，表示歉意，建议重新安排时间(对于新客人的安排，不能过于耽误时间而让原先的客人久等)。如果新客与原先的客人出自同一原因，同一事项前来，所谈的内容完全一致，接待人员可以通过介绍让双方认识，一起进行讨论。

4. 领导不在时的处理：(1)告知不在的原因，并附上你的歉意。(2)询问来意后，告知来客，等领导回来后，再进行联系。(3)询问客人是否由代理人出来见面。

## 实训任务二

**【案例描述】**

朝阳服装股份有限公司是国内最大的中高档服装(女装)ODM与OBM厂商之一，以对日贸易为主。公司成立于1981年，多年来致力于开发推广流行、时尚、前沿的服装服饰及周边时尚产品，事业领域迅速发展至日本全境。近年来，公司凭借强大的面料设计能力、优质的客户群体、严格的质量管理体系、敏锐快速的市场反应能力以及规模化的生产能力，与日本众多优质客户建立了稳定的合作关系，经营业绩持续快速增长。

2011年3月11日13时45分，日本发生9级地震，继而引发海啸，消息传出后，3月12日上午9:00，与日本宫城县京宾株式会社有长期业务往来的朝阳公司决定召开各部门经理紧急会议，商讨应对地震的方案。总经理古斌交待助理何娜，会议差不多持续两个小时，没有特殊情况，不要打扰会议进程。

9:30，古总的商界好友明达公司总经理续华杰突然造访。作为业界人士，续总深知日本大地震有可能对朝阳公司带来重创，于是第一时间就前来慰问古总。

10:00，STV记者闻讯日本大地震后，对本市与日方有着密切合作关系的知名企业进行采访，借此想了解一下企业应对危机和风险的能力。

10:15，真是越忙越添乱，来了个不速之客，事先没有约定，一来就声称是经理的朋友，坚持要见经理，何娜请教他的大名，却又不愿通报姓名，不愿说出求见理由，还赖着不肯离去。

10:30，旭日公司李总和助理小钱如约而至，不过何娜记得，旭日公司约的是上午

11:00，两位提前达到了。

10:45，公司的一个重要原料供应商陈经理突然从外地来，说他们公司出现资金周转困难，本月订单无法如约交货，要求尽快跟古总经理商议对策。

**【实训要求】**

请模拟助理何娜接待客户的情景。

**【实训操作】**

1. 请根据情境描述，分角色进行模拟；
2. 将全班学生分成若干小组，以小组为单位组织情境模拟；
3. 小组成员轮流扮演不同角色。

**【实训提示】**

1. 接待时态度要端正大方，随和自然，说话音量要适中，语调要舒缓、咬音吐字要清楚。

2. 对公司的合作伙伴、常来的客人，应马上热情地打招呼，给对方一份熟悉的亲切感，同时应该礼貌地问明其来意，然后用电话询问一下被访者是否有空见他，如果回答说可以，再将其引领至被访者处或者被访者来领。如果被访者不在或者没空，应征求客人意见另约时间或留言。

3. 对无约来访的客人，应热情友好地询问，客气礼貌地判断对方的来意。

4. 如果来访者是记者，在确认其身份后，应采取主动合作的态度接待他，并表示出乐意帮忙的意愿，但是要斟酌回答的内容，不轻易表示自己对某件事的态度。

5. 如果来访者事先既无约，现在又赖着不肯走，这时你应冷静，保持礼貌，来访者若真是无理取闹，你应随机应变处理。

6. 如果上司正在会客或者在开会，有事需打断他，譬如要告知他一个重要客人来了，可将来访者的名片先送进去，或写张便条或通过内线电话即时提醒上司。

7. 如果同时有多位来访者到达，应根据来访者身份地位及重要性做出判断，安排先后顺序，对需暂时等候的来访者，客气地请其稍坐一会，送上茶水，奉茶时要按次序。

## 实训任务三

**【案例描述】**

X 市 NT 通信有限公司创建于2002年，主要从事通信终端销售、电信业务代理，通信工程设计、施工，通信维护等通信业务，同时经营标牌的制作、销售，办公用品的代销以及矿业开发等多元化业务。杨蓓是这家公司市场部业务员。恰逢 LE 公司新办公楼落成，招标通信管道、电缆、光缆、设备等各类工程项目的施工和设计及楼宇智能综合布线等工程项目。杨蓓准备去拜访 LE 公司的市场部经理沈锋先生。杨蓓事先预约的时间是本周三下午三点。杨蓓准备好了有关的资料、名片，并对 LE 公司及沈锋先生进行了了解。拜访前杨蓓对自己的仪容、仪表进行了精心、得体的修饰。到了周三，杨蓓提前五分钟到达 LE 公司。

轻叩办公室门，得到许可后，杨蓓微笑着作了自我介绍："……"同时双手奉上自己的名片和资料。

沈经理忙招呼杨蓓坐下，并示意秘书奉茶。

秘书端来一杯茶，杨蓓……

在与沈经理的交谈过程中，杨蓓简明扼要地表达了来意：“……”见沈经理颇感兴趣，杨蓓又对公司的信誉和品质作了补充介绍：“……”交谈中能始终紧扣主题，给沈经理留下了很好的印象。

这时，沈经理的秘书敲门进来，说是有约客户来访。杨蓓适时结束了交谈，向沈经理告辞，并真诚邀请沈经理前往 NT 公司考察、指导：“……”。沈经理由于有约客户已到，便请秘书代为送客。

杨蓓的表现最终促成了双方的合作。

**【实训要求】**

1. 请将案例中省略的部分补充完整；
2. 根据最佳设计进行模拟。

**【实训操作】**

1. 请根据情境描述，分角色进行模拟；
2. 将全班学生分成若干小组，以小组为单位组织情境模拟；
3. 小组成员轮流担任不同角色。

**【实训提示】**

1. 拜访之前必须提前预约。一般情况下，应提前三天给拜访者打电话，简单说明拜访的原因和目的，确定拜访时间，经过对方同意以后才能前往。

2. 拜访必须明确目的，出发前对此次拜访要解决的问题应做到心中有数。如，需要对方为你解决什么，你对对方提出什么要求，最终你要得到什么样的结果等，这些问题的相关资料都要准备好。

3. 正式拜访时，女士应着深色套裙、中跟浅口深色皮鞋配肉色丝袜；男士最好选择深色西装配素雅的领带，外加黑色皮鞋、深色袜子。

4. 拜访不能迟到。如果双方是初次见面，拜访者必须主动向对方致意，简单地做自我介绍。谈话切忌啰嗦，简单的寒暄是必要的，但时间不宜过长，否则会影响对方其他工作的安排。

5. 拜访结束时，如果谈话时间已过长。起身告辞时，要向主人表示歉意。出门后，回身主动与主人握别，说“请留步”。待主人留步后，走几步再回首挥手致意“再见”。

# 第五章　商务活动礼仪

## 第一节　会议礼仪

**【案例导入】**

BH职业技术学院长期以来，坚持“合作、参与、服务与分享”的校企合作原则，变“就业合作”为真正的“益在学生、利在企业、誉在学校”的多赢合作。今年学校又成立的校董事会，拓宽校企合作的深度和广度，接受企业捐赠，与企业共建实验室、实训基地等。学院决定召开首届董事会，广邀社会各界人士。到场的嘉宾有校董事会成员、兄弟院校专家和领导、省市教育行政部门的领导、企业和公司的负责人。会议的筹备工作由学院院办小田负责。小田进行精心的准备，从邀请嘉宾、准备文件资料、拟定会议程序、购买礼品、预定宴会到布置会场都做了详尽而又仔细的安排。会议开始那天，嘉宾按时到会，到场后却相互谦让。原来，小田光顾着考虑座次，却没有制作和安放座次牌，嘉宾到场后不知道该坐什么位置，致使现场一度有些混乱。晚上，学院在都市大酒店安排宴请，嘉宾们准时到达后，发现请柬上标明的正厅正在举行婚宴。原来，小田在发请柬之前没有与酒店负责人取得联系，一厢情愿地认为不会有问题，便把宴会的地点写在了请柬上，等宴会的前一天下午去联系，才知道酒店正厅早已有租用，只好临时改换地点。但由于宴请嘉宾较多，已经来不及一一通知了。

**【案例讨论】**

小田在学院董事会的筹备过程中有哪些疏忽？

会议是一种重要的现代管理手段。要成功地举行一次会议，除会议主题明确、议程正确、重要议题突出外，更需要组织者、领导者、参加者多方合作，以确保大会取得良好的效果。

### 一、会前的准备与接待

会前筹备是会议活动举办前的准备工作，是会议成败的关键因素。

**（一）会前准备**

1. 拟定会议主题

会议的主题，即会议的指导思想。会议的形式、内容、任务、议程、期限、出席人员等，都只有在会议的主题确定下来之后，才可以据此一一加以确定。负责筹备会议的工作人员围绕会议主题将领导议定的会议的规模、时间、议程等组织落实。通常要组成专门的班子，明确分工，责任到人。

2. 拟发会议通知

按常规，举行正式会议均应提前向与会者下发会议通知。会议通知是由会议的主办单位发给所有与会单位或全体与会者的书面文件，同时还包括向有关单位或嘉宾发的邀请函件。这方面主要应做好两件事：

第一，拟好通知。会议通知一般包括以下六项：一是标题，它重点交待会议名称。二是主题与内容，这是对会议宗旨的介绍。三是会期，应明确会议的起止时间。四是报到的时间与地点，尤其要交待清楚交通路线。五是会议的出席对象，如对象可选派，就规定具体参会条件。六是会议要求，即与会者材料的准备、生活用品的准备，以及差旅费报销和其他费用问题。通知内容要求完整而规范。

第二，及时送达。下发会议通知，应设法保证及时送达，不得延误。

3. 起草会议文件

会议所用的各项文件材料，均应于会前准备。其中的主要材料，还应做到与会者均能获得。需要认真准备的会议文件材料，主要有会议的议程、开幕词、闭幕词、主题报告、大会决议、典型材料、背景介绍等。有的文件应在与会者报到时下发。

4. 常规性准备

负责会务工作时，往往有必要对一些会议所涉及的具体细节问题，做好充分的准备。

第一，会场布置。对于会议举行的场地要有所选择，不应该过大，显得空旷无人；也不应该过小，弄得拥挤不堪。会场环境要与会议的精神、主题和谐一致，会标、旗帜、会议名称横幅的悬挂、鲜花的摆放、主席台的布置(包括台布的颜色)、会议主席团成员座次的安排、会场的桌椅、礼宾人员的站位等都要考虑周详、妥善安排。对于开会时所需的各种音响、照明、投影、摄像、摄影、录音、空调、通风设备和多媒体设备等，应提前进行调试检查。

第二，安排与会人员的招待工作。对于交通、膳宿、医疗、保卫等方面的具体工作，应精心、妥当地做好准备。同时，根据会议的规定，与外界搞好沟通。比如向有关新闻部门、公安保卫部门进行通报。

第三，座次安排。排列主席台上的座次，目前的惯例是：前排高于后排，中央高于两侧，左座高于右座。凡属重要会议，在主席台上每位就座者身前的桌子上，应先摆放好桌签。排列听众席的座次，目前主要有两种方法。一是按指定区域统一就座，二是自由就座。

第四，要采办好会议用品。一些会议用品，如纸张、本册、笔具、文件夹、姓名卡、座位签以及饮料、声像用具，还需要补充、采购。

**(二)会前接待**

会前要针对不同参会人员的需求，给予不同的事先准备和制订接待计划。

1. 接待食宿安排

(1)提前办理好住房手续(房间号应尽量避免不吉利的数字)，将房卡拿到，以便使参会人员抵达宾馆后，能快速领取钥匙进入房间。

(2)熟知房间数量及类型(标准间、商务房、工作人员房间)及同行卡。要熟知参会人员用房的各种类型房间数及方向位置(分布的楼层房间号)、工作人员用房数量及位置(后勤工作人员用房需要同客人在同一楼层，并尽可能靠近嘉宾的房间，以便为嘉宾提供快速、周到的服务)。同行卡可随乘车号一同发放，也可以在前往下榻宾馆的途中发放。同行卡可以使参会人员清楚自己所住的房间，也便于入住客房后相互之间联系。

(3)房间布置。参会人员抵达前必须保证房间清洁卫生，同时检查房间内设施是否能正常使用，按照要求为房间配水果。

(4)根据参会人员职务、性别、习惯、年龄安排房间。贵宾客人有专人引领至房间。

(5)根据参会人员的生活习惯、饮食爱好、民族特点，结合本地饮食特色订餐。要求餐厅整洁、环境舒适、干净卫生、食品价廉物美。

(6)根据接待的不同档次，菜品、酒水可请参会人员点或预先点好。所用餐具必须要求做好消毒工作，并且坚决杜绝使用有裂纹的餐具。

(7)宴请时根据需要安排打印席卡。

(8)逐一落实各项细节。

2. 接待车辆安排

(1)接待用车要保证车辆必须干净、整洁。驾驶员必须有极强的责任心，驾驶经验丰富、服务态度好，有一定的接待经验和礼仪知识。

(2)用车接客时，应主动打开(右侧)车门，以手示意请客人上车(小车后排右侧为主，后排左侧为次，司机右侧由随从人员乘坐)。下车时，接待人员应先下车，由车后绕过为客人开门。有随同人员时，由随同人员开门并站在车门后侧以手遮在车门上框处，提示客人勿碰撞。

(3)根据参会人员和迎送人员的人数，以及行李数量安排车辆。乘车座位安排应适当宽松，正常情况下，附加座一般不安排坐人。如果参会人员行李数量较多，应该安排专门的行李车。如果是车队行进，出发前应明确行车顺序，并通知有关人员，事先讲明路线与大致日程安排，注意集合时间及地点，以免行进中发生错位。每台车都要有明显的标志和号码；每台车安排一名陪同人员，负责提醒客人保持乘坐同一辆车，并在每次上车前统计人数。

(4)现场实施过程中，严格按照事先制订的接待计划，实施并执行；如有任何特殊情况改变行程，应及时通知相关人员和司机。

(5)根据参会人员的其他需要安排相应车辆进行服务。

(6)如果参会人员人数较多，为了在接站时避免混乱，应事先排定乘车号和住房号，并打印成表格。在参会人员抵达时，将乘车表格发至每一位手中，使之明确自己所乘的车号。同时，也便于接待人员清点每辆车上的人数。

3. 接站工作

应在与会者报到之前预先了解所乘的飞机、车、船的班次、车次。如无法了解，应在规定的报到日期内安排好车辆和接站人员。最好在车站、机场设一接待站，制作一块醒目的牌子或横幅，写明“×××会议接待处”等字样。待与会人员到来，尽快将客人送往会场或会议驻地。

4. 报到工作

当与会人员来到会场或会址报到时，应热情、礼貌地接待，对与会者的到来表示欢迎。应将事先准备好的会议文件和用品，包括会议须知等材料以及住宿房间的号码、餐券等发给与会者。尽可能引导客人到住宿的房间，稍作简单介绍后提醒客人稍事休息，以解除旅途的疲劳，并叮嘱会议的第一项议程的时间、地点。

5. 会议签到

为掌握到会人数，严肃会议纪律，凡大型会议或重要会议，通常要求与会者在入场时签名报到。会议签到的通行方式有三：一是签名报到，二是交券报到，三是刷卡报到。负责此项工作的人员，应及时向会议的负责人进行通报。

## 二、会中服务礼仪

### (一)妥当安排会议座次

会议的位次排列要注意三点：第一，会议排列位次的必要性，有时候小型会议没必要排位次。第二，会议的性质和形式，会义内外有别、中外有别，不同性质的、不同规模的会议座次排列不一样。第三，注意会议位次排列的规范性，遵循标准化做法。

政务会议、公务会议的座次排列有两种：第一种是小型会议，指本系统的内部的会议；第二种是大型会议，是跨行业、跨部门、跨机关、跨地区的综合性的会议。

1. 小型会议位次排列

小型会议位次排列一般强调以下几个方面：

第一，强调是面门设坐，小型会议一般讲究面门为上，即主席台、主持人、发言人是面对会议室正门的。

第二，居中设坐，即中央的位次高于两侧，所以有必要在排列位次的时候，一般中间的位次高。

第三，一般强调可以自由择座，实际上就是不排位次。

第四，如果小型会议主持人不是一个人的话，座次强调左高右低，这是政务礼仪位次排列的基本要求。

2. 大型会议位次排列

大型会议位次排列涉及两个方面：第一，主席台上位次的排列，包括主席团、主持人、发言人；第二，与会者位次的排列。

(1)主席台位次排列

主席团位次的排列，国内外的做法差不多，首先是讲前排高于后排，其次是中央高于两侧，第三中外有别，政务礼仪是按照左高右低，就是左侧的人的位置比右侧的人位置高。

主持人的位置有三种安排方式：第一，在头一排，即主席台头一排；第二，在会议的第一排居中的位置，即主席团头一排的中间位置；第三，在头一排的任意位置，是按其级别和职务可以排列的位置。一般情况下，重要的会议往往会请主持人居中坐，以示会议的隆重和正规，因为会议的主持人实际上是会议的主席。

发言人可以在自己就座的位置上发言，或站或坐，但是重要的大型的会议，一般强调发言人要起立发言。发言人的标准位置两个：第一，第一排居中的位置，有的时候这是主持人的位置；第二，按照我国的传统做法，就是主席团正前方居中的位置，发言席讲坛一般在主席团前面的中间。随着国际交流的加速，我们有的时候也会参照国际会议的做法，国际会议的发言席在主席团的右前方。

(2)与会者位次排列

参加会议的时候还有一个来宾的位置，就是群众席、听众席。群众席排列一般有两种办法：第一，自由择坐；第二，划片儿就座。划片就座一般是强调左高右低的，同时按照部门约定的排列顺序，或者按照拉丁字母的顺序，或者按照汉字笔划的顺序，从进门方向的左侧向右侧排，这是竖排；还有一个办法是横排，从前排向后排排，这两种办法一般是交替使用的。

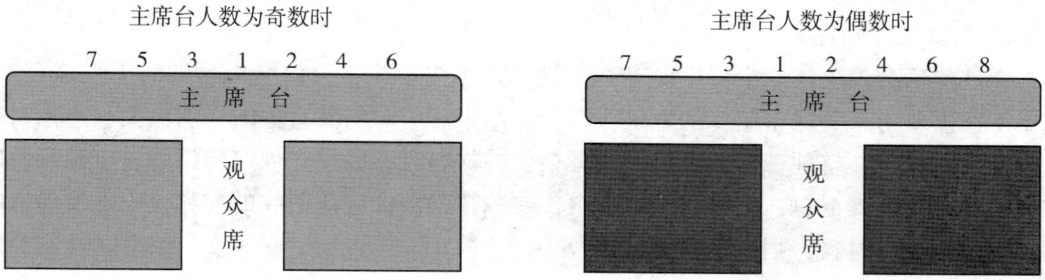


大型会议位次示意图

**(二)会中其他服务工作**

1. 例行服务

会议举行期间，一般应安排专人在会场内外负责迎送、引导、陪同与会人员。对与会的贵宾以及特殊身份人士往往还须进行重点照顾。对于与会者的正当要求，应有求必应。

2. 茶水服务

举行较长时间的会议，很重要的一个环节是做好茶水服务工作。会上所提供的饮料，最好便于与会者自助饮用，不提倡为其频频斟茶续水。茶水服务过程中应做到：

(1)茶水端出时间要适当，会议时间长，要多次倒茶。

(2)倒茶姿势文雅，茶杯不要放在会议资料上，要慢倒轻放。

(3)先端给重要人物或外单位人员。

(4)准备充足的热水，方便与会人员随时能用。

(5)遇到像座谈会、商谈会等较宽松自由的聚会，可准备一些饮料或糖果，增加亲切感，改善会议气氛。

(6)大中型会议主要对主席台及前排重要代表席上茶水，小型会议直接上茶水。

3. 现场记录

凡重要的会议，均应进行现场记录，其具体方式有笔记、打印、录入、录音、录像等。可单用某一种，也可交叉使用。负责手写笔记会议记录时，对会议名称、出席人数、时间地点、发言内容、讨论事项、临时动议、表决选举等基本内容要力求做到完整、准确、清晰。

4. 编写简报

有些重要会议，往往在会议期间要编写会议简报。编写会议简报的基本要求是快、准、简。快，是要求讲究时效；准，是要求准确无误；简，是要求文字精练。

## 三、会后的善后和总结

会议结束，应当做好必要的后续性工作，使之有始有终。后续性工作大致包括三方面：

1. 会后活动安排

组织活动会议结束后，有时还会安排一些活动。如联欢会、会餐、参观、照相等，这些工作很繁琐，应统一指挥和协调，以保证活动计划的顺利实施。

2. 会议文件整理

文件包括会议决议、会议纪要等。一般要求尽快形成，会议结束后即时下发或公布。根据工作需要与有关保密制度的规定，在会议结束后应对与其有关的一切图文、声像材料进行细致的收集、整理工作。收集、整理会议的材料时，应遵守规定与惯例。应该汇总的材料，一定要认真汇总；应该存档的材料，要一律归档；应该回收的材料，一定要如数收回；应该销毁的材料，则一定要仔细销毁。

3. 会后协助返程

大型会议结束后，主办单位一般为外来的与会者提供返程的便利。若有必要，应主动为对方联络、提供交通工具，或者替对方订购、确认返程的机票、船票、车票。当团队与会者或与会的特殊人士离开本地时，还可安排专人送行，并帮助托运行李。

## 四、主持人服务礼仪

一场会议的成功，会前、会中和会后的服务工作很重要，但会议的成功与否与精彩程度取决于主持人的发挥。主持人根据会议的性质、目的及要求，按照议程规定的内容，承担起组织参加者完成任务实现既定目标的责任。主持人的权限应由领导确定并明确委托，例如参加者的资格认定、程序的安排、发号施令的权利，协调发言者顺序及时间的权利，时间的控制权利，对参加者进行表扬、批评、警告及其他处置的权利，维护现场气氛、程序、安全的权利。

### （一）主持的原则

1. 善于调节各方意见

作为主持人，应能及时收集获取与会人员的建议。主持人是会议主办者和与会人员之间的桥梁和纽带。要善于协调，不宜将自己的意见强加给与会者。

2. 充分发扬民主

与会人员中的职位、资历虽有不同，在会议座次及发言安排上一般会有所体现，但不能忽视与会人员中职位低、资历浅的这部分人的作用。会议主持人要给予与会人员平等发表意见的机会。发扬民主是会议的基本原则。

3. 效率优先

无论什么会议，都必须在议程的时限内完成，力求高效率。作为主持人，在会前及时宣布会议纪律和要求，会中有效控制会议节奏，限时发言、讨论都是提高会议效率的有效方法。

4. 集中统一

主持人要与主办方领导及时交换沟通信息，利用自己的有效职权，集中统一指挥整个会议过程，这样能有效将会议控制在议题范围。在会议结束前，主持人一般都要对本次会议作出精要的概括，祝贺会议圆满成功。

**(二)主持人基本能力要求**

主持会议是一门学问，必须不断积累经验，才能使会议在主持人的引导下有条不紊地进行。

1. 调研能力

主持人在会前需要认真调查、分析、研究，掌握会议的基本情况，避免因不了解情况而出现错误。

2. 洞察能力

主持人要求思维敏捷、反应及时、应对自如，能够观察会场情况并及时作出反应，能控制会场局面和秩序。

3. 表达能力

主持人的语言要求准确、简洁、有号召力，善于表达大会意图。

**(三)主持人礼仪要求**

主持人一般由具有一定职位的重要人物来担任，主持人的礼仪表现对会议能否成功有着重要的影响。

1. 主持人衣着要整洁，大方庄重，精神饱满。走上主席台要步伐稳健有力。入席后站立主持要双腿并拢，腰背挺直。单手拿稿时，右手持稿的底中部，左手五指并拢自然下垂。双手持稿时，要和胸齐高。坐姿主持时，应身体挺直，双臂前伸，两手轻按桌沿。主持过程中，切忌出现搔头、揉眼、抖腿等不雅动作。

2. 主持人要具备较强的应急反应能力，根据会议性质调节会议气氛，或庄重，或幽默，或沉稳，或活泼。并控制现场，引导程序，营造气氛，对冷场能巧妙刺激，对离题能机智引开，对分歧能成功化解等，保证会议自始至终围绕主题展开。

3. 主持人要保持情感的中性，不能带明显的感情色彩，公平公允，展现职业水准。主持人对会场上的熟人不打招呼，不寒暄闲谈。可以在会议开始前，或会议休息时间向熟人点头、微笑致意。

4. 主持人的发言要简明扼要，口齿清楚。发言要促进会议或活动的顺利进行，充满活力。在说明议题或作结论时，声音要洪亮有力，干脆利落，语言节奏适当放缓，要有适当的停顿、节奏，用自己的活力感染与会者，让会议在轻松的环境中顺利进行。

## 五、会议发言人礼仪

### (一)会议发言技巧

会议发言与平时交流时的用词、语调、神态有很大区别。在稍大规模的会议上发言，对发言者来说有较高要求。一般来说，发言者在发言时应掌握以下基本技巧：

1. 语言通俗易懂

除专业学术会议外，一般会议与会者学历层次、文化程度等相差很大。为加强沟通、交流，发言者所用语言应尽可能通俗易懂，避免出现深奥难懂、专业性很深的词汇，即使像国家领导人的报告都是遵循这个基本原则的。

2. 发言简洁明了

除特殊需要专题报告、学术研究等外的一般性会议，发言的时间长短均有明确规定，力求简明扼要。话说多了，易偏离议题中心。如果不是高明的演说者，泛泛而谈，更易引起与会者的反感。

3. 节奏快慢有序

会议发言不是播音、朗读，应该随着内容的变化、会场的气氛随时变换语调和速度。尽管多数会议用扩音设备，但仍要求发言时声音要大，发音要清晰，语速不宜太快，以便与会者听得清楚。当然，时快时慢、时轻时重都是视会议需要决定的，这样能使发言变得充满激情而娓娓动人，充满吸引力和号召力。

4. 形体语言得体

在发言过程中，加以适当的形体语言，这对提高发言的感染力能起到积极的作用。因此，在平时与人交谈时就要充分注意养成良好的习惯，善于发挥形体语言的作用，落落大方，温文尔雅。

5. 保持双向交流

发言时要面对观众，不要看天花板、地板或斜视，要善于把握会场气氛，将目光从一个人身上慢慢转移到另一个人，让目光在每个人身上都停留片刻。如果感到这样不舒适或不习惯，宁可把目光集中在会场尽头的某一点上，这比看天花板或地板要好些。将目光注视听众，就能保持与他们的交流。当然，在发言过程中，提一个小问题，讲一个笑话，也是经常采用的双向交流的技巧。

### (二)会议发言人礼仪

会议发言有正式发言和自由发言两种，前者一般是领导报告，后者一般是讨论发言。

1. 正式发言者，应衣冠整齐，走上主席台应步态自然，刚劲有力，体现一种成竹在胸、自信自强的风度与气质。发言时应口齿清晰，讲究逻辑，简明扼要。如果是书面发言，要时常抬头扫视一下会场，不能低头读稿、旁若无人。会议发言人要注意与会者的反应。当会场中人声渐大的时候，标志着应该尽快结束发言。会议发言人要注意运用适当的身体语言，使自己的讲话更容易被与会者接受。千万不要摆出双手紧握或双臂交叉胸前的防卫姿势。为了能使自己的讲话内容被听众理解，不要摆出说教式的动作，指指点点、交叉双手、手掌撑出高塔形状等手势是骄傲自大的表现。会议发言人用眼睛不时有意地环视会场上的每个人，既显示自信，又说明重视会场上的全体与会者。发言时间一般不超过大会规定的时间。发言结束，要对主持人致谢，对听众的倾听表示谢意。

2. 自由发言则较随意，发言应讲究顺序和秩序，不能争抢发言；发言应简短，观点应明确；与他人有分歧，应以理服人，态度平和，听从主持人的指挥，不能只顾自己。

如果有会议参加者对发言人提问，应礼貌作答，对不能回答的问题，应机智而礼貌地说明理由，对提问人的批评和意见应认真听取，即使提问者的批评是错误的，也不应失态。

### 六、一般与会人员的礼仪

1. 一般与会人员的基本要求是衣着整洁、仪表大方。服从会议组织者的安排，准时入场、仔细听讲、认真记录、进出有序。如果是隆重的会议，或是涉外会议，着装上更要规范，有制服的公务员要穿制服，没有制服的至少不穿休闲装、运动装参会。

2. 当别人讲话的时候，要认真倾听，可以记录下和自己工作相关的内容。如果想发言应该举手，等待会议主持人示意后再说，说的时候声音要洪亮，保证所有与会者都能听到。如果是人数很少的会议或圆桌会议可以坐着说，如果是在大的会议室，参会人员众多，则应当站立以凸显发言人。

3. 不要在别人发言的时候交头接耳、随意走动、看书、抽烟、吃零食、睡觉、玩手机等。即使对发言人的意见不满，也不可以有不雅的失礼行为。发言人发言结束时，应鼓掌致意。不要随便打断别人发言，有不清楚的地方先记录下来以便会后了解，或者在向发言者提问阶段再提出问题。

4. 与会人员应尊重主席台就座的领导和其他听众，克服随心所欲的心态。会中尽量不离开会场，如果必须离开，也要轻手轻脚，不要影响发言者和其他与会者。如果长时间离开或提前退场，应该和会议组织者打招呼，说明理由，征得同意后再离开。认真参与会议，不乱走动是与会者素质的体现。

5. 进入会场后，将手机设置到“振动”“静音”，使会议能在安静的状态中顺利进行。

6. 会议是沟通和交流的场所，是求同存异的场所，与会者要相互尊重，不要在会议进行中看会议以外的资料，更不可以将自己工作内没完成的部分拿到会议中进行。

## 第二节　商务洽谈礼仪

**【案例导入】**

日本松下电器公司创始人松下幸之助先生刚“出道”时，曾被对手以寒暄的形式探测了自己的底细，因而使自己产品的销售大受损失。当他第一次到东京，找批发商谈判时，刚一见面，批发商就友善地对他寒暄说：“我们第一次打交道吧？以前我好像没见过你。”批发商想用寒暄托词，来探测对手究竟是生意场上的老手还是新手。松下先生缺乏经验，恭敬地回答：“我是第一次来东京，什么都不懂，请多关照。”正是这番极为平常的寒暄答复却使批发商获得了重要的信息：对方原来只是个新手。批发商问：“你打算以什么价格卖出你的产品？”松下又如实地告知对方：“我的产品每件成本是20元，我准备卖25元。”批发商了解到松下在东京人地两生，又见其暴露出急于要为产品打开销路的愿望，因此趁机杀价，“你首次来东京做生意，刚开张应该卖得更便宜些。每件20元，如何？”结果没有经验的松下先生在这次交易中吃了亏。

（资料来源：http：//wenku. baidu. com）

**【案例讨论】**

讨论上述案例中松下幸之助先生洽谈失败的原因。

谈判是人类社会生活的重要组成部分。人与人进行交往、改善关系、协商问题、谋求利益等，就要进行谈判。随着生活水平的提高，人们的生活内容日益丰富多彩，人际交往也日趋频繁。在与他人打交道过程中，谈判也必不可少。谈判是有关双方和多方相互交往的重要活动。谈判各方都希望在谈判过程中获得谈判对手的礼遇。端庄的仪表仪容，礼貌的言谈举止，彬彬有礼的态度，周到、合适的礼节，是使谈判过程得以顺利进行的重要因素之一。因此，每一位谈判者都应当掌握和讲究谈判礼仪，以便谈判顺利进行并取得成功。

## 一、商务洽谈的礼仪性准备

商务洽谈的礼仪性准备，是要求洽谈者在安排或准备洽谈会时，应当注意自己的仪表。预备好洽谈的场所、布置好洽谈的场所、座次，并且以此表明我方对于洽谈的郑重其事和对于洽谈对象的尊重。

己方正式出席洽谈的人员，在仪表上务必要有严格的要求和统一的规定。男士一律应当理发、剃须、吹头发、不准蓬头乱发，不准留胡子或留大鬓角。女士应选择端正、素雅的发型，并且化淡妆，但是不许做过于摩登或超前的发型，不可染彩色头发，不可化艳妆，不可使用香气过于浓烈的化妆品。

在仪表方面，最值得出席洽谈会的商界人士重视的是服装。由于洽谈关系大局，所以商界人士在这种场合，理应穿着传统、简约、高雅、规范的正式礼仪服装。男士穿深色三件套西装和白衬衫，打素色或条纹式领带，配深色袜子和黑色系带皮鞋。女士穿深色西装套裙和白衬衫，配肉色长筒或连裤式丝袜和黑色高跟或半高跟皮鞋。

## 二、商务洽谈过程的礼仪

商务洽谈从正式开局到达成协议，要经过摸底、报价、磋商、成交和签约等五个阶段。为了取得洽谈的成功，在洽谈过程的各个阶段都要注重礼仪。为了创造一种轻松、诚挚、友好、合作的气氛，洽谈人员应注意以下几点：

### （一）抓住洽谈开始的瞬间

良好的气氛往往是在洽谈开始的瞬间形成的，因此，双方人员应以友好的态度出现在对方面前，特别是作为东道主的一方更应礼貌待客。

1. 介绍得体，遵守规范

双方人员见面，先要互相介绍。介绍与自我介绍要大方得体，遵守礼仪规范。介绍时要落落大方，介绍完毕要互相握手致礼。若有名片，应主动递上并微微点头，表现出彬彬有礼的风度。自我介绍时，应该吐字清楚，适当提高嗓音，目光要注视对方，以示尊重，忌一边自我介绍一边东张西望，使人感到态度冷淡，有失礼貌。如果对方是外商，要依所在国文化、礼俗决定介绍、握手的方式。

2. 谈吐自如，举止大方

洽谈人员的谈吐要轻松自如，举止要文雅大方。谦虚有礼，掌握分寸，不可拘谨慌张。见面后略事寒暄，进入正题之前，宜谈些轻松的非业务性的话题，如旅途经历、季节气候、文体表演、各自爱好或以往合作经历等，但开头的寒暄不宜过长，以免冲淡洽谈气氛。

3. 讲究仪表，精神饱满

仪表是洽谈人员的广告，应适当注意服装整洁，端庄高雅，神情饱满，给人以良好的第一印象。此外，公文包、笔记本、手表、手机等细节也不可忽视，仪表细节会影响对手对你风格的认识。

4. 陈述得体，注意聆听

陈述应简明扼要，重点突出，准确而有弹性，让对方感到你的坦率和真诚。措词要得体，语调、语速要适中，既表明自己的意图和要求，又不引起对方的反感和不安。对方陈述时，要认真倾听，并注意记录和分析，不能漫不经心，左顾右盼。认真倾听不仅是对对方的尊重，而且可以从对方的话语中发现对方的需求和心理活动。

**（二）座次安排**

1. 横桌式谈判座次排列

横桌式座次排列，是指谈判桌在谈判室内横放，客方人员面门而坐，主方人员背门而坐；除双方主谈者居中就座外，其他人士依身份的高低，按先右后左、自高而低的顺序就座；双方主谈者的右侧之位，在国内谈判中坐副手，而在涉外谈判中则由译员就座。

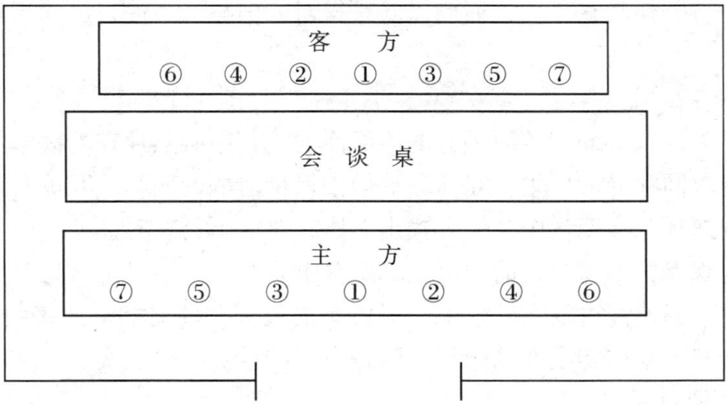


横式桌谈判位次座位示意图

2. 竖桌式谈判座次排列

竖桌式座次排列，是指谈判桌在谈判室内竖放；以进门时的方向为准，右侧由客方人士就座，左侧则由主方人士就座；在其他方面，则与横桌式排座相同。

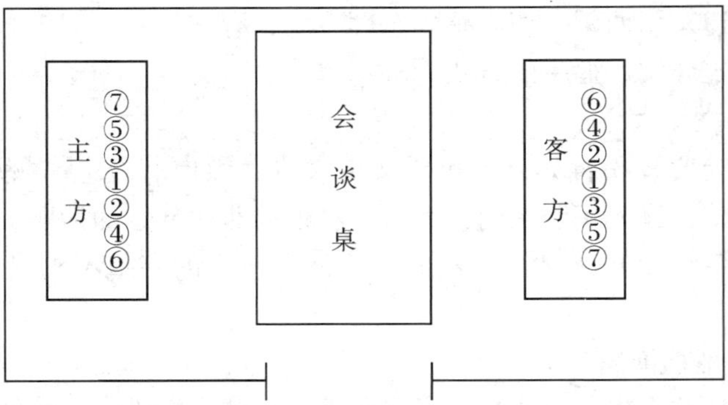


竖式桌谈判位次座位示意图

**（三）平等商讨**

在商务洽谈过程中，特别是进入报价阶段以后，出现分歧是不可避免的。重要的是不要回避矛盾，而是以积极的态度进行商讨甚至辩论，在友好和谐的气氛下谋求一致，并争取在谋得己方最大利益的前提下，给对方以适当满足。商务关系越密切，双方间的商讨会变得越重要。要进行平等商讨须注意以下礼仪：

1. 坦诚相见

在商务交往中，人们往往对坦率诚恳的人有好感。坦诚相见能获得对方的理解和信赖。在商务洽谈中，由于双方人员各自代表的利益不同，肩负的使命不同，彼此难免会有些提防心理，这是可以理解的。这时，如果一方人员言辞坦率，态度真诚，毫不掩饰自己对某个问题的看法、希望和担心，并将对方欲知的情况坦诚相告，这样就容易打破对方的戒备心理，获得对方的共鸣和信赖，形成彼此信任、和平商讨的局面。坦诚相见也是有限度的，它并不是将一切和盘托出，而应以既赢得对方信赖又不使自己陷于被动、丧失利益为尺度。

2. 心平气和

洽谈是双方为谋求共同利益而进行的协商活动，其中必然存在着许多不同的利益和要求，双方应本着求同存异的原则，在商务洽谈中保持清醒的头脑，互谅互让，心平气和地探讨解决分歧的途径。在商讨中，一要找出矛盾，对症下药。对商务上的是非，要敢于直言，阐明自己的观点，加深双方的理解。二要对事不对人，不可随意把对对方某人的成见渗透于商讨之中，影响商讨的实际效果。三要有的放矢。商讨始终应围绕某一目标进行。在商讨中尽可能解决某些实质性的问题。四是态度诚恳，面对现实。

3. 正确使用语言

商务洽谈是谈判者运用语言表达意见、交流观点的过程，语言的运用往往决定洽谈的成败。谈判人员在运用语言的过程中，除要注意谈判语言的客观性、逻辑性、针对性以外，尤其要注意用语的规范性和灵活性。

（1）洽谈语言必须坚持文明礼貌的原则，符合商界的特点和职业道德的要求。无论洽谈中出现何种情况，都不能使用粗鲁、污秽或攻击性的语言。

(2)洽谈用语必须清晰易懂，口语尽可能标准化，不用地方方言或黑话、俗语等与人交谈。

(3)洽谈语言应注意抑扬顿挫、轻重缓急，避免吐舌挤眼、语不断句、嗓音微弱或大吼大叫等。谈判者应通过语调的变化显示自己的信心、决心、不满、疑虑和遗憾等思想感情。同时，也要善于通过对方不同的语调来洞察对方的感情变化。

(4)洽谈语言应当准确、严谨，特别是在磋商的关键时刻，更要用严谨、精当的语言准确地表述自己的观点和意见。

(5)如果需要使用某些专业术语，则应以简明易懂的惯用语加以解释。一切语言均要以达到双方沟通、保证洽谈顺利进行为前提。

(6)洽谈过程中所使用的语言，应当丰富、灵活，富有弹性。对于不同的谈判对手，应使用不同的语言。如果对方谈吐优雅，很有修养，己方语言也应十分讲究，做到出语不凡。如果对方语言朴实无华，那么己方用语也不必过多修饰。如果对方语言爽快、直露，那么己方语言也不必迂回曲折。总之，要根据对方的学识、气质、性格、修养和语言特点，及时调整己方的洽谈用语。这是迅速缩短洽谈双方距离、实现平等商讨的有效方法。

**(四)礼貌提问**

在商务洽谈中，恰到好处的提问不仅可以启发对方思维，激发对方的兴奋点，控制交谈言路的方向，也可表达自己的感受，帮助自己获得新的信息和资料，在商务洽谈中起着重要作用。提问时讲究礼貌，能体现出对对方的尊敬，也有利于洽谈的顺利进行。

1. 注意提问的方式

在洽谈中提问的方式多种多样，有封闭式提问、开放式提问、婉转式提问、澄清式提问、探索式提问、引导式提问、协商式提问、强迫选择式提问等。但不管采取哪种提问方式都要符合礼仪要求。

(1)问话的方式要委婉，语气要亲切平和，用词要斟酌，不能把提问、查问变成审问或责问。咄咄逼人的提问，容易给对方以居高临下的感觉，使之产生防范心理而不利于洽谈。

(2)提问的内容和角度要慎重选择，既要有针对性，又不要使对方为难。不要总是问对方难以应答的问题。如提出的问题使对方面有难色或露出不悦的神情，就不必追问而要及时变换话题。

(3)对需要向对方提问或查问的问题，应事前列好提纲，而且越详细越好。如果不作准备，贸然提问，是不尊重对方的表现。

2. 把握提问的时机

问题即使提得再好，若不合时机，也同样起不到应有的作用。有经验的谈判者认为，提问可选择如下时机：

(1)在对方发言完毕之后提问。当对方发言时，要认真倾听。即使你发现了问题，很想提问，也不要打断对方，可先把发现的和想到的问题记下来，待对方发言完毕再提问。这样不仅反映了自己的修养，而且能全面地、完整地了解对方的观点和意图，避免操之过急，曲解或误解了对方的意图。

(2)在对方发言停顿、间歇时提问。在洽谈中如果对方发言冗长，或不得要领，或纠缠细节，或离题太远，影响洽谈进程，你可在对方停顿时借机提问："细节问题我们以后再谈，请谈谈你的主要观点好吗？""第一个问题我们听明白了，那第二个问题呢？"

(3)在自己发言前后提问。当轮到自己发言时，可在谈自己观点之前，对对方的发言进行自问自答。例如："您刚才的发言说明什么问题呢？我的理解是……就这个问题，我谈谈我的看法。"在充分表达了自己的观点之后，为了使洽谈沿着自己的思路发展，可以这样提问："我们的基本立场和观点就是这样，您对此有何看法呢？"

(4)在议程规定的辩论时间提问。聪明的谈判者，在辩论前的几轮洽谈中，总是细心记录，深入思索，抓住谈判桌上的分歧进行提问；不问则已，一问就问到要害处。此外，还要注意问话的速度应快慢适中，选择对方心境好的时候，并给对方以足够的答复时间。

3. 坦诚回答与耐心倾听

一个谈判者水平的高低，很大程度上取决于答复问题的水平。被提问者答话时，要本着真诚合作的态度，针对提问者的真实心理，实事求是地回答对方提出的问题，不应闪烁其词，态度暧昧，"顾左右而言他"。如果对方对某个问题不甚了解，应以浅显易懂的语言进行解释，切不可流露出不耐烦的神情。如有些问题涉及商业秘密和技术机密，则应委婉说明，避免出现令人尴尬或僵持的局面。

当对方回答问题时，提问的一方人员应耐心倾听。不能因为对方的回答没有使自己满意，就随便插话或任意打断对方的话。在商务交际中，任意打断对方的话是很不礼貌的，这样往往会削弱对方洽谈的兴趣。在一般情况下，插话必须借助于一些特定的套话来实现，如："对不起，我能打断您一会儿吗？""请停一下。"

**(五)友好辩论**

在商务洽谈中特别是进入讨价还价的磋商阶段，洽谈双方从各自代表的利益出发，对一系列问题进行磋商，或据理力争，或直言反驳，都希望洽谈朝着有利于自己的方面发展。但不管立场多么对立，意见分歧多大，都应在相互尊重、相互理解的基础上进行友好的辩论与磋商。磋商阶段是商务洽谈的关键阶段，也是最应注意洽谈礼仪的时候。商务洽谈中失礼的言行，大多发生在这个阶段。因此，洽谈人员要把握好"利益"与"礼仪"的辩证关系，既要维护自身利益，又要不失礼仪。

1. 洽谈论辩"和"为贵

商务洽谈是"谈"出来的。一切洽谈都得经过双方谈判人员智慧的角逐、话语的较量方能达成妥协。洽谈的辩论阶段，双方人员为了各自的经济利益，唇枪舌剑，很容易感情冲动，稍不留神，就会由不同观点的交锋酿成谈判人员的个人冲突，生意可能因此而告吹。因此，在辩论中应坚持"和"为贵，坚持"就事论事，对事不对人"的原则，防止感情用事。

2. 充分准备，稳健交锋

在辩论中，必须条理清楚，表达严密，言词简洁，以据论理，善用逻辑，突出主题，不缠枝节，话语随机。为此，在辩论前，谈判者应在思想上、资料上和语言表达上做必要的准备。"九备一说"是洽谈者的经验之谈。

3. 语言谨慎，举止得体

在洽谈中除前面已讲的"注意正确使用语言"以外，还要注意九忌：忌鼓动性和煽动性；忌无理纠缠；忌抓辫子、戴帽子和打棍子；忌挖苦讽刺；忌已知的不说，新知的穷说，不知的瞎说；忌手舞足蹈，动作不检点；忌尖音喊叫；忌不顾事实狡辩或诡辩；忌鲁莽轻率。应举止庄重，不伤大雅。仪态端庄，彬彬有礼，宾主分明，是有修养、有信心和有力量的表现；双腿合拢，双手前合，上体微前倾、头微低、目视对方，则表示谦虚有礼，并愿意听取对方的意见；向对方方向挪挪椅子，或走过去和对方凑近一些，对方会认为你很有诚意，想尽快成交，不再绕圈子等。

4. 紧扣"死线"，巧妙周旋

洽谈结束的时间称之为"死线"，死线对洽谈的成败具有重大意义。因为，让步往往在这个时刻发生。在交易达成阶段，谈判者往往采用软磨硬拖的战术，使一些谈判对手拱手就范。紧扣"死线"的招数主要有两点：一是强忍等待。一位美国石油商曾这样叙述沙特阿拉伯一位石油大亨的谈判艺术："他最厉害的一招是心平气和地重复一个又一个问题，最后把你搞得精疲力竭，不得不把自己的祖奶奶拱手让出去。"当你通过调查，把握住对方急于达成协议的心理时，就可采用这种"疲劳战"，以迫使对方让步。二是假装糊涂。有一句格言："糊涂产生智慧。"在谈判之初，你应多听少说，"明白"也说"不明白"，"懂"也装"不懂"，一而再、再而三地让对方层层让步，以满足己方需要。对于谈判对手某些不合理要求的拒绝，通常宜曲不宜直，即以委婉的口气拒绝。如洽谈出现僵局，可先避开僵持问题而言其他；或插入几句幽默诙谐的话，使双方忘情一笑，以缓和气氛。如大型谈判，作为东道主，还可提议暂时休会或稍事休息，组织双方人员去游览观光或进行娱乐活动，在"闲暇"中商谈等。总之，磋商和成交阶段，是最需要礼仪保驾护航的阶段，如在较量中伤了和气，伤害了对方的自尊，失礼带来的损失将是难以弥补的。洽谈结束，不论己方收益如何，都应有礼貌地与对方握手话别。有时即使不欢，也不能无礼而散。

## 第三节　签字仪式礼仪

**【案例导入】**

经过长期洽谈之后，郎泉经贸有限公司终于同美国的一家跨国公司谈妥了一笔大生意。在达成合约之后，双方决定为此而举行一次签字仪式。因为当时双方的洽谈在中国举行，故此签字仪式便由中方负责。在仪式正式举行的那一天，让中方出乎意料的是，美方差一点要在正式签字之前"临场变卦"。原来，中方的工作人员在签字桌上摆放中美两国国旗时，误以中国的传统做法"以左为上"代替了目前所通行的国际惯例"以右为上"，将中方国旗摆到了签字桌的右侧，而将美方国旗摆到了签字桌的左侧。结果让美方人员恼火不已，他们甚至因此而拒绝进入签字厅。这场风波经过调解终于平息了。

**【案例讨论】**

说说签字礼仪要注意哪些方面。

签字仪式是组织与对方经过会谈、协商，形成了某项协议或协定，再互换正式文本的仪式。它是一种比较隆重的活动，礼仪规范也比较严格。

## 一、签字仪式的准备

签字仪式是组织具有“里程碑”意义的大事，组织应予以充分准备，做到万无一失。

### （一）准备待签文本

洽谈或谈判结束后，双方应指定专人按照谈判达成的协议做好待签文本的定稿、翻译、校对、印刷、装订、盖印等工作。文本一旦签字就具有法律效力，因此，对待文本的准备应当严肃、郑重。

在准备文本的过程中，除了要核对谈判协议条件与文本的一致性以外，还要核对各种批件，主要是项目批件、许可证、设备分交文件、用汇证明、订货卡等是否完备，合同内容与批件内容是否相符，等等。审核文本必须对照原稿件，做到一字不漏，对审核中发现的问题，要及时互相通报，通过再谈判，达到谅解一致，并相应调整签约时间。在协议或合同上签字的有几个单位，就要为签字仪式提供几份样本。如有必要，还应为各方提供一份副本。与外商签订有关的协议、合同时，按照国际惯例，待签文本应同时使用宾主双方的母语。

待签文本通常应装订成册，以仿皮或其他高档质料作为封面，以示郑重。其规格一般为大八开，所用的纸张务必高档，印刷务必精美。作为主方应为文本的准备提供准确、周到、快速、精美的条件和服务。

### （二）布置签字场地

签字场地有专用场地，也有临时以会议厅、会客室来代替的。布置场地的基本原则是要庄重、整洁、清净。

一间标准的签字厅，应当室内铺满地毯，除了必要的签字用桌椅外，其他一切陈设都不需要，正规的签字桌应为长桌，其上最好铺设深绿色的台呢。

双边签字仪式的位次排列规则有三点：第一，签字桌横放于签字厅内；第二，双方签字者面门而坐，宾右，主左；第三，双边仪式参加者列队站于签字者之后，中央高于两侧，右侧高于左侧。多边签字仪式则只摆一张座椅，签字者依某种约定的顺序依次上前签字，而不像双边签字仪式一样大家平起平坐，同时签名。

在签字桌上，应事先安放好待签文本，以及签字笔、吸墨器等签字时所用的文具。

与外商签署涉外商务合同时，须在签字桌上插放有关各方的国旗。插放国旗时，在其位置与顺序上，必须依照礼宾序列而行。如签署双边性文本时，有关各方的国旗须插放在该方签字人坐椅的正前方。如签署多边性合同、协议等时，各方的国旗应依一定的礼宾顺序插在各方签字人的身后。

### （三）安排签字人员

在举行签字仪式之前，有关各方应预先确定好参加签字仪式的人员，并向有关方面通报。客方尤其要将自己一方出席签字仪式的人数提前给主方，以便主方安排。签字人要视文件的性质来确定，可由最高负责人签，但双方签字人的身份应该对等。参加签字的有关各方事先还要安排一名熟悉签字仪式详细程序的助签人，并商定好签字的有关细节。其他出席签字仪式的陪同人员，基本上是双方参加谈判的全体人员，按一般礼貌做法，人数最好大体相等。为了表示重视，双方也可对等邀请更高一层的领导人出席签字仪式。

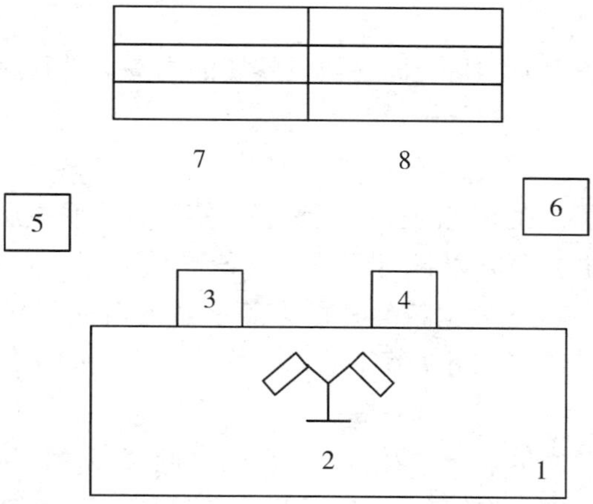


(a)

1.签字桌　2.双方国旗　3.客方签字人　4.东道国签字人
5.客方助签人　6.东道国助签人　7.客方参加签字仪式人员　8.东道国参加签字仪式人员

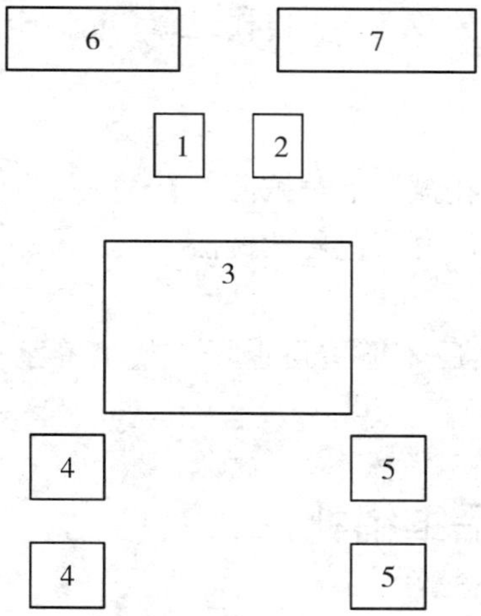


(b)

1.客方签字人　2.东道国签字人
3.签字桌　4、5.参加签字仪式人员
6.客方国旗　7.东道国国旗

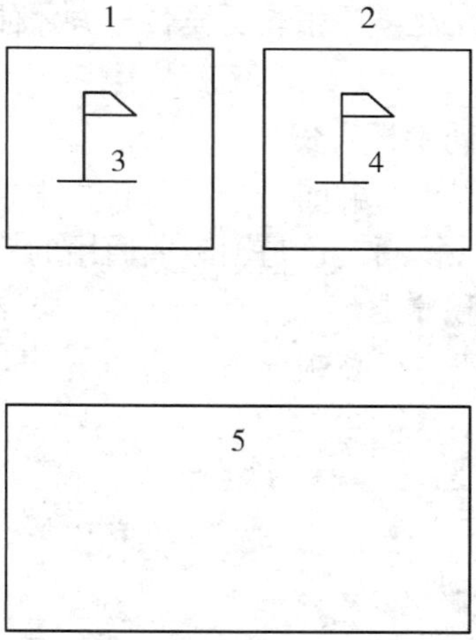


(c)

1.客方签字人　2.东道国签字人
3.客方国旗　4.东道国国旗
5.参加签字仪式人员席位

签字场地布置图

由于签字仪式的礼仪性极强，签字人员的着装有具体要求。按照规定，签字人、助签人以及随员，在出席签字仪式时，应当穿着具有礼服性质的深色西装套装或西装套裙，并且配以白色衬衫与深色皮鞋。

在签字仪式上露面的礼仪、接待人员，可以穿自己的工作制服，或是旗袍一类的礼仪性服装。签字人员应注意仪态、举止，要落落大方、得体自然，既不要严肃有余，也不要过分喜形于色。

## 二、签字仪式的程序

虽然签字仪式的时间不长，但它是合同、协议签署的高潮，其程序规范，气氛庄重而热烈。主要有以下几项：

**(一)签字仪式开始**

有关各方人员进入签字厅，在既定的位次上坐好。签字者按照主居左、客居右的位置入座，对方其他陪同人员分主客两方以各自职位、身份高低为序，自左向右(客方)或自右向左(主方)排列站于各签字人之后，或坐在己方签字者的对面。双方助签人分别站在己方签字者的外侧，协助翻揭文本，指明签字处，并为业已签署的文件吸墨防洇。

**(二)签字人签署文本**

签字人签署文本通常的做法是，先签署己方保存的合同文本，再接着签署对方保存的合同文本，这一做法在礼仪上称为“轮换制”。它的含义是在位次排列上，轮流使有关各方有机会居于首位一次，以显示机会均等、各方平等。

**(三)交换合同文本**

双方签字人，正式交换已经由有关各方正式签署的文本。交换后，各方签字人应热烈握手，互致祝贺，并相互交换各自方才使用过的签字笔，以作纪念。这时全场人员应该鼓掌表示祝贺。

**(四)共同举杯庆贺**

交换已签订的合同文本后，礼宾小姐会用托盘端上香槟酒，有关人员尤其是签字人当场干上一杯香槟酒，这是国际上通用的旨在增添喜庆色彩的做法。

**(五)有秩序退场**

接着请双方最高领导者及客方先退场，然后东道主再退场。整个签字仪式以半小时为宜。

# 第四节　产品推销礼仪

**【案例导入】**

星野经贸有限公司贸易部经理王逸仁先生近来一直都在关注雅伦公司的产品，希望寻找一个合适的机会与之合作。有一天，他在办公室听到一阵急促的敲门声，以为公司发生了什么急事，就连忙说请进。门开了，径直进来一个年轻人。王经理打量了一下来人：他身穿一套旧的皱皱巴巴的浅色旧西服，黄色的羊毛衫，打一条领带，领带飘在羊毛衫的外面。西服袖口和领口都有些脏，好像有油污。黑色皮鞋，没有擦，布满了灰尘。头发很乱，一脸疲惫。来人说他叫周禹宏，是雅伦公司的推销员。尽管有些不大高兴，王经理还是请周先生坐下来，谈谈雅伦公司的产品。很快，王经理就发现，周先生对雅伦公司的产品基本上熟悉，但对雅伦公司的文化则根本说不清楚，对整个市场也了解不够。好不容易等到周先生把话说完，王经理很客气地请他把雅伦公司的相关资料留下来，等他看过了再联系。此后，周先生却从没有接到过王经理的电话。

**【案例讨论】**

推销员的推销礼仪有哪些？

推销分为专人推销和柜台推销。专人推销是推销员主动寻找、联系客户，引导和说服客户购买商品；而柜台推销是营业员为自愿上门的消费者推荐和提供其需要的物品。所以，推销工作对推销员的要求较高。推销员应当具备相应的礼仪知识、业务知识，熟悉推销礼节，方能胜任工作。

## 一、约见顾客的礼仪

推销员约见顾客时，要事先联系好顾客，征求对方同意后会面。约见一定要从对方利益出发，多为顾客着想，最好由顾客决定。约见顾客可以从以下几个方面着手：

### （一）确定访问对象

1. 应尽量设法直接约见客户的购买决策人。

2. 应尊重接待人员。为了能顺利地约见预定对象，必须取得接待人员的支持与合作。

3. 应做好约见前的各项准备工作。如准备必要的介绍信、名片等，要刻意修饰一下自己，准备好“态度与微笑”。

### （二）确定访问事由

任何推销访问的最终目的都是为了销售产品，但为了使客户易于接受，销售人员应仔细考虑每次访问的理由，如认识新朋友、市场调查、正式推销、提供服务、联络感情、签订合同、收取货款、慕名求见、当面请教、礼仪拜访、代传口信，等等。

### （三）确定访问时间

要想推销成功就要在一个合适的时间向合适的人推销合适的产品。约见的时间视顾客的方便而定，应选择天气良好、对方时间宽裕、心情舒畅的时候，可以主动提出几种建议由顾客定夺。约见时间既定，则务必按时到达，绝不可失约。

1. 尽量为客户着想，最好由客户来确定时间。

2. 应根据客户的特点确定见面时间。注意客户的生活作息时间与上下班规律，避免在客户最繁忙的时间内约见客户。

3. 应看推销产品与服务的特点确定约见与洽谈的时间，以能展示产品及服务优势的时间为最好。

4. 应根据不同的访问事由选择日期与时间。

5. 约定的时间应考虑交通、地点、路线、天气、安全等因素。

6. 应讲究信用，守时。

7. 合理利用访问时间，提高推销访问效率。如在时间安排上，在同一区域内的客户安排在一天访问，并合理利用访问间隙做与销售有关的工作。

### （四）确定访问地点

约见的地点要方便顾客赴约，选择顾客熟悉的地方，最好是安全、轻松的场所，总之由顾客选择决定为好。

1. 应照顾客户的要求。

2. 最经常使用、也是最主要的约见地点是办公室。

3. 客户的居住地也是销售人员选择约见的地点之一。

4. 可以选择一些公共场所。

5. 公共娱乐场所也是销售人员选择约见的地点之一。

**(五)确定约见方式**

约见的方式多种多样，如电话预约、信函预约，也可以当面约见等。不论口头的还是书面的，都要注意措词的礼貌、得体。

## 二、接近顾客的礼仪

第一次接近顾客，给对方一个舒适的第一印象至关重要。初次见面，顾客容易以貌取人，一定要衣着大方合体，与自己的身材、年龄、个性以及所推销产品的风格相配合。同时一定要精神面貌良好，面带微笑，保持诚恳、尊重、自信、热情的态度。举止要从容优雅，谈吐亲切自如。

由于推销员是陌生人，顾客会有怀疑和防备心理。因此，坦诚和关心是推销之初最好的缩短双方距离的武器。首先要明明白白地介绍自己的姓名、身份、愿望。其次要真诚地关心顾客，帮助拿重东西，逗逗孩子，谈谈对方的工作、家务、身体等话题。同时别忘了适当地赞美对方，注意掌握分寸，是真心赞美而非吹捧。这样，顾客很容易接受你，消除陌生感。请看一个推销员如何接近顾客的例子：

“哦，好可爱的小狗，是约克夏种吧?”顾客见是一位陌生人，说话很亲热，又夸奖自己的小狗，心中很高兴，回答说：“是的。”推销员又接着说：“这狗的毛色真好，您每天都给它洗澡，很累吧?”顾客笑嘻嘻地说：“这是我的喜好，也不觉得太累了。”推销员进一步分析说：“人总得有点喜好，这是调节精神、有助于健康的措施，我看应该提倡。”顾客听到了这位陌生人的话，好像遇到了知音就和他聊起来了，推销员适时抓住这个机会，转换话题，推销自己的产品。

在接近顾客时，往往会遭到拒绝。这时保持心平气和、从容不迫的良好礼仪十分重要。应保持微笑，目光正视对方，不必难为情地低下头或转身就走，仍应礼貌地道声“打扰了”“谢谢”，然后告辞。

具体而言，接近顾客时须注意以下礼仪：

(一)销售人员必须以不同的方式接近不同的客户群体。实践证明，成功的推销在很大程度上取决于销售人员的推销风格与客户的购买风格是否一致。客户是千差万别的，销售人员应学会适应客户。在实际接近时，销售人员可以用“角色扮演法”，即根据不同的客户来改变自己的语言风格、服装仪表、情绪和心理状态等。

(二)销售人员必须做好各种心理准备。因为推销是与拒绝打交道的。在接近阶段可能会遇到各种困难。但销售人员要充分理解客户，坦然面对困难，善于调整自己，正确发挥自己的能力和水平。

(三)销售人员必须减轻客户的压力。多年的推销实践表明，当销售人员接近客户时，客户一般会产生购买压力，具体表现为：

1. 冷漠或拒绝。

2. 故意岔开话题，有意或无意地干扰和破坏推销洽谈。

因此，在上述情况下，销售人员要成功地接近客户，就必须想方设法地减轻客户的心理压力。可采用以下几种方法：

1. 情景虚构法。销售人员不是以客户为直接推销对象，而是虚构一个推销对象，让客户感觉销售人员不是向自己而是向他人推销。

2. 非推销减压法。如提供产品信息、向客户提供帮助等。

3. 征求意见法。销售人员首先告诉客户访问的目的是听取意见和反映，而非推销。

4. 直接减压法。销售人员明确告诉客户如果听完推销建议没兴趣，可以随时让自己离开，不必难为情。

5. 利益减压法。销售人员首先让客户相信这次会谈是完全值得的，把客户的注意力转移到他自身的利益上来。

（四）销售人员必须善于控制接近时间，不失时机地顺利转入面谈。

## 三、推介产品的礼仪

推销过程主要是介绍商品，解答顾客的疑问。

### （一）推介过程礼仪

要从始至终地尊重顾客，耐心细致地介绍商品，允许顾客随意插话、提问，不可轻易打断对方的谈话或者自己一直滔滔不绝地说下去，要适时问一句："您看呢？""您觉得呢？"

要诚实、客观地介绍商品优点。只讲优点不谈缺欠的方式只会令顾客生疑，因此，正确的推销礼仪是全面、透彻介绍商品的长处，同时简略地说明其他方面，给对方以诚实可信的感觉。

对顾客提出的异议要耐心对待。有异议说明顾客开始关注你的商品，因此更应热心地解释说明，即使对方的看法有误，也不要争辩，不要争吵，更不能面露不屑与不悦。应多听善说，引导、说服顾客而不要驳斥顾客。即使否定对方观点也要在遣词上维护对方，不可嘲笑对方。

对待顾客的提问要处理得当。一般性问题应立即回答，不能避而不答或含糊其辞。对有些技术性强的问题和异议，则应稍作思考或延缓回答，可表现出负责任的慎重态度，必要时可暂不回答，待查阅资料或电话请教专业人员、负责人之后再回答。有时顾客的自言自语或玩笑以及关系不大的问题可不必作答，否则反而招致麻烦。

推销过程中不可过度热情。恰当的热情可促使推销成功，但不要造成急于催促对方购买的印象和压力。应适时地闭上嘴，容对方察看或考虑，但沉默时间不要过长，适时插话，主动提出并分析对方可能的担心，显得热情而不急功近利。

### （二）处理问题礼仪

顾客在推销人员提示或演示后有时还会产生疑虑或不同意见，这时推销员必须首先认真分析顾客异议的实质与根据，然后有的放矢地处理解决各种问题，常用的方法有：

1. 先肯定后否定法

推销员听到顾客的不同看法后不能立即反驳，即使是由于顾客对商品知识缺乏而造成的情况也不能据理力争，更不能讽刺挖苦。而应先附和对方的意见，然后抓住时机表明自己观点，否定或纠正顾客的异议，说服顾客重新认识。

2. 预防法

事先就针对顾客可能会出现的各种疑虑逐一分析，明确应答方案，在演示或提示说服后，紧接着就由推销人员主动提出这些可能会出现的疑虑异议，并进行解释，以打消顾客疑虑，促成交易。

3. 补偿法

有时，推销品确实存在着顾客所产生异议的缺点，这时，推销人员不能弄虚作假欺骗顾客，也不能强词夺理糊弄顾客，可利用顾客异议以外的同一商品的其他优点来补偿或抵消有异议的缺陷，换取顾客的心理平衡。

## 四、达成交易的礼仪

达成交易是推销基本成功的标志，但并非意味着推销工作的结束，因为即使达成交易，对方也会更改意见，这时就要看你的礼仪表现了。

从顾客角度来看，商品已成为自己的财产，从推销人员来看，服务却并没有结束。在完成交易时，推销人员还应把顾客感兴趣的商品优点或自己可作的优惠让步，再一次地集中起来告诉顾客，使其心满意足，还可以提供包修包换、送货上门、定期检查、风险赔偿等成交保证，解除顾客的后顾之忧，使其买得放心、称心。具体而言：

(一)成交时不要喜形于色，失去了原有的沉稳。表情、态度要自然、平静，要保持常态。

(二)要赞美顾客的眼光，要将成交归功于对方，而不能沾沾自喜，否则容易令顾客反感，也许会失去购买兴趣。

(三)少说话，谨慎用词。既然已达成交易，就不要再啰里啰嗦地说个没完，一则令人生厌，二则可能会有口误，导致节外生枝。

(四)结束交易后如果能为顾客提供方便请不要吝惜。应为顾客留下联络地址及电话，表示有任何事情尽快找你，一定尽力解决，并热忱道别。

(五)告别后一段时间应主动再联系询问一下顾客的意见和要求，这样才显得礼数周全、善始善终。

为了促进推销的方法、手段，需要掌握和运用推销技巧，以便推销获得成功。

(一)赢得客户信任的技巧

推销员上门推销产品，首先要赢得客户对推销员的信任和对产品的好感。为此，推销员应准备好下列物品和资料：

1. 名片、身份证、工作证、介绍信等，以证明自己的身份；

2. 样品，给顾客演示或试用，以吸引顾客；

3. 商品价目表，以利顾客选择；

4. 订购单，以便顾客订货；

5. 公众舆论，如权威机构的评价，以便顾客放心；

6. 小礼品，用于答谢顾客。

客户看了推销员的工作证、介绍信，听了推销员的有关介绍和演示，才会有信任感；试用了样品和了解了有关反馈，才会对产品产生兴趣，才有可能选购。

（二）说服客户的技巧

客户在推销人员介绍产品或进行演示后，有时会产生疑虑或不同意见。这时，推销员必须认真分析客户异议的实质与根据，然后进行答疑，可酌情使用下列两种方法：

1. 婉转否定法

推销员听到客户的不同看法后，不要马上反驳，即使是由于客户对推销的商品知识缺乏了解而有所误会，推销员也不要据理力争，而应婉转表明自己的观点，从而否定或纠正客户的看法。

2. 弥补推销法

有时，推销员所推销的产品确实存在着客户所产生异议的缺陷，这时，推销员不应弄虚作假欺骗客户，更不能强词夺理愚弄客户，可以用商品的其他优点来补偿或抵消有异议的缺陷，以便让客户取得心理平衡。

（三）实物推销

俗话说："口说无凭，眼见为实。"对于日趋成熟的广大消费者来说，不少人已变得越来越理性消费。生产厂家与其把产品吹得天花乱坠，不如把产品摆放在消费者眼前。这样做的目的，是想让消费者看得见，摸得着，具有直观性，因此更具有说服力。

（四）媒介促销

通过广播、电视、电影、报刊等传播媒介对产品进行宣传，是促销产品的一种有效方法。例如，有一年，某磷矿厂仓库里积压了不少磷肥，为了打开销路，磷矿厂特地拍摄了该矿生产规模、企业管理情况、产品质量、磷肥用途及施肥方法的录像带，然后，到很多农村集镇的电影场，赶在放映电影前免费播放。这样一来，农民了解了磷肥的用途和此种磷肥的可靠性，纷纷要求购买，使该厂积压的磷肥销售一空，并将该厂第二年第一季度的产品也都提前订购完毕。

（五）对路推销

信奉伊斯兰教的阿拉伯人每天要做 5 次礼拜。善于做市场调查的日本商人考虑到阿拉伯穆斯林的生活习惯，投其所好，组织有关技术人员研制出一种会"说话"的闹钟。钟内装有一盘阿拉伯语录音磁带，闹钟上有座微型宣礼塔。每到做礼拜的时间，闹钟"说话"，宣礼塔顶上的灯泡也亮了，使阿拉伯穆斯林爱不释手。这种闹钟在阿拉伯国家的销路非常好。

除了上述推销技巧外，还可以利用节日进行节日促销，通过赞助文化、教育、体育、社会公益事业等引起公众的关注，从而提高企业的知名度，进而扩大产品的销路。

☞技能实训

## 实训任务一

【案例描述】

R市锦秀商业糖酒批发公司是一家由全民企业改制的股份制企业，公司经济实力雄厚，主营糖、酒、副食品、非酒精饮料、滋补品、粮油及制品、食用香精及添加剂，兼营日用百货、针纺织品、文化用品、五金、交电等。公司营销方式以调拨、批发为主，辅以零售、代购、代销，薄利多销为该公司的一大特色。锦秀公司目前已与国内150多家厂商建立了直接的业务关系，以互惠互利为合作之本。各厂商通过商业糖酒批发公司反馈的信息，在管理和经营上都获益匪浅，也使商业糖酒批发公司得到了更多的信赖，相互合作更加紧密。

适逢锦秀商业糖酒批发公司投资兴建的商业大厦竣工暨商场开业，为进一步加强工商合作，锦秀公司决定召开商品供货商业务恳谈会，邀请年供货1000万元以上的30家企业老总莅临R市共谋发展。

在公司办公室主任董芳的精心准备下，上午的业务恳谈会议在友好、热烈的气氛中开始。由于大家相互间都很熟悉，又有一段时间没有见面，因此会议开始很长一段时间大家都在相互问好，谈论对近期国家大事的看法。期间还有很多转接电话。作为会议召集人的董芳，很想控制会议的进程，但她不知道怎样说。

事后，公司老总批评了办公室主任董芳，认为本次会议没有达到预期的效果。

【实训要求】

1. 模拟锦秀商业糖酒批发公司举行恳谈的情境；

2. 模拟正确处理恳谈会期间找公司老总和会议代表的来电；

3. 针对恳谈会期间出现下列情况，模拟演示协助会议召集人控制会议进程：(1)与会者偏离议程；(2)会议决定片面；(3)与会者沉默，没有气氛；(4)会议决定与现行政策或规定相抵触。

【实训操作】

1. 请根据情境描述，分角色进行模拟；

2. 将全班学生分成若干小组，以小组为单位组织情境模拟；

3. 小组成员轮流担任不同角色。

【实训提示】

1. 模拟涉及会议文件分发、会场秩序维持、临时交办事项处理、会议记录等会中服务的工作方法和技巧。

2. 会议期间应本着“准确、及时、全面、适用”的原则，随时收集有价值的信息供领导参考或会议交流。

3. 营造踊跃发言的氛围的技巧：主持人或组织者要有幽默感，提起与会者的精神和兴趣，使大家有亲切感、轻松感；供大家讨论的议题要具体，便于大家在讨论时下手；会议组织者要创造民主气氛，不要在会议上指责发言者，不要以简单、粗鲁的方式行事。

4. 缓解会议出现的紧张气氛的技巧：首先不要紧张害怕，其次不要以牙还牙，要保持自己的身份；再次就是要用巧妙的语言，从容对待。会议的主持人或组织者要有良好的心理素质和综合能力。

## 实训任务二

**【案例描述】**

未来农业科技发展有限公司的红阳猕猴桃标准化出口示范基地，土地肥沃、气候湿润、水源纯净而丰富，年平均气温15.2摄氏度，空气相对湿度80%，无霜期269天，年降雨量1243毫米，常年无灾害性气候，是国内外猕猴桃专家公认的猕猴桃最佳生态区和种植区。未来农业科技发展有限公司采用土地流转方式在青城山镇投资完成了4000亩红阳猕猴桃标准化出口示范基地的建设，该基地是目前亚洲最大的连片种植的红阳猕猴桃生产基地。公司2004年取得S省进出口检验检疫局出口基地认证；2006年获得全球良好农业规范认证（GLOBALG. A. P）及ISO22000食品质量安全体系认证。2008年公司生产的"YY"牌红阳猕猴桃获得省科技成果一等奖。

K市佳沛蔬果有限公司慕名前来，拟购2000吨品质优良的红阳猕猴桃，双方就红阳猕猴桃的批发价格、付款方式、运输方式、交货时间等具体问题进行了一次友好的商务洽谈。洽谈达成后，择日举行了签字仪式。

**【实训要求】**

1. 模拟未来农业科技发展有限公司与佳沛蔬果有限公司进行商务洽谈的情境，注意商务洽谈人员的个人礼仪、洽谈场地的布置和安排、商务洽谈的组织与管理；

2. 模拟双方签订合同的情境，注意签字厅的布置、签字双方的程序。

**【实训操作】**

1. 请根据情境描述，分角色进行模拟；

2. 将全班学生分成若干小组，以小组为单位组织情境模拟，小组成员轮流担任不同角色；

3. 鼓励学生大胆创新，设计出既符合规范又有新意的台词，不必千篇一律，但是要符合礼仪规范。

**【实训提示】**

1. 商务谈判双方代表的身份、职务要相当。谈判代表要有良好的综合素质，谈判前应整理好自己的仪容仪表，穿着要整洁正式、庄重。谈判之初，谈判双方接触的第一印象十分重要，言谈举止要尽可能创造出友好、轻松的良好谈判气氛。谈判之初的姿态动作也对把握谈判气氛起着重大作用，用目光注视对方时，目光应停留于对方双眼至前额的三角区域正方，这样使对方感到被关注，觉得你诚恳严肃。手势自然，不宜乱打手势，以免造成轻浮之感。切忌双臂在胸前交叉。谈判之初的重要任务是摸清对方的底细，因此要认真听对方谈话，细心观察对方举止表情，并适当给予回应，这样既可了解对方意图，又可表现出尊重与礼貌。

2. 签字仪式包括两个阶段：一是准备工作，二是举行仪式。签字仪式准备阶段的工作有：文本准备，正式文本一式若干份；准备签字用的文具、旗帜等物品；决定参加签字仪式的人员；布置签字厅。签字仪式的程序：进入签字厅、就位→正式签署合同文本→交换合同文本→举杯庆祝→合影留念。

## 实训任务三

**【案例描述】**

### 案例一

销售：喂，您好。喂，王经理吗，您好，我是天海培训公司的。听说您在电话销售这一方面很有研究，尤其是您本人在这方面写过很多论文。我这回主要是想打电话问问您，您对您的电话销售、销售队伍有哪些看法呢？

客户：哦，这个啊，改天吧，我这会儿太忙了。

销售：哦，好的，再见。

### 案例二

销售：喂，王经理您好。我是天海培训公司的王慧，我们公司致力于电话销售培训的研究，前一段时间我和您的一位朋友刘经理进行过一次谈话，他给我介绍说您在电话培训这方面很有经验，而且贵公司也是中国这方面的领头羊，现在他介绍我来跟您探讨一下，有关电话销售培训的一些问题，我想请教您几个问题。

客户：哦，您说吧。

销售：首先是您对电话销售这个行业有什么样的看法。

客户：哦，这个啊，我觉得无论从我个人对这个行业的预期，还是从西方那些发达国家的实际操作，我觉得电话销售都是一个很有发展前景的销售渠道。

销售：哦，您认为它非常有发展前景。

客户：嗯，我觉得很有发展前景。

销售：是的，我们公司也是这样认为的。那您能不能谈一谈，您在培训您的电话销售队伍时有过哪些经验，您简单地给我介绍一下好吗？

客户：我先从我们公司面临的一些问题跟你说一下吧，可能这也是行业里边普遍存在的，我觉得员工普遍的素质太低，这个素质主要包括专业素质，还有就是心理承受能力，就是心理素质这两个方面吧。专业素质方面，比如说沟通能力有点欠缺，比如说我们公司做销售电脑的员工对于专业方面的知识比较差一点儿。还有心理素质，可能现在的年轻人都是独生子女，心理承受能力比较差，而且像咱们这个电话销售行业，被拒访的几率比较大，所以他们有一种挫折感。针对这两个问题，我们在培训时主要是加强他们的专业知识，比如对某个型号的笔记本电脑或台式电脑，让我们的工程师针对电脑的功能和用途给他们做一个比较详细的介绍。沟通方面我们会请一些相关的专家过来，给他们做一个培训，还有心理方面就是激励，这个包括工资、待遇这方面的激励，同时也包括一些软激励，比如让你感觉到你有一种成就感啊，简单来讲就这样吧。

销售：啊，那看来您的成功是有原因的，我听您说了这么多方面的培训经验，也觉得非常对，那我想再请问您一下，您在做培训的过程中有没有遇到比较大的坎坷，就是说比较难培训的一些方面，您能简单谈一下吗？

客户：比较难培训的，这个总体而言就是我觉得管理的效率太低，比如我们公司吧有20名员工，每天的呼叫数量太少，而且成功率比较低。其次，我觉得还是心理方面，心理素质这方面比较难培训，因为我觉得这个跟人的天生的一些东西有关系，这个方面还是比较难培训的。

销售：哦，是这样，有这样一些问题。正好我们公司就是做电话营销的专业培训的。首先我想跟您介绍一下我们公司的特征，我们公司的培训是由张××教授主讲的，您应该对他很了解了，他是广州BtoB销售研究机构的创始人，同时也是“科特勒”营销集团的高级营销顾问，他在这方面十分有经验，也做过不少成功的案例，那么针对您公司出现的这些问题，正好我们这有一个专业的项目培训，那您看咱们有没有这种合作的可能性呢？

客户：嗯，我觉得这会儿要给我发一个方案过来也不太现实，要不这样，您针对我们公司管理效率低，还有一个心理素质方面难培训的这两个问题，给我们公司量身定做一个方案，然后给我发一个传真过来……

销售：好的，好的。

客户：我们看看再做决定行吗？

销售：好的，好的，我们近期深入研究一下您公司的具体情况，然后做一个项目方案，尽快给您传真过去，您看这样好吗？

客户：行，那谢谢您了。再见！

（资料来源：http：//hi. baidu. com）

**【实训要求】**

比较上面两则电话案例，分析其失败和成功的原因，并根据实训提示按礼仪规范进行模拟。

**【实训操作】**

1. 请根据情境描述，分角色进行模拟；

2. 将全班学生分成若干小组，以小组为单位组织情境模拟，各小组互相点评。

**【实训提示】**

1. 客户愿意交流的原因

(1)对客户的需求有一个清楚、完整、准确的理解。通过两个问题“请问您在培训中遇到过什么样的问题?”“您在培训当中一定遇到不少坎坷?”，销售代表对客户的需求有了一个清楚、完整、准确的理解。

(2)赞美客户。比如说：您是这个行业的领头羊，刘经理介绍我和您一块探讨一下这方面的问题。适当地赞美客户，让客户在心理上有一些满足感，让客户觉得你对他特别尊重，所以相应地也就比较容易继续以后的通话。

(3)关注客户。销售人员在谈话中询问客户对培训行业的看法，这一点既表现出对客户的尊重又表现出对客户的关注，使客户愿意继续与销售代表交流。

2. 交流中存在的问题

销售人员在与客户交流的过程中，存在以下几方面的问题：

(1)提问问题过于唐突。销售人员欠缺的地方表现在她很直接地问：请问咱们俩有没有这种合作的可能性呢？这个问题太唐突、太生硬了。

(2)不礼貌。当客户表达“给我发一个传真过来”，这时候，客户还没有讲完，销售人员便马上插出一段话，这样很不礼貌，所以在礼仪方面应该注意。

(3)没有回馈。当客户讲述现在在销售这方面面临的一些主要问题时，客户谈了一分钟，整个过程中销售人员没有一句回应的话，所以要注意，在倾听过程中要不断地确认、澄清、给客户以回馈，这样客户才会觉得你很关注他。

(4)应进一步引导客户。例如管理效率低，管理效率低是由很多原因造成的，它不是单纯的一个培训就能够解决的。如果说你对自己的培训有一个非常清楚的了解，你应进一步去引导客户：“您觉得管理效率低的主要原因在哪里呢?”客户会告诉你主要原因在哪里，根本不是靠培训能解决的，所以这时你可以承诺给客户发传真，提出自己的解决方案。

# 第六章　公关礼仪

公关礼仪是公关人员从事公关活动时所遵循的礼仪规范。常见的公关礼仪有庆典活动、开业活动、剪彩活动、新闻发布会、展览会、交接仪式、赞助会等，掌握这些公关活动礼仪，对于组织形象的建设和维护有着十分重要的意义，也与现代生活密切相关。

## 第一节　庆典礼仪

【案例导入】

陈先生准备开一家楠港贸易有限公司，他请来了一批朋友帮他策划开业庆典事项。杨先生说："开业庆典搞来搞去都是那个老套路，请个乐队来唱唱歌，或是请个腰鼓队来倒腾几下，花钱赚吆喝，只要热闹喜庆就行。"李先生说："开业庆典不仅要喜庆，更要能沟通各方面的关系，我们要邀请一些与公司有密切联系的政界、商界、文化界人士来参加，以争取他们对公司的支持。"周先生说："搞庆典一定要有创意，要充分发掘企业自身的特质。"吴先生说："庆典活动最好能有新闻价值，并邀请新闻媒体参加，提高公司的知名度。"众朋友七嘴八舌，陈先生不知道听谁的好。

【案例讨论】

分析庆典活动的特色。

庆典，是指围绕重大事件或重要节日而举行的庆祝活动仪式。举办庆典活动的目的是为了塑造本单位的形象，显示本单位的实力，扩大本单位的影响，所以庆典活动要具有热烈、欢快、隆重的氛围。为此，要精心筹备庆典活动的内容，对举办单位提出很高的礼仪要求。

### 一、庆典仪式的筹备

庆典是一项重要的公共关系活动。组织筹备一次庆典活动，要进行总体策划，精心安排。既要体现出庆典的特色，又要安排好庆典的具体内容。为了提高庆典活动的社会效果，有条件的单位可专门聘请礼仪公司或专门的策划公司为其进行庆典策划，甚至专门聘请礼仪公司的人员直接参与本单位的庆典活动的组织、服务等工作。

为办好庆典活动，需要成立筹备组。筹备组成员通常由领导和办理专项工作人员组成，根据具体需要下设若干专项小组，如宣传、接待、财务、会务等小组。必要时，需要对参与庆典活动的筹备组成员进行专项培训。通常而言，一次庆典的具体筹备体现在四个方面：确定出席者名单、来宾的接待、环境的布置以及庆典的程序设计四大问题。

**（一）确定出席人员名单**

确定庆典出席者名单时，始终要以庆典的宗旨为指导思想，一般来说，庆典的出席者通常应包括如下人士。

1. 上级领导

地方党政领导、上级主管部门的领导，他们对单位的成立、发展给予过关心、指导，邀请他们参加，首先是为了表达感谢之情，其次是为了提高庆典活动的影响力。

2. 社会名流

根据公共关系学中的“名人效应”原理，社会各界名人对于公众最具吸引力，邀请他们到场，能更好地提高本单位的知名度。

3. 大众传媒

在现代社会中，报纸、杂志、电视、广播等大众媒介，被称为仅次于立法、行政、司法三权的社会“第四权力”。邀请传播媒介的人士，并主动与他们合作，将有助于他们客观、公正地介绍本单位的成就，有助于加深社会公众对本单位的了解和认同。

4. 合作伙伴

在商务活动中，合作伙伴经常是彼此同呼吸、共命运的。请他们来与自己一起分享成功的喜悦，有利于加深感情，有利于双方以后的合作。

5. 社区机构

与社区的机关、团体、企业事业单位建立良好的关系对单位的发展十分必要。如本单位周围的居民委员会、街道办事处、医院、学校、幼儿园、养老院、企业以及其他单位等。邀请它们参加本单位的庆典，有利于对方进一步了解、尊重、支持本单位的发展。

6. 单位员工

出席庆典仪式是一种荣誉，所以在组织庆典时，邀请单位的先进工作者或在工作岗位上有突出贡献的人员，对其他员工具有引导的作用。

以上人员的具体名单一旦确定，就应及时发出邀请或通知，一般要提前 3 天，对于外地的朋友，应提前一个星期通知。庆典日期确定后，无特殊理由不应将庆典取消、改期或延期。

**（二）安排来宾接待工作**

与一般商务交往中来宾的接待相比，对出席庆祝仪式的来宾的接待，更应突出礼仪性的特点。不仅要热心细致地照顾好全体来宾，而且还要通过主办方的接待工作，使来宾感受到主人真挚的尊重与敬意，力争使每位来宾心情舒畅。

庆典的接待小组原则上应由年轻、精干、身材与形象较好、口头表达能力和应变能力较强的青年男女组成。接待小组成员的具体工作有以下几项：其一，来宾的迎送。即在举行庆祝仪式的现场迎接或送别来宾。其二，来宾的引导。即由专人负责为来宾引路，将其送到既定的地点。其三，来宾的陪同。对于某些年事已高或非常重要的来宾，应安排专人陪同，以便关心与照顾。其四，来宾的接待。即指专人为来宾送饮料、点心以及提供其他方面的服务。

**（三）精心布置庆典现场**

庆祝仪式的现场是庆典活动的中心，安排、布置是否精心到位往往会直接关系到庆典成败，给全体出席者留下深刻的印象。依据仪式礼仪的有关规范，公关人员在布置庆典现场时，需要考虑以下几个方面：

1. 地点的选择

在选择具体地点时，应结合庆典的规模、影响力以及本单位的实际情况来决定。本单位的礼堂、会议厅、门前的广场等均可选择。如果庆典在室外举行，还需要考虑噪声、交通和治安问题。

2. 环境的美化

为了烘托出热烈、隆重和喜庆的气氛，庆典活动需要美化现场环境。事前要搞好单位的清洁卫生，在庆典活动的现场摆设花盆，铺设地毯，张灯结彩，悬挂彩灯、彩带，张贴宣传标语，张挂标明庆典具体内容的大型横幅。还可以请本单位员工组成的乐队、锣鼓队（或聘请礼仪公司的乐队）届时演奏音乐或敲锣打鼓以烘托气氛。既要美观，营造热烈的气氛，又要反对铺张浪费。

3. 场地的大小

举行庆祝仪式现场，并非越大越好。现场的大小应与出席者人数的多少成正比。人多地方小，拥挤不堪，会使人心烦意乱。人少地方大，不能衬托出喜庆热烈的气氛，让来宾对本单位产生“门前冷落车马稀”的感觉。

4. 音响的准备

在举行庆典之前，务必要把音响设备调试好。尤其是麦克风和传声设备，做到万无一失。在庆典举行期间，应播放一些喜庆、欢快的乐曲。

**（四）拟定庆典具体程序**

一次庆典举办的成功与否，与程序的策划关系重大。拟定庆典礼仪程序，有两条原则必须坚持：第一，时间宜短不宜长。通常应以一个小时为限。这既是为了确保良好的效果，也是为了尊重全体出席者。第二，程序宜少不宜多。程序过多，不仅会延长时间，而且还会分散出席者的注意力，造成庆典内容凌乱之感。

依照常规，一次庆典大致应包括下述几项程序。

1. 请来宾就座，宣布庆典正式开始，并介绍嘉宾。全体起立，奏国歌，唱“国歌”。

2. 本单位主要负责人致辞。其内容包括对来宾表示感谢、介绍此次庆典的缘由等。

3. 邀请嘉宾讲话。出席庆典的上级主要领导、协作单位及社区关系单位，均应有代表讲话或致贺词。讲话人员讲话次序应提前约定好，不要当场推来让去。对外来的贺信、贺电等，不必一一宣读，一般是先宣读上级领导及主要来宾的贺信、贺电，其他人员的贺信、贺电可根据情况灵活处理。

4. 安排文艺演出。这项程序可有可无，如果准备安排，应当慎选内容，注意不要有悖于庆典的主旨。

5. 来宾进行参观。如有可能，可安排来宾参观本单位。

## 二、主办单位人员的礼仪要求

在举行庆祝仪式之前，主办单位应对本单位的全体员工进行必要的礼仪培训。对本单位出席庆典的人员，应当高度重视的礼仪问题涉及以下六点：

1. 仪容要整洁

所有出席本单位庆典的人员，都要注意自身的仪容和仪表。向所有来宾展示本单位员工的精神风貌。做到干净整齐，容光焕发，充满活力，精神饱满。

2. 服饰要规范

有统一式样制服的单位，应要求以制服作为本单位人士的庆典着装。无制服的单位，应规定届时出席庆典的本单位人员必须穿着礼仪性服装。

3. 时间要遵守

本单位庆典的出席者，上到本单位的最高负责人，下到普通员工，都应当准时出席，不得姗姗来迟、无故缺席或中途退场。如果庆典的起止时间有明确的规定，就应当准时开始，准时结束，以此向外界证明本单位守时有信。

4. 表情要庄重

在举行庆典的整个过程中，要表情庄重、全神贯注、精神饱满。若庆典之中安排了升国旗、奏国歌等程序，一定要依礼行事：起立、脱帽、立正，面向国旗或主席台行注目礼，并且态度要认真，表情要庄严。

5. 态度要友好

遇到来宾，要主动热情地问候。对来宾提出的问题，要予以友善的答复。不要围观来宾、指点来宾，或是对来宾持有敌意。当来宾在庆典上发表贺词、随后进行参观时，要主动鼓掌表示欢迎或感谢。

6. 发言要简短

公关人员在庆典中发言时，须谨记上下场时要沉着冷静。发言一定要在规定的时间内结束，宁短勿长，不要随意发挥，信口开河。要少做手势。

## 第二节 开业典礼

**【案例导入】**

北方某市新建的云海大酒店隆重开业。

这一天，酒店上空彩球高悬，四周彩旗飘扬，身着鲜艳旗袍的礼仪小姐站立在店门两侧，她们的身后是摆放整齐的鲜花花篮，所有员工服饰整洁，精神焕发，整个酒店沉浸在喜庆的气氛中。

上午 11 时许，开业典礼在店前广场举行，应邀前来参加庆典的有关领导、各界友人、新闻记者逐渐到齐。正在举行剪彩之际，天空突然下起了倾盆大雨，典礼被迫移至厅内。典礼仪式在音乐中又隆重举行，整个大厅灯火辉煌，庆典一派喜气。

典礼完毕，雨仍在下着，厅内挤满嘉宾和观众，短时间内根本无法离去，许多人焦急地等待着。于是，酒店经理当众宣布："今天能聚集到我们酒店的都是我们的嘉宾，这是天意，希望大家能同敝店共享今天的喜庆，我代表酒店真诚邀请诸位到餐厅共进午餐，当然全部免费。"霎时间，大厅内响起雷鸣般的掌声。

虽然，酒店开业额外多花了一笔午餐费，但酒店的名字在新闻媒体及众多顾客的宣传下却迅速传播开来，酒店的生意越来越红火。

**【案例讨论】**

开业典礼的内容和主要程序是什么?

开业典礼,又叫做开业仪式,是指在单位创建、开业,项目完工、落成,某一建筑物正式启用,或是某项工程正式开始之际,为了表示庆贺或纪念,按照一定的程序所隆重举行的专门的礼仪仪式。

一般认为,举行开业典礼,至少可以收到下述五个方面的成效。第一,它有助于塑造出本单位的良好形象,提高自己的知名度与美誉度。第二,它有助于扩大本单位的社会影响力,吸引社会各界的高度重视与关心。第三,它有助于将本单位的建立或成就"广而告之",为自己招徕顾客。第四,它有助于让支持过自己的社会各界精英与自己一同分享成功的喜悦,为日后的进一步合作奠定良好的基础。第五,它有助于增强本单位全体员工的自豪感与责任心,为自己创造出一个良好的开端,或是开创一个新的起点。

通常情况下开业礼仪包括两项基本内容:开业仪式的筹备和开业仪式的运作。

## 一、开业仪式的筹备

主办单位在筹备开业仪式之时,既要遵守礼仪惯例,又要具体情况具体分析,认真策划,注重细节,分工负责,一丝不苟,力求周密、细致。筹备开业仪式,首先在指导思想上要遵循"热烈""节俭"与"缜密"三原则。所谓"热烈",是指要想方设法在开业仪式的进行过程中营造出一种欢快、喜庆、隆重而令人激动的氛围,而不应令其过于沉闷、乏味。所谓"节俭",是要求主办单位勤俭持家,在举办开业仪式以及为其进行筹备工作的整个过程中,在经费的支出方面量力而行,做到节制、俭省。所谓"缜密",则是指主办单位在筹备开业仪式之时,既要遵行礼仪惯例,又要具体情况具体分析,认真策划,注重细节,分工负责,一丝不苟。力求周密、细致,严防百密一疏,临场出错。因此,筹备开业仪式需要事先做好以下几项工作。

### (一)做好舆论宣传工作

举办开业仪式的主旨在于借势宣传、塑造本单位的良好形象,所以要营造良好的宣传氛围,以吸引社会各界对自己的注意,争取社会公众对自己的认可或接受。为此要做的常规工作有:一是选择有效的大众传播媒介,进行集中性的广告宣传。其内容多为开业仪式举行的日期、举办的地点、开业之际对顾客的优惠、开业单位的经营特色等。二是邀请有关大众传播界人士在开业仪式举行之时到场进行采访、报道,以便加大宣传力度,提高主办单位的知名度和美誉度。

### (二)做好来宾约请工作

开业仪式影响的大小,往往取决于来宾身份的高低与其数量的多少。在力所能及的条件下,要多邀请一些来宾参加开业仪式。地方领导、上级主管部门与地方职能管理部门的领导、合作单位与同行单位的领导、社会团体的负责人、社会名流、媒体人员,都是邀请时应优先考虑的对象。为慎重起见,用以邀请来宾的请柬应认真书写,并装入精美的信封,在开业前 2~3 天,送达对方手中,以便对方早做安排。

**（三）做好场地布置工作**

开业仪式多在开业现场举行，其场地可以是正门之外的广场，也可以是正门之内的大厅。按惯例，举行开业仪式时宾主一律站立，故一般不布置主席台或座椅。为显示隆重与敬客，可在来宾尤其是贵宾站立之处铺设红色地毯，并在场地四周悬挂横幅、标语、气球、彩带、宫灯。此外，还应当在醒目之处摆放来宾赠送的花篮、牌匾。来宾的签到簿、本单位的宣传材料、待客的饮料等，也需要提前备好。对于音响、照明设备，以及开业仪式举行之时所需使用的用具、设备，必须事先认真进行检查、调试，以防在使用时出现差错。

**（四）做好接待服务工作**

在举行开业仪式的现场，一定要有专人负责来宾的接待服务工作。本单位的全体员工要以主人翁的身份热情待客，有求必应，分工负责，各尽其职。在接待贵宾时，需由本单位主要负责人亲自出面；接待其他来宾时，则可由礼仪小姐负责。还要为来宾准备好专用的停车场、休息室、茶饮等。

**（五）做好礼品馈赠工作**

举行开业仪式时赠予来宾的礼品，一般属于宣传性传播媒介的范畴。若能选择得当，必定会产生良好的效果。根据常规，向来宾赠送的礼品，应具有三大特征。其一，宣传性。可选用本单位的产品，也可在礼品及其包装上印有本单位的企业标志、广告用语、产品图案、开业日期等。其二，荣誉性。要使之具有一定的纪念意义，使拥有者对其珍惜、重视，并为之感到光荣和自豪。其三，独特性。它应当与众不同，具有本单位的鲜明特色，使人一目了然，过目不忘。

**（六）做好程序拟定工作**

开业仪式大多由开场、过程、结局三大基本程序构成。开场，即奏乐，邀请来宾就位，宣布仪式正式开始，介绍主要来宾。过程，是开业仪式的核心内容，它通常包括本单位负责人讲话，来宾代表致辞，启动某项开业标志等。结局，则包括开业仪式结束后，宾主一同进行现场参观、联欢、座谈等。为使开业仪式顺利进行，在筹备之时，必须认真草拟开业仪式的程序，并选定好称职的仪式主持人。

开业仪式不过是一个统称。在不同的适用场合，往往会采用其他一些名称。例如，开幕仪式、开工仪式、奠基仪式、破土仪式、竣工仪式、下水仪式、通车仪式、通航仪式，等等。它们的共性都是要以热烈而隆重的仪式，为本单位的发展创造一个良好的开端。它们的个性则表现在仪式的具体运作上存在着不少的差异，需要区别对待。

## 二、开业仪式的基本程序

开业仪式的程序共有六项：

（一）仪式宣布开始，全体肃立，介绍重要嘉宾。

（二）邀请重要领导揭幕或剪彩。揭幕的具体做法是：揭幕人行至彩幕前恭立，礼仪小姐双手将开启彩幕的彩索递交给对方。揭幕人目视彩幕，双手缓缓拉动彩索，启动彩幕展开。全场目视彩幕，鼓掌并奏乐。

（三）在主持人的引领下，全体成员依次经过幕门。

（四）主人致辞答谢。

（五）来宾代表发言祝贺。

（六）主人陪同来宾参观。开始正式接待顾客或观众，对外营业或对外活动开始。

## 第三节　剪 彩 礼 仪

**【案例导入】**

××经济技术开发公司凭借准确的市场定位、专业的经营管理理念，依托卓尔不凡的设计风格，秉承Z市鞋业需求旺盛的人气，纳业界之精华，果断地投资3000万元对Z市东区进行升级改造，从而开辟了Z市鞋业经营之先河，并最终引发业界之空前革命。这都决定了东区开业剪彩仪式的重要性。

为了举办好这次开业剪彩仪式，公司总经理决定让企业公关部筹划本次剪彩活动，保证在“十一”黄金周销售旺季到来时，企业搭台，商家唱戏，广告宣传，舆论造势，把开业剪彩活动与商家促销活动相结合，举办一个隆重、典雅、节俭、个性的开业剪彩活动。

**【案例讨论】**

假如你是企业公关部领导，你认为如何筹备本次剪彩活动？在活动中需要注意哪些礼仪规范？

剪彩仪式，是指商界的有关单位，为了庆贺公司的设立、企业的开工、宾馆的落成、商店的开张、银行的开业、大型建筑物的启用、道路或航线的开通、展销会或展览会的开幕等举行的一项隆重性的礼仪性程序。因其主要活动内容是约请专人使用剪刀剪断被称之为“彩”的红色缎带，故此被人们称为剪彩。剪彩活动具有的重要意义：第一，剪彩活动热闹、喜庆、轰轰烈烈，既能给主人带来喜悦，又能令宾客产生吉祥如意之感；第二，剪彩不仅是对主人既往成绩的肯定和庆贺，而且也可以对其进行鞭策与激励，促使其再接再厉，继续进取；第三，剪彩活动的主办者可借这一活动，吸引和获得各界人士对自己的关注、支持。

目前，在剪彩仪式上有众多规则必须遵守，有一些具体的程序性要求，形成了一些惯例，主要涉及剪彩准备、剪彩人员、剪彩程序、剪彩动作规范四个方面。

### 一、剪彩准备

剪彩准备包括一般的场地布置、环境清洁、灯光与音响、媒体邀请、人员培训等，还包括剪彩仪式上使用的某些特殊用品，诸如红色缎带、新剪刀、白色薄纱手套、托盘以及红色地毯等。准备工作要求做到认真细致、精益求精。

**（一）红色缎带**

红色缎带是剪彩仪式之中的“彩”。按照传统做法，它应当由一整匹未曾使用过的红色绸缎，在中间结成数朵花团而成。花团不仅要生动、硕大、醒目，而且其具体数目往往还同现场剪彩者的人数相关。

**（二）新剪刀**

新剪刀是专供剪彩者在剪彩仪式上使用，每位现场剪彩人员人手一把，而且必须崭新、锋利而顺手。在剪彩仪式结束后，主办方可将每位剪彩者所使用的剪刀经过包装之后，送给对方作为纪念。

**（三）白色薄纱手套**

白色薄纱手套是专为剪彩者所准备的。在正式的剪彩仪式上，剪彩者剪彩时每人戴上一副白色薄纱手套，以示郑重其事。白色薄纱手套须大小适度、崭新平整、洁白无瑕。

**（四）托盘**

托盘是在剪彩仪式上托在礼仪小姐手中，用作盛放红色缎带、剪刀、白色薄纱手套的工具。在剪彩仪式上所使用的托盘，最好是崭新的、洁净的。它通常首选银色的不锈钢制品。为了显示正规，可在使用时上铺红色绒布或绸布。在剪彩时，可以一只托盘依次向各位剪彩者提供剪刀与手套，并同时盛放红色缎带；也可以为每一位剪彩者配置一只专为其服务的托盘，红色缎带专门由一只托盘盛放。

**（五）红色地毯**

红色地毯主要铺设在剪彩者正式剪彩时的站立之处。在剪彩现场铺设红色地毯，并营造一种喜庆的气氛。地毯的长度可视剪彩人数的多寡而定，其宽度应在一米以上。

## 二、剪彩人员的选择

对剪彩人员必须认真选择，并进行培训。剪彩人员主要是由剪彩者与助剪者两部分人员组成。

**（一）剪彩者**

在剪彩仪式上担任剪彩者，是一种很高的荣誉。剪彩仪式档次的高低，往往与剪彩者的身份密切相关。因此，在剪彩仪式上，选好剪彩人员至关重要。根据惯例，剪彩者可以是一个人，也可以是几个人，但是一般不应多于五人。剪彩者多为上级领导、合作伙伴、社会名流、员工代表或客户代表所担任。

若剪彩者仅为一人，则其剪彩时应居中而立。若剪彩者为多人，上场剪彩时位次的尊卑就必须予以重视。一般原则是中间高于两侧，右侧高于左侧，距离中间站立者愈远位次愈低。若剪彩仪式无外宾参加，可执行我国“左侧高于右侧”的传统做法。

**（二）助剪者**

助剪者是在剪彩过程中为剪彩者提供辅助的人员。一般而言，助剪者多由东道主一方的女职员担任，即礼仪小姐。

礼仪小姐，又可以分为迎宾者、引导者、服务者、拉彩者、捧花者、托盘者。在一般情况下，迎宾者与服务者应为数人。引导者既可以是一个人，也可以为每位剪彩者各配一名。拉彩者通常应为两人。捧花者的人数则需要视花团的具体数目而定，一般应为一花一人。托盘者可以为一人，亦可以为每位剪彩者各配一人。有时，礼仪小姐亦可身兼数职。

礼仪小姐的基本条件是相貌姣好、身材颀长、年轻健康、气质高雅、音色甜美、反应敏捷、机智灵活、善于交际。礼仪小姐应该化淡妆、盘起头发，穿款式、面料、色彩统一的单色旗袍，穿深色或单色的套裙亦可，配肉色连裤丝袜、黑色高跟皮鞋。除戒指、耳环或耳针外，不佩戴其他任何首饰。

## 三、剪彩程序

剪彩仪式宜紧凑，忌拖沓，时间愈短愈好。一般为 15 分钟到 1 个小时。

剪彩仪式，通常应包含如下六项基本程序：

**（一）请来宾就位**

在剪彩仪式上，通常只为剪彩者、来宾和本单位的主要领导安排坐席。在剪彩仪式开始时，请大家在事先拟定好的座次就座。通常情况下，剪彩者应就座于前排。若剪彩者为数人时，则应按照剪彩时的具体顺序就座。

**（二）宣布仪式正式开始**

在主持人宣布仪式开始后，乐队应演奏音乐，现场可燃放鞭炮，全体到场者应热烈鼓掌。接着，主持人向全体到场者介绍重要来宾。先介绍主要领导，然后介绍其他来宾。

**（三）奏国歌**

此刻须全场起立。有时，也可演奏本单位标志性歌曲。

**（四）发言**

发言者的顺序为主办单位的代表、上级主管部门的代表、地方政府的代表、合作单位的代表，等等。发言的内容应言简意赅，每人以三分钟为宜，发言的重点分别为介绍、道谢与致贺。

**（五）剪彩**

首先由主持人向全体到场者介绍剪彩者，全体到场人员应热烈鼓掌，还可奏乐或燃放鞭炮以烘托气氛。

**（六）参观**

剪彩后，主人应陪同来宾参观被剪彩项目，也可参观厂区、重要车间或安排座谈会。仪式结束后，主办单位可向来宾赠送纪念品，也可安排餐饮招待来宾。

## 四、剪彩动作规范

进行正式剪彩时，剪彩者与助剪者的具体操作必须合乎规范，否则就会影响剪彩效果或贻笑大方。

主持人宣布进行剪彩之后，礼仪小姐即应排成一排率先从两侧同时登台，或是从右侧登台。登台后，拉彩者与捧花者应当站成一行，拉彩者处于两端拉直红色缎带，捧花者各自双手捧一朵花团。托盘者须站立在拉彩者与捧花者身后一米左右，并且自成一行。

在剪彩者登台时，引导者应在其左前方引导，使之各就各位。剪彩者登台时，宜从右侧出场。当剪彩者均已到达既定位置后，托盘者应前行一步，到达剪彩者的右后侧，以便为其递上剪刀、手套。剪彩者若为数人，则其登台时亦应列成一行，并且使主剪者行进在前。在主持人向全体到场者介绍剪彩者时，后者应面含微笑向大家欠身或点头致意。

在正式剪彩前，剪彩者应首先向拉彩者、捧花者示意，待其有所准备后，集中精力、右手持剪刀、表情庄重地将红色缎带一刀剪断。若多名剪彩者同时剪彩，其他剪彩者应注意主剪者动作，主动与其协调一致，力争大家同时将红色缎带剪断。

红色花团应准确无误地落入托盘者手中的托盘内，切勿使之坠地。为此，需要捧花者与托盘者密切合作。剪彩者在剪彩成功后，可以右手举起剪刀，面向全体到场者致意。接着将剪刀、手套放入托盘之内，再举手鼓掌。然后，依次与主人握手道贺，并在引导者的引领下从右侧下台退场。待剪彩者退场后，其他礼仪小姐才可列队由右侧退场。

## 第四节　新闻发布会

**【案例导入】**

绿意集团是国内一家民营企业，新开发出了一款全新的蔬菜汁饮料。这种饮料不仅营养丰富、无添加剂、口感舒适，而且符合健康和卫生标准，并与国际上饮料的流行趋势相吻合。然而，国内的这类饮料市场几乎全部已被外国饮料所占领。要将这种新型的国产饮料推上市场，并且争得一席之地，有相当大的难度。要想在广告宣传上与财大气粗、经验丰富的外国饮料商决一雌雄，显然不是国内这家民营企业的强项。于是，营销部经理的吴世雄先生决定另辟蹊径，在力所能及的情况下，为自己做上一次“软广告”。在饮料消费的旺季来临之前，这家企业专门租用了首都北京的一座举世闻名的建筑物，在其中召开了一次由新闻界人士为主要参加者的新产品说明会。在会上，这家企业除了向与会者推介自己的新产品之外，还邀请到了国内著名的饮料专家与营养专家，请其发表各自的高见，并邀请全体与会者亲口品尝这项新产品。此后，不少与会的新闻界人士不仅争先恐后地在自己所属的媒体上发布了这条消息，其中不乏溢美之词。有些新闻界人士甚至还站在维护国产饮料的立场上，为其摇旗呐喊。结果一时间令其名声大振，销量也随之大增，终于在列强林立的饮料市场上脱颖而出。

**【案例讨论】**

请你谈谈新闻发布会在安排时应注意哪些程序？

新闻发布会又称记者招待会，是社会组织直接向新闻界发布有关组织信息、解释组织重大活动而举办的活动。以这种形式发布消息，形式郑重，规格较高，可信度大，对发言人和主持人要求也很高。举办新闻发布会，要注意以下有关礼仪。

### 一、新闻发布会的准备

#### (一) 发布会的前期准备

筹备发布会，要做的准备工作很多，其中最重要的是要做好材料准备、人员的安排、记者的邀请、时机的选择等工作。

1. 准备主题材料

在举行发布会之前，主办单位要事先准备好如下材料：

一是发言提纲。它是发言人在发布会上进行正式发言时的发言提要，它要紧扣主题，体现全面、准确、生动、真实的原则。

二是问答提纲。为了使发言人在现场正式回答提问时表现自如，可在对被提问的主要问题进行预测的基础上，形成问答提纲及相应答案，供发言人参考。

三是报道提纲。事先必须精心准备一份以有关数据、图片、资料为主的报道提纲，并认真打印出来，在发布会上提供给新闻记者。在报道提纲上应列出本单位的名称、联系方式等，便于日后联系。

四是形象化视听材料。这些材料供与会者利用，可增强发布会的效果。它包括图表、照片、实物、模型、录音、录像、影片、幻灯片、光碟等。

2. 确定主持人和发言人

发布会对主持人和发言人提出了很高的要求。主持人和发言人要对问题敏感，思维敏捷，反应灵活，口齿伶俐，有较高的文化修养和专业水平，善于把握大局、引导提问和控制会场，具有丰富的主持会议的经验。新闻发布会一般由主持人简要介绍会议概要，而后由主要发言人详细发言。

发布会还要精选一批负责会议现场工作的礼仪接待人员，一般由相貌端正、工作认真负责、善于交际应酬的年轻女性担任。

值得注意的是，所有出席发布会的人员均需在会上佩戴事先统一制作的胸卡，胸卡上面要写清姓名、单位、部门与职务。

3. 确定记者的邀请

对出席发布会的记者要事先确定其范围，具体应视问题涉及范围或事件发生的地点而定。一般情况下，与会者应当是与特定事件相关的新闻界人士和公众代表。组织方为了提高单位的知名度，扩大影响而宣布某一消息时，邀请的新闻单位通常多多益善；而在说明某一活动、揭示某一事件，特别是本单位处于劣势时，邀请新闻单位则不宜过于宽泛。邀请时要尽可能地先邀请影响大、报道公正、口碑良好的新闻单位。确定邀请的记者后，请柬要提前一星期发出，会前用电话再次提醒。

4. 选择合适的时机、地点

在确定发布会的时机之前，应明确两点：一是确定新闻的价值，即对某一消息，要论证是否具有专门召集记者前来报道的新闻价值。二是确认新闻发表的最佳时机。在此基础上，选择恰当的召开时机，要避开节日与假日、本地的重大活动、其他单位的发布会等，恰当的时机选择是发布会取得成功的保障。

发布会的地点除了考虑在本单位或事件所在地举行外，可考虑宾馆或酒店。会议地点要交通方便，环境安静，会场的桌椅便于记者记录。

**（二）发布会进行中的服务礼仪**

1. 迎宾签到

准备签到簿，请记者和来宾签下自己的姓名、单位、联系方式等，记者及来宾签到后由引导员引入会场就座。

2. 席位摆放

发布会席位由主席台和记者席位构成，需摆放席卡，便于记者记录发言人姓名。主席台席位摆放原则是“职位高者靠前靠中，自己人靠边靠后”。目前通行做法是采用主席台只有主持人和发言人席位，贵宾坐于坐席前排的方式。一些非正式、讨论性质的会议是圆桌摆放式。如果是回字型会议桌的发布会，发言人坐中间，两侧及对面是新闻记者坐席。通常会议桌两侧及主席台对面还预留部分坐席。

3. 配合问答

在发布会上，主持人和发言人要相互配合，分工明确，各司其职，不允许越组代庖。在发布会进行期间，主持人和发言人要保持口径一致。当新闻记者提出的某些问题过于尖锐而难以回答时，主持人要想方设法转移话题，不使发言者难堪。当主持人邀请某位记者提问之后，发言人一般要给予适当的解答。

在发布会的过程中，面对记者的提问，发言人要应该认真作答，对于无关或过长的提问可以委婉制止，对于涉及企业秘密的问题，可以直接、礼貌地告诉它是企业机密。不宜采取“无可奉告”的方式。对于复杂的需要解释的问题，可以先简要回答，邀请其会后再探讨。

4. 真诚礼貌

发布会自始至终要注意对待记者的态度，这关系到新闻发布会的成败。记者的合理要求要尽量满足，做到热情友善，彬彬有礼。

**(三)发布会的善后事宜**

发布会举行完毕后，主办单位应当在一定的时间内对发布会进行评估和善后工作，主要包括：

1. 整理会议资料

发布会后要尽快整理出会议记录材料，对发布会的组织、布置、主持和回答问题等方面的工作进行回顾和总结，从中吸取经验，找出不足。

2. 评估各方反映

首先要收集与会者对会议的总体反映，检查在接待、安排、服务等方面的工作得失。其次要收集新闻界的报道，了解报道数量和舆论倾向，并及时作出反应。

## 二、新闻发布会应注意的礼仪

(一)会议主持人要充分发挥主持和组织作用，始终把握会议主题，注意掌握好会议时间，维持会议秩序。并且以庄重的言谈和较强的感染力，活跃整个会议气氛，引导记者踊跃提问。

(二)会议发言人的发言应重点突出，语言生动流畅，吐字清晰，所发布的消息必须准确无误。对记者提出的问题，应诚恳、明确地回答，个别记者的特殊提问要求，也应尽量予以满足。

(三)不要随便打断记者的提问，也不得以动作、表情和语言对记者表示不满。对记者带有很强偏见或带有挑衅性的提问，应以平静的话语和确凿的事理予以纠正或反驳。

(四)对于不愿发表和透露的消息，应婉转地向记者作解释，记者一般会尊重组织者的意见，如果吞吞吐吐，反而会使记者追根问底，造成尴尬局面。遇到回答不了的问题时，不能简单地说“不清楚”“我不能告诉你”等，应采取灵活的办法巧妙地回答，切忌由此引起记者的不满和反感。

# 第五节　展览会礼仪

**【案例导入】**

爱知世博会(EXPO 2005 AICHI，JAPAN)于2005年在日本的爱知县名古屋东部丘陵(长久手町、丰田市和濑户市)举办，以“超越发展——大自然智慧的再发现”为主题，呼吁保护环境、实现人与自然共存。世博会举办日期从3月25日开始到9月25日结束。期间有121个国家、地区以及4个国际组织参展。

爱知世博会从会场建设设计到各展馆的建造、展示的新科技新技术和传统特色都不同程度地追求一个目标：与自然与地球和谐共处。此次世博会被冠名为“爱·地球博”。“爱”除了表示主办地爱知县外，蕴涵的更大主题和深意便是“爱”与“地球”，即人类如何实现与地球这个生养人类的自然环境的和谐共生，这也是新世纪人类最为关注的一个话题。这在以“自然的睿智”为主题的世博会会场的方方面面都得以展现。

**【案例讨论】**

举办一个高规格的展览会，需要注意哪些礼仪方面的问题？

展览会是指有关方面为了介绍本单位的业绩，展示本单位的成果，推销本单位的产品、技术或专利，而以集中陈列实物、模型、文字、图表、影像资料等供人参观了解的形式，所组织的宣传性聚会。它不仅具有甚强的说服力、感染力，可以现身说法打动观众，为主办单位广交朋友，而且还可以借助于个体传播、群体传播、大众传播等各种传播形式，使有关主办单位的信息广为传播，提高其名气与声誉，在商务交往中往往发挥着重大的作用。

展览会礼仪，通常是指商界单位在组织、参加展览会时，所应当遵循的特点与礼仪。

## 一、展览会的特点

展览会是典型的综合运用多种传播手段的公关专题活动方式，它具有以下特点：

### (一)复合性

展览会通常同时运用讲解、交谈、宣传手册、介绍材料、录像、幻灯、广播等多种传播媒介传递信息，对新闻单位有独特的吸引力。它能够综合多种传播方式的优点，产生显著的沟通效用。

### (二)直观性

展览会是一种非常直观、形象和生动的传播方式，置身于展览会中，能够产生真实可信、言之有据、观之有物的感觉，符合眼见为实的公众心理，能够有力地增进公众对企业的了解和信任。

### (三)直接沟通

展览会给企业提供了与公众直接双向沟通的机会。这种直接沟通在让公众了解自己的同时，也了解了公众。展览会提供的实物、图片和文字使观众可以仔细分析和品评，又通过讲解员的介绍和答复解决各种疑问，从而使公众心服口服。

## 二、展览会应注意的礼仪

### (一)确定展览会的主题和目的

每次展览会都应有一个明确的主题和目的，并据此决定展览会中使用的沟通方法、展览形式和接待形式，成立专门对外发布新闻的机构，负责展览会的新闻发布及对外联系事务。

### (二)明确参观者类型

参观者是展览会的服务对象，参观者的类型影响着信息传播手段的复杂性和多样性。在展览会的策划阶段，应该对展览会的目标公众的范围及其特点有基本的估测，以便对展出项目、宣传方式、资料的深度作出适当的安排，使参观者感到满意。

### (三)展览会的地点

展览会要选在交通方便、容易寻找的地方。周围环境要与展览会的主题相得益彰。展厅的布置、辅助设备等要处处考虑到参观者的要求，如在入口处设置咨询台和签到处，制作展览会的平面图等。

### (四)培训工作人员

展览会工作人员的素质和展览技能，直接影响着展览会的效果。因此必须对展览会工作人员，如讲解员、服务员、接待人员等，进行良好的礼仪训练，并对展出的项目进行基本的专业知识培训，以满足展览会的要求。

首先，要求工作人员着装统一，身穿本单位的制服，或者是穿深色的西装、套裙。在大型的展览会上，迎宾人员身穿色彩鲜艳的单色旗袍，胸披写有参展单位名称的红色绶带。全体工作人员皆应在左胸佩戴标明本人单位、职务、姓名的胸卡。

其次，培训工作人员礼貌待人。工作人员站立迎宾，面含微笑，主动对走向自己展位的观众说：“你好！欢迎光临！”随后面向对方，稍许欠身，伸出右手，掌心向上，指向展台，并告知对方：“请您参观。”当观众在本单位的展位上进行参观时，工作人员可随行其后，以备对方咨询；也可以请其自便。对于观众所提出的问题，工作人员要认真做出回答。当观众离去时，工作人员向对方欠身施礼，并道以“谢谢光临”或是“再见”。

再次，善于运用多种解说技巧。要善于因人而异，使解说具有针对性。在突出自己展品特色的同时，要注意扬长避短。能进行现场示范，或安排观众观看与展品相关的影视片。

### (五)设置辅助服务机构

在筹备展览会主体时，还要考虑相关的服务。如设置产品订购洽谈室，安排文书业务、邮政、交通、停车场等。

### (六)其他物质准备

除了展厅中的展品准备之外，还要搞好展览会所需的其他物质准备。包括各种辅助宣传材料，如各种小册子、目录表、幻灯和录像等。还可以设计制作展览会徽志、备好纪念品等。

总之，处处为参观者着想，为参观者提供方便，注重礼仪，尊重来宾，是展览会成功的保证。

宣传型展览会与销售型展览会的解说技巧不同。在宣传型展览会上，解说的重点应当放在推广参展单位的形象之上。要善于使解说围绕着参展单位与公众的双向沟通而进行，时时刻刻都应大力宣传本单位的成就和理念，以便使公众对参展单位给予认可。在销售型展览会上，解说的重点则必须放在主要展品的介绍与推销之上。按照国外的常规说法，解说时一定要注意“FABE”并重，其中，“F”指展品特征，“A”指展品优点，“B”指客户利益，“E”则指可资证据。“FABE”并重，就是要求其解说应当以客户利益为重，要在提供有利证据的前提之下，着重强调自己所介绍、推销的展品的主要特征与主要优点，以争取使客户觉得言之有理，乐于接受。不过，争抢、尾随观众兜售展品，弄虚作假，或是强行向观众推介展品，则不可取。

## 三、展览会开幕式礼仪

展览会开幕式礼仪非常重要，它奠定了展览会成功的基础。开幕式礼仪需要注意以下事项：

1. 举办活动应及早筹划与确定。邀请国外、境外人士前来参加活动，至少在半年前发出邀请，并寄送相关说明资料。

2. 由多个机构共同举办的活动，要事先明确职责分工，避免多头指挥。

3. 确定开幕时间应充分考虑当地交通、气候及工作习惯等因素，开幕式尽量按原定时间举行，避免时间过长。

4. 开幕式宣布的出席活动的领导人人名不宜过多。在介绍的“出席××活动的领导、贵宾”中，不应包括主办单位的领导。

5. 讲话中“欢迎”“感谢”之类的句子要尽量归纳，以节省鼓掌时间。使用现场翻译时，应尽量控制场面，使讲话人与译员相配合，不要在中文讲完时中方人士立即鼓掌，应在翻译完后中外双方共同鼓掌，以示对外宾的尊重。

6. 介绍地方或企业情况时，要突出重点，语言简练，一忌长篇大论，面面俱到；二忌堆砌数字。

7. 展览开幕式不同于报告会，主办者或领导人不宜长篇发言，简明具体。

# 第六节　交接礼仪

**【案例导入】**

为进一步加强学生社团联合会干部队伍建设，更好地发挥社团联合会在学校社团文化建设中的积极作用，更好地为全校社团服务，根据《D大学大学生社团联合会章程》有关规定，经校团委和第十一届D大学学生社团联合会主席团研究，决定开展2011届社团联合会主席团换届工作，为遴选出的若干名德才兼备、品学兼优、综合素质较高的新一批学生骨干举行交接仪式，组成第十二届D大学学生社团联合会主席团。

D大学第11届社联学生干部的工作即将告一段落，需要更好地总结过去一年工作的优点与不足之处，取其精华，去其糟粕。通过换届仪式正式确立D大学学生社团联合会的新领导核心，增强凝聚力，使D大学学生社团联合会注入新的活力，确保各项工作正常顺利地进行，使社联健康大踏步地走下去。同时加深12届成员对团委、社联的认识，使其更快地成长，以便日后工作的顺利开展，更好地为全校社团服务。当然，这也是为提高社联的知名度及美誉度进行公共宣传的一次活动。

（资料来源：https：//wenku. baidu. com）

**【案例讨论】**

举办交接仪式的目的是什么？需要注意哪些方面的礼仪？

交接仪式主要是指施工单位将已经建设完成的工程项目，如商厦、厂房、车站、码头等，经验收合格后正式移交给使用单位时所举行的典礼仪式。举行这种仪式的目的是对合作伙伴成功合作的感谢，也是对关心、支持和帮助他们的社会各界的感谢，对提高组织的知名度、塑造良好的组织形象有重要作用。

交接礼仪是指在举行交接仪式时所须遵守的有关规范。通常包括交接仪式的准备、交接仪式的程序、交接仪式的礼仪要求三个方面。

## 一、交接仪式的准备

### （一）会场的布置

交接仪式的现场可以选择在工程项目的现场，也可在其他场所。不论仪式在何处举行，作为东道主，均需指定专人或组织临时性的专门班子，具体负责会场的布置工作。会场布置不能铺张浪费、华而不实、劳民伤财，要善于以适当的形式营造、渲染一种热烈、隆重和喜庆的气氛。会场正中应悬挂“某某工程交接仪式”或“热烈庆祝某某商厦正式交付使用”的巨型横幅。在会场的入口处或主席台前，可插一定数量的彩旗，会场上空悬浮庆祝标志的气球，会场两侧摆放来宾赠送的花篮。

### （二）人员的邀请

交接仪式出席人员由施工单位和接收单位协商确定，应包括施工单位的有关人员、接收单位的有关人员、上级主管部门的负责人、协作单位的代表、当地政府官员、行业组织负责人及新闻记者等。出席人员应当适宜，若太少，则显得冷冷清清，不利营造热烈的气氛；若太多，超出了组织的接待能力和场地条件，增加接待成本。

受到邀请的单位和负责人，不论能否出席，均应向主办单位发出贺电或贺信，说明能否出席。还可以敬赠大型花篮，花篮上挂上表示祝贺的缎带，并提前送达会场。出席仪式的代表，均应身着正装，面带微笑，举止热情。在举行仪式之前，交接单位的负责人应提前到达会场，在门口恭迎来宾，并指定专人进行接待、迎送、引导、陪同等。

### （三）物品的准备

在交接仪式上，主办方应提前准备象征交接的验收文件、验收一览表、钥匙等。验收文件是指已经公证的由交接双方正式签署的接受证明性文件；验收一览表是指交付给接收单位的全部物资、设备或其他物品的名称、数量明细表；钥匙是指用来开启被交接的建筑物或机械设备的钥匙。交接仪式主办单位还要为来宾准备一份薄礼，礼品应突出纪念性、宣传性，比如交接的工程项目、大型设备的缩微模型，或者画册、明信片、纪念章、钥匙扣等。

## 二、交接仪式的程序

交接仪式主要有宣布开始、交换文件、代表发言、宣布结束这四个步骤：

**(一) 交接仪式开始**

主持人请有关单位负责人到主席台就座，并宣布交接仪式开始，全体与会者鼓掌祝贺。

**(二) 交换有关文件**

即由施工、安装单位与接收单位正式进行有关工程项目或大型设备的交接。主要由施工单位、安装单位的代表，将有关工程项目、大型设备的验收文件、一览表，或者钥匙等象征性物品，递交给接收单位的代表。此时，双方应面带微笑，双手递交、接收有关物品。接受之后，热烈握手，合影留念。交接过程中播放、演奏节奏欢快的喜庆音乐。

**(三) 双方代表发言**

施工或安装单位的代表、接收单位的代表、来宾代表等依次发言。发言是礼节性的，要简短而热情，点到为止，最好不要超过 3 分钟。

**(四) 宣布仪式结束**

交接仪式在时间上贵短忌长，以半小时到一小时为宜。仪式结束应邀请来宾参观有关的工程项目或展览，东道主应为此安排专人接待、陪同和解说。继参观之后，有的东道主还为各方来宾安排一些文娱活动助兴，并以晚宴招待。

## 三、交接仪式上的礼仪要求

**(一) 主办方礼仪要求**

1. 要注意仪表整洁

主办方参加交接仪式的人员，不仅应当是“精兵强将”“有功之臣”，而且能够代表本单位的形象。因此要着装规范、服饰得体、举止有方。

2. 要注意保持风度

在交接仪式举行期间，不允许主办方人员东游西逛、交头接耳、打打闹闹。在为发言者鼓掌时，不允许厚此薄彼。当来宾为自己道喜时，切勿放肆、得意忘形。

3. 要注意待人友好

主办方人员应当自觉树立主人翁意识，给来宾提供帮助，负责解答相关问题。

**(二) 应邀来宾注意的礼仪**

1. 应当致以祝贺

接到正式邀请后，被邀请者尽早以单位或个人的名义发出贺电或贺信，向主办方表示热烈祝贺。在参加仪式时，与主办方的主要负责人一一握手，口头道贺。

2. 应当略备贺礼

为表示祝贺之意，向主办方赠送诸如花篮、牌匾、贺幛等。礼品需要悬挂特制的红色缎带，右书“恭贺某某交接仪式隆重举行”，左书本单位的全称。礼品可以委托制作方送达，也可由来宾面呈主办方。

3. 应当预备贺词

如果被主办方邀请发言，须提前预备一份书面贺词，内容应当简明扼要，主要是为了向主办道喜祝贺。

4. 应当准点到场

若无特殊原因，接到邀请后，务必准点抵达。若不能出席，则应尽早通知主办方，以便对方尽早准备。

## 第七节　赞助会礼仪

**【案例导入】**

成功的赞助案例——英菲尼迪赞助《爸爸去哪儿》："老爸，老爸，我们去哪里呀？"伴随着《爸爸去哪儿》这档节目的火热播出，这首歌曲也响彻大江南北，而与节目全程相伴的明星家庭唯一官方座驾——英菲尼迪也逐渐成为家喻户晓的豪车品牌。而与《爸爸去哪儿》节目深度合作的英菲尼迪也获得了各界的广泛好评，一系列市场推广活动也被誉为年度情感营销的标杆案例，实现了知名度的迅速提升并直接在终端市场上有所体现，数据显示，8—11月，节目中明星家庭座驾商务舱级豪华七座SUV英菲尼迪JX累计销量是前七个月销量总和的两倍，成为市场上最热销的豪华七座SUV之一，这个诞生于北美地区的豪车品牌终于在中国市场上迎来了大爆发。

**【案例讨论】**

你认为英菲尼迪赞助成功的原因是什么？

赞助通常是指组织为了扩大自己的知名度和美誉度，对其单位或个人无偿地给予捐赠或资助。赞助会礼仪是指在筹备、召开赞助会的整个环节中必须严守的有关礼仪规范。其主要内容包括明确赞助的类型、制定赞助的礼仪程序。

### 一、赞助的类型

根据赞助项目或赞助对象的不同，赞助的类型可以分为下列十大类：公益事业赞助、慈善事业赞助、教育事业赞助、科研活动赞助、专著出版赞助、医疗卫生赞助、文化活动赞助、展览画廊赞助、体育运动赞助、娱乐消闲赞助等。

根据赞助物品的不同，赞助的类型分为四类：现金赞助、实物赞助、义卖赞助和义工赞助。除此之外，还可以根据赞助单位或个人向受赞助者所提供的金额占对方所需的比例，将赞助的类型分为全额赞助或部分赞助，或者根据赞助单位或个人的具体数量的多少，将赞助的类型分为单方赞助与多方赞助。

明确赞助的类型，是做好赞助活动的前提。

### 二、赞助会的礼仪

赞助会通常应由受赞助者出面承办，而由赞助单位给予适当的支持。在赞助活动正式实施之际，往往需要正式举行一次聚会，将有关的事宜公告于社会。这种以赞助为主题的赞助会，在赞助活动尤其是大型的赞助中，大多必不可少。赞助会有时也被称为赞助仪式，它主要是为了向全社会公告赞助活动正式启动，是赞助活动中一项作用明显的环节。

**(一)场地的布置**

赞助会的举行地点，一般可选择受赞助者所在单位的会议厅，也可租用社会上的会议厅。会议厅要大小适宜，干净整洁。会议厅内，灯光亮度适宜。在主席台的正上方，悬挂一条大红横幅，在其上面，应以金色或黑色的楷书书写着“某某单位赞助某某项目大会”或者“某某赞助仪式”的字样。赞助会会场的布置不可过度豪华张扬，略加装饰即可。

**(二)人员的选择**

参加赞助会的人员既要有充分的代表性，又不必在数量上过多。除了赞助单位、受选购助者双方的主要负责人及员工代表之外，赞助会应当重点邀请政府代表、社区代表、群众代表以及新闻界人士参加。在邀请新闻界人士时，特别要注意邀请那些在全国或当地具有较大影响力的电视、报纸、广播等媒体人员与会。所有参与赞助会的各界人士，与会时都应身着正装，注意仪表，举止规范，与赞助活动庄严而神圣的风格相协调。

**(三)会议的议程**

赞助会的具体会议议程应该周密、紧凑，全部时间不应超过一小时。其议程是：

1. 宣布会议开始。赞助会的主持人，一般应由受赞助单位的负责人或公关人员担任。在宣布正式开会之前，主持人应恭请全体与会者各就各位，保持肃静，并且邀请贵宾到主席台上就座。

2. 奏国歌。全体与会者须一致起立。在奏国歌之后，还可奏本单位标志性歌曲。

3. 赞助单位正式实施赞助。赞助单位代表首先出场，口头上宣布其赞助的具体方式或具体数额。随后，受赞助单位的代表上场。双方热情握手。接着，由赞助单位代表正式将标有一定金额的巨型支票或实物清单双手捧交给受赞助单位代表。必要时礼仪小姐要为双方提供帮助。在以上过程中，全体与会者应热烈鼓掌。

4. 双方代表分别发言。首先由赞助单位代表发言，其发言内容，重在阐述赞助的目的与动机。与此同时，还可将本单位的简况略做介绍。然后由受赞助单位代表发言，集中表达对赞助单位的感谢。

5. 来宾代表发言。根据惯例可以邀请政府有关部门的负责人讲话。其讲话主要肯定赞助单位的义举，呼吁全社会积极倡导这种互助友爱的美德。该项议程，有时也可略去。至此赞助会结束。

会后，双方主要代表及会议的主要来宾，应合影留念。此后，宾主双方稍事晤谈，来宾即应告辞。

## ☞技能实训

### 实训任务一

**【案例描述】**

X市寰宇文化投资有限公司成立于2011年，下属X市寰宇会展服务有限公司、X市寰宇世纪不动产经纪有限公司两大子公司与七大职能中心，是以寰宇 SH-HOUSE 主营品牌为核心的文化会展创意产业集团。公司基于不动产展售服务链的复合地产营销模式，将地产相关行业有机统筹、有效链接，创立寰宇 SH-HOUSE 中国不动产博览服务中心，构建综合置业安居服务体系，实现资讯、推广、展示、销售、信用等平台化功能。寰宇的成立，为广大市民提供便利、齐备、客观、公正、省时、省力、省心、省钱、专业的全程置业服务，为开发机构创造、创新价值，改变中国地产行业规则，制定全新审视标准，引导成熟的未来地产价值格局，携手获得选择未来的主动权。寰宇在中国房地产业困难时期应运而生，通过创新整合的链式服务创造全新地产营销模式，实现与购房者、地产开发商以及金融行业、装修行业、媒体单位等关联行业的多赢格局，助力社会经济的良性运转。公司将私人置业顾问、量身置业计划、免费看房班车、团购优惠、二手房置换、按揭提速/抵押担保系列金融服务、免费装修设计方案等系统服务，通过场馆功能形成闭合循环模式，为开发商提供仓储式、全程化、联盟型的360°不动产展售服务链。

适逢寰宇成立两周年之际，公司决定举办隆重的庆典仪式。庆典日晚上还将在丽都大酒店举行盛大的酒会。同时，寰宇 SH-HOUSE 中国不动产博览服务中心还将于2013年6月18日举办隆重的开业剪彩仪式，场馆规划展馆面积约13000平方米(另设办公区域1800平方米)，首期投资超6000万元，前期推广投入约1500万元。活动期间，将邀请市领导、行业协会领导、知名房产开发商前来参加，并与有意向合作的房产开发商签订合作协议或达成合作意向。

**【实训要求】**

1. 模拟寰宇 SH-HOUSE 公司庆典仪式的情境；
2. 模拟寰宇 SH-HOUSE 中国不动产博览服务中心开业剪彩仪式。

**【实训操作】**

1. 请根据情境描述，分角色进行模拟；
2. 将全班学生分成若干小组，以小组为单位组织情境模拟；
3. 小组成员轮流担任不同角色。

**【实训提示】**

1. 庆典是各种庆祝仪式的统称，它有目的地利用企业内部的重大节日或纪念日、社会生活中的传统节日等时机，通过各种形式的庆祝活动来营造一种喜庆气氛，以亲和企业内部的人际关系，改善企业外部的社会舆论与关系环境。庆典活动前，应精心选择对象，发出邀请，确定来宾，邀请上级领导、社会名流、大众传媒、合作伙伴、同行业代表、消费者代表等参加。常见的庆典活动程序是：主持人宣布开始→介绍来宾→本公司负责人致词→领导或来宾致词→宣读贺电、贺信→剪彩→安排文艺演出→参观活动→酒会。

2. 开业仪式应采用现场仿真的实战模拟。要有红地毯、标语、气球、花篮、签到簿、本单位宣传材料等。鉴于开业仪式特点，不设主席台和坐椅。基本步骤：宣布仪式开始，介绍来宾→邀请专人揭幕或剪彩→在仪式主持人亲自引导下→全体到场者，依次进入幕门→主持人致辞答谢→来宾发言祝贺→主持人陪同参观，正式接待顾客。

## 实训任务二

【案例描述】

欧德商品城坐落在经济强市W市繁华商业街上。该商城总投资2亿元，总建筑面积20万平方米，拥有1000多间铺位，是一个集物流、小商品批发、生活娱乐、电子商务等各项功能为一体的大型批发市场，年交易额50亿元以上，现已成为M市的采购中心、物流中心、商贸中心。

为了进一步打响欧德商品城的品牌，商城邀请S策划公司进行策划设计。S策划公司为其设计了“热情、豪放、超越”的企业理念，并形成了系统的CI规划体系，充分体现了商品城领导的高瞻远瞩和策划大手笔。

2012年12月25日，欧德商品城在都市大酒店举办新闻发布会，向社会隆重推出CI识别系统。到会有市、局级主管商业的领导、社会知名人士、业主代表。在新闻发布会上，欧德商品城的毛总经理介绍了商城的情况及今后的经营规划，公关部经理黄丽小姐向与会人员宣读了CI宣言，并展示了部分CI设计，W市张副市长莅临到会祝贺，他对欧德商品城所取得的成就充分地予以肯定，S公司CI首席设计师苗俊对设计意图进行了说明。新闻发布会上，记者提问十分活跃，就商城领导人和前景发展进行了采访。本次新闻发布会，由欧德商品城行政部经理郭凡主持。

与会人员相信，随着商城CI的导入，欧德商品城将更具知名度，而且能为更多的业主带来“钱景”，达到“共赢”的目的。

【实训要求】

1. 模拟欧德商品城新闻发布会的情境；

2. 设计欧德商品城的毛总经理、公关部经理黄丽小姐、W市张副市长、S公司CI首席设计师苗俊等不同身份发言者的发言；

3. 设计记者提问，并作相应回答。

【实训操作】

1. 请根据情境描述，分角色进行模拟；

2. 将全班学生分成若干小组，以小组为单位组织情境模拟；

3. 小组成员轮流担任不同角色。

【实训提示】

1. 新闻发布会又称记者招待会，它是政府、企业、社会团体或个人把新闻机构的记者召集在一起，宣布某一消息，并就这一消息让记者提问，由专人回答问题的一种活动。新闻发布会是组织与公众沟通的例行方式，也是一种传播信息，以求新闻界客观报道的行之有效的手段。

2. 新闻发布会大致有发布某一消息、说明某一活动、解释某一事件等类型。

3. 新闻发布会十分强调礼仪规范，要搞好会议签到，严格遵守程序，注意互相配合，态度真诚主动。

4. 新闻发布会的程序是：宣布开始→发布新闻或消息→答记者问→宣布结束→提示会后安排。

## 实训任务三

**【案例描述】**

JD智能系统有限公司成立于2003年，是香港上市公司JR发展国际集团在香港的子公司，是全球无线安防和智能控制领域的佼佼者。JD公司全面负责中国、日本及东南亚地区产品的市场推广、技术支持和售后服务。公司创造性地把安全与健康的理念相结合，提供的产品广泛应用于世界各地不同的安防应用场合，无论是家庭、商业用户还是文博、医院、监狱等行业用户，JD公司都能提供高性能的安全和健康产品及独到的解决方案。基于对安防理念的深入理解和对高品质产品的不懈追求，JD公司每年都投入大量资金用于产品研发和技术更新，开发了许多独特的专利技术，保证JD在行业内始终处于世界领导者地位。经过几年的发展，JD公司已经建立一批专业化的人才队伍和成熟高效的经销服务网络。目前已在上海、北京、成都等地设立了多个办事处。

2013年1月是公司成立10周年纪念。为此，公司决定举办一系列纪念活动，一方面回顾总结10年来走过的历程，继承和发扬当年艰苦创业的优良传统和精神，另一方面是研究确定下一步企业发展战略，寻求新的发展机遇。

在公司举行庆典期间，还将举行“辉煌10周年大型展览”，展示公司的创业发展历程、取得的成就以及所获得的专利技术。

**【实训要求】**

1. 根据案例描述，模拟展览会的情境。

2. 设计JD智能系统有限公司展览会主持人主持展览会，讲解员讲解公司的发展历程、公司产品、取得的成就，接待员展现接待的礼仪。

**【实训操作】**

1. 请根据情境描述，分角色进行模拟；

2. 将全班学生分成若干小组，以小组为单位组织情境模拟，小组成员轮流担任不同角色；

3. 情境模拟要符合展览会的组织程序，要充分考虑会议礼仪的要求，符合礼仪规范。

**【实训提示】**

1. 展览会的主持人是整个展览会的操纵者，应该表现出决定性人物的权威性。在着装上要穿西服套装，系领带。主持人的形象就是组织实力的体现。

2. 讲解员着装要整洁，举止庄重，动作大方。讲解员应热情礼貌地称呼观众，讲解要流畅，声音要洪亮悦耳，语速要适中。解说完毕，应对观众表示谢意。

3. 接待员站着迎接参观者时站姿要大方而且有力。随时与参观者保持目光距离，目光要坚定，不可游移。

# 第七章　通讯与文书礼仪

## 第一节　电话手机礼仪

**【案例导入】**

办公室电话响了好长时间，小丁正在赶一份报告书，皱了一下眉头，显得很不耐烦，极不情愿地拿起电话，一边继续操作电脑一边用脖子夹着电话机，说："喂，找谁？"对方回答："请问朱元在吗？"小丁答到："什么事？"对方回答："昨天他给我发的合同草案有点问题，我要跟他商议一下。"小丁答到："哦，他不在，出去了。"对方回答："请问他什么时候能回来？"小丁冷冷地笑了一声："我怎么知道呢。""你能告诉我他的手机号吗？""对不起，手机号不方便留给你。"小丁说完便把电话挂了，埋头继续工作。

**【案例讨论】**

在接电话过程中，小丁有哪些做法不恰当？

通讯，是指人们利用一定的电讯设备来进行信息的传递，被传递的信息，既可以是文字、符号，也可以是表格、图像。在日常生活里，我们接触的通讯手段主要有电话、电报、电传、寻呼、传真、电子邮件等。通讯礼仪，通常即指在利用各种通讯手段时所应遵守的礼仪规范。以下将重点介绍当今应用最为普遍的电话、手机、传真机以及电子邮件的基本礼仪。

### 一、电话礼仪

电话已经成为现代人重要的、不可缺少的交际工具之一。现代礼仪要求在使用电话时树立个人形象，做到礼貌得体，即在打电话、接电话以及使用移动通讯工具时，自觉地做到知礼、守礼、待人以礼。

**（一）打电话的礼仪**

要使自己所打的电话既准确无误地传递信息，又能联络感情，有效沟通，就必须注意以下几点：

1. 时间适宜

打电话应尽量避开上午 7 点前、晚上 10 点以后及午休、吃饭等时间。通话的时间不宜过长，一般以 3 至 5 分钟为好。因为要考虑到其他电话的进出，不可过久地占线，尤其不可将公用电话作为聊天工具煲"电话粥"。假如通话时间较长，要事先征求一下对方意见，并在结束通话时略表歉意。如果在万不得已的情况下，在他人节假日、用餐、睡觉时打电话影响了他人，应该说明原因，并说一声“对不起”。给国外通话事先要了解一下时差，不要不明对方昼夜，造成骚扰。

2. 精心准备

通话前要做好充分的准备工作，如核对对方的电话号码、单位名称、人名；写出通话的要点或询问的事项，斟酌语言表达；准备好需要记录用的纸和笔，以及应答时必要的资料和文件，这样通话时有备而来，避免仓促应对、丢三落四。电话语言应该务实，简明扼要。

3. 注重礼节

电话礼节重点表现在接电话和道别环节，具体做到以下三点：

(1)主动问候。接通电话后，主动以“您好”为问候语，然后再说明事由，切忌一上来就以“喂”称呼对方，或者开口便说明事由。

(2)自报家门。问候完毕后，接下来须自报家门并证实一下对方的身份。尤其是第一次交流的对象，要先说自己是谁，报出自己的单位、部门名称。态度要温文尔雅。如果你找的人不在，可以请求接电话者帮助转告。如说：“对不起，麻烦您转告……”如果对方允诺，转告后勿忘向对方道谢，并问清对方的姓名。

(3)道别语。终止通话，预备放下话筒前，应说“再见”或道谢的话语，这提示对方将结束通话，是对对方的尊重。

除了以上三点外，打电话过程中还需注意以下细节：

(1)通话完毕听筒放置要轻。一般讲，应该是打电话者先搁下，接电话者后搁话筒。但假如是与上级、长辈、客户等通话，无论你是发话人还是受话人，最好是让对方先挂断。

(2)如果拨错电话号码，应向接听者表示歉意，不要一言不发。

(3)打电话时要注意举止文明，不要将电话筒夹在脖子下，或抱着电话随意走动，或边打边吃。

**(二)接电话的礼仪**

“如何接电话”，目前成为培训员工职业化的一项重要内容。接听电话的礼仪有以下几方面：

1. 及时接听、谦和应对

接电话首先应做到接听及时。所谓“铃响不过三”，即是指铃响2声后就拿起话筒，避免时间过久让打电话者产生不良情绪和印象。如果的确因工作繁忙等特殊原因，致使铃响了多声后才接电话，需要首先向发话人表示歉意，再了解相关内容。如果确实很忙不能马上接电话，可先接通电话，表示歉意，说：“对不起，请过10分钟再打过来，好吗?”不可接通电话就说“请稍等”，然后长时间不作回应。接电话时应该先自报家门，如单位名称、自己的姓名，然后确认对方。例如：“您好！这里是某某公司营销部。”自报家门是一个与人方便且节约时间、提高效率的交流。如果对方没有马上进入正题，可以主动询问：“请问您找哪位?”

2. 聚精会神、积极反馈

接听电话要聚精会神，仔细聆听对方的讲话，并准确、及时作答，给对方积极的反馈。如果没有听清楚或意思不够明白，应该谦虚询问清楚。接听时，应该适当有所表示，如“是”“对”、“好”、“请讲”、“不客气”、“我明白了”等，或用语气词“唔”“嗯”等，让对方感到你是在认真听。不要一声不响，使人误认为不在听或漫不经心。接电话过程中答非所问、边听边同周围的人谈话，都是不尊重对方的表现。如果有重要信息，要边听边记录下要点，并重复核实。因此，提倡接听电话左手拿话筒，方便右手记录。

3. 热情代转、做好记录

如果对方请你代转电话，应弄清楚对方是谁、找什么人，以便与接话人联系；如果要找的人就在附近，应告知对方“稍等片刻”，然后迅速联络。如果代接的电话需要转到别的部门，征询对方同意后，将来电转到有关部门。比如：“十分对不起，这件事是由财务部处理，如果您愿意，我帮您转过去好吗?”

如果对方要找的人不在，并请求转告，应问清楚对方姓名、电话、单位名称、事由，以便在接转电话时为受话人提供便利。在不了解对方的动机、目的是什么时，不要随便说出指定受话人的行踪和其他个人信息，比如手机号等。在做电话记录时，要注意记录完毕后向对方复述内容，核准信息，避免遗漏或记错。对要求留言的电话，除了认真倾听、完整记录外，还需注意保密、及时转交。可以利用设计好的电话记录卡片或记事贴记录。

有一个公司举行庆祝会，集体住宿于某宾馆。深夜，因为某项活动日程临时变动，前台服务小姐只得一个个房间打电话通知。第二天她惊奇地对他人说：“你知道吗？我给145个房间打电话，起码有50个房间的第一句话是‘你好，微软公司！’”这个事例说明了微软文化的力量，也显示了微软人的职业水准。

**(三)抱怨电话的接听**

1. 抱怨电话的应对技巧

(1)以客为尊，放下身价

在接到客户抱怨电话的时候，应该牢记以客户为尊，千万不要在言语上与客户产生争执。

(2)找出抱怨事由

为了有效地处理抱怨电话，从而让客户感到满意，首先必须清楚地了解客户产生抱怨的根源。有些客户在电话里发了一大堆牢骚，却始终无法讲清楚事情的缘由。这种情况下，应该客气地询问客户生气的真正原因，并承诺为客户提供帮助和解决问题。

(3)寻求解决之道

一般情况下，如果客户反映的问题在自己的职权范围内能够解决，那么就立刻为客户解决；如果在自身的职权范围内无法解决问题，则应该往上反映，直至问题得到妥善解决。

(4)请教同事或主管

当个人无法立刻为客户解决问题而让客户感到满意时，应集思广益，请教资历深的同事或上级主管。通过和同事们共同协商，努力向客户交出满意的答案。

(5)征询客户意见

在处理抱怨电话的过程中，应该诚恳地询问客户对问题处理的意见。

2. 抱怨电话处理的注意事项

在接到客户的抱怨电话的过程中，应平心静气、尽心尽力地替客户解决问题，尤其要注意以下具体事项：

(1)向客户赔不是

在抱怨电话处理过程中，很可能会遇到得理不饶人的客户，这时候应该尽量向客户赔不是，努力化解客户心中的不满情绪。最好的应对办法是以柔克刚，通过自己的不断努力消除客户的怒气，而绝不是一味地推卸责任。

(2)记录问题要点

在不断向客户赔不是的过程中，不要忘记时刻记录问题要点。将客户抱怨时所提到的重点问题迅速记录下来，以便在事后按照记录的要点逐一对问题进行妥善处理。恳请客户留下电话号码，以便日后联系。

(3)不要影响个人情绪

很多客户是因为对公司的产品或服务不满意，因而打电话到公司，希望通过这样的方式来发泄一下心中的怨气。因此，个人情绪不应该受到客户抱怨的影响，否则很可能将事情复杂化。

(4)提供同仁参考、勿重复犯错

接到一个抱怨电话之后，不要忘记将信息提供给所有的同事分享。因为不同的客户所遇到的问题可能是相同的，因而其他同事也可能遇到其他客户相同的抱怨。通过开会等形式，大家能够将问题点收集起来，整理成册，以便今后再遇到类似抱怨电话的处理过程中做到统一口径。

(5)勿遮掩过失及怨言

不要只顾维护自己的公司而掩盖过失。如果一直以公司的立场为出发点，将责任都推到客户身上，必将会招致客户更大的抱怨。

(6)不要规避责任急着把电话转接出去

不能规避责任。当遇到问题时，如果将电话转接给另一个同事，而同事又将电话转给其他人时，客户肯定会暴跳如雷，甚至可能采取更为激烈的方式，与公司永远断绝往来，那样公司就得不偿失了。因此，要尽量做到不转接抱怨电话。

(7)不要在电话中与客户产生争执

在抱怨电话中，客户难免是怨气大，怎样解释都无法让客户满意。这时候要设法转移自己的情绪，和气地让客户慢慢叙述问题，避免发生进一步的争执。

(8)汇报处理方式，让客户了解

既然向客户要了电话号码，那么千万不要忘记及时给客户回电话，让他了解问题解决的情况。如果不作处理，那么事后将激发客户情绪，质问问题为什么不能解决。因此，要注意及时向客户汇报处理方式。

## 二、手机礼仪

随着手机的日益普及，使用手机不合礼仪的情况越来越严重，手机礼仪也越来越受到关注。

**（一）接打手机礼仪**

为了个人及他人的利益，应该注意并遵循文明使用手机的一些礼仪规则。

1. 注意使用场合

使用手机不允许破坏公共秩序。在公共场合要求安静，将手机铃声转换至振动或静音状态，这也是一种文明的行为。每一个文明社会都有一套日常生活的准则，在公众场合无所顾忌地使用手机，反映了使用者的自私及对周边人士的冷漠。在楼梯、电梯、路口、人行道等人员众多的地方，也不要旁若无人地使用手机。

2. 注意公共安全

使用手机必须牢记"安全至上"，注意维护公共安全。如乘坐飞机、加油站附近应该关闭手机。在开启手机时，还应该注意周围有无禁止无线电发射的标志。不要在驾驶汽车、骑助动车或自行车的途中使用手机，不要在穿行马路时接听手机，以免发生车祸。

3. 注意通话方式

在人员较多的场合，切忌旁若无人地大声通话。正确的做法是应该侧身通话，或找个僻静的场所交谈。在大街或其他公共场合通话时，最好不要边走边谈。使用手机通话时，时间不宜过长，力求简明。

4. 文明携带

手机应该置放于合乎礼仪的位置，不要挂在脖子上，那样有招摇之嫌。手机通常应放在随身携带的包内，或西服上衣左侧口袋内。手机上不宜悬挂过多花哨的装饰物，这会破坏手机使用者的形象，给人以不成熟、过于随意的印象，尤其是男性手机不应该有其他的装饰物。

5. 正确选择铃声

铃声是给打电话的人听的，如果你需要经常用手机联系业务，最好不要用怪异或格调低下的铃声影响你和公司的形象。年轻人的铃声设定应健康活泼，彰显青春活力，但要避免粗俗和低级的铃声。

6. 尊重他人隐私

手机是个人隐私的重要组成部分，不要翻看他人手机中的任何信息，包括通讯录、短信、通话记录等；一般情况下，不要借用他人的手机打电话，万不得已需要借用他人手机打电话时，请不要走出机主的视线，并且尽量做到长话短说，用完要表示感谢。

**【案例分析】**

2000年奥运会中国运动健儿的出色表现征服了各国观众，但某些中国人的不文明习惯却给他国运动员、记者留下了不好的印象。有媒体报道，中国记者团几乎每个人都配备了移动电话，铃声是非常特别的音乐，在很嘈杂的场所也可以清楚分辨是不是自己的电话。但在射击馆里，当运动员紧张比赛的时候，这种声音就显得特别刺耳。组委会为了保证运动员发挥出最佳水平，在射击馆门前专门竖有明显标志：请勿吸烟，请关闭手机。也不知是中国的一些记者没看见还是根本不在乎，竟没有关机。其实，把手机铃声调到“振动”并不费事。王义夫比赛时，中国记者手机响了，招来周围人的嘘声和众多不满的目光。有外国人轻轻说：“这是中国人的手机!”在陶璐娜决赛射第七发子弹的关键时刻，中国记者的手机又一次响了……

请谈谈你对不和谐手机铃声的看法。

**(二)手机短信礼仪**

短信即简短信息，是通过手机等移动电话的方式向对方发送的符号性信息，目前已成为现代人通讯的重要方式。使用短信需要注意以下礼仪规则：

1. 注意称呼与署名

由于手机本身具有来电显示的功能，一般情况下，亲友之间、熟悉的客户之间发短信，机主都知晓，所以不写称呼或落款没多大关系。但是，如果给初次结识者或者对方不熟悉自己的人发短信，应该加上称呼和落款，使对方知晓是谁的信息，方便双方沟通，如“××老师：新年好！学生给您拜年了！您的学生××。”

2. 注意表述清楚，内容有针对性

短信息写作不太讲究结构、写法，但为了方便对方阅读，要认真编辑发送的内容，言简意赅地将内容表述清楚。回复短信要有针对性，简洁明了。一次，某教师发短信问某课代表能否下午两点来办公室拿作业本，该学生回短信说：“我在宿舍。”老师仍不明确学生能否来拿作业本。于是老师再发短信询问。该学生回说：“有空。”回答仍然比较含混。

3. 不传播无聊、不健康或政治敏感的短信

对于短信内容的选择和编辑，应该和通话文明一样重视。转发短信意味着你赞同或至少不否认短信的内容，它反映了你的品位和水准，所以不要编辑或转发不健康的短信。

## 第二节　传真与邮件礼仪

**【案例导入】**

FY公司新研发出一套人力资源培训软件，市场部业务员都忙着打开市场。小杨琢磨了一下，发现电子邮件具有便宜、便捷、速度快的特点，于是忙着给新老客户发E-mail，为了提高工作效率，小杨采用了群发的方式：“先生/女士，您好。我是FY公司的小杨，冒昧打扰，敬请谅解。我公司培训软件设计合理，种类齐全，如果有需求，请联系。”

忙了一整天，小杨刚想休息一会儿，又收到张总经理的一封邮件：“小杨：明天上午我有事，10点你去机场代我接客户蔡总；此外，你把A项目的总结报告给我看一下。署名：张总。”小杨有点疲倦，于是不假思索地回复了几个字：“知道了。”张总收到邮件很不高兴，心想：你知道啥了？

出于对小杨的不放心，张总于是给项目组的小戴也发送刚才邮件的内容。小戴收到邮件后，也立刻作出了回复：“尊敬的张总，来信获悉。明天9:30我会抵达机场

迎接蔡总，转达您的问候，并备好蔡总最喜欢的碧螺春，接到后我会给您发短信；A项目的总结报告我已备好，明天8：30我先到公司，放到您的办公桌上，再去机场。近期您出差较多，请注意休息，有事请随时吩咐。小戴。”张总露出了满意的笑容，自言自语道：“小戴办事牢靠，我放心。”

【案例讨论】

比较以上几封电子邮件内容，谈谈你的看法。

传真机是远程通讯的重要工具，因其方便快捷，在现代商务活动中使用越来越多，已部分取代邮递业务。传真件也是一种普遍认可的文书形式。电子邮件，即通常说的E-mail，是一种重要的通讯方式，因其快捷、费用低廉而深受人们喜爱，尤其在国际远程通讯和大量信息交流时具有明显优势。

## 一、使用传真机的礼仪

在利用传真对外通讯联络时，必须注意以下礼仪问题：

**（一）必须合法使用**

国家规定：任何单位或个人在使用自备的传真设备时，均须严格按照电信部门的有关要求，认真履行必要的使用手续，否则即为非法之举。具体而言，安装、使用传真设备前，须经电信部门许可，并办理相关的一切手续，不准私自安装、使用传真设备。安装、使用的传真设备，必须配有电信部门正式颁发的批文和进网许可证。如要安装、使用从国外直接带入的传真设备，必须前往国家所指定的部门进行登记和检测，然后才允许到电信部门办理使用手续。使用自备的传真设备期间，按照规定，每个月都必须到电信部门交纳相关费用。

**（二）必须规范使用**

使用传真设备通讯，操作上力求标准规范。

本人或本单位所用的传真机号码，应被正确无误地告知自己重要的交往对象。在商用名片上，传真号码必不可少。对于主要交往对象的传真号码，必须认真地记好，为了确保万无一失，在向对方发送传真前，先向对方通报。这样做既提醒了对方，又不至于发错传真。

传真机有自动和手动两种方式。手动方式需接听传真电话的人给传真开始的信号，传送者在听到嘀嘀的长音后再开始传真文档。自动方式不需对方人工操作，在拨通传真电话后，在几声正常电话回音后，就会自动出现嘀嘀的长音，这样就可以开始传真文档。

发送传真时，必须按规定操作，以提高清晰度为要旨。传真内容要简明扼要，节省费用。不必用传真机传送太长的文件，由于传真机印出的字迹不够清晰，要长久保存需要将传真件复印。如果接收人需要原件备案，诸如一些需要主管人员亲笔签字的合同等资料，则应在传真后将原件用商业信函的方式寄出。

单位所使用的传真设备，应当安排专人负责。无人在场而又有必要时，应使之自动处于接收状态。为了不影响工作，单位的传真机尽量不要同办公电话采用同一条线路。

**(三)必须依礼使用**

在发送传真时，需要必要的问候语与致谢语。出差在外使用公众传真设备时，除了要办好手续、防止泄密之外，对于工作人员需要以礼相待。

人们在使用传真设备时，最为看重的是它的时效性。因此在收到他人的传真后，应当及时告知对方。需要办理或转交、转送他人发来的传真要及时，避免耽误工作。

## 二、电子邮件礼仪

电子邮件，又称电子信函，具有安全保密、高效便利、不受篇幅限制、清晰度高和节省费用的优点，成为日常交往、商务联系的主要通讯方式。使用电子邮件对外进行联络时，应当遵守以下礼仪规范：

**(一)标题要提纲挈领、表意准确**

在主题栏里用简短的文字概括出整个邮件的内容，便于收件人权衡邮件的轻重缓急，分别处理。回复的信件要重新添加、更换邮件主题，可以写上来自某某公司的邮件，使对方一目了然又便于保留。

**(二)主题要明确**

一个电子邮件要有一个主题，并且往往需要在前注明。

**(三)语言要流畅**

尽量别写生僻字、异体字。引用数据、资料时，最好标明出处，以便收件人核对。

**(四)内容要简洁**

电子邮件的内容应当简明扼要。法律规定电子邮件可以作为法律证据，机密和敏感的话题不要使用电子邮件，例如产品报价等。

**(五)注意称谓和签名**

准确的称谓和规范的签名是电子邮件的基本礼仪，有的信件还要注明寄件者通讯地址和电话，以方便收信者进一步联系。

**(六)发送准确、严谨**

不要将正文栏空白只发送附件，除非是因为各种原因出错后重发的邮件，否则不仅不礼貌，还容易被收件人当作垃圾邮件处理。重要的电子邮件可以发送两次，发出后要电话确认。

**(七)接收邮件，如果自己是主送方，应当及时回应**

简短的回应如“已收悉，我会尽快安排，谢谢!”

# 第三节　常用文书礼仪

**【案例导入】**

日本奈良有一家旅馆，不但环境优美，服务也热情周到，很受旅客欢迎。但旅馆也有一件烦心的事：每逢春天，总有不少燕子光临此处，在旅馆的屋檐下营巢筑窝并随便排泄粪便，尤其是雏燕。粪便溅脏了房间的玻璃窗和走廊，虽经服务员经常擦洗，但前擦后拉，总有那么一点……

渐渐地，旅客有了意见。旅馆经理也为此苦恼。突然他想出一计，提笔写了一封信：

女士们、先生们：

我们是刚从南方赶到这儿过春天的小燕子，没有征得主人的同意，就在这儿安家，还要生儿育女。我们的小宝宝年幼无知，我们的习惯也不好，常常弄脏您的玻璃和走廊，致使您不愉快，我们很过意不去，请女士们、先生们多多见谅。

还有一事恳请女士们、先生们，请您千万不要埋怨服务员小姐，她们是经常打扫的，只是她们擦不胜擦，这完全是我们的过错，请您稍等一会儿，她们就来了。

您的朋友：小燕子

客人看了以小燕子的名义写的信，都被逗乐了，怨气也随之消散。每当客人回到自己房间，看见窗上点点燕子粪，不由想起“小燕子”那亲切、有趣的话。此后客人总带着美好的回忆，依依不舍地离开这座美丽的奈良旅馆。

公关活动中，企业与公众沟通的方式很多，奈良旅馆单运用“书信”这一方式就不仅消除了旅客的怨气，还收到了柳暗花明的效果。

**【案例讨论】**

请谈谈文书礼仪的重要性。

文书，从广义上来讲，是机关、团体、企事业单位以及个人在社会活动中按照一定的体式和要求形成的书面文字材料。文书礼仪是指在文书的写作中，在文字的表达、语气的运用、文体的掌握方面以及文字传输过程中，要注意体现礼仪的原则，遵守礼仪在文书中所具备的礼仪功能，符合相应的礼仪规范。掌握文书的礼仪要求，主要是格式及语言的运用要求，对于成功交际及商务合作具有重要意义。

常用的文书有书信类、致辞类和商务信函类三种：

## 一、书信类文书

书信，是人际交往中最古老的方式之一。书信以书面语言向特定对象传递信息和交流思想感情，使人们在不能见面的情况下，通过字里行间体现出的揖让进退，感受到“见字如面”的亲切感。书信礼仪即指书信写作中从格式到用词等方面所体现出的礼仪规范。

### （一）一般书信的格式与礼仪

一般书信由两大部分组成：信封、信文（信囊）。信文则包括：称谓、问候、正文、祝颂、署名、日期、附言等部分组成。

1. 信封的礼仪

信封的书写有横式和竖式两种。

标准的信封长220毫米，宽110毫米。横式信封上的文字主要由三个部分组成：收信人详细地址、邮政编码；收信人姓名；寄信人地址、邮编。除此之外，在信封上再写其他内容都是不合适的。尤其要注意勿在信封背后乱涂乱写，如“十万火急！！！”“内有照片，勿折！”“十分想念你”等。

收信人姓名后常附专用的启封词，如“收”“启”等。出于对信件传递者的尊重，收信人姓名后不能带有称呼，如“张德书 父亲收”。寄信人姓名后常用表示敬意的缄封词，如“缄”“谨缄”等。

2. 信文的礼仪

信文是书信的主体，一般由称谓、问候语、正文、祝颂语、署名、日期六部分组成。

称谓要顶格书写，称呼后加冒号。写给个人的一般要在姓名后加上相应的称呼，如“先生、女士”，或加职衔、学衔，如“黄总经理”“秦主任”“刘教授”等。为表示尊敬，可以在称谓前加敬语，如“尊敬的××”“敬爱的××”。

问候语应该在称谓下方另起一行，空两格，单独成段，如“您好！”“近好！”“非常想念”等。问候语后不能紧接着正文。正文内容要求段落清楚，表述层次分明，语言表达得体，内容简洁明了。

祝颂语要诚恳，表达良好愿望。祝颂语正确的格式有以下三种：一是紧连正文末尾写，如：“××××。此致敬礼！”二是祝词可以紧连正文末尾写，而颂词换行顶格写。如：

××××。此致
敬礼！

三是另起一行，空两格，将祝颂词分两段写，需注意颂词“敬礼”必须顶格书写：

□□此致
敬礼！

祝颂语不能千篇一律，应当根据写信人和收信人的关系，以及收信人的具体情况而定。一般可以用“此致敬礼”“祝工作顺利”“祝好”“即颂近安”“时绥”等。

用于平辈、朋友：顺致安好！即此颂好！祝进步！

用于长辈、尊者：恭颂、敬祝，福安、金安、大安、荣寿。

用于晚辈：顺祝、即问、即望。

用于夫妇、新婚：俪安、俪祉。

用于病人：痊安、愈安、健康、早愈。

还可以根据职业，如教师：教祺、教安；军人：戎安、勋祉；学生：学祺、进步；旅行者：一路顺风、旅居平安等。

针对四季、节日的：淳安、夏祺、秋祺、冬安、新禧、新年吉祥”等。

正文结束后要在信笺的右下方签署写信人的姓名和写信的日期，署名和日期写在祝颂语下一行末端处。署名、日期各占一行。

有时写完信，发现有遗漏或需补充的内容，则可以在日期下方空几行左侧另加“补遗”。具体是先加写“又及:”“附:”“另外:”“再启:”等提示语，再补上遗漏的内容。如果需要代替身边人向收信人表示问候，可以在日期下一行左侧写上“××附笔致意”或“××嘱代笔问候”。

3. 通信过程中须注意的其他礼仪

信件写好后，从考虑他人方便启阅的角度，常见的信笺折叠方法是：先将信笺文字朝外，有意将收信人姓名外露，叫“姓名外露法”，这样做可以使收信人产生亲切感；将信件三等分，先纵向折叠，再将其横向对折，并使两端一高一低，叫“以低示己法”；因公的通信可以采用先将信笺对折，随即在折线处再往里卷折 1~2 厘米，再将其横向对折，叫“公函折叠法”。

装信应该将信笺与信封封口处留有约 1 厘米的距离。这样收信人拆阅时信笺就不会被损伤而影响阅读。为保障通信秘密和恪守个人隐私，凡邮寄的信件封口必须一律封口并封牢；委托他人代交、代转的信函原则上不宜封闭，主要是出于对托带者的信任与尊重。通过邮局寄发信件，应该贴足足够的邮资，以免因邮资不足退函造成不便。

拆信时要注意保存信笺的完好无损，注意信封拆启的美观，不要把信拆的“犬牙交错”“遍体鳞伤”。收到他人的来信后，切勿乱扔、乱塞，对需要长期保存的书信，可整理装订成册，然后妥为收藏。收到信后，要及时启阅、及时回复。

**(二)专用书信的格式与礼仪**

专用书信是指应用在特定场合，有专门作用的书信。一般说，专门书信内容单一，具有公开性质。用于公关领域的专用书信主要有介绍信、证明信、感谢信、慰问信、祝贺信、邀请信等。

1. 介绍信

介绍信应用的范围较广泛。介绍信可分为两种：私人介绍信和单位正式介绍信。

私人介绍信是写信人向自己亲友介绍第三者的书信，语气比较亲切随意，对接洽事项和要求可以写得更加明白详尽。

正式介绍信是写信人因公将本单位同事介绍给接洽单位或个人。正式的介绍信可以是印刷好的，带有存根的；也可以是手写的，但都要求语言和格式严谨、规范。正式的介绍信内容主要包括：

(1)所联系的单位或个人称呼；简单介绍被介绍人姓名、身份、职务、人数；

(2)接洽要求和事项；

(3)对帮助预先表示感谢；

(4)介绍信的有效期。

**【范文】**

**介　绍　信**

××：(单位名称)

兹介绍××同志(壹人)身份证号____________________前来你处联系____________________事宜。请接洽为荷！

（有效期×天）

单位（公章）
××年×月×日

2. 证明信

证明信是组织为证明个人身份、履历、学历及其他事项的真实情况的专用书信。证明信写作时要慎重，对所证明的事实一定要准确无误，用语要明确、肯定；由于证明信不得涂改，所以写前需考虑好措辞。为便于日后查考，证明信应当留底稿并进行登记。

证明信的格式由文种（证明信，或证明），受信单位名称、正文、落款、盖印、日期构成，与介绍信相比，不需要有效期限，但是应该存根备查。

【范文】

## 证　明

××研究所：

贵所××同志××年至××年曾在我校学习，并且以优异成绩毕业。

特此证明！

单位（公章）
××年×月×日

3. 感谢信

感谢信是组织或个人在交往中受到他人郑重邀请、接待、慰问或馈赠等帮助后，为了表达感谢之心，以书信形式公开正式表达谢意的书信。

感谢信的礼仪要求：

（1）事件真实，用语适度，情感真挚，内容简洁；

（2）内容公开，致谢面宜宽不宜窄；

（3）尽量手写，强调及时和时效性，忌滞后表达。公开张贴必须征得对方同意。

感谢信的格式一般包括：标题、称谓、正文、敬语、落款。

【范文】

## 感 谢 信

为灾区积极筹款的水利系统各单位：

人们将永远铭记历史的这一个时刻：2010 年 4 月 14 日上午 7 时 49 分，一场灾难突降我省玉树州玉树县，7.1 级的强烈地震瞬间夺去了众多生命，举世为之震惊，万众为之落泪。

然而，地震无情、大爱无疆！在灾难发生后，我们水利人立即加入到抗震救灾的行列中，怀着百倍的信心和努力，迅速投入到救灾的各项工作中。应急机制迅速启用，专业救援力量全力以赴，爱心款物纷至沓来。值得称颂的是贵单位的领导及员工纷纷用自己最真挚的感情、最纯朴的爱心、最积极的行动，谱写了一曲曲众志成城、感人肺腑的动人乐章。这是对灾区人民的热忱关心和真诚关怀，充分体现了对我省各族人民的深厚情谊，并将极大地鼓舞灾区干部群众奋力抗震救灾、重建家园的信心和决心。

这种慷慨相助的义举，青海各族人民不会忘记！我们代表玉树的同胞们向你们表示最衷心的感谢和最深切的敬意！

温家宝总理指出："互相关心，互相帮助，团结一致，并肩作战，这是我们克服困难的希望所在。"我们坚信，在党中央国务院的坚强领导下，有全国人民万众一心、众志成城，迎难而上、百折不挠的抗灾精神，我们一定能够夺取抗震救灾斗争的全面胜利！

此致

敬礼

青海省水利厅

二〇一〇年四月十九日

（资料来源：http：//www. qhsl. gov. cn）

4. 慰问信

慰问信是以组织或个人的名义向对方表示慰问、问候、致意的书信。有的慰问信采用电讯的方式传达的，又叫慰问电。

慰问信的礼仪要求：

(1)要表现出亲切、真挚的情感，使对方获得慰藉、安慰的感觉，增强克服困难的勇气和继续前进的决心；

(2)语言简洁，用词诚恳真切，文字朴实精练。

慰问信的格式要求与感谢信基本一致，只是不需要敬语部分。

【范文】

## 慰 问 信

青海省文化和新闻出版厅：

惊悉2010年4月14日7时49分青海玉树县发生7.1级强烈地震，给灾区人民生命财产造成重大损失，在此，谨向你们并通过你们向灾区文化系统广大干部职工表示亲切慰问，对在地震中罹难的同胞表示最沉痛的哀悼。

地震发生后，党中央、国务院高度重视，胡锦涛总书记、温家宝总理第一时间作出重要指示，要求全力做好抗震救灾工作，千方百计救援受灾群众。解放军、武警官兵和各方面救援队伍赶往灾区，争分夺秒，全力抢救灾区人民的生命财产。

地震发生地青海省玉树藏族自治州是全国30个少数民族自治州中主体民族比例最高、海拔最高、人均占有面积最大、生态位置最重要的一个自治州，自治州首府结古是历史上唐蕃古道的重镇，历史厚重，民族文化丰蕴，文化遗存较多。希望灾区文化系统的广大干部职工当前要坚持救人第一的原则，加强对地震灾区的文化场所、文化遗址和重点文物等的监测和保护。严密注意震情通报，尤其要着手评估地震灾害对民族地区文化生态的影响，制定具有针对性的保护和防范措施，文化部将全力支持灾区文化系统的抗震救灾和恢复重建。

希望灾区文化系统的广大干部职工，坚决贯彻党中央、国务院和青海省委、省政府的紧急部署，把抗震救灾作为当前的首要任务，科学组织，积极投入抗震救灾工作，把地震灾害造成的损失减少到最低程度。我们坚信，在以胡锦涛同志为总书记的党中央的坚强领导下，在全国人民的大力支持下，灾区人民一定会战胜灾难，重建美好家园。

文化部

二〇一〇年四月十六日

（资料来源：http：//www. ccnt. gov. cn）

5. 祝贺信

祝贺信是对社会组织或个人喜庆事项，或有特殊成就、贡献的社会组织或个人表示庆祝而书写的信件。其性质与贺词相同，所不同的是表现形式：贺信是以书信形式书面表述，贺词则是口头表达。

贺信的礼仪要求：

(1)用词要充满热情、喜悦、鼓励、希望之意，使人感到温暖、愉悦、受到鼓舞；

(2)内容要真实，颂扬、赞美之词要恰如其分，不故意拔高，给人献媚之嫌；

(3)书写工整，文字简约，用红纸(或粉色)黑字书写，不能用白纸黑字。在允许的情况下，贺信可以公开张贴。

贺信格式一般包括：标题、称谓、正文、敬语、落款。

**【范文】**

## 贺　信

××大学、××大学校友总会：

正当春回大地，春意盎然，鲜花盛开之际，世界各地的清华学子又将迎来母校建校九十五周年校庆，我们上海的清华人也怀着对母校的深厚感情和激情来迎接母校的校庆。在此代表上海的三千多校友向母校表示衷心的祝贺，向母校的领导、辛勤耕耘的老师和同学们表示亲切的问候和深深的感谢！

我们为母校在过去的一年中，在教育和科研方面捷报频传，所取得的成绩和发展以及在创建世界一流大学的征程上又得到了为我们××人可喜而自豪的辉煌成就表示诚挚和衷心的祝贺！

我们上海的三千多××学子在上海的各条战线，各个行业的岗位上都按照母校的校训“自强不息，厚德载物”努力奋斗，不断发扬清华的精神，创造出了很好的成绩。

上海很多标致性的建筑和重大项目都有我们××人的杰出成绩。今后我们将更努力地为上海以及长三角区域的经济、金融等建设，为母校创建世界一流大学，为振兴中华民族，再作新的贡献！

祝母校的教育和科研事业更加繁荣昌盛！

××大学上海校友会

二〇〇六年四月十八日

（资料来源：http：//www. tsinghua. org. cn）

6. 邀请信

邀请信，又称邀请函、邀请书，是为了增进友谊，发展业务，邀请客人参加庆典、会议及各种活动时所使用的一种公关礼仪文书。邀请函实际上是一种比较复杂的请柬，它除了起请柬的作用外，还有向被邀请者交代有关需要做的事情的作用。

邀请信的写作礼仪要求表现在以下几个方面：

(1)邀请函要体现出对被邀请者的礼貌，表达尊重之意，一般在称谓前加敬称。

(2)邀请的事由必须交代清楚。如邀请的内容、时间、地点、邀请对象的姓名与头衔必须准确无误。

(3)规格较高的邀请一般采用印刷精美的请柬，也可用专门印制的邀请信，以示礼貌和庄重。具体文种选择可根据使用的场合和情况而定。

(4)时间上要有一定的提前量。邀请信的发出必须与邀请的活动举行时间之间有一定的提前量，以便被邀请者有一定的时间准备，但也不宜提前过早，一般以3~7天为宜。

邀请信的格式包括：标题、称谓、正文、敬语、落款。

**【范文】**

## 邀 请 函

亲爱的记者朋友：

您好！

时光荏苒，岁月如梭。伴随着新年的钟声，满怀着奋进的豪情，我们将迎来充满机遇和挑战的2012年。在这辞旧迎新的欢乐时刻，R公司衷心祝愿您在新的一年里事业如巨龙腾飞、身体健康、龙年大吉！

在即将过去的2011年，作为全球领先的虚拟数据中心和云数据中心应用交付及应用安全解决方案提供商，R始终站在网络技术创新的前沿，洞察市场发展的趋势，适时推出了虚拟应用交付基础架构(VADI)战略，在云计算呼声日益高涨、大批企业开始引“云”入室、化“云”为雨的建设进程中迅速占领了一席之地。

一路风雨一路情。我们深知：不断前进的背后是您关注的目光和有力的支持。为了表达我们由衷的谢意，R公司诚挚地邀请您参加定于2011年12月9日18:30举办的2011媒体答谢晚宴。夜幕降临，华灯初上，丰盛的晚餐和精美的礼品一定会让寒冷的冬夜增添更多欢笑和温暖！

我们期待您的光临！

R公司中国区市场部

二〇一一年十二月一日

（资料来源：http：//www. uuzhufu. com）

7. 致歉信

致歉信又称道歉信。因为工作失误，引起对方不快，需要通过致歉信消除不满、化解矛盾，以示赔礼道歉，消除误会，增进友谊和信任。有时为及时消除不利影响，致歉信往往以公开的方式发表。

致歉礼仪要求态度真诚。所以写作时，先对由于自己的失误给他人造成的不快或不利做出道歉，用语要真诚；然后对失误作出一定程度的分析；最后可以表示一下今后将作出的改进或获取公众的谅解。

致歉信在格式上一般也包括标题、称谓、正文、落款四部分。

**【范文】**

尊敬的各位领导：

您好！

现在我怀着沉重的心情，向贵公司的各位工作人员表达我深深的歉意，作为一名非重点院校的本科生，能够成功签约××，一直是我的骄傲，可以有机会加入××这个优秀的集体，也一直是我的愿望。现在我却因为家里的安排，不得不放弃这个来之不易的机会，我非常遗憾，也对于我给贵公司造成的不便和损失，感到万分的歉疚，也要郑重地说声“对不起”。

××作为中国的知名企业，在各方面都取得了令人瞩目的成就，为社会为国家也做出了巨大的回报，对于这样一个富有责任感的企业，我深深地佩服。从宣讲会一直到现在，××面试的场景历历在目，我非常感激××主管给予我机会，让我第一次来到了××这个美丽的城市，有机会亲眼见识到了××。二面时我不出彩的表现，让我一度以为会与××失之交臂。幸运女神眷顾我，让我通过了面试，最终有机会可以加入××。可是现在，我不得不说一句抱歉。因为我的原因，现在只能放弃这个美好的愿望。

××真的是一个很好的地方，我去过庐山，感受到了“匡卢奇秀甲天下”的壮丽。在××，我感动于××人的热心、淳朴。我在××接触到的每一位工作人员，都非常和蔼友善，这些都让我感到非常温暖。我希望以后还可以有机会来到××这个美好的城市。再次为我的违约行为向各位工作人员及领导表达我的歉意，衷心地祝愿各位在以后的生活中事事顺心，同时也祝愿××的明天更加灿烂辉煌！

致歉人：×××

年　月　日

## 二、致辞类文书

在公关活动中，经常会遇到许多迎来送往的场合，这些场合常常需要有关人员现场以致辞形式表示对宾客的尊敬和祝福。致辞类文书就是人们在这些场特定的场合发言时所依据的各类文稿的总称。

### (一)致辞文书的种类与特点

1. 致辞文书的种类

现代礼仪性致辞类文书主要有开幕词、闭幕词、欢迎词、欢送词、答谢词、祝贺词、凭吊词等。各类致辞除了均有一套相应的格式和规范要求外，根据不同场合、不同对象和不同目的，写法也不尽相同。

2. 致辞类文书的总体特征

(1)口语性

致辞类文书是致辞人当众口述，语言应晓畅通达，句式不宜太长，尽量减少修饰语；语言上讲究平仄、抑扬顿挫，使表达朗朗上口，听起来亲切自然；同时要求形象生动，有文采，力戒呆板枯燥。

(2)直接性

致辞人与听众面对面的交流，这就要求致辞者顾及听者的反应，根据听者的反应对讲话的内容和姿态作适当的调整。

(3)针对性

致辞如果针对性不强，就会使人听之乏味，以致分散注意力，甚至造成场面失控，这样达不到讲话的目的。因此文书写作时需要考虑到致辞的场合和对象，在此基础上确定主题和语言，做到“有的放矢”。

(4)情感性

致辞是说话者与听者之间直接的情感交流，不仅要观点明确，还要以情感人，致辞中适当的感情色彩可以收到良好的效果。这就要求出于真情实感，发自内心，同时尽量灵活运用多种表达方法来调动听众的情感，增强鼓动性和号召力。

### (二)开幕词、闭幕词、欢迎词、欢送词、答谢词、祝词、贺词

1. 开幕词

开幕词是大会开始时，由主要领导人向大会宣读的阐明会议宗旨、说明会议议题和议程、向与会人提出希望的讲话稿。

(1)开幕词的礼仪要求

①充分考虑致辞的场合和对象，力求以词语营造隆重、庄重的效果；

②致辞中注意仪态端庄，声音洪亮、清晰，以情感人，给人以鼓舞与信心。

(2)开幕词的格式一般分为四个部分：标题、开头、正文、结尾。

①标题：通常有三种写法：一是用“会议名称+开幕词”作标题；二是用“领导人姓名+会议名称+开幕词”为标题；三是以中心内容或会议主旨为正标题，以“领导人姓名+会议名称+开幕词”为副标题。致辞者的名字和致辞时间可放在标题下面。

②开头部分：宣告会议开幕，常用称呼开头，直接说明会议筹备情况，如出席人、会

议规模等。

③正文：一般先说明会议召开的背景和意义，然后说明会议的性质、目的和主要任务，以及会议的主要议程和要求等。

④结尾：结尾一般是提出要求和希望，提出会议的目标和主要影响，带有鼓动性、号召性和预祝性，旨在为大会的顺利进行创造良好气氛。通常在结尾由某领导人宣布“大会正式召开”等。

**【范文】**

### ××股份有限公司股东大会开幕词

（××年×月×日）

董事长：××

各位先生，各位女士，各位朋友：

值此本公司股东大会开幕之际，我谨代表××股份有限公司向来自全国各地的各位股东，表示最热烈的欢迎和最良好的问候！

今年是20世纪的最后一年，也是本公司快速成长的一年。正是由于各位股东的关心和全体员工的不懈努力，本公司克服了亚洲金融危机等因素带来的困境，五年来，本公司的业绩增长了40倍，股票价格上涨了800%。

在过去的几年中，本公司在技术积累和人力资源开发和储备等方面也取得了长足进步，为公司的下一步发展奠定了坚实基础。我相信，在各位股东的鼎力支持下和全体员工的不懈努力之下，本公司在不远的将来一定能实现跻身世界同行500强的目标，并为各位股东带来丰厚的回报。

这次股东大会，将解决两个问题：一是向各位股东汇报今年的工作情况；二是最近传闻本公司出现了财务问题，这是毫无根据的。本次股东大会，就是要向各位股东澄清这一点。

各位先生，各位女士，各位朋友：我们从事的IT产业属于高成长、高风险的行业，市场环境瞬息万变，技术创新投入巨大，本公司的发展将面临众多的困难和挑战，然而，机遇与风险并存。公司董事会有信心领导企业，迎接挑战，开拓前进，取得更好的业绩！

最后，预祝××股份有限公司股东大会圆满成功！

（资料来源：https：//zhidao. baidu. com）

2. 闭幕词

闭幕词是大会结束时由主要领导人向大会宣读的概括大会精神、总结大会成果、指出会后努力方向的讲话稿，具有总结性、评估性和号召性特点。

（1）闭幕词的礼仪要求

闭幕词的礼仪和开幕词的礼仪要求相同，表达时除了口语化和简明性特点外，要与开幕词前后呼应，首尾衔接，显示大会开得很成功、很圆满。

(2)闭幕词的格式

闭幕词的格式与开幕词也类似。

①标题：通常以“闭幕词”或以“领导人姓名+会议名称+闭幕词”为标题。

②开头：说明会议圆满地完成了既定的目标和任务，现在就要闭幕了。

③正文：一般包括两方面内容。一是概述会议的进行情况、恰当地评述会议的收获、意义和影响。重点阐述会议主要发言和讨论、决议等情况，这方面的内容要全面性概括，重点是概括会议主要精神和主要内容；二是提出宣传、贯彻执行的意见，包括宣传、贯彻的主要内容、方法、措施要求等。一般要分条列项地列出。

④结尾：一般以坚定的语气发出号召，提出希望，或以鼓舞人心的口号作为结尾。最后郑重地宣布本次会议闭幕。

**【范文】**

## 学校教职工代表大会闭幕词

各位代表、同志们：

大家好，第一次会议在全校教职员工的关心和支持下，经过大家的共同努力，我校第×届第×次教职工代表大会，圆满完成了预定的各项议程，即将顺利闭幕了。

这次会议的召开正值全国各族人民喜庆新中国成立60周年之际，也是我校发展的机遇和压力并存的关键时期，因此，大家都倍加关注，投入了极大的热情，认真、仔细地听取并审议通过了×××校长作的学校工作报告和×××副校长提案答复报告，×××副校长的教职工绩效工资考核方案、×××的学校财务工作报告。会议期间，全体教职员工按年级、行政后勤职员等六大组展开了热烈讨论，本着主人翁的态度，结合各年级组、学科组和学校发展的具体情况，对3个报告进行了广泛、深入的讨论。大家一致认为，×校长的学校工作报告比较全面、客观地回顾、总结了一年以来在全体教职员工辛勤努力之下而取得的各方面的成果。报告中的回顾与总结是实事求是的，既肯定了成绩总结了经验，又指出了我校目前存在的不足及面临的挑战，同时也理清了下年度的工作思路，对以后的工作重心有了比较明确的认识，为学校的进一步发展指明了方向。

在大会组织的讨论中，全体教职员工都认真履行教代会赋予的职责，正确行使自己的民主权利，解放思想，实事求是，紧紧围绕会议的中心议题，特别是×校长的学校工作报告和展开了讨论，大家集思广益，献计献策，畅所欲言，共商大计，不仅体现了大家的主人翁精神，而且充分体现了同志们致力于学校建设和发展的信心和决心。

可以说我们基本达到了预期的目标，即开成了一个统一思想、坚定信心的大会，一个民主和谐、团结奋进的大会，而且可以说是一个面向新世纪、加快改革和发展的动员会，尽管时间不长，但会议开得富有成效，大家在热烈、愉悦的探讨、争论中统一了思想，也提高了认识，更鼓足了干劲。这次大会必将对进一步深化教育改革、打响××学校教育品牌、提升学校号召力、增强学校的凝聚力、促进学校的建设与发展产生重大的作用。

在本次教代会上，大家也表达了加快学校发展、建设的共同心愿，并对学校今后的工作提出了许多好的意见和建议，这充分体现了我们高度的责任感，也体现了大家对学校工作的关心和支持。学校也认真对待每一件提案，逐项研究，提出解决办法。对于能够解决的立即着手解决，一时还不能解决的，也作了说明，做到件件有落实、事事有回音。

回顾过去，令人鼓舞；展望未来，任重而道远。我们面对的是挑战，但更多的是机遇，它给我们带来更为美好的希望。虽说希望与艰难并存，今后我们可能会遇到很多的困难，或是难以预料的挫折，但只要有我们这些"××人"，只要"我爱我校""校荣我荣"的"××"精神在发扬，我们必然会建成一个令世人瞩目的××学校。

现在我代表大会主席团宣布第×届第×次教职工代表大会胜利闭幕，真诚地祝大家身体健康，全家幸福！

（资料来源：http：//www. wydbw. com）

3. 欢迎词

欢迎词是机关、团体和企事业单位常用的一种重要公关礼仪文书。它是在迎接宾客的仪式、集会和宴会上对宾客的光临表示热诚欢迎时使用的一种礼仪文书。

(1)礼仪要求

①以礼待人，情挚意切。欢迎词要诚恳热情、情真意切，充分体现出对宾客的尊重之情和友好合作之意。即使在双方交往中存在分歧，在行文中也应力求巧妙圆润，含蓄婉转，既不要伤害对方的感情，又要得体地表达出自己的原则立场，从而使双方的交往与合作能够继续保持和发展。

②用语恳切、简练，切合实际。欢迎词以简明扼要的语言表达出对宾客的欢迎之意，使之感到热情友好，反对过多使用虚言浮词，令人反感。

③短小精悍。欢迎词是一种礼节性的外交或公关辞令，在篇幅上应短小精悍，切忌长篇大论，空洞乏味，冲淡了欢迎的和谐气氛。

(2)写作格式：

① 标题。一般应由"事由+致词人+文种"组成，例如《在欢迎日本松下集团考察团宴会上×××总经理的欢迎词》；也可以省略致词人，只以"事由+文种"为题，如《在××公司组建10周年庆典上的欢迎词》；还可以直接以"欢迎词"作为标题。

②称谓。称呼要礼貌得体。一般在称呼之前冠以"尊敬的""亲爱的"之类的修饰语，在称呼之后加上"先生""女士""夫人"之类。

③正文。一般由开头、主体和结尾三部分构成。开头通常应说明现场举行的是何种仪式，发言者代表什么人向哪些来宾表示欢迎。主体部分一般要阐述和回顾宾主双方所持的共同立场、观点、目标、原则等内容，较具体地介绍来宾的成就及在某方面做出的突出贡献，同时要指出来宾本次到访或光临对增进友谊及合作交流所具有的意义。结尾处再次向来宾表示欢迎，并表达对今后合作的良好祝愿。

④落款。欢迎词的落款要署上致词单位名称、致词者的身份、姓名，并署上成文

日期。

【范文】

## 欢　迎　词

尊敬的各位来宾，各位朋友：

大家下午好！

告别盛夏酷暑，我们迎来了金色收获的季节，也迎来了××市GH对外贸易发展有限公司的十周年庆典。此时此刻，我们欢聚一堂，共同回顾GH十年来所走过的历程，分享GH十年来所取得的成果，展望GH发展的美好前景，这是GH发展史上的盛事，也预示着GH即将站在新的起点进入新的发展阶段。在此，请允许我代表GH的全体员工，对前来参加庆典的各位来宾、各位朋友表示最热烈的欢迎！

十载风雨岁月，自强不息，是GH十年发展的真实写照。十年耕耘，十年收获。经过十年风雨的光华，终于见到了美丽的彩虹：办公条件的不断改善，人员素质的不断提高，业务领域的不断拓展，品牌效应的不断显现，社会声誉的不断提升。在此，我代表GH全体同仁，对十年来关心、支持我们发展的各位领导、社会各界的新老朋友表示最衷心的感谢！向为光华发展做出贡献的新老员工表示最真诚的感谢！

如果说，十年前的GH只是一只嗷嗷待哺的雏鹰；那么十年后的今天，GH已经成为能够自由飞翔的大鹰；同样，我们也有理由相信，再过十年，GH定将能够成为搏击长空的雄鹰。我们真诚地期待各位领导、各位来宾和同仁们继续关注我们的发展，并为我们的发展提出宝贵的意见和建议，使我们的各项工作能够再上新台阶。

经历风雨，我们书写阳光；走过岁月，我们铸就辉煌。十年，是一个阶段的总结，更是一个新的起点。我们将在各级领导和社会各界的关心、支持、帮助下，继续发扬诚实、守信、创新、奉献的精神，全面提高产品的质量，积极调整结构，加强管理，进一步增强经济实力，让产业发展再上新台阶。

最后，祝各位来宾、各位同仁身体健康、生活愉快、工作顺利！

致词人：×××

××年×月×日

4. 欢送词

欢送词是东道主在公共场合欢送友好团体回归或亲友出行时的致词。

(1)礼仪要求

①称呼要用尊称、注意宾客身份，致词要恰到好处，感情要真挚、诚恳而且要健康。

②措辞要慎重，勿信口开河，要尊重对方的风俗习惯，以免发生不该发生的误会。

③语言要精确、热情、友好、温和、礼貌。

④要言简意赅，篇幅不宜过长。欢送词也是一种礼节性的社交公关辞令，要短小精悍，才更宜于表达主人的尊重和礼貌。

(2)写作格式

①标题。一般有两种。单独以文种命名，如《欢送词》。由活动内容和文种名共同构成，如《在××研讨会结束典礼上的讲话》。

②称谓。称呼要求写在开头顶格处。称谓有专称和泛称两种：专称要写明宾客的姓名，前面加上职衔和表示尊敬、亲切的词语，如“尊敬的××市长”“亲爱的……阁下”“敬爱的……殿下”等；泛称有“女士们”“先生们”“朋友们”“同志们”等，如“尊敬的先生们、女士们”“亲爱的××、各位同仁”，用以表示对所有到场者的尊重。

③正文。正文是针对欢送的对象，将自己最想表达的欢送之情、欢送之意写出来。一般可由开头、主体和结尾三部分构成。开头通常说明此时在举行何种欢送仪式，发言人是以什么身份代表哪些人向宾客表示欢送的。主体部分要回顾和阐述双方在访问期间在哪些问题和项目上达成了一致的立场，取得了哪些突破性的进展，陈述本次合作交流给双方所带来的益处，阐述它深远的历史意义。对于私人欢送词还应注意表达双方在合作期间友谊加深以及分别之后的想念之情。结尾要再次向来宾表示真挚的欢送之情，并表达期待再次合作的心愿。

④落款。欢送词在落款处要署上致词的单位名称、致词者的身份、姓名，并署上成文日期。

**【范文】**

## 欢　送　词

尊敬的女士们、先生们：

首先，我代表×××，对你们访问的圆满成功表示热烈的祝贺！

两天来，我们本着平等互利的原则，经过认真协商，签订了《××协议》，为今后双方的合作和发展打下了良好的基础。明天，你们就要离开了，在即将分别的时刻，我们依依不舍。大家相处的时间是短暂的，但我们之间的友好情谊是长久的。我们之间的合作才刚刚开始。中国有句古语：“来日方长，后会有期。”希望我们今后加强合作，不断往来，欢迎各位女士、先生在方便的时候再来××做客，相信我们的友好合作会结出丰硕果实！

祝大家一路顺风，万事如意！

致词人：×××

××××年×月×日

（资料来源：http：//www.docin.com）

5. 答谢词

答谢词是在专门的仪式、宴会或招待会上宾客对主人的盛情接待表示感谢时所使用的一种礼仪文书。

(1)礼仪要求

①要感情饱满，富有感染力。撰写答谢词是对主人的热情接待表示谢意，因而必须做到情真意切，从而使宾主双方的友谊得到进一步升华。

②要恰切适度。答谢词要根据不同的场合表达相应的谢意，语言流畅，表达自然，切不可随意发挥。

③要简洁明了。答谢是一种礼节性的公关社交活动，讲话时间不宜太长，篇幅要简短，语言应力求精练。

(2)写作格式

①标题。可以直接用文种作为标题，如《答谢词》；也可以由“致词人+致词场合+文种”组成，例如《×××董事长在欢迎日本株式会社代表团的宴会上的答谢词》。

②称谓。与欢迎词相同。

③正文。由开头、主体和结尾构成，行文要完整、规范、有力。答谢词的开头一般是对主人的热情接待表示感谢。主体部分是对访问期间感受到的主人崇高的精神风范、出色的工作业绩等加以赞誉，或对宾主双方共同关心的一些问题表达出自己的态度和愿望。结尾表示衷心感谢和良好的祝愿，使仪式充满祥和友好的气氛。

④ 落款。在落款处要署上致词者的单位名称、致词者的身份及姓名，并署上成文日期。

**【范文】**

### 答 谢 词

尊敬的×××先生、尊敬的×××集团公司的朋友们：

首先，请允许我代表团全体成员对×××先生及×××集团公司对我们的盛情接待表示衷心的感谢。

我们一行五人代表××公司首次来贵地访问，此次来访时间虽短，但收获颇大。仅三天时间，我们对贵地的电子业有了比较全面的了解，与贵公司建立了友好的技术合作关系，并成功地洽谈了×××电子技术合作事宜。这一切，都得益于主人的真诚合作和大力支持。对此，我们表示衷心的感谢。

电子业是新兴的产业，蒸蒸日上，有着广阔的发展前景。贵公司拥有一支由网络专家组成的庞大队伍，技术力量相当雄厚，在网络工作站市场中一枝独秀。我们有幸与贵公司建立友好的技术合作关系，为我地电子业的发展提供了新的契机，必将推动我地的电子业迈上一个新台阶。

最后我代表××公司再次向×××集团公司表示感谢，并祝贵公司迅猛发展，再创奇迹。更希望彼此继续加强合作，共创明天。

致词人：×××

××年×月×日

（资料来源：http：//www.51test.net）

6. 祝词、贺词

贺词或祝词是指单位、团体或个人应邀参加某一重大会议或活动时表达对主人的祝贺、感谢之意而使用的一种礼仪文书。篇幅可长可短，风格多种多样，在不同的场合和节日要用不同的贺词，如乔迁贺词、升学贺词、企业贺词、新春贺词等。

(1)礼仪要求

①语言要求充满热情、喜悦、鼓励、希望、褒扬之意，以便使对方感到温暖和愉快，受到激励与鼓舞。

②感情真挚，切合身份，用语准确可靠。

③颂扬与祝贺要恰如其分，过分的赞美之词会使对方感到不安，使自己难免有谄媚之嫌。

(2)写作格式

①标题。祝词、贺词的标题一般由两种方式构成。一种是由“致词者+致词场合+文种”构成，如《周恩来总理在迎尼克松总统宴会上的讲话》。另一种是由“致词对象+致词内容”构成，如《贺紫荆山国庆集体婚礼》《在谢××先生和王××小姐婚礼上的祝词》。

②称呼。在开头顶格处，写明祝词或贺词对象的姓名。一般在姓名后面加上职务头衔，表示敬重，如“尊敬的史密斯博士”。

③正文。正文一般有三项内容构成。第一，要向受词方致意说明自己代表何人或何种组织向受词方表达祝福贺喜。第二，概要评价受词方已取得的成就。第三，展望未来美好前景，再次向受词方表示衷心的祝贺。

④落款。落款处应当署上致词单位名称或致词人姓名，最后还要署上成文日期。

**【范文】**

××市××大学管理学院：

在这秋风送爽丹桂飘香的季节，喜闻贵院第十二届秘书职业技能大赛于2013年9月27日隆重召开，谨此表示热烈的祝贺！

贵院的秘书专业是江苏省省级特色专业，在专业建设方面，不断更新人才培养的模式，进一步强化错位竞争的优势，以底蕴深厚的吴文化为背景，以人才市场需求为导向，以素质教育为主线，以职业能力培养为主体、英语和计算机教学为两翼，以特色教学模式及与之相配套的特色管理机制为保障，培养出具备特色知识、能力、素质的适应苏州地区人才市场需求的特色秘书人才，毕业生深受用人单位的欢迎。

贵院文秘专业举办秘书职业技能大赛，为学生提供了锻炼能力的平台，为毕业生走上工作岗位打下了坚实的基础。这些都是我校文秘专业在今后的发展道路上所要借鉴和学习的。

衷心地希望我们在教学方面加强沟通和交流，取长补短，紧密合作，共同为培养现代化应用型的秘书人才做出贡献！

最后，祝贵院第十二届秘书职业技能大赛圆满成功！

××市××职业技术学院文秘专业

二〇一二年九月二十六日

7. 凭吊词

凭吊词指在葬礼上发表的演讲。现在一般指在追悼会上发表的悼词或祭文，也包括在杰出人物的祭日发表的讲话。优秀的凭吊词，既能纪念逝者，又能激励生者。

(1)礼仪要求

①凭吊词要做到感情真挚，注意致词的语调与场合氛围的切合。

②凭吊词要注意情感哀婉，语调低沉，语速较慢，对逝者的评价遣词要注意分寸。

(2)写作格式

①标题。一般有三种写法，一是只写文种名“凭吊词”；二是写致词场合和文种名；三是写致词人、致词场合和文种名。姓名和日期可以写在标题下方，也可以写在文末。

②称谓。在正文前一行顶格写称谓，后加冒号。称谓一般要写主人、主办国或主办单位的领导人姓名、职务和尊称，而且一般还要用敬语，以突出被答谢的主人。一般不使用泛称以概括其余人。

③正文。致词人向逝者及亲人表问候、致哀；对逝者一生的主要事迹进行全面的评价，重点谈贡献和功绩；最后表达对逝者缅怀之意，激励生者化悲痛为力量，继续努力。

④落款。落款处应当署上致词单位名称，或致词人姓名，最后还要署上成文日期。

**【范文】**

### 沉痛悼念××同志凭吊词

各位来宾、各位亲朋好友：

青山垂首，江水呜咽。

今天，我们怀着十分沉痛的心情，在此举行告别仪式，深切悼念我们辛勤耕耘的好园丁——××中学退休教师××同志。在此，我谨代表××乡中心学校全体教职工，对××老师不幸逝世表示沉痛哀悼，并向其家属致以诚挚问候。

××同志生于1957年6月20日，从1978年11月开始从事教育工作，任民办教师10年，1988年转正为公办教师，从工作至今一直在××中学任教，并多年扎根于××中学，蜿蜒盘旋的古驿道留下了他青春的足迹。2012年8月××同志因病住院治疗，最终确诊为肺癌及小脑萎缩，他以顽强的毅力与病魔作斗争，并积极地配合治疗，但他的身体每况愈下。2014年退休离开教坛。这样一位执着于教育工作、和蔼可亲的前辈，一个备受师生邻里尊重的同志不幸于2015年12月28日永远离开了我们，享年57岁。

“呕心沥血育桃李，大爱无言济苍生。”××同志的一生是谦和的一生，也是伟大的一生。在人民教师这个神圣的岗位上，他勤勤恳恳，踏踏实实，任劳任怨，自强不息。“片片丹心为学子，一心一意育英才。”××老师凭一颗红心，两袖清风，立足三尺讲台，揽四季风云，情系教育，情系学生，用青春、热血、智慧、勤劳铸造了高尚的师魂，多少次，他拖着瘦弱的身躯行走在崎岖的古驿道上，多少次他大汗淋漓，却用自己阳光雨露般的关爱，滋润着莘莘学子。古驿道作证，块块条石留下他战斗的足迹；北盘江作证，滔滔江水流淌过多少欢声笑语。

“春蚕到死丝方尽，蜡炬成灰泪始干。”××同志的一生是平凡的一生，也是战斗的一生。身体的疾病没能让他屈服，命运的坎坷让他更加坚强。明知道自己身患重病，可他仍然坚守岗位，直到小脑萎缩，双腿不能正常行走，才听从家人及同事的劝告，入院接受治疗。当领导和同事到医院看望，不能清楚进行语言表达的他，却仍然表示牵挂着自己的学生，觉得耽误了孩子们。这位坚强的卫士，用30多年的春秋之笔，书写下桃李遍天下的辉煌。

“想见风范空有影，欲闻教诲杳无声。”××同志离开了我们，但他的音容笑貌将永远铭记在我们的心中；他那种爱岗敬业、无私奉献的精神，脚踏实地、一丝不苟的作风，严于律己、为人师表的风范，将永远铭记在我们心中；他那语重心长、不知疲倦的教诲依然浮现在弟子们的脑海里。××同志虽然走了，但更多的人已经接过他的重任，延续他的精神。

往事依稀，泪眼朦胧。想当年，国家栋梁耀杏坛；值此际，星沉月落尽哀音。××同志，一路走好！你的亲人永远思念你！你的朋友永远牵挂你！你的同事永远缅怀你！

××同志，安息吧！

××乡中心学校

2016年1月5日

☞**技能实训**

## 实训任务一

**【案例描述】**

### 案例一　电话接听

(顾客想跟服务专员叶盛谈话。此时浙江万国汽车的总机电话响起。)

总机人员：“您好，浙江万国，有什么需要我服务的?”

顾客：“我想跟叶盛先生讲话。”

总机人员：“请问我可以知道您的姓名吗?”

顾客：“我叫陈振民。”

总机人员：“谢谢您，陈先生，我立刻替您接客户服务部的服务助理。”

(电话接到服务部门。)

情况1：如果总机人员知道来电者的姓名，需将电话及时转接出去。

(总机拨通服务助理。)

服务助理：“您好，我是袁明亮。”

总机人员：“袁小姐，我是总机线上，有位陈先生要找叶盛先生。”

服务助理：“谢谢请你接过来……早啊，陈先生，我是服务部的袁明亮。”

顾客：“喂，我要找叶盛先生讲话。”

情况2：若总机未听清客户姓名时，必要时可以再问。

总机人员："对不起，我听不太清楚，可不可以请您再重复一次您的大名。"

顾客："我叫陈宇轩。"一旦来电者告知姓名、来电原因，总机应立即将电话转出去。

总机人员："谢谢您，陈先生，我立即替您接服务接待区的服务助理。"

## 案例二 电话咨询

(服务部的电话响起，总机人员才刚刚转过来一个顾客电话。记住勿让顾客做不必要的等待，否则他们会失去谈话的兴趣。)

服务助理："您好，我是服务部门的袁明亮，您有什么地方需要我服务的?"(请将您的全名说出，顾客是跟一个活生生的人而不是一个声音说话。)

顾客："早，我叫陈宇轩，想和叶盛先生讲话。"

服务助理："陈先生，请问您是有技术方面的问题呢，还是要跟叶盛先生预约？我负责安排叶盛先生的工作排程。"

情况 1：技术问题

顾客："我的刹车出了问题，所以我想当面跟叶盛先生谈。"

服务助理："事情很急吗？如果车子还能开，我可以给您转接我们维修部经理，或其他服务专员，因为叶盛先生正在路试其他客人的车子。"

(如果事情很紧急的话，立即将电话转给有空或有能力处理的人。请务必立即行动以免顾客产生焦虑或紧张。)

顾客："还好，不是很急，只是刹车有异音。"

服务助理："叶盛先生，大概十分钟内回来，麻烦您请给我您的电话号码，我会通知他立刻与您联络。"

顾客："我的电话是 0571-91518518，请他务必和我联络。"

服务助理："您的号码是 0571-91518518 吗？没问题，感谢您的来电，陈先生，再见。"

情况 2：不讲理的顾客

服务助理："您好，我是服务部门的袁明亮，您有什么地方需要我服务的?"

顾客："我叫陈宇轩，我要立刻跟叶盛先生讲话。"

服务助理："对不起，陈先生，叶盛先生现在正与另一位顾客谈话，恐怕暂时没办法接过去。"

顾客："什么？你们的态度很差劲，我会考虑去别家服务厂。"

服务助理："对不起，陈先生，事实上所有的顾客对我们来说都一样重要，而且顾客与我们的服务专员讲话时有权不受打扰。不过我可以向您保证，叶盛先生在讲完之后一定立刻回您的电话。"

## 案例三 电话预约

服务助理："您好，我是服务部门的袁明亮，请问您有什么地方需要我服务的?"

顾客："我叫陈宇轩，我的车子到该保养的时间，不知道明天回厂可以吗?"

服务助理："陈先生，我可不可以知道您的车型及里程数?"

顾客："嘉年华，行驶里程现在为30000公里。"

服务助理："您的车子需要大保养，您方不方便明天早上7:30或8:30左右回厂？"(在核对预约回厂记录资料的情况下给出时间。)

顾客："这两个时间对我都不好，我希望10点过来。"

服务助理："叶盛先生10点整正好已有一顾客安排。如果方便的话9:30或者10:15好吗？我们随时准备好等您来。"

顾客："那么10:15好了，你们预约的时间为什么要控制得这么精确呢？"

服务助理："我们时间约得越准，我们的服务专员就有越多的时间接待您的爱车。如果一切没有问题的话，我们就定在10:15，好吗？"

顾客："好，明天见。"

服务助理："非常感谢您，明天早上10:15见。"

## 案例四　电话回访

情况1：满意的顾客

(客户陈先生的电话响起。)

顾客："喂，我是陈宇轩。"

DCRC："您好，陈先生，我是浙江万国客户关系中心的王利英，您上个礼拜到我公司做过维修保养，我想请问您是否对我公司的服务感到满意？"

顾客："很感谢你打电话来问，我的确很满意。我是你们多年的老主顾了，叶盛先生一直都很关心我。"

DCRC："您跟他处得非常融洽，不知道您对我们改进顾客服务有没有什么好建议？"

顾客："事实上，我蛮满意的是交车时间与费用估价都很准，完工品质也很高。"

DCRC："我们很高兴听到您这么说，谢谢您宝贵的意见，并祝您用车愉快，再见陈先生。"

情况2：不满意的顾客

(客户白先生的电话响起。)

顾客："喂，我姓白。"

DCRC："您好，白先生，我是浙江万国DCRC的王利英，您上个礼拜到我公司做过维修保养，我想请问您是否对我公司的服务感到满意？"

顾客："我很不满意，上礼拜车子出了问题，刚到你们服务厂处理。"

DCRC："白先生，我们很认真地处理和对待任何与顾客满意有关的问题，这也正是我现在打电话来的原因。可否请您告诉我是什么问题？"

顾客："几乎找不到任何一件不会让我抱怨的事。交车不准时，又没有事先估价，更糟的是当我晚上去取车时，竟然没有人告诉我到底修了哪些地方。"

DCRC："您对维修工作满意吗？"

顾客："这是我唯一不抱怨的地方，但是其他没有一样不出问题。"

DCRC："非常感谢您的意见白先生。幸亏问题不是出在维修工作本身。我会将您的意见直接向服务专员叶盛先生及我们维修部周经理反映，他们之中有一位会很快与您联系。我向您保证，我们会尽全力解决您所抱怨的问题。”

顾客：“很高兴你们会这样处理。事实上，我还是喜欢到你们公司做保养维修服务的。”

DCRC：“白先生，很高兴您将意见反映给我。我保证我们很快会与您再次联系的。”

顾客：“希望你们能确实做到，再见，王小姐。”

DCRC：“再见，白先生。”

情况3：不满意的顾客

(客户冯先生电话响起。)

顾客：“喂，我姓冯。”

DCRC：“您好，冯先生，我是浙江万国DCRC的王利英，您上个礼拜到我公司做过维修保养，我想请教您是否对我公司的服务感到满意?”

顾客：“我非常不满意。”

DCRC：“冯先生，可不可以向您请教原因，顾客满意是我们一直追求的目标。”

顾客：“我简直不敢相信我的车子有不正常的异音，反映了许多次，上礼拜又回你们服务厂，但还是没有修好。”

DCRC：“冯先生，您上次来厂只有这个问题吗?”

顾客：“不，我上次来是做保养，但又提了一次这个问题。”

DCRC：“除了这个问题外，其他的事情是否让您满意呢？交车期及估价都正确无误吗?”

顾客：“是的，其他的事情都还算好，服务厂还免费帮我洗车，但是我提出的问题还是被忽视了。”

DCRC：“冯先生，我已经把您的意见都记录下来了，而且我会汇报给我们维修部周经理，我向您保证周经理会亲自处理这个问题。”

顾客：“我也希望这样。毕竟我已经付了一大笔钱买车，当然也希望得到优良品质的服务。”

DCRC：“感谢您抽空接听我的电话，冯先生，由于您的坦诚让我们有机会了解您的抱怨，再次谢谢您的意见，我们会很快与您联络，再见，冯先生。”

顾客：“也感谢您打电话来，请协助尽快解决我的问题，再见。”

(资料来源：http：//www. doc88. com)

**【实训要求】**

请分角色模拟以上情景，体会电话礼仪规范和不同电话的应对技巧。

**【实训操作】**

1. 将全班学生分成若干小组，以小组为单位组织情境模拟。

2. 小组成员轮流担任不同角色。

3. 各小组互相点评。

**【实训提示】**

1. 电话接听。在接听电话时你所代表的是公司而不是个人，所以不仅要言语文明、音调适中，更要让对方能感受到你的微笑。同时，也不要忘记每一个重要的电话都要做详细的电话记录，包括来电话的时间、来电话的公司及联系人、通话内容等，这样才能为将来开展业务奠定良好的基础。

2. 电话转接。如果对方要求转接电话，要重复一遍以确认要转接给公司里的哪一位："×××对吗？这就为您转接，请稍等。"如果有多名同姓员工，一定要用全名来确认。电话暂时一放，在告诉负责人是谁来的电话后再转接。即使负责人这时就在眼前，也不要用手捂着话筒直接递过去。回答电话里提的问题的时候，要让对方等一会儿，这个时候不需要挂电话，但最多可以让对方等一分钟左右。如果估计要等的时间较长，就要说"对不起，可能还需要一些时间，我待会儿再打给您。"然后确认对方的电话号码和姓名后暂时挂断电话。

3. 电话咨询。对服务请求电话，要按规范做好记录；对不能当场在电话里解决的问题，要给客户一个带确切时间的答复，不可能推诿，并在该时间内给客户一个处理方案。

4. 电话预约。电话预约的基本要领：(1)力求谈话简洁，抓住要点；(2)考虑到交谈对方的立场；(3)使对方感到有被尊重、重视的感觉；(4)没有强迫对方的意思。

5. 电话回访。如果是回访用户，预先估计本次回访要涉及的问卷时长，在通话前告知用户所需要的时长并询问对方此时是否方便接听电话，如果对方不方便长谈，就应该有礼貌地请对方先约定下次方便通话的时间。接听投诉电话要保持平和的心态，多听少说，尤其不可以推托责任，避免向客户表露情绪，避免和客户纠缠以往的不快，避免向客户陈述公司内部的运作细节，对由于自己的工作或产品质量问题给客户带来的不便及不满，应给予真诚的道歉；同时应认真做好记录，并按规定程序逐级反映。不随便承诺职责范围外的事情，即使客户在电话里再难对付。

## 实训任务二

**【案例描述】**

"我们电子邮件往来了一个上午。"玛丽亚·卡托尼(Maria Cutrone)说道。她是一位在巴尔的摩工作的网页设计师，现年30岁。当时，她正同一位同事合作一个项目，但两人无法见面商议。是否应该叫客户推迟期限以完成测试，或者他们应该把还未完全准备好的产品给客户？"发送了10封电子邮件后，我真的沮丧至极。我们离解决这个问题还远着呢。我得做些什么。"

对于卡托尼来说，"做些什么"就是把邮件抄送给他们的直属主管。"我真的觉得这样做是对的。我以为，他会了解正在发生什么，然后介入进来，做出我们无法做出的决定。结束争论。"

这样对吗？

错了。不幸的是，卡托尼的抄送行为是自己职业生涯的一步错招。她的同事大怒，而主管不仅能看到两位下属往来的邮件内容，还认为卡托尼的抄送行为是一种利己和不成熟的表现。不久之后，卡托尼离开了这家公司，她表示自己因此很尴尬，但也更为明智。

她以最好的意图所做出的决定，在同事和主管看来却是最坏的恶意。他们不认为卡托尼这样做有效率，而是具有破坏性；她并不友好，反而很小气。

据专家了解，这样的人不止卡托尼一个。在日常沟通中，电子邮件占据了大部分——

尤其是在商业领域。根据皮尤研究中心(Pew Research Center)的调查，大部分受雇的成年人(62%)在工作场所使用互联网或电子邮件。然而，社交暗示和礼仪却常常被忽视。

问题似乎在于，通过电子邮件沟通能够激起最坏的竞争行为或控制行为。“这是一种已有的非常怪异的动态。”切丽·克尔(Cherie Kerr)表示。她是EvecuProv的创立者，EvecuProv是一个高管指导研讨会系列，常常从即兴喜剧中汲取灵感。她还是《礼貌还是无礼：商务人士的电子邮件礼仪》(The Bliss or“Diss”Connection：Email Etiquette for the Business Professional)一书的作者。“人们会通过电子邮件做或说自己在当面不会说或做的事情。如果面对面交谈，他们绝对不会拉来上司介入；但是，电子邮件沟通无需看着对方的眼睛，这就让人有胆量以竞争或傲慢的方式行事。”

“电子邮件刚刚兴起之时，艾米莉·波斯特(Emily Post)还没出现。”玛莎·伊根(Marsha Egan)同意地说道。她著有《收件箱排毒及优秀电子邮件的习惯》(Inbox Detox and the Habit of Email Excellence)。波斯特是美国礼仪专家，以《社交规范蓝皮书》为所谓的“美国风范”建立起一套标准。“因此，人们得建立自己的规则。甲觉得完全没问题的行为，在乙看来可能会觉得无礼。也就是说，一切礼仪的基础都是尊重。”伊根表示，卡托尼决定将老板拉入自己与同事的分歧之中，这种行为就缺乏尊重。

伊根和克尔以卡托尼的失误及其他严重的电子邮件失礼行为为例，解释了为什么即便是最好的意图也会被误读，以及可能的话，有什么更好的解决方式。

……

卡托尼和伊根都认为，尊重是底线，也是黄金法则。停下来，设身处地地想想，如果你是收件方，收到自己这样的邮件会有什么反应？你会高兴吗？会受到鼓舞吗？或者会觉得受到了侮辱和委屈？

如果是后者，那么请反省自身。因为，尽管电子邮件能够保护我们远离可怕的面对面交流，但是它也有一定的设计缺陷，能让使用者变得傲慢、自私甚至邪恶。

一切尽在电邮中。

(资料来源：http：//b2b. toocle. com)

**【实训要求】**

1. 请以礼仪专家伊根和克尔的身份分析卡托尼的失误及其他严重的电子邮件失礼行为；

2. 结合以上案例，对照自己在电子邮件使用过程中是否存在不妥。

**【实训操作】**

1. 将全班学生分成若干小组，以小组为单位组织学习活动，每组选派一位负责人；

2. 每组选派一位代表总结发言。

**【实训提示】**

1. 当你同一位同事进行电子邮件交流时，对方悄悄地将邮件抄送给一位上司，致使冲突升级。伊根表示，这事关尊重：“她不够尊重自己的同事，没有提前告诉对方，自己要将老板拉入邮件对话中。”克尔对此深表赞同：“如果她‘向更高层汇报’的行为被同自己邮件沟通的人知道了，就会引起摩擦和不信任。”

2. 设置自动回复，如“感谢您的来信。我的电邮很多，但是我会认真阅读每一封邮件！如果方便，我会尽快回复”，克尔和伊根都认为这是一项禁忌。他们认为一直使用自动回复可能被视为无礼和傲慢的行为，即便是出于好意。设置自动回复的人也许认为，自己在很礼貌地提醒对方，可能回复会比较慢；但是它会给人一种居高临下的印象。“这是一种非常冷淡的交往方式。”克尔说道：“自动回复邮件应该只在自己外出度假或无法回复邮件的时候使用。”

3. 想要确保同事或客户已经收到并阅读了自己的邮件——打电话或发送电子邮件似乎是了解情况的合理方式，但伊根认为这类似于发送邮件并致电跟进。正确的礼仪应该是在发送邮件前致电说明。“让对方知道你要发送的邮件内容和时间。”这样对方不仅更可能做出回复，而且更可能第一时间阅读你的邮件。

## 实训任务三

**【案例描述】**

2010 年 5 月 18 日，黎明大学迎来百年华诞。为了充分展示该校 100 年发展的丰硕成果，继承和发扬学校的优良传统，进一步扩大社会影响，凝聚各方力量，促进建设发展，学校决定举办隆重而热烈的建校 100 周年庆祝活动。届时将邀请省部级有关领导出席本次庆典，邀请校友回校参观，邀请企业人员座谈。同时还要举行各种学术活动，聘请知名学者、行业专家为兼职教授、客座教授、访问学者等。

为此学校专门成立了校庆办公室，下设秘书组、新闻组、接待组、信息组、联络组，每组的组长都由学校的中层以上干部担任，筹委会给予他们充分的权力和空间，自主设置校庆项目及相关事宜，重大项目须由校庆筹备委员会讨论审核。秘书组主要负责校庆活动的筹划，制订议程，拟定邀请重要来宾的名单，并撰写相关文书，直接接受筹委会领导、协调、监督。

百年庆典上，学校党委李书记、司马校长对各位嘉宾的到来表示热烈的欢迎，对社会各界长期以来给予学校的关怀和帮助表示真诚的谢意，并展望了学校未来的发展和规划。兄弟院校纷纷发来贺词、贺电。有一位校友武诗雨此时正在美国访学，获知了母校即将举行建校百年庆典，不能亲临道贺，撰写了一封贺信，以表自己对母校的感激之情和赤子之心。

为了加大国际交流合作的力度，学校决定值此百年校庆之际，选派一批中青年骨干教师赴美国克莱姆森大学进修学校，校领导特此举办了隆重的送别宴会。

**【实训要求】**

1. 请代表秘书组针对不同的对象拟写数份邀请函和请柬；
2. 请以兄弟院校的名义拟写对黎明大学百年校庆的贺词、贺电；
3. 请以校友武诗雨的身份拟写一封对母校百年校庆的贺信；
4. 请以校领导的身份拟写对参加庆典嘉宾的欢迎词；
5. 请以校领导的身份拟写对赴美进修教师的欢送词。

**【实训操作】**

1. 将全班学生分成若干小组，以小组为单位组织礼仪文书撰写。
2. 根据情境描述和自己撰写的文书，分角色进行模拟。

3. 各小组互相点评，选出最佳文稿。

【实训提示】

1. 撰写邀请函时，在注意礼貌、典雅、恭敬的同时，有时还必须考虑邀请对方参与的工作或活动内容的性质，并与之相统一。撰写请柬，要注意用语的恰当，时间、地点具体，项目交代清晰，要做到简明、文雅、诚恳。

2. 贺信就是以“贺”表情，以“贺”达意，感情充沛，字短情长。贺信的正文，一般包括有对方取得的成绩和所取得成绩的重大意义等内容，同时表示热烈的祝贺和殷切的希望。因祝贺事项、对象不同，内容有差异。

3. 撰写欢迎词之前，做好充分的调查，获取关于背景、参加人员等各方面的信息，有针对性地表达欢迎之意。欢迎词的主体一般要阐述和回顾宾主双方在共同的领域所持的共同立场、观点、目标、原则等内容，较具体地介绍来宾在各方面的成就及在某些方面做出的突出贡献，同时要指出来宾本次到访或光临对增加宾主友谊及合作交流所具有的现实意义和历史意义。欢送词要加上一些勉励的话。

# 第八章　涉外商务与中外礼俗

作为一个涉外的商务人员，不仅要了解涉外商务礼仪的含义、原则、作用与要求，还要在国际商务活动中，运用好涉外商务活动的基本礼仪，培养自己具有与世界各地商务来往的能力。

当今世界，国家与国家、组织与组织之间经济、文化、科技及教育交往交流日益频繁，引起人们对跨国公共关系活动的高度重视。国际社会不同的国家、民族由于政治制度、法律法规、经济体制、文化传统、风俗习惯、礼俗禁忌的不同，在长期的国际往来中，逐步形成了惯例性的外事礼仪规范，又称为涉外礼仪。在商务活动中称之为“涉外商务礼仪”。

## 第一节　涉外交往礼仪

**【案例导入】**

有位从事外事接待的小姐曾接待过一位80岁高龄的美国老太太，她是来华旅游并参加短期汉语学习班的，见面时这位小姐对老太太说：“您这么大的年纪了，还不远万里，到外国旅游、学习，可真不容易啊！”可那位美国老太太一听，脸色即刻晴转多云，冷冷地应了一句：“噢，是吗？你认为老人出国旅游学习是奇怪的事情吗？”弄得中国姑娘十分尴尬。

**【案例讨论】**

美国老太太的脸色为什么会晴转多云？

涉外交往礼仪，是指在涉外交往中所应遵守的国际惯例与交际规则。为实现国际交际活动的有序进行，根据一些惯例与规则，结合世界各地的习俗，逐渐形成了涉外礼仪。

### 一、涉外交往礼仪的原则

涉外交往礼仪包括的内容非常广泛，涉及世界各地不同民族的习俗。涉外交往礼仪是涉外活动的一个重要方面，它除了要求人们遵循礼仪的一般原则，还要按照涉外礼仪的原则来调整行为规范。涉外交往礼仪中应遵循的基本原则有：

#### （一）维护形象，仪表得体

在国际交往之中，人们普遍对交往对象的个人形象倍加关注，并且都十分重视遵照规范的、得体的方式塑造、维护自己的个人形象。在涉外交往中，每个人都必须时时刻刻注意维护自身形象，要充分体现个人良好的修养和优秀品质，体现中华民族的优良传统和精神风貌，特别是要注意维护自己在正式场合留给初次见面的外国友人的第一印象。

**（二）不卑不亢，言行适度**

不卑不亢，就是对对方表现出一种节制与礼节，热情时不殷勤，冷淡时不失礼，愤怒时不失控，这在涉外交往中是尤其需要重视的一个基本原则。它要求每一个人在参与国际交往时，都必须意识到自己在外国人的眼里，是代表着自己的国家，代表着自己的民族，代表着自己的所在单位的。因此，其言行应当从容得体，堂堂正正。在外国人面前既不应该表现得畏惧自卑、低三下四，也不应该表现得自大狂傲、放肆嚣张，而是要堂堂正正、坦诚乐观、豁达开朗、从容不迫、落落大方、一视同仁。

**（三）入乡随俗，求同存异**

求同就是遵守国际惯例取得共识，存异就是了解具体交往对象的礼仪习俗与禁忌，并予以尊重。在国际交往中，针对礼仪的差异性，一般采用下列方法：其一，求同存异，规避麻烦；其二，“以我为主”，即在涉外交往中，基本采用本国礼仪；其三，“兼及他方”，即在涉外交往中基本采用本国礼仪的同时，适当地采用一些交往对象所在国现行的礼仪。会让客人有“宾至如归”的感觉。当我们为被接待方时，不应我行我素，在必要时应“客随主便”或“入乡随俗”，以免为主人增添麻烦。“十里不同俗，百里不同风”，入乡随俗也可以表达对交往对象的尊重之意。

**（四）谨慎承诺，信守约定**

所谓“信守约定”的原则，是指在一切正式的国际交往之中，都必须认真而严格地遵守自己的所有承诺。说话务必要算数，许诺一定要兑现，约会必须要如约而至。在一切有关时间方面的正式约定之中，尤其需要恪守不怠。在涉外交往中，要真正做到“信守约定”，尤须在下列三个方面身体力行，严格地要求自己：第一，在人际交往中，许诺必须谨慎。第二，对于自己已经作出的约定，务必要认真地加以遵守。第三，万一由于难以抗拒的因素，致使自己单方面失约，或是有约难行，需要尽早向有关各方进行通报，如实地解释，并且还要郑重其事向对方致以歉意，主动地按照规定和惯例负担因此而给对方造成的某些物质方面的损失。

**（五）热情有度，不必过谦**

“热情有度”，是涉外礼仪的基本原则之一。它要求人们在参与国际交往、直接同外国人打交道时，不仅待人要热情而友好，更为重要的是，要把握好待人热情友好的具体分寸。否则就会事与愿违，过犹不及。涉外交往中遵守好“热情有度”的原则，关键要做到“关心有度”“批评有度”“距离有度”“举止有度”，把握好这四个方面的具体的“度”。

中国人在待人接物时，讲究含蓄委婉，在对自己的所作所为进行评价时，主张自谦，不提倡过多的肯定。实际上，在涉外交往时，过于自谦并非好事，常常会引起他人的疑惑与不满，不利于涉外交际的顺利进行。“不必过谦”的原则的基本含义是：在国际交往中涉及自我评价时，虽然不应该自吹自擂、自我标榜、一味地抬高自己，但是也绝对没有必要妄自菲薄、自我贬低、自轻自贱，过度地对外国人谦虚、客套。

遵守“不必过谦”的原则，会使人感到自己为人诚实，充满自信，因为过分的自谦、客套，只能给人以虚伪、做作的感觉。在涉外交往时，当面对赞美、赴宴馈赠、做客拜访时，更要敢于、善于充分地从正面肯定自己。

**（六）沉着应对，不宜先为**

所谓“不宜先为”的原则，也被有些人称作“不为先”的原则。它的基本要求是，在涉外交往中，面对自己一时难以应付、举棋不定，或者不知道到底怎样做才好的情况时，如果有可能，最明智的做法，是尽量不要急于采取行动，尤其是不宜急于抢先、冒昧行事。“不宜先为”原则具有双重的含义。一方面，它要求人们在难以确定如何行动才好时，应当尽可能地避免采取任何行动，免得出丑露怯。另外一方面，它又要求人们在不知道到底怎么做才好，而又必须采取行动时，最好先是观察一些其他人的正确做法，然后加以模仿，或是同当时的绝大多数在场者在行动上保持一致。

**（七）言谈审慎，尊重隐私**

所谓隐私，是指一个人出于个人尊严和其他某些方面的考虑，因而不愿公开或不希望外人了解的个人秘密、私人事宜。在涉外交往中，人们普遍讲究尊重个人隐私，并且将尊重个人隐私与否，视为一个人在待人接物方面有没有教养，能不能尊重和体谅交际对象的重要标志之一。要避免与对方交谈时涉及个人隐私，首先要做到“个人隐私八不问”。其一，收入支出不问。其二，年龄大小不同。其三，恋爱婚姻不问。其四，身体健康不问。其五，家庭住址不问。其六，学历不问。其七，信仰政见不问。其八，所忙何事不问。

涉外交际时，不仅不要涉及在场人的个人隐私，对不在场人的个人隐私也应尊重。在背后议论别人的好坏、上级的能力、女人的胖瘦、路人的服饰等，都会被外国人视为窥探隐私，纯属无聊之举。

**（八）尊重妇女，女士优先**

所谓“女士优先”，是国际社会公认的一条重要的礼仪原则，它主要适用于成年的异性进行社交活动时。“女士优先”的含义是：在一切社交场合，每一名成年男子都有义务主动自觉地以自己的实际行动，去尊重妇女，照顾妇女，体谅妇女，关心妇女，保护妇女，并且还要想方设法、尽心竭力地去为妇女排忧解难。倘若因为男士的不慎，而使妇女陷于尴尬、困难的处境，便意味着男士的失职。

“女士优先”原则还要求，在尊重、照顾、体谅、关心、保护妇女方面，男士们对所有的妇女都应一视同仁。在欧美许多国家的社交场合和日常生活中，都奉行“女士优先”的原则。这一原则作为一种礼节，在正式场合更要加以重视。例如，出入大门、上下车辆与电梯，应让女士先行。如果与女士结伴参加活动，进门或出门，男士应协助女士收起或穿好大衣。

**（九）注重公德，爱护环境**

作为涉外礼仪的主要原则之一，“爱护环境”的主要含义是：在日常生活里，每一个人都有义务对人类所赖以生存的环境，自觉地加以爱惜和保护，爱护环境是作为人所应具备的基本的社会公德。与外国人打交道时，在“爱护环境”的具体问题上要好自为之，严于自律。具体而言，在涉外交往中特别需要在“爱护环境”方面特别注意下列细节问题：不可毁损自然环境；不可虐待动物；不可损坏公物；不可乱堆乱挂私人物品；不可乱扔乱丢废弃物品；不可随地吐痰；不可到处随意吸烟；不可任意制造噪声。

**（十）行止有序，以右为尊**

正式的国际交往中，大到政治磋商、商务往来、文化交流，小到私人接触、社交应酬，依照国际惯例，将多人进行并排排列时，最基本的规则是右高左低，即以右为上、以左为下，以右为尊、以左为卑，以右为大、以左为小。凡有必要确定并排排列时的具体位置的主次尊卑时，“以右为尊”都是普遍适用的。

## 二、涉外交往礼仪的要求与作用

涉外交往礼仪具有跨国性、共同性、民族性和应用性的特点，涉外关系人员除了遵循有关国际交往惯例的基本原则，同时必须讲究一定的规范与要求，才能以良好的礼仪形象扩大社会组织的美好声誉，推动涉外关系活动的顺利开展。

### (一)涉外交往礼仪的基本要求

1. 民族性与国际性的统一

涉外活动是双方进行的交流活动，交流双方必然存在风俗习惯、个人爱好的差异。在涉外交往中既要遵守国际惯例，遵守国际交往准则，又要入乡随俗，客随主便，尊重外国的风俗习惯与文化传统，遵循民族性与国际性的协调统一。

2. 原则规范与实践运用的统一

涉外礼仪要遵循互相尊重、维护形象、不卑不亢、一视同仁的原则规范。这些原则规范对礼仪活动具有很强的实践指导作用，但面对各种各样的国际交流活动，具体的实践运用要求具有变通性及灵活性，使涉外礼仪达到原则规范与实践运用的统一。

3. 尊重对方和捍卫自尊统一

涉外交往中，既要尊重对方，又要捍卫自尊。一方面，不论对方的国家、民族大小，企业实力强弱，或是风俗习惯、宗教、法律是否和我们不同，都不能歧视对方，要做到在人格上平等相待。另一方面，只有自尊才能得到对方对你个人、对你所在组织甚至对你的国家的尊重，才能谈得上真诚合作、平等合作。

### (二)涉外交往礼仪的作用

全面考察涉外交往礼仪的作用，就会发现涉外交往礼仪不仅仅是涉外交往活动中所运用的工具，还具有以下几种作用：

1. 维护双方尊严

涉外交往礼仪既体现本国、本民族的尊严，也体现外国和外民族的尊严。维护尊严是双方相互尊重的前提，不自尊或对他人不敬都有违涉外交往的礼仪规范。在国际交往中，除了维护本国和本民族的尊严、塑造本国形象外，同样要尊重对方的国家尊严。既要尊重该国公民的尊严，还要尊重对方的国旗、国歌、国徽等，同时要尊重对方的风俗习惯及对方的国格、人格。

2. 促进文化交流

涉外礼仪对整个历史文化的发展做出了巨大的贡献。因为涉外交往礼仪是对人类交往活动的总结，是整个民族在生生不息的历史长河中的文化积淀。通过交往，可以促进文化交流、互通有无，达到整个民族文化的整合。

3. 增进经济发展

在各国之间展开的经济实力的较量中，涉外礼仪承担着重要的使命。通过涉外活动，进行商务往来，可以加强技术合作，促进经济发展，寻求国际互助，最终可以增强经济实力。

## 第二节　涉外接待礼仪

**【案例导入】**

1995 年 3 月在丹麦哥本哈根召开联合国社会发展世界首脑会议，出席会议的有近百位国家元首和政府首脑。3 月 11 日，与会的各国元首与政府首脑合影。依照常规，应该按礼宾次序名单安排好每位元首、政府首脑所站的位置。首先，这个名单怎么排，究竟根据什么原则排列？哪位元首、政府首脑排在最前？哪位元首、政府首脑排在最后？这项工作实际上很难做。丹麦和联合国的礼宾官员只好把丹麦首脑(东道国主人)、联合国秘书长、法国总统以及中国、德国总理等安排在第一排，而对其他国家领导人，就任其自便了。好事者事后向联合国礼宾官员“请教”，答道：“这是丹麦礼宾官员安排的。”向丹麦礼宾官员核对，回答说：“根据丹麦、联合国双方协议，该项活动由联合国礼宾官员负责。”

(资料来源：马保奉《外交礼仪浅谈》，中国铁道出版社 1996 年)

**【案例讨论】**

上述案例礼宾次序安排的根据是什么？礼宾次序的安排需要考虑哪些因素？

涉外接待的基本礼仪包括迎送、会见与会谈礼仪，交际中必须重视交际对象的特殊性，应掌握如下交往礼仪。

### 一、涉外迎送礼仪

迎来送往是国际交往中的一种社交礼节，是涉外礼仪中首尾两个关键环节。精心安排的欢迎仪式，能为客人留下良好的印象，从而对本次活动充满信心；而周到完美的欢送仪式，能为客人留下一个美好的结局，使对方难以忘怀。迎送仪式应对不同身份外宾表示相应的尊重，对加深双方的友谊与合作，都发挥着重要的作用。在国际交往中，对外国来访的客人，通常均视其身份和访问性质，以及两国关系等因素，安排相应的迎送活动。

#### (一)迎送的安排

迎送活动的安排主要有两种不同的档次：一是举行隆重的欢迎仪式，这主要适用于对外国国家元首、政府首脑、军方高级领导人的访问，以示对他们访问的欢迎与重视；二是一般迎送，适用于一般来访者。无论是官方人士、专业代表团的来访，还是长期在我国的外交使节、常驻我国的外国人士、专家学者等，当他们到任或是离任时，都可以安排相应的人员前往迎送，以示尊重与友谊。

#### (二)确定迎送规格

对来宾的迎送规格各国做法不尽一致。确定迎送规格，主要依据来访者的身份和访问目的，适当考虑两国关系，同时要注意国际惯例，综合平衡。主要迎送人通常都要同来宾的身份相当，但由于各种原因(例如国家体制不同，当事人年高不便出面，临时身体不适或不在当地)，不可能完全对等。遇此情况，可灵活变通，由职位相当的人士，或由副职出面。总之，主人身份总要与客人相差不大，以同客人对口、对等为宜。当事人不能出面时，无论作何种处理，都应从礼貌出发，向对方作出解释。其他迎送人员不宜过多。也有从发展两国关系或当前政治需要出发，破格接待，安排较大的迎送场面的情况。然而，为避免造成厚此薄彼的印象，非有特殊需要，一般都按常规办理。

迎送规格通常分为以下三种情况：

隆重迎送，一般适用于外国国家元首、政府首脑或重要的官方代表团来访。讲究规范性和严肃性，并遵从一般的国际惯例。

一般迎送，适用于一般人员或代表团。对一般迎送不能随便应付、马虎从事，而应该本着热情真诚的态度。

私人性质的迎送，迎送安排可视彼此的关系适当调整，但不意味着可以不讲礼貌，随随便便。

**（三）掌握抵达和离开的时间**

迎送人员必须准确掌握来宾乘坐飞机（火车、船舶）的抵离时间，及早通知全体迎送人员和有关单位。如有变化，应及时通知。由于天气变化等意外原因，飞机、火车、船舶都可能不准时。一般大城市，机场离市区较远，因此，既要顺利地接送客人，又不过多耽误迎送人员的时间，就要准确掌握抵离时间。

迎接人员应在飞机（火车、船舶）抵达之前到达机场（车站、码头）。送行则应在客人登机之前抵达（离去时如有欢送仪式，则应在仪式开始之前到达）。如客人乘坐班机离开，应通知其按航空公司规定时间抵达机场办理有关手续（身份高的客人，可由接待人员提前前往代办手续）。

**（四）献花**

如果安排献花，须用鲜花，并注意保持花束整洁、鲜艳，忌用菊花、杜鹃花、石竹花、黄色花朵。有的国家习惯送花环，或者送一二枝名贵的兰花、玫瑰花等。通常由儿童或女青年在参加迎送的主要领导人与客人握手之后，将花献上。有的国家由女主人向女宾献花。

**（五）介绍**

客人与迎接人员见面时，互相介绍。通常先将前来欢迎的人员介绍给来宾，可由礼宾交际工作人员或其他接待人员介绍，也可以由欢迎人员中身份最高者介绍。客人初到，一般较拘谨，主人宜主动与客人寒暄。

**（六）陪车**

客人抵达后，从机场到住地，以及访问结束，由住地到机场，有的安排主人陪同乘车，也有不陪同乘车的。如果主人陪车，应请客人坐在主人的右侧。如是三排座的轿车，译员坐在主人前面的加座上；如是二排座，译员坐在司机旁边。上车时，最好客人从右侧门上车，主人从左侧门上车，避免从客人座前穿过。遇客人先上车，坐到了主人的位置上，则不必请客人挪动位置。

**（七）迎送工作中的注意事项**

迎送中一些具体事项需要引起注意，它主要包括：

1. 迎送身份高的客人，事先在机场（车站、码头）安排贵宾休息室，准备饮料。

2. 安排汽车，预订住房。如有条件，在客人到达之前将住房和乘车号码通知客人。如果做不到，可印好住房、乘车表，或打好卡片，在客人刚到达时，及时发到每个人手中，或通过对方的联络秘书转达。这既可避免混乱，又可使客人心中有数，主动配合。

3. 指派专人协助办理入出境手续及机票(车、船票)和行李提取或托运手续等事宜。重要代表团，人数众多，行李也多，应将主要客人的行李先取出(最好请对方派人配合，及时送往住地，以便更衣。)

4. 客人抵达住处后，一般不要马上安排活动，应稍作休息，起码给对方留下更衣时间。

5. 在迎接外宾的整个过程中，迎候人员应始终面带微笑，以表示欢迎之意，不要故作矜持，一语不发。

6. 送别外宾亦应考虑周全，大体上要依照迎候的规格来确定送别的规格，主要迎候人应参加送别活动，送行人员可前往外宾住宿处，陪同外宾一同前往机场、码头或车站，亦可直接前往机场、码头或车站恭候外宾，必要时可在贵宾室与外宾稍叙友谊，或举行专门的欢送仪式。在外宾临上飞机、轮船或火车之前，送行人员应按一定顺序同外宾一一握手话别。飞机起飞或轮船、火车开动之后，送行人员应向外宾挥手致意。直至飞机、轮船或火车在视野里消失，送行人员方可离去。外宾一登上飞机、轮船或火车，送行人员就离去，也是不应当的。尽管只是几分钟的小事情，却很可能因小失大。

## 二、涉外会见与会谈礼仪

会见，国际上一般称接见或拜会，是国际公共关系的重要方式。凡身份高的人士会见身份低的，或是主人会见客人，称为接见或召见；凡身份低的人士会见身份高的，或是客人会见主人，称为拜会或拜见。中国统称为会见。接见和拜会后的回访，称回拜。

会见就其内容来说，有礼节性的、政治性的和事务性的，或兼而有之。礼节性的会见时间较短，话题较为广泛。政治性会见一般涉及双边关系、国际局势等重大问题。事务性会见则有一般外交交涉、业务商谈等。一般说来，礼节性拜会，即身份低者拜见身份高者，来访者拜见东道主，拜会的时间不要太长，半小时左右即可告辞，除非主人特意挽留。

会谈是指双方或多方就某些重大的政治、经济、文化、军事问题，以及其他共同关心的问题交换意见。涉外商务会谈，通俗的讲法，是指商务谈判，具体指交易的双方，就具体业务通过商量，彼此就自己享受的权利和承担的义务进行切磋，最终达成一个双方都能够接受的双赢的方案。会见多是礼节性的，会谈多为解决实质性问题，内容较为正式，政策性或专业性较强。

会谈的形式多样，常见的有领导之间的单独会谈，有个别领导与助手和来访者进行不公开发表内容的秘密会谈，就相关重要而复杂的问题，有关人员进行预备性问题等而举行的正式会谈，也可称为谈判。

### (一)会见与会谈程序

在涉外活动中，无论是正式访问、谈判，还是礼节性拜访，都要安排会见和会谈。会见与会谈作为涉外活动的一个重要环节，对于双边关系发展、双方的交流都起着重要的作用。

1. 时间

东道主和来访者都可以提出会见与会谈的时间。会见与会谈要在双方协商确定都认为合适的时间进行，无故拖延或置之不理是不妥和没有礼貌的。会见的时间一般安排在来访者抵达的第二天或举行欢迎宴会之前。会见的时间一般以半小时为宜。

2. 地点

高层领导的会见与会谈通常安排在重要建筑物的宽敞的会客厅内进行，一般会见与会谈的地点多安排在客人住地的会客厅、会议室或办公室，也可在国宾馆等正式的会客场所。

3. 人物

作为来访者，应提出会见要求，应将要求会见人的姓名、职务以及会见什么人、会见的目的告知对方。接见一方应尽早给予回复，约妥时间。作为接见一方的安排者，还应主动将会见(会谈)时间、地点，主方出席人，具体安排及有关注意事项通知对方。

会见来访者，一般情况下应遵循“对等”的原则，但有时由于业务的需要，上级领导或下级人士也可会见来访者。参加的人员不宜过多。

会谈的人员应慎重选择，会谈专业性强，一方面要求有专业特长，另一方面还要考虑专业互补和群体智慧。会谈人员既要懂得政策法律，又要能言善辩，善于交际，应变能力强，并确定主谈人和首席代表。

**(二)会见与会谈座次安排**

1. 会见座次安排

会见时座位的安排必须依据参加会见人数的多少、房间的大小与形状、房门的位置等情况来确定。座位安排宾主各坐一边，也有穿插坐在一起的，通常的安排是将主宾席、主人席安排在面对正门位置，客人坐在主人右边。其他客人按礼宾顺序在主人、主宾两侧就座。翻译和记录安排坐在主人和主宾的后面。座位不够时可在后排加座。

2. 会谈座次安排

涉外双边会谈常用长方形、椭圆形或圆形桌子，宾主相对而坐，以正门为准，主人坐背门一侧，客人面向正门，主谈人居中。我国习惯把译员安排在主谈人右侧，但有的国家也让译员坐在后面，如会谈人数较少，也可安排在会谈桌就座。

如会谈长桌一端正对门，则以入门的方向为准，右为客方，左为主方。多边会谈，座位可摆成圆形、方形等。小范围会谈，有时只设沙发，座次按会见座次安排。

**(三)会见与会谈礼仪要求**

1. 主办方提前到达会见与会谈场所，客人到达时，主人在门口迎候或由专门工作人员迎接问候，并同客人一一握手，宾主相互介绍双方参加会见的人员。

2. 如有合影，宜安排在宾主握手之后，合影后再引宾入座。主人主动发言，营造良好气氛。双方就共同感兴趣的话题发表自己的看法，自由交谈。会见与会谈时应备饮料招待客人。我国一般只备茶水，如会见与会谈时间过长，可适当加上咖啡(红茶)和点心。

3. 高层之间的会见与会谈，除陪同人和必要的记录员、译员外，其他人员均应退出。主人与主宾交谈时，旁人不可随意插话，外人也不可随意出入。

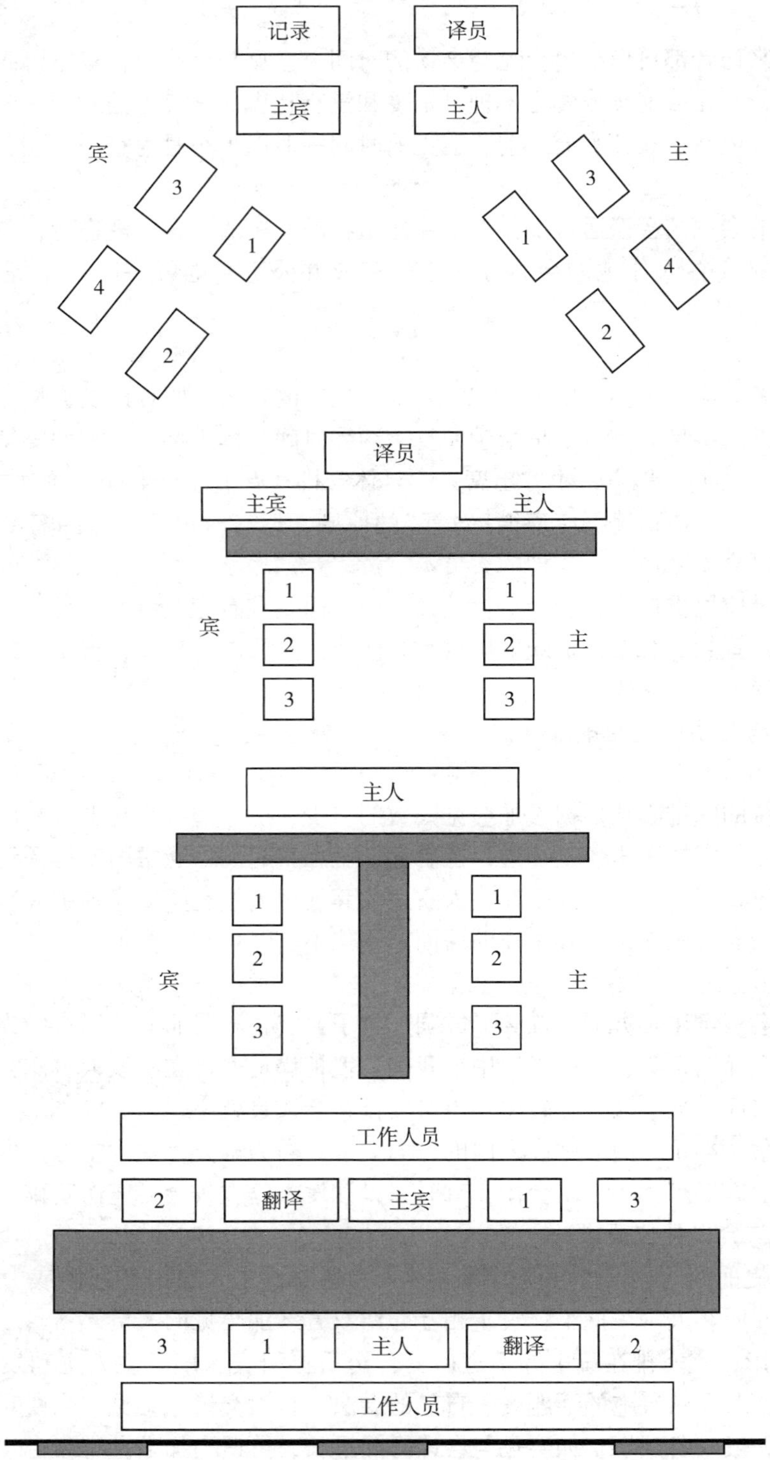
记录
译员
主宾
主人
宾
主
3
1
4
2
3
1
4
2
译员
主宾
主人
1
2
3
1
2
3
宾
主
主人
1
2
3
1
2
3
宾
主
工作人员
2
翻译
主宾
1
3
3
1
主人
翻译
2
工作人员

会见与会谈座次安排图

4. 会见与会谈结束，主人应送至车前或在门口握别，目送客人离去。如需合影，应事先排好合影图，合影图一般由主人居中，按礼宾次序，以主人右手为上，男主宾在主人右边，主宾夫人在主人左边，主客双方间隔排列。不要把客人安排在靠边的位置，两端均由主方人员把边。

## 三、国旗与国歌礼仪

国旗是指某个国家由宪法规定的代表国家的旗帜，它是国家的一种标志，是国家的象征。人们往往通过悬挂国旗表示对本国的热爱或对他国的尊重。但是，在一个主权国家领土上，一般不得随意悬挂他国国旗。有些国家还对悬挂外国国旗作了专门规定。在国际交往中，已形成了为各国所公认的悬挂国旗的惯例。

### (一)国旗悬挂规范

室外悬挂国旗，应日出而升，日落而降。国旗不能倒挂，升旗要升至杆顶。需降半旗致哀时，应先将国旗升至杆顶再下降至离杆顶相当于杆长1/3处。

降旗时，先将旗升至杆顶，再徐徐降下。升旗时，服装要整齐，并立正脱帽，面对国旗行注目礼。不能使用破旧污损的国旗。

悬挂双方国旗，以右为上、左为下。两旗并挂，以旗正面为准，右为客方，左为主方。

汽车在车头两端旗座挂旗，司机右手方向挂客方旗，左手为主方旗。

各国国旗的比例不同，两国国旗放在一起时，常会大小不一。所以，并排悬挂不同比例的国旗时，应将其中一面旗缩放一些，使两旗面积大致相同。

从国际准则和礼遇出发，一国国家元首、政府首脑访问外国时，在去访国住地和交通工具上，可悬挂本国国旗(或元首旗)。去访国在接待外国元首和政府首脑时，在其住地和交通工具上应悬挂来访国国旗(或元首旗)。另外，驻外使节有权在办公地、官邸和交通工具上悬挂本国国旗。在国际会议上，各国政府代表团团长可按规定在一些场所或车辆上悬挂本国国旗。在大型国际性展览会、体育比赛等活动场合，也可悬挂本国国旗。

### (二)几种国旗悬挂法

1. 两面国旗并挂

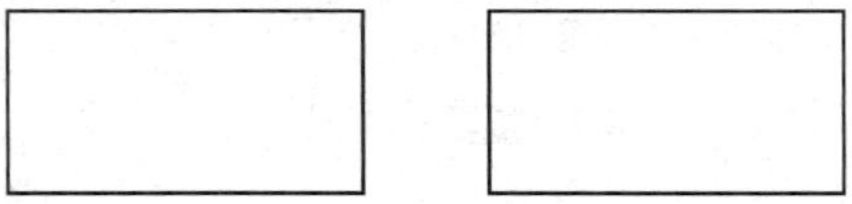

（客方）　　（主方）

2. 三面以上国旗并挂

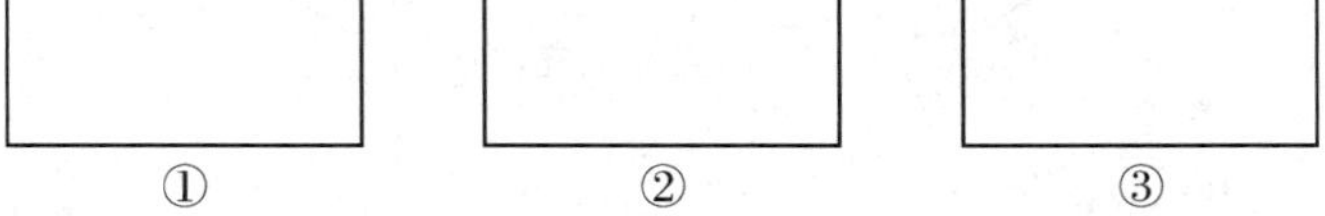

①　　②　　③

注：多面并列，主方在最后。如系国际会议，无主客之分，则按会议规定之礼宾顺序排列。

3. 并列悬挂

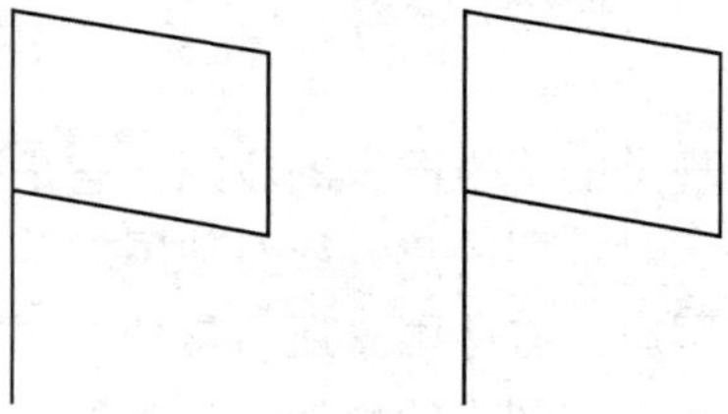

（客方）　　　　（主方）

4. 交叉悬挂

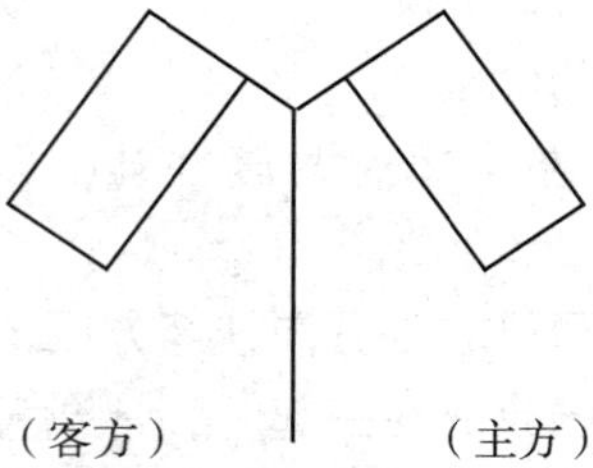

（客方）　　　　（主方）

5. 竖挂(客方为反面，主方为正面)

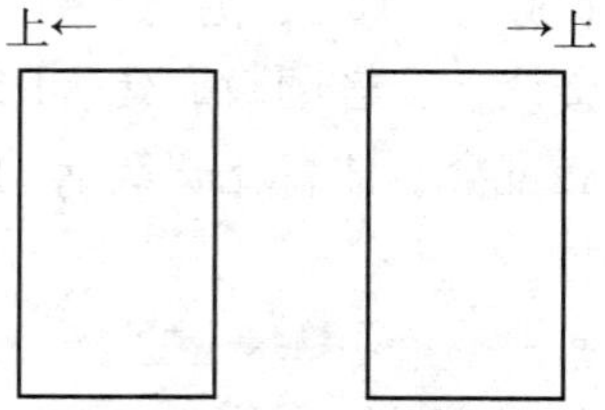


（客方）　　　　（主方）

6. 交叉挂

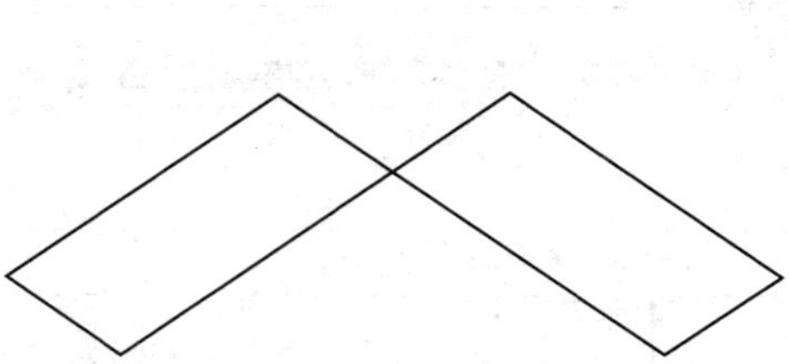

（客方）　　　　（主方）

7. 竖挂(双方均为正面)

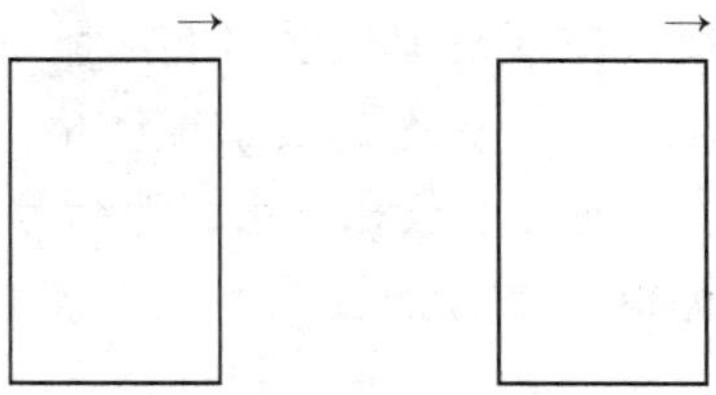

（客方）　　　　（主方）

**(三)国歌演奏礼仪**

国歌如同国旗一样，是一个国家的象征。它一般只在正规迎送场合和仪式上演奏。

外国领导人来访，在欢迎仪式上，军乐队高奏两国国歌。这时乐队以管乐为主，服装要整齐划一。通常为表示对客人的尊重，先行演奏外国国歌。

有些国家规定，在正式场合演奏国歌，本国公民都应跟着旋律轻声应和，有的还要求行举手礼，军人则要行军礼。我国要求在演奏国歌的时候，在场的人要起立，姿态端庄，表情严肃，任何人不可嬉笑、喧哗，不应在场内随意走动。

在运动会的颁奖仪式上，当升国旗奏国歌的时候，在场观众一定要起立。尤其在演奏别国国歌时，观众更应肃然起立，以表示对该国的尊重。在许多国家都有规定，除了进行现场直播的电视台摄像记者，其余记者在演奏国歌时，都应该像所有人一样立正，而不应有任何特殊。

国歌的曲调和配器都有许多严格的规定，任何人不得擅自更改，不能以戏谑的方式在娱乐场所(例如在酒吧或歌舞厅里)演奏或演唱国歌。

## 四、涉外宴请与陪同礼仪

在涉外交往中，用餐的问题尽管极其普通，但又十分重要，特别是接风宴请和答谢宴请，二者往往是涉外礼仪的一个重要组成部分。宴请活动是了解信息、解决争议的最佳时间。宾主通过宴请互传真情，使双方的友谊在融洽的气氛中得以发展。在宴请外宾时，如果对用餐的问题考虑不周，就会令对方产生不满。

**(一)涉外宴请**

涉外人员在以东道主的身份设宴款待外国人士时，需要注意的问题主要有菜单的选定、就餐的方式、宴会的位次、用餐的环境等。

1. 涉外宴请的种类

宴请的仪式多姿多彩，宴请的形式也多种多样。宴请主要有宴会、招待会、茶话会和工作餐等。

(1)宴会

宴会是涉外商务交往中比较正式、隆重的设宴活动。举行宴会的目的一般是为了欢迎、告别、答谢、庆祝或者联谊。按其规格，有国宴、正式宴会、便宴之分。按宴请时间，宴会分午宴、晚宴。它的隆重程度、出席规格以及菜肴的品种与质量等均有区别。一般来说，晚上举行的宴会较之白天举行的更为隆重。

正式宴会不挂国旗，不奏国歌，有时亦安排乐队奏席间乐。宾主均按身份排位就座。许多国家正式宴会十分讲究排场，在请柬上注明对客人服饰的要求。他们对餐具、酒水、菜肴道数、陈设，以及服务员的装束、仪态都要求很严格。我国在这方面做法比较简单，如有条件餐前在休息室稍事叙谈，通常上茶和汽水、啤酒等饮料，如无休息室也可直接入席。席间一般用两种酒，一种甜酒，一种烈性酒。餐后不再回休息室座谈，亦不再上饭和酒。

便宴即非正式宴会，常见的有午宴、晚宴，有时亦有早上举行的早餐。这类宴会形式简便，可以不排席位，不作正式讲话，菜肴道数亦可酌减。西方人的午宴有时不上汤，不上烈性酒。便宴较随便、亲切，宜用于日常友好往来。

(2)招待会

是一种不备正餐、较为灵活的宴请形式。在招待会上通常不安排座位，宾主可以自由活动，不拘形式，但备有食品、酒水、饮料等。招待会通常有冷餐会和酒会两种。

(3)茶会

茶会是一种特别的简便的宴请方式。茶会是请客人品茶，因而对茶具、茶叶特别讲究。一般茶具用陶瓷器皿而不用玻璃杯，用茶壶而不用热水瓶。外国人一般选红茶，备点心及地方风味小吃，还有的用咖啡代替茶。地点通常在客厅，厅内设茶几、座椅，不排座。

(4)工作餐

是现代国际交往中经常采用的一种正式宴请形式，按进餐时间分为工作早餐、工作午餐、工作晚餐。工作餐只邀请与工作有关的人员参加，边吃边谈工作，这样可以提高工作效率。一般适用于日程安排较紧张的参观或访问活动。

2. 涉外宴请的礼仪

宴请的目的是多种多样的，可以是为某一个人，也可为某一事件。其礼仪规范除一般的宴请礼仪外，还应该注意以下几个方面：

(1)确定邀请的种类、规格、对象、范围、时间和地点等，其主要依据是主、客双方的身份，即主客身份应该对等。

邀请名单中被邀请人的姓名、职务、称呼以至对方是否有配偶都要准确。宴请地点的选择是按活动性质、规模形式、大小、主人意愿及实际可能而定。官方正式隆重的活动，一般安排在政府、议会大厦或宾馆内举行。

(2)确定宴请形式。宴请采取何种形式，在很大程度上取决于当地的习惯做法。一般来说，正式、规格高、人数少的以宴会为宜，人数多的则以冷餐会或酒会更为合适，妇女界活动多用茶会。

(3)发送请柬。请柬一般提前一周至二周发出，以便被邀请人及早安排。已经口头约妥的活动，仍应补送请柬。请柬的内容包括活动形式、举行的时间及地点、主人的姓名等内容。请柬行文不用标点符号，所提到的人名、单位名、节日名称都应用全称。

(4)确定宴请的菜单。在宴请任何人时，唱主角的都是菜肴，所以一定要对菜单精心加以考虑。在宴请外国友人时，除了要注意节省开支、量力而行的问题之外，最重要的是要对对方爱吃什么和不吃什么心中有数。

外国人不爱吃的东西主要有下列三类：

一是触犯个人禁忌的菜肴。不少人在饮食方面都有个人的禁忌，例如，有人不爱吃鱼，有人不爱吃蛋，有人不吃辣椒等。对此一定要在宴请外宾之前有所了解，免得出力不讨好。

二是触犯民族禁忌的菜肴。世界上许多民族，都有自己本民族的饮食禁忌。比方说，美国人不吃羊肉和大葱，俄罗斯人不吃海参、海蜇、墨鱼、木耳，英国人不吃狗肉和动物的头、爪，法国人不吃无鳞鱼，德国人不吃核桃等。掌握这种具有普遍性的饮食禁忌，有助于更好地款待外宾。

三是触犯宗教禁忌的菜肴。在所有的饮食禁忌之中，宗教方面的禁忌最为严格而且绝对不容许有丝毫违犯。在涉外交往中，对于这一点尤其要高度重视。对于穆斯林忌食猪肉、忌饮酒，印度教徒忌食牛肉，犹太教徒忌食动物蹄筋和所谓"奇形怪状的动物"等一系列重要的与宗教密切相关的饮食禁忌，千万不可掉以轻心，疏忽大意。

(5)涉外宴请座次安排礼仪。正式宴会一般均排席位，亦可只安排部分客人的席位，其他人只排桌次或自由入座。无论采取哪种做法，都要在入席前通知到每一个出席者，使大家心中有数，现场还要有人引导。大型宴会最好是排席位，以免混乱。

国际惯例是桌次高低以离主桌位置远近而定，右高左低，桌数较多时，要摆桌次排。同一桌上，席位高低以离主人的座位远近而定。外国人习惯，男女穿插安排，以女主人为准，主宾在女主人的右主方，主宾夫人在男主人右主方。我国习惯按各人本身职务排列以便于谈话。

礼宾次序是排席位的主要依据。在排席位之前，要把确认出席该活动的主、客双方名单分别按礼宾次序开列出来。在用长桌作主宾席时，主宾背向群众的一边和下面第一排桌子背向主宾席的座位均不安排坐人，在许多国家，译员不上席，为便于交谈，译员坐在主人和主宾背后。席位排妥后着手写座位卡。便宴、家宴可不放座位卡。但主人对客人的座位也要有大致安排。

**(二)涉外陪同礼仪**

接待外宾来访，通常会安排陪同参观游览，通过陪同参观，可以加深交流与合作，增进友谊，促进双方关系的进一步发展。

1. 项目的选定。依照"主随客意"的原则，根据访问目的、性质以及客人的意愿与兴趣，选择当地有特色、令客人满意的游览项目。对于外国的大财团、大企业家一般应安排参观反映我国经济发展情况的经济开放区、重点招商项目。对于一般企业家、商人和有关人员可安排参观与其有关的部门、单位，同时安排一些有地方特色的游览项目。

2. 安排布置。参观项目确定之后，应作出详细计划和日程，包括参观的过程、路线、时间安排，交通工具等，并及时通知有关接待单位和人员，以便各方密切配合。

3. 陪同人员安排。按国际交往礼节，外宾前往参观时，一般都有相应身份的人员陪同，如有身份高的主人陪同，应提前通知对方。根据需要，安排翻译、解说、导游人员以及必要的工作人员。参观过程中，客人问话要有礼貌地回答，陪同人员不得中途离去，更不能不辞而别。

4. 介绍情况。陪同人员或被参观的单位，应对被参观事项一一向外宾介绍。参观项目概况尽可能事先发书面材料，节约参观介绍时间，让客人尽可能多地实地参观。陪同人员要了解外宾要求，对外宾可能提出的各种问题有所准备，不要一问三不知。介绍情况时要实事求是，但对一些重要细节及关键问题要遵循保密制度。面对外宾的提问，根据实际情况灵活回答。

5. 摄影。通常可以参观的地方都允许摄影。遇到不让摄影的项目，应先向来宾说明，并在现场竖外文的说明标志。

6. 用餐安排。参观地点远，或是外出游览，要考虑用餐时间和地点，如果郊游，则应准备食品、饮料、餐具等。有的地方还要预订休息室。

## 第三节 国际礼俗

**【案例导入】**

国内某家专门接待外国游客的旅行社，有一次在接待欧洲游客时想送每人一件小礼品。于是，该旅行社在杭州订购了一批名牌纯丝手帕，每块手帕上绣着花草图案，十分美观。并配有旅行社社徽的精美礼盒。中国丝织品闻名于世，想必会受到客人的喜欢。

旅游接待人员带着小礼品，到机场迎接来自欧洲的游客。欢迎仪式后，在车上接待人员代表旅行社赠送给每位游客两盒手帕作为礼品。没想到车上一片哗然，议论纷纷，游客很不高兴。特别是一位来自英国的夫人，看到自己的手帕上面还绣着菊花图案，表现得极为气愤和伤感。旅游接待人员大惑不解，为什么这些外国人会这样？

**【案例讨论】**

阅读本案例后你有何感想？你对国际礼俗有哪些了解？

目前，世界上有200多个国家和地区，彼此有各自的人文特点、自然环境和礼仪习俗。礼仪习俗是某一国家、民族长期形成的，具有相对稳定性的礼节、人情、风尚、行为习惯、心理倾向等的总和，是一个民族区别于另一个民族的重要特征。

礼仪习俗是一个历史范畴，随着社会的变迁、经济和文化的发展，还会出现新的内容与形式。各国、各民族和各地区由于不同的文化背景、礼仪传统和行为习惯，形成的礼仪习俗存在很大的差异，因此，在涉外交往中，必须对其加以了解和掌握，以此作为入国问俗、入国随俗的依据，从而成功地与交往对象建立良好的关系。

### 一、亚洲主要国家和地区的礼俗

亚洲是世界上最大的洲，位于东半球，社会风俗及礼俗既受到伊斯兰教和佛教的影响，也受到中国传统的道教与儒教以及印度教与犹太教等的复合性影响，差异性较大。

#### (一) 日本的习俗与礼仪

日本位于亚洲的东部，面积37.77万平方公里。主要宗教有佛教、神道教、基督教，有许多人兼信两种以上宗教。日语为国语，部分中老年人懂汉语，大部分商人会英语。首都东京，是世界上人口最多的城市之一。1972 年 9 月 29 日同我国恢复外交关系。日本有"第三经济大国""樱花之国""造船王国""贸易之国""钢铁王国"等美称，日本与中国一水之隔，日本人的许多风俗习惯都可以从中国找到根，日本人对中国的文化表现出一种特有的尊重。

1. 交际礼仪

日本人重视礼节和礼貌，与日本人初次见面，互相鞠躬，互递名片，一般不握手。日本人鞠躬很有讲究，往往第一次见面时行"问候礼"，鞠躬 30 度；分手离开时行"告别礼"，鞠躬 45 度。妻子送丈夫，晚辈送长辈外出时，弯腰行礼至看不见其背影后才直起身。在较正式场合，递物接物用双手。在国际交往中，一般行握手礼。

日本人盛行送礼，这成为整个民族的风气。每年的"岁暮"和"中元"是送礼最多的时候。他们既讲究送礼，也讲究还礼，礼品一般送奇数，表示"阳""吉"。吉事礼品为黄白色或红白色，不幸事送礼应为黑色、白色或灰色。

日本人注重仪表，平时衣着大方整洁。在正式场合一般穿礼服。即使天热，主人未请客人宽衣则不能脱衣。在一般场合，光穿背心或赤脚是失礼的。

日本人不习惯以香烟待客。当以酒待客时，他们以为让客人自己斟酒是失礼的，应由主人或侍者斟酒为妥，斟酒时壶嘴不能碰杯口。一般情况下，客人以右手接受第一杯酒，而第二杯酒可以谢绝。如不喝酒，不可独自将酒杯向下扣放，应等众人喝完后才可一起扣放，否则就是失礼的行为。

2. 节庆习俗

元旦。1 月 1 日，相当于中国的春节。除夕前要大扫除，人人要洗澡。除夕晚上全家团聚吃过年面，半夜听钟声"守岁"。元旦早晨全家欢聚一堂，先幼后长，依次饮屠苏酒，以去灾保健。然后吃午粽，下午全家出动去亲友家拜年。

樱花节。3 月 15 日至 4 月 15 日。期间，日本樱花盛开，男女老少游园赏花，饮酒跳舞，迎接春天的到来。

3. 饮食习惯

日本料理以鱼、虾、贝等海鲜品为烹饪主料，并有冷、热、生、熟各种食用方法。

日本人讲究食品营养学，讲究菜点的色泽和形状，口味多为咸鲜，清淡少油，稍带甜酸和辣味。

日本人爱吃鱼以及各种海味、瘦猪肉、牛肉、鸡、鸭、鸡蛋和各种野生禽类及蔬菜、豆腐、紫菜，但不吃羊肉、猪内脏及肥猪肉。

日本人很讲茶道，餐前餐后都喜欢喝茶，特别喜欢喝清茶，形成了"和、敬、清、寂"四规的茶道。茶道具有参禅的意味，重在陶冶人们的情趣。它不仅要求幽雅自然的环境，而且还有一整套的点心、泡茶、献茶、饮茶的具体方法。

4. 主要禁忌

日本人的忌讳礼俗很多。忌讳紫色和绿色，认为是悲伤和不祥之色。忌讳用 4、9 等数字，由于日语发音中"4"和"死"相似，"9"与"苦"相近。此外，13、14、19、24、42 等数字也在忌讳之列，还忌讳三人合影。

日本人很忌讳别人打听他的工资收入。年轻的女性忌讳别人询问她的姓名、年龄以及是否结婚等。

送花给日本人时，别送白花(象征死亡)。也不能把玫瑰和盆栽植物送给病人，菊花是日本皇室专用的花卉，民间一般不能赠送。

忌用荷花(丧花)、狐狸(贪婪)、獾(狡诈)等图案，忌金眼睛的猫，认为看到这种猫要倒霉。在日本发信时，邮票不能倒贴，倒贴邮票表示绝交。

日本人使用筷子有八忌，称为“忌八筷”，即忌用半途筷、游动筷、碎筷、窥筷、刺筷、签筷、泪筷及吮筷。不能用一双筷子依次给每个人夹菜肴。

**(二)韩国习俗与礼仪**

韩国也称大韩民国，古称高丽，位于亚洲东北部朝鲜半岛南部，面积9.89万平方公里，亚洲四小龙之一。居民主要信仰佛教，1976年宣布佛诞日为国家节日。朝鲜语为官方语言。币制为圆(Won)。

1. 交际礼仪

韩国人崇尚儒教，尊重长者，长者进屋时大家都要起立，和长者谈话时要摘去墨镜。早晨起床和饭后都要向父母问安，父母外出回来，子女都要迎接。乘车时要让位给老年人。吃饭时应先为老人或长辈盛饭上菜，老人动筷后，其他人才能吃。

韩国人见面时的传统礼节是鞠躬，晚辈、下级走路时遇到长辈或上级，应鞠躬、问候，站在一旁，让其先行，以示敬意。男人之间见面打招呼互相鞠躬并握手，并只限于点一次头。鞠躬礼节一般在生意人中不使用。女人一般不与人握手。

在社会集体和宴会中，男女分开进行社交活动，甚至在家里或在餐馆里都是如此。

在韩国，如有人邀请你到家吃饭或赴宴，你应带小礼品，最好挑选包装好的食品。韩国人用双手接礼物，但不会当着客人的面打开。不宜送外国香烟给韩国友人。酒是送韩国男人最好的礼品，但不能送酒给妇女，除非你说清楚这酒是送给她丈夫的。

2. 节庆习俗

韩国的农历节日与我国近似，也有春节、清明节、端午节和中秋节等。每逢5月端午节，人们聚在大树下或秋千架旁荡秋千，尽情欢乐。

洗头节于每年6月19日举行。节日来临，男女老少都到河边洗头。离河远的人家携带干粮到有河的地方洗头。晚上在家举行洗头宴，唱洗头歌。

3. 饮食习惯

米饭，无论是白米饭还是和其他杂粮混合煮成的米饭，都是韩国人的主食。米饭通常佐以因地区和季节而异的各式小菜。仅次于米饭的是“金齐”(泡菜)。汤也是必不可少的一部分。每个人都有自己的饭碗和汤碗，但所有的菜都摆在饭桌中央供大家享有。

韩国人吃饭用匙和筷子。最受欢迎的菜是“布尔高基”(烤肉)。韩国人通常喜欢吃辛辣的食物。

韩国人的饮料很多。韩国男子通常酒量都不错，对烧酒、清酒、啤酒往往来者不拒。韩国人喜欢喝茶和咖啡，但是不喜欢喝稀粥和清汤，他们认为穷人才会如此。

4. 主要禁忌

韩国人禁忌颇多。逢年过节相互见面时，不能说不吉利的话，更不能生气、吵架。农历正月头三天不能倒垃圾、扫地，更不能杀鸡宰猪。寒食节忌生火。忌到别人家里剪指甲，否则两家死后结怨。吃饭时忌戴帽子，否则终身受穷。睡觉时忌枕书，否则读无成。忌杀正月里生的狗，否则三年内必死无疑。

与年长者同坐时，坐姿要端正。若是在长辈面前应跪坐在自己的脚底板上，无论是谁，绝对不能把双腿伸直或叉开，否则会被认为是不懂礼貌或侮辱人。未征得同意前，不能在上级、长辈面前抽烟，不能向其借火或接火。吃饭时不能随便发出声响，更不许交谈。进入家庭住宅或韩式饭店应脱鞋。在大街上吃东西、在人面前擤鼻涕，都被认为是粗鲁的。

在韩国人面前，切勿提“朝鲜”二字。照相在韩国受到严格限制，军事设施、机场、水库、地铁、国立博物馆以及娱乐场所都是禁照对象，在空中和高层建筑拍照也都在被禁之列。

韩国人忌讳“四”字，认为是不吉利的，因而楼房没有四号楼，旅馆不称第四层，宴会里没有第四桌，医院里绝不设四号病房，吃东西不吃四盘四碗，喝酒绝不肯喝四杯。

韩国人的民族自尊心很强，反对崇洋媚外，提倡使用国货。在韩国一身外国名牌的人，往往会被人看不起。在韩国，忌谈的话题有：政治腐败、经济危机、意识形态、南北分裂、韩美关系、韩日关系及日本之长等。

**(三)泰国习俗与礼仪**

泰王国，简称泰国，原名暹罗(Siam)，地处东南亚，海岸线绵长，寺庙众多。1939年6月改名泰国，意即“自由之地”。面积51.4万平方公里。95%的居民信仰佛教，佛教为国教，国王是佛教的最高赞助人，通行佛历。

1. 交际礼仪

泰国人严格遵守风俗礼节。当泰国人互相打招呼时，不会采用典型的握手方式，而以双手合十，状似祷告。一般来说，年幼的先向年长的打招呼，而年长的随后合十回礼。年纪大或地位高的人还礼时，双手不必高过前胸。行合十礼时，双手举得越高，表示尊重程度越高。当别人向你合十致意，你要合十回敬，否则失礼。现在的政府官员和知识分子有时也握手问好，但男女之间见面是不握手的。

泰国是“微笑之国”，他们对外国人特别和蔼可亲。在泰国，在众目睽睽之下与人争执，咄咄逼人的表现会被泰国人认为是最可耻的行为。由于左手被视为不洁净，所以交换名片，接受物品，都必须使用右手。

泰国人认为门槛下住着神灵，千万不要踩踏泰国人房子的门槛。长辈在座，晚辈必须坐在地下，或者蹲跪，以免高于长辈的头部，否则就是对长辈的不敬。坐着的人也忌他人拿着东西从自己头上过。泰国人睡觉时不能头朝西，因为日落西方象征死亡。泰国人死后才将头部朝西停放。因此，泰国人盖房子时习惯正面朝北，这样睡觉时便可头向南边。

在泰国，游客如果对寺庙、佛像、和尚等做出轻率的举动，就被视为“罪恶滔天”。进入泰国人的私宅或寺庙，务必脱鞋或草履。从进入寺庙的门口开始，你得赤腿而行。到当地人家作客，如果发现室内设有佛坛，你得马上脱掉脚上穿的鞋和袜，戴帽子的人也必须立刻脱去帽子。在泰国人面前，盘腿而坐或以鞋底对着人是不礼貌的。无论是坐着还是站着，不要让泰国人明显地看到你的鞋底。

2. 节庆习俗

元旦。又称佛历元旦。全国各地都要举行庆祝会，热闹的场面要持续八九天才结束。

水灯节。又称佛光节，是泰国的传统节日之一，于每年泰历十二月十五日(公历11月间)举行。水灯节之夜，整个曼谷大小河面，水灯连成一片，与波光交相辉映，构成一幅欢乐迷人的夜景。

春耕节。每年泰历五月(公历6月)间举行，是由国王亲自主持的宫廷大典之一，目的是祈求神灵保佑风调雨顺。

3. 饮食习惯

泰国的饮食以稻米、蔬菜为主食。作为佛教徒的泰国人在肉类方面禁忌较少。每月除4天不能在市场上出售牛、猪肉外，一般都可吃鸡、鱼、鸟、蛙等。一汤一饭，再加上一小盘用来蘸吃生蔬菜的调味(鱼酱、油加上辣椒丝)就是泰国普通人家的饭。喜食辛辣、新鲜之食物，最爱吃的是体现其民族特色的“咖喱饭”。

泰国人是不喝热茶的，他们的做法是，在茶里加上冰块，令其成为冻茶。他们绝不喝开水，而习惯直接饮用冷水。在喝果汁时要加少许盐沫。

4. 主要禁忌

在泰国，人的头部被认为是精灵所在的重要部位，不要触及他人头部，也不要弄乱他人的头发。如果你无意中碰及他人的头部，您应立即诚恳地道歉。泰国人忌讳外人抚摸小孩(尤其是小和尚)的头部，小孩子的头只允许国王、僧侣和自己的父母抚摸。即使是理发师也不能乱动别人的头，在理发之前必须说一声“对不起”。

泰国人认为人的右手清洁而左手不洁，左手只能用来拿一些不干净的东西。因此，重要东西用左手拿会招来嫌弃。左撇子在日常生活中可以不注意，但在正式场合绝对不可以。在比较正式的场合，还要双手奉上，用左手则会被认为是鄙视他人。

与左手一样，脚掌也被认为是不净的。在入座时，应避免将脚放在桌子上。用脚尖撞人或指人都会被严厉地呵斥，也绝对不能把脚掌冲向佛。泰国人认为脚部是卑贱的，只能用来走路，不能干其他事情，例如用脚踢门和用脚指东西等。坐着时，不要跷起脚和把脚底对着别人。妇女落座，要求更为严格，双腿必须并拢，否则会被认为是不文明，缺乏教养。

在泰国民间，狗的图案是被禁止的。泰国人的家里大多不种茉莉花，因为在泰语里，它与“伤心”发音相似。在泰国，睡莲是国花，桂树是国树，白象是国兽，对于这些东西千万不要表示轻蔑，或是予以非议。

泰国宪法规定，国王是神圣不可侵犯的，对泰国国王和王室成员绝不允许任意评说。

**(四)印度习俗与礼仪**

印度共和国位于南亚次大陆，面积297.47万平方公里。印度是世界四大文明古国之一，曾创造了灿烂的印度河文明。人口居世界第二位。有10个大民族和许多小民族，约有83%的居民信奉印度教，其次为伊斯兰教(11%)、基督教(2%)、锡克教(2%)、佛教(1%)等。英语和印度语同为官方语言。

1. 交际礼仪

印度人在交际中使用较多的见面礼节，有合十礼和拥抱礼，其具体做法与其他国家大同小异。此外，印度人所有的较有特色的见面礼节有贴面礼、摸脚礼、举手礼。

握手礼在印度也很流行。但是，在一般情况下，印度妇女仍不习惯于同异性握手。用左手与人相握，也不许可。

在迎接嘉宾之时，印度人往往要向对方敬献用鲜花编织而成的花环。为了表示诚意，主人通常要亲自将花环挂在客人的脖子上。

印度人的着装讲究朴素、清洁。在一般场合，印度男子上身穿一件“吉尔达”，下身则穿一条“陀地”。在极其正规的活动中，他们则习惯于在“吉尔达”之外，再加上一件外套。出门在外时，尤其是在正式场合，印度人大多讲究不露出头面。为此，妇女要头披纱巾，男子则根据宗教信仰的不同而不同：印度教徒戴白色船形帽，伊斯兰教徒戴伊斯兰小帽，锡克教徒则在头上包裹上一块头巾。

印度妇女，大多习惯在自己的前额上以红色点上一个“吉祥痣”。过去，它用于表示妇女已婚，而今则主要用于装扮。出于宗教方面的原因，印度的男锡克教徒还有不理发、不剃须、夹发梳、戴铁手镯、佩短剑的习惯。

2. 节庆习俗

洒红节。也称泼水节，在印历十二月(公历 2 月至 3 月)举行，是全印度人民的节日。从清晨开始，男女老少，相互浇泼红水，衣衫湿透后还不罢休。入夜点起篝火，尽情歌舞到东方发白。

十胜节。印度三大节日之一，每年 9 月、10 月举行，共庆祝 10 天，热闹非凡。

3. 饮食习惯

印度人的主食有大米和面食，副食以素食居多，而且社会地位越高的人越忌荤食。

平时，印度人不太爱喝汤，白开水被印度人认为是世间最佳的饮料，红茶也是他们的主要饮料。大多数印度人都不吸烟，也不怎么喜欢饮酒。

印度人用手进食，但不能用手触及公共菜盘或为自己从中取食，否则会为同餐的人厌恶。就餐时常用一个公用的盛水器供人饮用。喝水时不能用嘴唇接触水器，而要对准嘴往里倒。餐后印度人通常给客人端上一碗热水放在桌上，供客人洗手。客人到家做客，要向主人和家人问好，吃饭前要漱口和洗手。

4. 主要禁忌

印度的禁忌很多，由于宗教不同，地区不同，禁忌也有差异。

普遍性的禁忌有：睡觉时，不能头朝北，脚朝南，据说阎罗王住在南方；晚上忌说蛇；节日与喜庆的日子里忌烙饼；婴儿忌照镜子，否则会变成哑巴；父亲在世时，儿子忌缠白头巾、剃头；3 和 13 是忌数，因为湿婆神有 3 只眼睛，第三只眼睛是毁灭性的，13 是因为人死后有 13 天丧期；妇女在怀孕期间，忌做衣服、照相；忌用左手递接东西。

在印度忌吹口哨，特别是妇女。头是印度人身体上最神圣的部分，故旅客不可直接触摸他们的头部。千万不要拍印度孩子的头部，印度人认为这样会伤害孩子。即使在朋友家里，也不要赞扬孩子，许多印度人认为这种赞扬会引起恶人的注意。

印度人禁止穿戴皮革制品(腰带、表带、鞋、衣服)，特别是在圣地，因为印度教徒不杀牛，穆斯林不杀猪。

进入印度的庙宇或清真寺，要脱去鞋子，要跨过门槛而不能踩着门槛而过。光脚进寺庙，事先要在入口处洗好脚以表示礼貌。凡进入回教寺庙者，均不能穿短裤或无袖背心，也要求脱鞋。凡进入锡克教寺庙者，必先戴上头巾或帽子，然后脱鞋才可进入。

**(五)新加坡习俗与礼仪**

新加坡全称是新加坡共和国。“新加”在梵文中是“狮子”的意思，“坡”在梵文中是“城”，因此新加坡被称为“狮城”。由于新加坡是一个岛国，面积极小，华侨普遍称其为“星洲”“星岛”。新加坡气候宜人，环境优美，是一个城市国家，故又有“花园城市”的美誉。新加坡是世界第二大港口。

1. 社交礼仪

新加坡十分注重“礼治”，政府专门制定了《礼貌手册》，对于人们各种不同场合的所作所为是否符合礼仪都做出了严格的规定。在新加坡不讲礼貌会寸步难行。

在社交场合，新加坡人与他人见面的礼节多为握手。其礼仪习俗呈现多元化的特点，如在社交活动中，华人往往习惯于拱手作揖，或行鞠躬礼；马来人则大多数采用本民族的“摸手礼”。所以与新加坡人打交道要遇人问俗。

新加坡特别强调笑脸迎客，彬彬有礼。人际交往中讲究礼貌、以礼待人，不但是每个人应具备的基本素养，而且也已成为国家和社会对每一个人所提出的一项基本行为规则。

新加坡人崇尚清爽卫生，对于蓬头垢面、衣冠不整、胡子拉碴的人，都会侧目而视。

2. 节庆习俗

新加坡日历上印有公历、中国农历、印历和马来历 4 种历法，依各种历法有许多节日。在保留各民族传统文化的同时，新加坡政府鼓励人们向新加坡统一民族文化习俗演变。

主要节庆有新年、印度族丰收节、新加坡河木筏大赛、印度族大宝森节、伊斯兰教斋月及开斋节、耶稣受难日、哈芝节、卫塞节、端午节、新加坡美食节、国庆节、中秋节、齐天大圣诞辰、中秋赏灯会、印度族屠妖节、印度族九宵节、九皇爷庆典、印度族盗火节、印度族万灯节、圣诞节等。

3. 饮食特点

中餐是新加坡人的最佳选择，粤菜、闽菜等十分受欢迎。口味喜欢清淡，偏好甜食，讲究营养，平日爱吃米饭和各种生猛海鲜，对于面食不太喜欢。新加坡大部分人为华侨或华裔，因此他们也很爱饮茶。农历新年，一盅清茶，佐以橄榄，称为“无宝茶”，寓意发财。新加坡人还喜欢喝鹿茸酒、人参酒等补酒。

4. 主要禁忌

由于新加坡居民中华侨多，人们对色彩想象力很强，一般对红、绿、蓝色很欢迎，视紫色、黑色为不吉利，黑、白、黄为禁忌色。在商业上反对使用如来佛的形态和侧面像。在标志上，禁止使用宗教词句和象征性标志。喜欢红双喜、大象、蝙蝠图案。数字禁忌 4、7、8、13、37 和 69。

新加坡人非常讨厌男子留长发，对蓄胡子者也不喜欢。

在新加坡是不能说“恭喜发财”的。因为他们看来，“发财”有“横财”之意，祝愿对方发财无疑是鼓动他去发“不义之财”，是一种损人利己的行为。

在新加坡乱扔果皮、废纸，吐痰，在公共场所吸烟、嚼口香糖，过马路闯红灯都会被罚款，罚款额之高相当于一个普通工人一个月的工资，搞不好还会吃官司，甚至被鞭打。

## 二、欧洲主要国家和地区的礼俗

欧洲位于东半球西北部，国家众多，人口稠密，民族较多，语言众多。习惯上，人们把欧洲细分为东欧、西欧、南欧、北欧、中欧 5 个区域。

### (一)英国习俗与礼仪

英国的正式名称是大不列颠及北爱尔兰联合王国，是位于欧洲西部的岛国。由大不列颠岛(包括英格兰、苏格兰、威尔士)、爱尔兰岛东北部和周围一些小岛组成。官方和通用语均为英语。居民多信奉基督教新教，主要分英格兰教会(约占英成人的 60%)和苏格兰教会(有成年教徒 79 万)。天主教徒 570 万，伊斯兰教徒 150 万，犹太教徒 40 万，佛教徒 2 万。

1. 交际礼仪

英国人崇尚“绅士风度”和“淑女风范”，讲究“女士优先”。在日常生活中，英国人注意仪表，讲究穿着，男士每天都要刮脸，凡外出进行社交活动，都要穿深色的西服；女士则应穿着西式套裙或连衣裙。

英国人的见面礼是握手礼，戴着帽子的男士在与英国人握手时，最好先摘下帽子再向对方示敬。与英国人交谈时，应注视着对方的头部，并不时与之交换眼神。与人交往时，注重用敬语“请”“谢谢”“对不起”等。奉行“不问他人是非”的信条，也不愿接纳别人进入自己的私人生活领域，把家当成“私人城堡”，不经邀请谁也不能进入，甚至邻里之间也绝少往来。

2. 节庆习俗

除夕。除夕夜必须瓶中有酒，盘中有肉，象征来年富裕有余。丈夫要赠给妻子一笔钱作为针线钱，象征理家有方。苏格兰人提着煤块去拜年，把煤块放在亲友的炉子上，以求吉利。

愚人节。4 月 1 日这天 12:00 前可以和除国王及宗教人士之外的任何人开玩笑。

3. 饮食习惯

英国男人的饮食，可以说是具有“轻食重饮”的特点。“轻食”，主要是因为英国在菜肴上没有多大特色，除了面包、火腿、牛肉之外，人们平时常吃的也就是土豆、炸鱼和煮菜了。“重饮”，即非常讲究饮料，英国名气最大的饮料为红茶与威士忌。

英国人饮酒，很少自斟自酌。他们的习惯是，饮酒最好要去酒吧。因此，英国的酒吧比比皆是，并且成为英国人社交的主要场所之一。

绝大多数英国人嗜茶如命，他们所喝的茶是红茶。在饮茶时，首先要在茶杯里倒入一些牛奶，然后才能依次冲茶、加糖。

英国人在席间不布菜也不劝酒，全凭客人的兴趣取用。一般要将取用的菜吃光才礼貌。客人之间告别可相互握手，也可点头示意。

4. 主要禁忌

英国人在正式场合的着装，大致有下列四条禁忌：一忌打条纹领带；二忌不系长袖衬衫袖口的扣子；三忌在正式场合穿凉鞋；四忌以浅色皮鞋配西装套装。

英国人忌讳“13”和“3”这两个数字。给英国女士送鲜花时，不要送英国人认为象征死亡的菊花和百合花。忌讳用人头像作商标装饰。

忌随便将任何英国人都称英国人，一般将英国人称为“不列颠人”或具体称为“英格兰人”“苏格兰人”等。

中指和食指分开构成的“V”字形手势忌讳手背向前。朋友相会或道别忌讳交叉握手，因为那样会构成晦气的十字形。

坐着交谈忌讳两膝张得太宽；更忌跷腿，脚心向对方。忌讳在大庭广众之下耳语或拍肩背。忌讳一根火柴连续点三支烟。

吃饭时忌讳刀叉碰响杯盘，忌讳将盐碰撒，也要避免交叉干杯。

**(二)法国的习俗与礼仪**

法国的正式名称是法兰西共和国。“法兰西”源于古代法兰西王国的国名。位于欧洲西部，面积551602平方公里，通用法语。居民中81.4%的人信奉天主教，6.89%的人信奉伊斯兰教，其他人信基督教新教、犹太教、佛教等其他宗教。7月14日为国庆节，1880年议会立法确认攻克巴士底狱日为国庆节以纪念法国资产阶级大革命。

1. 交际礼仪

在与法国人的社交中，称呼对方时宜称其姓，并冠以“先生”“小姐”“夫人”等尊称。唯有区别同姓之人时，方可姓与名兼称。

法国人天性浪漫好动，喜欢交际。在商务交往中，常用的见面礼是握手。而在社交场合，亲吻礼和吻手礼则比较流行。

法国人使用的亲吻礼，主要是相互之间亲面颊或贴面颊。至于吻手礼，则主要限于男士在室内象征性地吻一下已婚妇女的手背，但少女的手不能吻。

法国人对于衣饰的讲究，在世界上是最为有名的。出席庆典仪式时，一般要穿礼服。男士所穿的多为配以蝴蝶结的燕尾服，或是黑色西装套装；女士所穿的则多为连衣裙式的单色大礼服和小礼服。

法国妇女在参加社交活动时，一定要化妆，并且要佩戴首饰。法国男士对自己仪表的修饰相当看重，在正式场合亮相时，剃须修面，头发“一丝不苟”，身上略洒一些香水，已被法国人看成男人所应具备的基本教养。

2. 节庆习俗

万灵节。11月1日，也称诸圣节，是祭奠先人、凭吊为国捐躯的先烈的节日。

体育节。每年3月中旬的第一个星期天进行，也叫“心脏健康之路”，随着参加人数越来越多，成为全国公认的节日。

3. 饮食习惯

法国人讲究吃，对于饮食的要求很高，既要求菜肴保持原汁、原味、原色，又讲究菜肴的精巧工艺和合理的营养成分。

法国人爱吃面食，面包的种类很多，他们大多爱吃奶酪。在肉食方面，他们爱吃牛肉、猪肉、鸡肉、鱼子酱、鹅肝。

法国人对饮料颇为讲究，餐前喝开胃酒；进餐中间喝白葡萄酒、红葡萄酒；用餐结束再喝香槟酒；餐后用甜酒或白兰地，特别讲究菜肴与酒水的搭配。

法国人用餐时，两手允许放在餐桌上，但却不许将两肘支在桌子上，在放下刀叉时，他们习惯于将其一半放在碟子上，一半放在餐桌上。在正式的宴会上，有“交谈重于一切”之说。因此，在用餐时只吃不谈，是不礼貌的。

4. 主要禁忌

在公关交往中，忌讳别人讲蹩脚的法语，认为这是对其祖国语言的亵渎，若对法语不纯熟，最好讲英语或借助翻译。忌送给别人菊花、杜鹃花、牡丹花、康乃馨和纸做的花。

他们讨厌孔雀、仙鹤，认为孔雀是淫鸟、祸鸟，并把仙鹤当作蠢汉和淫夫的代称。法国人不喜欢无鳞鱼，所以也不大爱吃它。忌讳吃狗肉。忌吃核桃或当作礼物送人。

忌黄色，认为黄色是不忠诚的表示，对墨绿色也极为反感。忌送香水给一般的女性。

**(三)德国的习俗与礼仪**

德意志联邦共和国，简称德国，古德语意为“人民的土地”，英文指“日耳曼人居住的地方”。位于欧洲中部，面积为356970平方公里。通用语为德语。有“经济巨人”“啤酒之国”的美称。国花为矢车菊。居民信奉基督教新教和罗马天主教。每年10月3日为国庆日。

1. 交际礼仪

德国人在人际交往中通常会表现出如下四个特点：第一，纪律严明，法制观念极强；第二，讲究信誉，重视时间观念；第三，极端自尊，非常尊重传统；第四，待人热情，十分注重感情。

德国人勤勉矜持，讲究效率，崇尚理性思维，时间观念强。他们不喜欢暮气沉沉、拖拖拉拉、不守纪律和不讲卫生的坏习气。

德国人在人际交往中对礼节非常重视。在社交场合，德国人通常都采用握手礼作为见面礼节。与德国人握手时，有必要特别注意下述两点：一是握手时务必要坦然注视对方；二是握手时的时间宜稍长一些，晃动的次数宜稍多一些，握手时所用的力量宜稍大一些。

德国人在人际交往中非常重视称呼。他们比较看重身份，特别是看重法官、律师、医生、博士、教授一类有社会地位的头衔。对于一般的德国人，应多以“先生”“小姐”“夫人”等称呼相称。但德国人没有被称为“阁下”的习惯。

德国人在穿着打扮上的总体风格，是庄重、朴素、整洁。男士大多爱穿西装、夹克，并且喜欢戴呢帽。妇女们则大多爱穿翻领长衫和色彩、图案淡雅的长裙。在日常生活里，德国妇女的化妆以淡妆为主。在正式场合露面时，他们必须要穿戴得整整齐齐，衣着一般多为深色。在公关活动中，一般男士穿深色的三件套西装，打领带，并穿深色的鞋袜。女士穿长过膝盖的套裙或连衣裙，并配以高统袜，化淡妆。不允许女士在商务场合穿低胸、紧身、透明的性感上装和超短裙，也不允许她们佩戴过多的首饰(最多不超过三件)。

德国人对发型较为重视。在德国，男士不宜剃光头，免得被人当作“新纳粹”分子。德国少女的发式多为短发或披肩发，烫发的妇女大半都是已婚者。

2. 节庆习俗

元旦。德国人的重大节日之一。除夕夜，男子按传统习俗聚在屋里，喝酒打牌，将近零点，纷纷跳到桌子和椅子上，钟声一响，就意味着跳进“新年”。

狂欢节。每年11月11日11时开始，到次年2月中旬复活节前结束，是德国传统的宗教节日。狂欢节最后一个星期成为“妇女节”，这一天妇女坐上市长办公椅，表演接管市政权力的喜剧。

3. 饮食习惯

德国人十分讲究饮食。肉食是德国人餐桌上的主角，面包、土豆、禽蛋等基本上属于配角的地位。德国人大多不爱吃鱼、虾，即使吃鱼的人，在吃鱼时也不准讲话，这是德国的一种独特的民俗。

德国人一般胃口较大，在口味方面，爱吃冷菜和偏甜、偏酸的菜肴。在饮料方面，德国人最喜欢喝的是啤酒，并且人人都是海量。他们也很喜欢喝咖啡、红茶和矿泉水。

德国人在用餐时，有以下几条特殊的规矩：其一，吃鱼用的刀叉不得用来吃肉或奶酪；其二，若同时饮用啤酒与葡萄酒，宜先饮啤酒，后饮葡萄酒，否则被视为有损健康；其三，食盘中不宜堆积过多的食物；其四，不得用餐巾扇风。

德国人爱吃油腻食品，且口味偏重，香肠、火腿、土豆是他们最爱吃的东西。但在吃饭、穿衣、待客方面都崇尚节俭。给德国人赠送礼品，务必审慎，应尽量选择有民族特色、带文化味的东西。不要给德国女士送玫瑰、香水和内衣。因为它们都有特殊的意思，玫瑰表示“爱”，香水与内衣表示“亲近”，即使女性之间，也不宜互赠这类物品。

4. 主要禁忌

对于“13”这个数字和“星期五”德国人极度厌恶。将刀、剪和餐刀、餐叉等西餐餐具送人，有“断交”之嫌，也是德国人所忌讳的。

在服饰和其他商品包装上禁用纳粹标志或类似符号，忌讳茶色、黑色、红色和深蓝色。

忌提前为别人过生日，忌打听别人的隐私。忌询问别人患了什么病和未经预约而突然拜访。忌吃核桃。

**(四)俄罗斯的习俗与礼仪**

俄罗斯(或俄罗斯联邦)位于欧亚大陆北部，地跨东欧北亚的大部分土地。面积1710万平方公里，是世界上地域最辽阔、面积最广大的国家，约占世界陆地总面积11.4%。海岸线长3.4万千米。俄罗斯有100多个民族，其中俄罗斯族占总人口83%，俄语为官方语言。主要少数民族都有自己的语言和文字。居民多信奉东正教。

1. 交际礼仪

俄罗斯人惯于和初次会面的人行握手礼。握手时应脱掉手套，站直或身体稍微前倾，保持一步左右距离，同时应注视对方的眼睛。切不可把另一只手放在口袋里。若是许多人同时相互握手，切忌形成十字交叉形。

在迎接贵宾之时俄罗斯人通常会向对方献上“面包和盐”。这是给予对方的一种极高的礼遇，来宾必须对其欣然笑纳。

俄罗斯人与他人相见时，他们通常都会主动问候“早安”“午安”“晚安”或者“日安”。在正式场合、俄罗斯人一般采用“先生”“小姐”“夫人”之类的称呼。他们非常看重人的社会地位。最好以其职务、学衔、军衔相称。在称呼上，“您”和“你”有不同的界限，“您”用来称呼长辈、上级和熟识的人，以示尊重；而“你”则用来称呼自家人、熟人、朋友、平辈、下辈和儿童，表示亲切、友好和随便。

俄罗斯人非常讲究仪表，注重服饰。外出上班或参加社交，一般都会衣冠楚楚，妇女还会认真地化妆。

俄罗斯人的传统服装为：男人上穿粗麻布长袖斜襟衬衣，腰系软腰带。下穿瘦腿裤。外面常穿呢子外套，并且头戴毡帽，脚穿皮靴。女人则爱穿粗麻质地的带有刺绣和垫肩的长袖衬衫，并配以方格裙子。

到俄罗斯人家里做客时，进门之后应立即自觉地脱下外套和帽子，并且摘下墨镜，这是最起码的礼貌。

2. 节庆习俗

俄罗斯人除重视宗教节日外，还把圣诞节的传统习俗与过新年结合起来。身穿大皮袄的圣诞老人称冬老人，代表旧岁；体态轻盈的雪姑娘代表新年。一老一少在辞旧迎新的晚会上给人们分发礼物。多数俄罗斯人喜欢在家过年，男子痛饮伏特加。

3. 饮食习惯

俄罗斯人以面食为主，他们很爱吃用黑麦烤制的黑面包。除了黑面包之外，俄罗斯的特色食品还有鱼子酱、酸黄瓜、酸牛奶等。在饮食习惯上，俄罗斯人讲究量大实惠、油大味厚。他们喜欢酸、辣、咸味，偏爱炸、煎、烤、炒的食物，尤其爱吃冷菜。

在饮料方面，俄罗斯人十分爱吃冰淇淋。他们也很能喝冷饮。在一般情况下，他们都很能喝烈性酒，而且酒量很大，可以不吃菜，往往一醉方休。

通常，俄罗斯人不吃海参、海蜇、乌贼和木耳，还有不少的人不吃鸡蛋和虾。用餐之时，俄罗斯人多用刀叉。

4. 主要禁忌

俄罗斯人忌讳别人送钱，认为送钱是一种对人格的侮辱。对颜色的好恶和东方人相似，喜红忌黑；对数字，他们却和西方人一样，忌讳“13”，但对“7”这个数字却情有独钟；忌食狗肉。

俄罗斯人豪爽大方，忌讳别人说他们小气。俄罗斯人特爱整洁，随便乱扔东西，会受到众人的鄙视。忌讳以历史上的某些有争议的领袖人物及当前的改革等作为话题。

## 三、美洲主要国家和地区的礼俗

美洲是南美洲和北美洲的合称，也是“亚美利加洲”的简称，又称新大陆，位于西半球的北部。东濒大西洋，西临太平洋，北濒北冰洋，北美洲以巴拿马运河为界，同南美洲分开。

### （一）美国习俗与礼仪

美利坚合众国，简称美国，绰号叫“山姆大叔”。位于北美洲中部，东临大西洋，西濒太平洋，北接加拿大，南靠墨西哥及墨西哥湾，面积约 930 万平方公里（本土面积）。美国的官方语言是英语。居民主要信奉基督教新教、天主教和犹太教。国庆日为 7 月 4 日（美国独立日，1776 年）。

1. 交际礼仪

美国人随和友善，容易接近。在交际场合，他们喜欢主动跟别人打招呼，并且乐于主动找人攀谈。在一般情况下，美国人同外国人见面时，往往以点头、微笑为礼，或者只是向对方“嗨”上一声作罢。除非亲朋好友，一般不会主动与对方亲吻、拥抱。

在称呼别人时，美国人更喜欢对交往对象直呼其名，以示双方关系密切。他们乐于在人际交往中称呼能反映其成就与地位的学衔、职称，如“博士”“教授”“律师”“法官”“医生”等等。

美国人在公共场合和他人面前，绝对不会蹲在地上，或是双腿叉开而坐。在公共场所就座时，一般都让长者和妇女坐在右边；走路要让长者和妇女走在右边。

跟美国人相处时，与其保持适当的距离是必要的。他们认为个人空间不容冒犯。因此，在美国碰了别人要及时道歉，坐在他人身边先要征得对方认可，谈话时距对方太近则是失敬于人的表现。

美国人平时的穿着打扮不太讲究。崇尚自然，偏爱宽松，讲究着装体现个性，是他们穿着打扮的基本特征。在日常生活之中，大多数是宽衣大裤，素面朝天，爱穿休闲装。只有正式场合，他们才会穿礼服或套装。

2. 节庆习俗

感恩节。又叫火鸡节，是北美独有的节日。11 月第四个星期四举行，饮啤酒吃火鸡，以感谢上帝的恩赐，是家人团聚、朋友相聚的全民性节日。

母亲节。每年 5 月第二个星期天，这天，家庭成员要做使母亲高兴愉快的事，并向母亲赠送各种礼物以示祝贺。城镇青年聚集在一起，用康乃馨献给前来参加聚会的母亲。

3. 饮食习惯

美国人的主食是肉、鱼菜类，副食是粮食；一日三餐比较随便，没有过多讲究。

美国人重视营养，食肉的人很少；喜欢咸中带甜的菜肴，喜吃甜食，口味清淡；水果经常是菜肴中不可缺少的配料，普遍喜欢海味和蔬菜。美国人对中国菜也很喜欢。

美国人用餐的戒备主要有：一是进餐时不允许发出声响；二是不允许替他人取菜；三是不允许吸烟；四不允许向别人劝酒；五是不允许当众宽衣解带；六是不允许议论令人作呕之事。

4. 主要禁忌

最忌讳的是“13”和“星期五”。忌讳别人谈论自己的隐私。忌使用“混蛋”“该死”等语言。不习惯自谦，视过谦为虚伪、口是心非、装腔作势。忌讳有“蝙蝠”图案的商品和包装，认为是凶神的象征。喜欢狗，认为狗是人类最忠实的朋友。对自称爱吃狗肉的人，美国人非常厌恶。

**(二) 加拿大习俗与礼仪**

加拿大位于北美洲的北半部，总面积 997 万平方公里，仅次于俄罗斯，是世界第二大国。人口 2900 多万，是世界上平均人口密度最低的国家之一。居民多为英法移民后裔、荷兰裔，多数信奉天主教和基督教。官方语言为英语和法语。国花是枫叶，素有“枫叶之国”的美誉。

1. 交际礼仪

加拿大人最大的特点是既讲究礼貌，又无拘无束。他们性格开朗热情，对人朴实而友好。在加拿大，人们见面都会主动向对方打招呼问好。一般以握手为礼，熟人之间用拥抱礼节，分手时也行握手礼。

许多加拿大人喜欢直呼其名，以此表示友善和亲近。只有在非常正式的情况之下，才会对对方连姓带名一同加以称呼，并且彬彬有礼地冠以“先生”“小姐”“夫人”之类的尊称。对于交往对象的头衔、学位、职务，加拿大人只有在官方活动中才会使用。

加拿大人时间观念强，约会要事先约定，准时赴约。加拿大人常用耸肩、两手手指交叉置于桌上等姿态来缓和紧张气氛或对他人的不幸处境表现理解和同情，有时，也表示无可奈何、无能为力或者为了掩饰自己的窘态。

加拿大在社交场合一般姿态比较庄重，举止优雅，在交谈时，他们会和颜悦色地看着对方。

在日常生活里，加拿大人的着装以欧式为主。上班的时间，他们一般要穿西服、套裙。参加社交活动时，她们往往要穿礼服或时装。在休闲场合里，他们则讲究自由穿着，只要自我感觉良好即可。

在加拿大，参加社交活动时，男子必须提前理发、修面，妇女们则无一例外地要进行适当的化妆，并佩戴一些首饰。

2. 节庆习俗

元旦。新年期间，不但不铲去积雪，还将白雪堆积在住宅四周，以保安宁。

枫糖节。每年 3 月至 4 月间，在春意犹浓之时，几千个枫糖的农场粉饰一新，披上节日盛装，以吸引众多游客。

3. 饮食习惯

加拿大人的饮食习惯，是特别爱吃烤制的食品。烤牛排、烤鸡、烤土豆，都是他们所喜欢吃的。在饮品方面，他们爱喝咖啡、红茶、牛奶、果汁、矿泉水等。此外，他们还爱喝清汤和麦片粥。

4. 主要禁忌

在需要指示方向或介绍朋友时，他们忌讳用手指来指点，而是代之以五指并拢、掌心向上的手势。在公共场合，他们厌恶那种抢着插嘴、在他人面前抠头发、清理手指甲缝里的污垢等行为，认为这是缺乏教养的表现。

加拿大人忌食肥肉、动物内脏、腐乳、虾酱、鱼露，以及其他一切有腥味、怪味的食物。他们也不大喜欢吃动物的脚爪和偏辣的菜肴。在餐桌上吸烟、吐痰、剔牙是非常不受欢迎的。

忌讳数字“13”。忌讳从梯子下行走。忌讳把玻璃打碎。忌讳将盐撒在地上。忌讳黑色和紫色。忌讳别人赠送白色的百合花。

**(三)巴西习俗与礼仪**

巴西联邦共和国，简称巴西，位于南美洲东南部，面积 851.42 万平方公里，是南美洲面积最大的国家。官方语言为葡萄牙语。大多数居民信奉天主教。“巴西”意即“红木”，有“足球王国”“咖啡王国”的美称。

1. 交际礼仪

巴西人在人际交往中大多活泼好动，幽默风趣，爱开玩笑。目前，巴西人在社交场合通常都是以拥抱或者亲吻作为见面礼。只有在十分正式的活动中，他们才相互握手为礼，除此之外，在巴西民间还流行着一些较为独特的见面礼节。其一是握拳礼，主要用于问安和致敬；其二是贴面礼，它是巴西妇女之间采用的见面礼节；其三，是沐浴礼，它是巴西土著居民迎宾的礼节。

在人际交往中，巴西人极为重视亲笔签名。不论是写便条、发传真，还是送礼物，他们都会签下自己的姓名。

巴西人没有“私人空间”的感觉，他们彼此喜欢在非常近的距离下进行交谈。巴西人的手语非常丰富而复杂。可以说，巴西人的个人交流主要是通过手势来完成的。

在正式一些场合里，巴西人不仅讲究穿戴整齐，而且主张在不同的场合里，人们的着装应当有所区别。在重要的政务、商务活动中，巴西人主张一定要穿西装或套裙。而在一般的公共场合，男人至少要穿短衬衫、长西裤，妇女则最好穿高领带袖的长裙。

2. 节庆习俗

元旦。新年来临之际，人们倾家而出，高举火把，相拥到山林去寻找“金桦果”，象征幸福。

狂欢节。巴西人传统节日之一，每年2月20日举行，举国上下沉浸在一片欢乐的气氛中，带来欢乐的同时，也推动巴西旅游业的发展。

3. 饮食习惯

巴西人平常主要吃欧式西餐，食物中肉类所占的比重较大，其中最爱吃的是牛肉，尤其是烤牛肉。

在巴西人的主食之中，巴西产的黑豆占有一席之地。巴西人最爱吃的菜肴名为“烩费让”，被称为国菜，是宴请时不可缺少的主角。巴西人喜饮咖啡、红茶和葡萄酒。

4. 主要禁忌

由于宗教的原因，巴西人忌讳“13”这一数字，忌讳棕黄色，认为是“凶祸”的象征。“OK”手势在巴西被认为是一种不文明的表示。忌讳以手帕作为礼品，认为手帕会引起吵架。

## 四、大洋洲主要国家和地区的礼俗

大洋洲是世界第七大洲，面积900万平方公里，由澳大利亚、新西兰和许许多多的岛国组成。16世纪前，这里人烟稀少，只有土著人居住。后来随着英国和其他欧洲移民的迁居，大洋洲诸岛就成了英国等发达国家的殖民地。现在该地区大多数国家已经摆脱殖民统治，获得独立，其中最先独立的是澳大利亚。

### (一)澳大利亚习俗与礼仪

澳大利亚联邦，简称澳大利亚，位于南半球，在太平洋印度洋之间。面积768.23万平方公里，是世界上人口密度最低的国家之一。国名源于拉丁文，意为“南方的土地”，有“骑在羊背上的国家”“淘金圣地”等美称。国花为金合欢花。官方语言为英语。98%的居民信奉基督教，少数居民信奉犹太教、伊斯兰教和佛教。

1. 交际礼仪

澳大利亚人人情味很浓，爱交朋友，爱同陌生人打招呼、聊天，爱请别人到自己家里做客。

在社交场合主要采用拥抱礼、亲吻礼、合十礼、鞠躬礼、握手礼、拱手礼、点头礼等。当地土著居民在见面时还行勾指礼，极具民族特色。它的做法是，相见的双方各自伸出手来，令双方的中指紧紧钩住，然后再轻轻地往自己身边一拉，以示相亲、相敬。

澳大利亚人大多名在前，姓在后。称呼时宜先说姓，再加上“先生”“小姐”或“太太”之类的尊称，熟人之间可称小名。

澳大利亚男子多穿西装，打领带，在正式场合打黑色领结，平时的一般穿着大多是T恤、短裤，或者是牛仔裤、夹克衫。妇女一年中大部分时间都穿裙子，在社交场合时穿西装上衣。

2. 节庆习俗

圣诞节。12月25日这一天，到处可以看到光着上身、满身汗水和穿超短裙的姑娘。父母给予子女的最好的圣诞礼物，莫过于一副小水划。圣诞弄潮，正是澳大利亚的一大特征。

南太平洋艺术节。每四年一次。演出的节目，大多是表现各岛人民的生活、劳动、爱情和神话的传统歌舞。

3. 饮食习惯

澳大利亚人一般喜欢英式西餐。其特点，是口味清淡，不喜油腻，忌食辣味，有不少的澳大利亚人还不吃味道酸的东西。具体而言，澳大利亚人的主食是面包，副食大多为牛羊肉、鸡肉、鱼肉、禽蛋等。爱喝的饮料有牛奶、咖啡、啤酒与矿泉水等。

在用餐时，澳大利亚人是使用刀、叉的。在有些地方，比如达尔文市，人们外出用餐时必须衣冠楚楚，否则将被禁止入内。澳大利亚人还很爱外出野餐，并以烧烤为主。

澳大利亚土著居民目前大多数尚且不会耕种粮食，饲养家畜。他们靠渔猎为生，并且经常采食野果。在进食的时候，他们经常生食，并且习惯以手抓食。

4. 主要禁忌

受基督教的影响，澳大利亚人对于“13”与“星期五”普遍感到反感。与澳大利亚人交往避免谈及宗教及个人问题等话题。对兔子特别忌讳，认为兔子是一种不吉利的动物，人们看到它都会感到倒霉。

对公共场合的噪音极其厌恶。在公共场所大声喧哗者，尤其是在门外大声喊人的人他们是最看不起的。

一般来讲，澳大利亚人不吃狗肉、猫肉、蛇肉，不吃动物的内脏与头、爪。他们还十分厌恶加了味精的食物，他们认为味精好似“毒药”。

**(二)新西兰习俗与礼仪**

新西兰位于太平洋西南部，扼南太平洋海、空交通要冲，面积26.8万平方公里。国名意思是“白云绵绵的土地”。居民主要是英国移民的后裔，少数为毛利人和其他民族，信奉基督教。英语为通用语言。

1. 交际礼仪

新西兰人与外人相见时所行的见面礼节主要有下列三种：

一是握手礼。这是新西兰人所用最多的见面礼节。不过与新西兰妇女握手时，必须由其首先伸出手来。二是鞠躬礼。新西兰人在向尊长行礼时，有时会采用此礼。他们行鞠躬礼的具体做法十分独特：与中国人鞠躬时低头弯腰所不同的是，新西兰人鞠躬时是抬着头，挺着胸的。三是注目礼。路遇他人，包括不相识者时，新西兰人往往会向对方行注目礼。即面含微笑目视对方，同时问候对方："你好!"新西兰的土著毛利人在欢迎来访者时，行"碰鼻礼"，在迎接客人时，主人要与对方彼此用鼻子尖，互相碰上两三次。双方碰鼻子的时间越长，就说明客人所受的礼遇越高。

称呼新西兰人时，最好是直呼其名，而称呼其官衔则不受欢迎。

在服饰方面，他们看重质量，讲究庄重，偏爱舒适，强调因场合而异。外出参加交际应酬时，新西兰妇女不但身着盛装，而且一定要化妆。

新西兰毛利人的服装一般是他们自己手工用亚麻布编织而成，平时习惯于身披披肩，腰扎围裙。头上有时会戴上头篷，也可以是花环，其上往往还会插一些羽毛。

2. 节庆习俗

主要节日有国庆节(2 月 6 日)、元旦。毛利族人特别怀念和崇拜自己的祖先，因此每年 12 月都举行盛大的庆典，来弘扬先人的功绩。

3. 饮食习惯

在新西兰，欧洲移民的后裔通常习惯于吃英式的西餐。他们的口味比较清淡，对动物蛋白和乳制品的需求量很大。他们还爱吃牛肉、羊肉、鸡肉、鱼肉等。冷天喜吃瘦肉，喝浓汤，爱吃新鲜蔬菜。在用餐时，他们以刀叉取食，但是忌讳吃饭时频频与人交谈。

新西兰的人非常喜欢喝茶，养成了"一日六饮"的习惯。它们分别被称作早茶、早餐茶、午餐茶、下午茶、晚餐茶和晚茶。

新西兰的大多鼓励喝酒，常喝的酒有威士忌类的烈性酒、啤酒和葡萄酒等。但是在新西兰饮酒受到严格的时间和年龄的限制。

4. 主要禁忌

时间观念较强，约会须事先商定，准时赴约。交谈以气候、体育运动、国内外政治、旅游等为话题，避免谈及个人私事、宗教、种族等问题。

他们对大声喧嚷和过分地装腔作势是表示不满的。当众嚼口香糖或用牙签被认为是不文明的行为。新西兰人性格拘谨，即使观看电影，也往往男女分场观看。受基督教影响，讨厌"13"与"星期五"。

在新西兰，聚会厅是毛利人祭祀祖先、送葬死者、在喜庆节日举行集会的神圣场所，平时不准外人进入。

## 五、非洲主要国家和地区的礼俗

非洲是"阿非利加洲"的简称。希腊文"阿非利加"是阳光灼热的意思。赤道横贯非洲的中部，非洲 3/4 的土地受到太阳的垂直照射，年平均气温在摄氏 20 度以上的热带占全洲的 95%，其中有一半以上地区终年炎热，故称为"阿非利加"。

位于东半球的西南部，地跨赤道南北，西北部的部分地区伸入西半球。面积约 3020 万平方公里(包括附近岛屿)，次于亚洲，为世界第二大洲。人口总数仅次于亚洲，居世界第二位。非洲大多数民族属于黑种人，其余属白种人和黄种人。居民多信奉原始宗教和伊斯兰教，少数人信奉天主教和基督教。非洲目前有 53 个国家。20 世纪末的近 30 年，大部分非洲国家先后独立。

### (一)尼日利亚习俗与礼仪

尼日利亚联邦共和国，简称尼日利亚。位于西非东南部，南濒大西洋几内亚湾。面积92万多平方公里。尼日利亚是非洲第一人口大国，人口1.33亿(2005年)。全国有250多个民族，其中主要的大部族有北部的豪萨-富拉尼族、西南部的约鲁巴族和东部的伊博族。尼日利亚主要民族语言有豪萨语、约鲁巴语和伊博语，英语为官方语言。居民中信奉伊斯兰教者占50%，基督教占40%，其他占10%。

1. 交际礼仪

尼日利亚人性格直率，他们和大多数非洲人一样，感情丰富。尼日利亚人的见面礼节为握手礼，而且握手的方式与众不同。握手前要在对方右手上轻轻弹扣几下以示敬意，然后才握手问候。若是彼此初次见面，那么握手时须先用自己的左手握右手，然后才用右手与对方握手，否则会被认为不知礼仪。此外，尼日利亚人在不同场合还会使用击掌礼、跪拜礼和屈膝礼等见面礼节。

尼日利亚人的国家意识很强，跟他们打招呼时可直接称“尼日利亚人”，他们会很高兴的。尼日利亚人等级观念也比较强，因此，在日常交往中最好直接换呼对方的职衔、学衔或军衔。否则，会被对方理解为是一种藐视。

在正式场合，一般要求西装革履，至少要穿长袖衬衫，并且一定要打领带。日常生活中，尼日利亚人一般穿着本民族的传统服装。男子正规穿着是长袖衬衣、瘦腿裤，外穿用白布缝制的大宽袍，头上再戴一顶白色无沿圆帽；女人的服装则由几块色彩艳丽的花布组成，未婚少女用两块花布就组成一身漂亮的裙装，已婚妇女一般要用三块花布。

尼日利亚妇女喜爱佩戴首饰，他们常戴的首饰有耳环、项圈、手镯、脚镯等，但是一般不喜欢戴戒指。

2. 节庆习俗

除夕。尼日利亚除夕夜晚，在农村的一些部落里，人们点燃火把，迎接新年。小伙子和姑娘们都到小河里洗澡戏水，谈情说爱，直到清晨。新年这天，大家可以尽情欢乐，不受部落戒律的约束。

奥孙节。奥孙节从每年八月的第一个星期四开始，延续八天。第一天由阿陶加王祭祀各种神灵，宣布新年开始，人们开始吃新木薯。这一天，所有的穷人都可以进宫向土王讨得一份礼物。晚上，伊费(Ife)的祭司点起一盏巨大的油灯，阿陶加和酋长们到奥梭河喂圣鱼，他回宫后，向人们抛洒可拉果和钱币，人们争先恐后地抢，因为据说这能给人带来好运。

伊都节。伊都节是祭祀造物主和庆祝香蕉丰收的节日，每7年举行一次。第一天除跳舞外，有假打仗和假捕鱼，男人们身着女装，把鱼肉撒向人群，人们东奔西跑，一片欢声笑语。第二天以家庭为单位游行，向人们撒饼干，一个强壮的男人顶一个盛满米饭的大铁锅，人们争先恐后地来抓抢米饭。第四天节日达到高潮，仪式的主持人手拿大刀砍香蕉树。主持人显得紧张又认真，香蕉树一倒，人们纷纷去抢一枝半叶，因为这意味着下一个七年的好运。

3. 饮食习惯

尼日利亚人最爱食用传统的“五色饭”，即玉米面(黄面)、木薯面(浅黄色)、豆类面

(咖啡色)、蔬菜(绿色)、西红柿(红色)混合在一起烧制而成的糕状或糊状食物。他们喜食粥、汤，汤类较为普及的是用炸甜瓜干、葫芦干、西红柿块、鱼或鸡一起煮的“埃古西汤”，用肉末和香蕉煨制成的“阿卡拉汤”也是香而不腻、别具一格。

尼日亚利人的菜肴讲究实惠，不喜欢太咸。一般不饮酒，不吸烟，爱吃水果的人也不太多。

用餐时，尼日利亚人多以右手直接取用，社交场合也使用刀叉。家中男子、女子、孩子采用“分餐制”，来了客人，也是只与自己拜访之人坐在一起用餐。

4. 主要禁忌

在交谈中，尼日利亚人从不盯视对方，也忌讳对方盯视自己，认为盯视别人是失敬的举止。尼日利亚已婚妇女忌讳吃鸡蛋。豪萨人认为食指是不祥之物，无论谁用右手的食指指向自己，都是一种挑衅行为；若是有人伸出手并张开五指指向自己，更是粗暴地侮辱人的手势，相当于辱骂祖宗。尼日利亚人一般都不愿谈论政治，特别是有关非洲的政治问题。他们忌讳“13”，认为它是厄运和不吉祥的象征。

**(二)南非习俗与礼仪**

南非的正式名称为南非共和国，位于非洲大陆最南端，东、西、南三面濒临印度洋和大西洋，北与纳米比亚、博茨瓦纳、津巴布韦、莫桑比克和斯威士兰接壤。地处两大洋间的航运要冲，其西南端的好望角航线历来是世界上最繁忙的海上通道之一，有“西方海上生命线”之称。国土面积约122万平方公里。全境大部分为海拔600米以上高原。居民主要由黑人、白人、有色人和亚裔四大种族构成。有11种官方语言，英语和阿非利卡语(南非荷兰语)为通用语言。居民主要信奉基督教新教、天主教、伊斯兰教和原始宗教。南非是世界上唯一同时存在3个首都的国家。钻石是国石，国庆日是5月31日。

1. 交际礼仪

南非礼仪可以概括为“黑白分明”“英式为主”。所谓“黑白分明”是指：受到种族、宗教、习俗的制约，南非的黑人和白人所遵从的社交礼仪不同。如南非的黑人往往会感情外露，形体语言非常丰富；而南非的白人则大多数显得较为矜持，讲究的是喜怒不形于色。

在社交场合，南非人所采用的普遍见面礼节是握手礼，对交往对象的称呼则主要是“先生”“小姐”或“夫人”。西方人所讲究的绅士风度、女士优先、守时践约等基本礼仪，南非人早已身体力行。

南非黑人有着自己的个性与尊严。因此，要对南非黑人的特殊礼仪表示认同和尊重。有时，南非黑人在待人接物上会表现出不同于主流社会的风格。如有些黑人在与客人相见时会行拥抱礼或亲吻礼。有些黑人则会行一种形式独特的握手礼，即先用左手握住自己右手的手腕，然后再用右手去与人握手。

在迎客人时，许多地方的黑人往往列队相迎，载歌载舞，习惯以鸵鸟毛或孔雀毛赠以贵宾，客人们高高兴兴地将这些珍贵的羽毛插在自己的帽子上或头发上。

在正式场合，南非人已经基本西化，普遍讲究着装端庄、严谨，因此与南非人进行交往时，最好穿样式保守、色彩偏深的套装或裙装，不然会被对方视作失礼。

在日常生活中，南非人大多爱穿休闲装。白衬衣、牛仔装、西式短裤均受其喜爱。南非黑人的穿着则不分男女老幼，往往偏爱色彩艳丽的服装，尤其爱穿花衬衫。此外，南非黑人通常还有穿着本民族服装的习惯。如一些部族的黑人，喜欢用兽皮做斗篷，将自己从头到脚遮在里面。而有的部族黑人则喜欢上身赤裸，仅在腰间围上一块布。

2. 节庆习俗

和解日。12 月 16 日在南非原称“丁冈日”或“誓言日”，是为了纪念 1838 年的这一天向北迁徙的南非布尔人(荷兰人后裔)打败祖鲁王丁冈、夺取了南非内陆大片土地而设立的。新南非政府成立后，这一天被改名为“和解日”，寓意是希望南非黑白两大种族面向未来，和平共处。

3. 饮食习惯

在饮食习惯上，南非人也表现出“黑白分明”。南非的白人饮食习惯与英国人相似，以西餐为主，他们吃牛肉、鸡肉、鸡蛋、面包和青菜，爱喝咖啡和红茶。南非黑人大多以玉米和大米为食，喜欢牛、羊肉，一般不吃猪肉，也不大吃鱼。不喜欢生食，爱吃熟食。

南非著名的饮料是被称为“南非国饮”的如宝茶，它深受南非各界人士的欢迎，被称为“南非三宝”之一。

在南非黑人家做客，主要一般送上刚挤出的牛奶或羊奶，有时是自制的啤酒。客人一定要多喝，最好一饮而尽。否则主人会很不高兴的。

4. 主要禁忌

非洲人对 negro、black 二词不但有抗拒心理，而且不承认它的含义。强调肤色不同，在非洲是最大的禁忌。因此，称呼非洲人，最好照他们的国籍来称呼。非洲人一般说来国家意识相当强烈，直呼其国名，他们听来就很受用。那些非洲土著碰到别人称他们为 African，就露骨地表示厌恶。

痛恨拍照，人、房屋、家畜一律不准拍摄。如想拍摄，之前最好向对方先打个招呼，获得同意之后再行动，以免挨一顿揍。

南非黑人非常敬仰自己的祖先，他们特别忌讳外人对自己的祖先言行失敬。不要评论不同黑人部族或派别之间的关系及矛盾。信仰基督教的南非人，忌讳数字 13 和星期五。

跟南非人交谈，有四个话题不宜涉及：第一，不要为白人评功摆好。第二，不要评论不同黑人部族或派别之间的关系及矛盾。第三，不要非议黑人的古老习惯。第四，不要为对方生了男孩表示祝贺。

**(三)埃及习俗与礼仪**

阿拉伯埃及共和国简称埃及，含义为“辽阔的国家”，地跨亚、非两洲，大部分领土位于非洲东北部，只有苏伊士运河以东的西奈半岛位于亚洲西南部。埃及有约 2900 公里的海岸线，但却是典型的沙漠之国，全境 96%为沙漠。世界最长的河流尼罗河从南到北贯穿埃及 1350 公里，被称为埃及的“生命之河”。面积 100 多万平方公里。居民主要是阿拉伯人。伊斯兰教为国教，信徒主要是逊尼派，占总人口的 84%。官方语言为阿拉伯语，通用英语和法语。莲花为国花，有“金字塔之国”“棉花之国”的美称。

1. 交际礼仪

埃及人正直、爽朗、宽容、好客。他们往往以幽默的心情来应付严酷的现实生活。

埃及人的交往礼仪既有民族传统的习俗，又通行西方人的做法，两者皆有，上层人士更倾向于欧美礼仪。埃及人见面时异常热情。一般情况下，见到不太熟悉的人，先致问候，如果是老朋友，特别是久别重逢，则拥抱行贴面礼，即用右手扶住对方的左肩，左手搂抱对方腰部，先左后右，各贴一次或多次。而且还会连珠炮似的发出一串问候语：“你好吧？”“你怎么样？”“你近来可好？”“你身体怎样？”等。

异性之间通常是握手，只有亲戚之间行贴面礼。男女之间也可不握手，男士不宜主动伸手，握手时不应交叉，即四人呈“十”字形面对面握。男士在握手时必须从座位上站起来，女士则不必，可以继续坐在椅上。

通常在埃及人面前尽量不要打哈欠或打喷嚏，如果实在控制不住，应转脸捂嘴，并说声“对不起”。埃及人讨厌打哈欠，认为哈欠是魔鬼在作祟。

在大中城市埃及人的打扮已与国际接规，但是，老年人着装较为保守，对奇装异服埃及人通常不问津。对于绘有星星、猪、狗、猫及熊猫图案的衣服，埃及人绝对不会穿，因为有悖民族习俗。在埃及，看不见袒胸露背或穿短裙的妇女，也遇不到穿背心和短裤的男人。

2. 节庆习俗

惠风节。埃及的传统节日之一，科普特历八月中旬举行(公历4月下旬)，含有“吸入和风”之意。吃鸡蛋是新年的吉兆，生菜象征春天，惠风节吃鸡蛋、生菜的风俗沿袭至今。

尼罗娶妇节。每年6月17日或18日举行。曾是埃及女孩的灾难日，20世纪40年代改称“忠诚节”，既表达埃及人民的善良愿望，又充满热闹气氛。

3. 饮食习惯

埃及人对饮食十分讲究。埃及人通常以“耶素”(就是不发酵的平圆形埃及面包)为主食，进餐时与“富尔”(煮豆)、“克布奈”(白乳酪)、“摩酪赫亚”(汤类)一并食用。他们喜食羊肉、鸡、鸭、鸡蛋以及豌豆、洋葱、南瓜、茄子、胡萝卜、土豆等。在口味上，一般要求清淡、甜、香、不油腻。串烤全羊、烤全羊是他们的佳肴。

他们习惯用自制的甜点招待客人，客人如果是谢绝、一点也不吃，会让主人失望也失敬于人。晚餐在日落以后和家人一起共享，所以在这段时间内，有约会是失礼的。

埃及人在正式用餐时，忌讳交谈，否则会被认为是对神的亵渎行为。埃及人一般都遵守伊斯兰教教规，忌讳喝酒，喜欢喝红茶。他们有饭后洗手、饮茶聊天的习惯。不吃虾、蟹等海味、动物内脏(除肝外)、鳝鱼、甲鱼等怪状的鱼。

吃饭时要用右手抓食，不能用左手。不论送给别人礼物，或是接受别人礼物时，要用双手或者右手，千万别用左手。

4. 主要禁忌

男士不要主动和妇女攀谈；不要夸人身材苗条；不要称道埃及人家里的东西，否则会认为你在向他索要；不要和埃及谈论宗教纠纷、中东政局及男女关系。

在埃及，一到了下午3至5点之后，人们大多忌讳针。进伊斯兰教清真寺时，务必脱鞋。埃及人爱绿色、红色、橙色，忌蓝色和黄色，认为蓝色是恶魔，黄色是不幸的象征，遇丧事都穿黄衣服。也忌熊猫，因它的形体近似肥猪。喜欢金字塔形莲花图案。禁穿有星星图案的衣服，除了衣服，有星星图案的包装纸也不受欢迎，禁忌猪、狗、猫、熊。3、5、7、9是人们喜爱的数字，忌讳13，认为它是消极的。

## ☞技能实训

### 实训任务一

【案例描述】

JPJ 智能工业科技有限公司是中国领先的 RFID 产品和整体解决方案提供商，是一家极富创新型成长企业，通过持续的技术创新为客户创造价值并实现共赢；依靠先进的传感信息技术和行业应用，引领着产业智能化发展的方向；通过坚持不懈的技术攻关和与客户共同研发，实现在电力物资供应链管理、汽车零配件制造系统管理、药品安全配送管理、司法智能狱警管理等领域的应用，并以此形成竞争优势和核心竞争力。

公司本着顾客满意第一、为顾客提供更好的产品和更佳的服务经营宗旨，广泛追求科学技术，为社会创造新的价值；培育并充分发挥员工的潜能；发挥各部门和员工的主观能动性，并将其汇成强大的集成力量。公司以革新性的 RFID 产品和整体解决方案为核心为顾客提供真正有益的价值；依靠先进的传感信息技术和行业应用，引领着产业智能化发展的方向。

2013 年 5 月 4 日，马来西亚 FIHU 公司以及美国 GOPP 材料公司莅临 JPJ 智能工业科技有限公司进行参观考察。JPJ 公司制订了周详的接待计划。公司董事长魏汉永、总经理季才强热情地接待了外宾，并进行了亲切的会谈。随后，几位外宾在公司有关人员的陪同下参观了公司展厅及办公区域，并给予高度评价。

【实训要求】

1. 请根据案例为 JPJ 智能工业科技有限公司制订周详的外宾接待计划；

2. 根据案例和制订的接待计划模拟 JPJ 智能工业科技有限公司礼宾、迎送的礼仪规范以及与外部会谈的情境。

【实训操作】

1. 请根据情境描述，分角色进行模拟；

2. 将全班学生分成若干小组，以小组为单位组织情境模拟；

3. 接待计划、台词内容可自行设计，鼓励创新，但要符合涉外接待礼仪规范。

【实训提示】

为了搞好接待工作，在外宾抵达以前，就应做好充分的准备工作。

1. 要弄清楚来访外宾或代表团的基本情况。例如，来访外宾的总人数，是否包括主宾和其他人员的配偶，来访人员的职务、性别、礼宾次序等情况，这些均可请对方事先提供。重要国宾来访，其随访人员中，有正式随行人员（或代表团团员）和工作人员之分，而正式随行人员中有的还是政府的高级官员。

2. 对于外宾的饮食爱好、宗教禁忌以及是否有其他特殊的生活习惯等也可事先向对方探询，必要时，还可向对方索要来访者的血型资料。拟订来宾访问日程前，还要向对方了解清楚抵离的日期和时间、交通工具和施行路线、对参观访问的具体愿望等。飞机起降的具体时间，可经由民航部门密切掌握。

3. 访问日程一般应由东道国首先提出。日程草案拟订后，可先将主要内容告知对方，以便听取对方意见，并使对方有所准备。在拟订日程草案时，除了遵循通常的礼仪程序以外，还要考虑以下一些因素：(1)访问的目的和性质；(2)访问者的愿望；(3)访问者同东道国的哪些人和事有特殊的关系；(4)访问者过去是否曾经来访过，哪些项目过去已经看过，如何使本次访问更具特色；(5)来访者的年龄及身体状况能适应的活动限度；(6)代表团其他成员的特殊要求与安排，特别是主宾的夫人，有时可以另行排一些有意义的活动。除了以上因素以外，主方领导人的时间安排是一个十分重要的因素，事先应当同有关的办公室联系好。

4. 接待规格的高低，体现了对来访客人的重视程度和欢迎的热烈程度，来访者对于接待规格的高低也往往比较敏感。因此，对于来访客人的接待规格要妥善掌握。接待规格的高低常常从各方面表现出来。

5. 外宾来访期间的生活接待十分重要。住房、坐车、生活起居，要尽量使其舒适、方便、安全，饮食应当可口。住地应当选择在环境优美安静的地段，以便使来宾在繁忙紧张的活动之后得到适当的歇息。应按外宾的习惯和爱好，尽量搞好。还应按外宾习惯，在房间内准备一些饮料、水果等，供其随时取用。在接待外宾的过程中，既要注意遵守国际交往中的通用礼仪，又要注意不同国家、民族的风俗习惯和禁忌，既要热情周到、彬彬有礼，又要端庄大方、不卑不亢，显示出礼仪风范和修养。

## 实训任务二

**【案例描述】**

星宇食品发展有限公司是集高科技、现代化、生态农业、有机食品为一体的特大型农业产业集团，公司采取了从种植、加工、到产品销售的一条龙的安全生产管理体系，建立了从土地到餐桌的质量服务体系，健全了从原料到产成品的质量追溯体系，保证了产品的安全性和可追溯性。根据“食品安全要从源头抓起”的理念，公司斥资3亿元人民币在全国建造了70万亩安全食品种植基地，其中10万亩已经获得GAP认证和有机产品认证。公司先后在东北、华北、华东等地建立了与种植基地相配套的食品生产加工企业，并通过了出口食品卫生注册和HACCP体系认证，产品涵盖：净菜配送、保鲜、速冻、盐渍、脱水、冻干、罐头、饮料等。国内有遍及全国及港澳地区的连锁净菜配送销售网络，国外出口到欧美、东南亚等地，并与世界著名的食品采购商建立了长期的供求关系，年出口额达2亿美元以上。

公司本着“民以食为天，食以安为先”的消费理念和“安全食品是做出来的”的生产理念，建立了从土地到餐桌的全程质量跟踪体系和全程质量溯源制度，保证了消费者对安全食品、健康食品、全营养食品的需求。公司以现代化农业为载体，本着“农业科学化、商品化、集约化、产业化”的原则，紧紧抓住绿色、有机和安全三大主题，立足现代，服务三农，打造精品。

为了进一步拓展海外市场，更深入地展开国际合作。公司销售部经理马东明先生亲自率队赴欧美、东南亚考察。根据计划安排，今年10月中旬前往波兰进行商务洽谈。

马经理去波兰商务考察前，特意对当地的风俗做了一番研究，他知道见到女士要行吻手礼。到了波兰，马经理一见到彬彬有礼的女士就主动把对方的手拉过来，狠狠亲上三口，吓得女士们芳心大乱。

波兰HGYI公司的老总请马经理到家里做客，马经理在花店买了一捧红玫瑰，正好36朵。没想到，波兰老总的夫人一点也不高兴。“难道波兰人没有好运的概念?”马经理有些糊涂了。

马经理到外贸局想了解一下波兰的出口政策，他中午去的时候还以为要白等到下午上班，可到了才发现官员也照常接待来访，并没有午休一说。这让马经理节省了不少时间。

【实训要求】

1. 讨论马经理在波兰访问时是否符合礼仪规范；

2. 纠正马经理的不妥之处，模拟其在波兰的考察活动。

【实训操作】

1. 借助网络工具或图书馆资源了解波兰的社交礼仪和禁忌；

2. 请根据情境描述，分角色进行模拟；

3. 将全班学生分成若干小组，以小组为单位组织情境模拟。

【实训提示】

1. 去波兰从事商务活动宜在每年9月至次年5月。要注意的是，波兰境内的机场、车站、桥梁以及军事建筑物都禁止拍照。此外，洗手间的表示方法也与众不同，V表示男士，○表示女士。

2. 波兰盛行吻手礼，但吻手礼一般要在女士先伸手而且手作下垂式时，对方才可将该女士的手轻轻放置手中吻之，嘴也不可过于接近女士的手。

3. 给波兰人送花很有讲究，如送得不当，就会引起误会。种类上，他们认为菊花用于葬礼，红玫瑰花是浪漫爱情的信物，做客时，千万不要送给女主人。颜色上，送给亲近好友的花要颜色鲜艳。送给恋人的花最好是红色的。平时人们忌送白花，但是在生日或庄重的命名日却例外。花数上，送花还必须是单数，切忌送双数。花束由一种花组成，被认为是雅致的。

4. 波兰各国营事业机构都在下午5点下班，但中午12点至13点的午休时间也能办事。外贸组织和政府部门从星期一至星期五办公，星期六办公时间为8时至13时。一般每月第一个星期六为假日。

5. 在商务活动中，不论什么场合都要穿保守式样的西装。拜会公司企业或政府机关都必须事先预约，递上名片。与波兰人打交道要多进行几次，商务谈判中，要善于讨价还价，对迟迟不做出决定的情况要有所准备。

## 实训任务三

【实训要求】

通过书籍或网络资源查找世界各国的民族礼仪习俗、禁忌、交往方式，选出两个具有代表性的国家在课堂上进行交流，通过典型案例或情境模拟的方式展现这两个国家民俗礼仪的基本特征。

【实训操作】

1. 以小组为单位，创设涉外活动情境，进行模拟表演，包括基本习俗、禁忌、礼仪特点和风格等方面的内容。不同小组根据所学涉外礼仪知识，可以进行竞猜；

2. 制作PPT进行补充介绍。

# 礼仪技能综合实训

**【实训要求】**

素质素养目标：

- 具有尊重他人、体谅他人的意识。能尊重他人的人格、尊重他人的习俗和禁忌、尊重他人的选择，能设身处地为他人着想。
- 具有良好的沟通、人际交往能力。人际关系相对融洽，人际交往过程中具备对他人的礼貌礼节和宽容理解，能缓解矛盾、消除误会。
- 具有良好的自我学习、自主管理能力。能根据所掌握获取的信息和知识，分析研讨复杂的案例；能运用网络等现代的手段，开展相应的自主学习，即时了解和把握最新动态和最新成果。
- 具有诚信品质和责任意识。做人诚实守信、工作踏实肯干，具有较强的工作责任心，勇于承担责任。
- 具有良好的职业素养和职业道德。外塑形象，内强素质，具备适应现代企业发展的中、高级技能型、应用型人才所必需的基本礼仪知识和基本礼节技能。

情境设计与实施：

- 咨讯：教师下发任务书；明确实训目标、实训内容和实训要求；学生分学习小组讨论，分析情境案例；熟悉相关礼仪知识和礼仪规范，熟悉相关礼仪技巧，了解解决问题的途径和方法。
- 计划与决策：制订项目执行计划；小组讨论确定系统方案；完成案例模拟设计；拟定最佳设计方案；理解角色要求，揣摩语言表达，组织排练和演示。
- 实施：各小组按礼仪规范完成案例模拟，要求形象端庄，举止优雅，待人接物切礼，语言措辞切合身份，模拟具有一定的创新性和感染力；各小组互相点评。
- 检查与评估：检查展示是否符合礼仪知识点和礼仪规范要求，设计是否合理，整个模拟是否切合实训要求；学生与教师共同评价，采用自评、互评和教师评价结合，撰写实训报告。

## 实训一　个人形象礼仪

### 一、实训目的和要求

1. 掌握职场着装的基本要求。
2. 掌握仪容基本礼仪。

3. 掌握仪态的要领：站姿、坐姿、行姿。
4. 了解微笑的要领，培养自觉的微笑习惯。

## 二、情境模拟

人物：Rita(经理秘书李媛)、Robert(刘经理)、问路客人、美华电器公司张经理、飞翔公司卢总经理、前台服务员

地点：TC 公司办公室内

清晨，秘书 Rita 穿着一套非常合体的西装短裙，(面带微笑，充满信心)来到公司办公室，开始了她一天的工作。[仪容、仪表、走姿]

8:00 Rita 到办公室马上就将空调、电脑、打印机等设备的开关打开，整理办公桌，查收 E-mail，将传真、信件等进行分类登记，浇花等。

8:30 为上司冲咖啡，与上司简短会面，汇报 E-mail 内容。Rita 轻声敲门，待允许后进入。[举止规范]

Robert：请进。

Rita：经理，早上好(微笑)[站姿]，现在您有时间吗？向您汇报一下我刚收到的 E-mail。(恭谦有礼)

Robert：好的。

Rita：一共收到两封邮件，一份是关于星月通信有限公司预约您洽谈合作事宜，您看怎么回复？还有一封是关于百胜集团邀请您参加他们公司的周年庆典活动，您是否要参加？

Robert：知道了，你回复星月通信公司，约定后天下午来我公司洽谈，由我公司派车前去接他们；百胜集团的庆典活动参加，帮我回复对方，同时把这件事列入我的工作安排中。顺便把这份文件去打印一下，我下午要用，一会我还要外出办件事(顺手递了过去)。谢谢！(沉着冷静且具亲和力)

Rita：经理，我知道了(双手接过)。如果没有其他的事我先去工作了。(轻声关上门，退身而出)[举止规范]

Robert：好的。

Rita 刚走出办公室，她手上的一叠文件一不小心，掉到了地上，她赶紧蹲下身来捡拾文件。(注意侧身，裙装)[蹲姿]

8:45 Rita 回到办公室，开始回复传真和 E-mail。

9:30 拿着文件到办公室对面的文印室打印完文件，在过道上遇到一位向她咨询的客人，她一边回答客人的提问，一边引导他转过拐角，通过走廊进入会客室。

客人：请问一下这是 TC 公司吗？(疑惑、不知方向的神情)

Rita：您好！这里是 TC 公司，请问有什么需要我帮助的吗？(微笑)

客人：哦，我想问一下，会客室在哪里？

Rita：先生，前面右拐，然后走到走廊的尽头就是了。(热情大方)[指引]

客人：太感谢了。(点头、微笑致谢)

Rita：不客气！（微笑）

10:00　Rita 开始坐在办公桌电脑前，开始处理手头的工作，制作经理近期工作安排表。（电脑前敲击键盘等动作）

这时手边的电话铃响了。

Rita：（2 秒之内，接过电话）您好！这里是 TC 公司。（礼貌大方，口齿清晰）

张经理：您好，我是美华电器公司，请问你们刘经理在吗？

Rita：对不起，刘经理外出了，请问我有什么可以帮到您的吗？

张经理：哦，这样啊，那您可以告诉我他的手机和家里的电话号码吗？

Rita：对不起，您看这样好不好，请留下您的联系方式，我尽快转达刘经理让他回复您，或者，您方便的话，有什么事，我可以转告他。

张经理：我是美华电器公司市场部经理，我姓张，我的联系电话是：22387668，请他尽快回复电话给我。

Rita：（做好电话记录）张经理，您的电话是 22387668，我知道了，我会尽快联系我们经理的，谢谢您的电话。

张经理：麻烦你了，谢谢，再见！

Rita：不客气，再见！（说完 Rita 又开始忙碌起来。）

挂完电话，Rita，准备打电话给 Robert，告知他刚才张经理打来电话的事宜。

Rita：（准备好电话内容，开始拨号，左手听筒，右手拨号）经理，刚才美华电器公司市场部张经理打电话来找您，让您尽快回电给他，他的号码是 22387668，您尽快和他联系一下吧！（语言简明扼要，准确清晰）

Robert：好的，我知道了。

旁白：下午经理回到公司，秘书陪同经理一起去机场接待一位重要客人。

他们走出办公室，然后坐公司的车出发了。[上车、下车动作]

旁白：不知不觉，轿车已经到达机场，两个迅速走到大厅，不一会，远远看见客人出现在了大厅立刻迎上前去。

Robert：卢总，您好！欢迎远道而来，一路辛苦了。（面带微笑，迎上前去）

卢总：刘经理，很高兴再次见到您！[握手礼]这位是？（同时面向秘书微笑致意）

Robert：卢总，这位是我的秘书，小李。

卢总：李秘书，您好！很高兴认识您。（伸出手与其握手）

Rita：（伸出手握手）卢总，久仰您的大名，一路上我们经理还一直在介绍您呢，非常欢迎您此次前来我公司洽谈业务！（递送名片）卢总，一路辛苦了，先带您去酒店休息一下吧。

卢总：好的，谢谢了！

Rita：您客气了，这边请。（用右手示意要走的方向，并帮助拿行李，一起前往酒店）

旁白：到了酒店前台。

前台服务员：欢迎光临！

Robert：卢总，我们已经为您订好了房间，您出示一下身份证就行了。

卢总：哦，你们考虑真周到，非常感谢！

Rita：您太客气了，这是我们应该做的。

前台服务员：这是房卡，这是早餐券，请收好。

卢总：好的。

经理、秘书引导客人乘电梯，走过道，来到了房间，插入房卡，为他打开了房门，先请卢总进入，(秘书指引)并把他的行李放到了房间。

Robert：卢总，您先休息一下吧！晚上六点我们来接您，一起用餐，为您接风洗尘。这是我们明天的活动安排表，您有时间看一下，有事随时联系我们。晚上见！

秘书终于结束了一天的工作。

旁白：只要每个人在自己平凡的岗位上越来越努力，那么他离成功就越来越近。

(资料来源：http：//www. docin. com)

## 三、实训要求

请分角色模拟以上情景，体会个人形象礼仪规范。

## 四、实训操作

1. 将全班学生分成若干小组，每小组成员六人，以小组为单位组织情境模拟；
2. 制作实训测试表，各小组互相点评，分别点评个人形象礼仪、仪容礼仪、仪表礼仪、仪态礼仪。
3. 老师总评。

## 五、实训测试表

1. 服饰礼仪

| 考核项目 | 得分标准 | 点评 |
| --- | --- | --- |
| 扣子 | 不论单排扣还是双排扣，扣子系法均正确，领口、袖口的扣子均全系（不打领带衬衫领口解开）。 | |
| 衬衫 | 衬衫颜色与西服颜色协调，领口高外套领口 1~2 厘米，袖口长外套袖口 1~2 厘米，下摆要塞进西裤。 | |
| 领带 | 形状规整，长短适中，打法正确，颜色与西装协调，正确使用领带夹。 | |
| 鞋、袜 | 鞋、袜颜色搭配恰当。 | |
| 裙服 | 套裙长短合适，颜色合适，内衣不外透，衬衣下摆掖入裙腰之间。 | |

2. 仪容礼仪

| 考核项目 | 得 分 标 准 | 点评 |
|---|---|---|
| 脸部 | 干净整洁，口无异味。 | |
| 发部 | 男士：前不覆额、侧不掩耳，后不及领，不蓄胡须、鼻毛不外现。<br>女士：长短合适，与整体协调，腋毛不外现。 | |
| 眼部化妆 | 眉峰在眼睛2/3处，眉尾、眼角、嘴角在一条直线上，眼线涂画均匀，没有凹凸不平。 | |
| 唇部化妆 | 唇膏涂抹均匀，颜色与腮红、眼影相协调。 | |
| 手部 | 手部清洁，无长指甲，不上彩甲。 | |
| 总体感觉 | 检查整个妆面是否协调。 | |

3. 站姿礼仪

| 考核项目 | 得 分 标 准 | 点评 |
|---|---|---|
| 基本站姿 | 头正、肩平、两眼平视、挺胸收腹，立腰提髋，小腿合，手在体侧、脚并拢、人挺拔。 | |
| V字步站姿 | 人挺拔，脚跟并拢脚尖开至45°~60°之间。 | |
| 背手式站姿（男士） | 人挺拔，双脚打开稍窄于肩；右手握左手放在后腰中。 | |
| 背垂手式站姿（男士） | V字步站立人挺拔，一手放背后、一手放体侧。 | |
| 丁字步站姿（女士） | 人挺拔，右手握左手轻搭小腹前，前脚脚后跟紧靠后脚中后部，双腿之间没有明显裤缝。 | |

4. 坐姿礼仪

| 考核项目(男士) | 得 分 标 准 | 点评 |
|---|---|---|
| 标准坐姿 | 上身挺直，双肩平正，双手放在两腿或扶手上，双膝并拢 | |
| 前伸式 | 在标准式的基础上，两小腿前伸一脚的长度，左脚向前半脚，脚尖不要跷起。 | |
| 前交叉式 | 小腿前伸，两脚踝部交叉。 | |
| 后点式 | 左小腿后屈，前脚掌着地，右脚前伸，双膝并拢。 | |
| 开关式 | 右脚前伸，左小腿后屈，大腿紧靠，两脚前脚掌着地，并在一条直线上。 | |
| 重叠式 | 右腿叠在左腿膝上部，右小腿内收、贴在左腿，脚尖自然向下垂。 | |

| 考核项目(女士) | 得 分 标 准 | 点评 |
|---|---|---|
| 标准坐姿 | 上身挺直，双肩平正，双手交叉叠放在两腿中部，双膝并拢或成丁字步。 | |
| 前交叉式 | 在前伸式坐姿的基础上，右脚后缩，与左脚交叉，两踝关节重叠，两脚尖着地。 | |
| 开关式 | 右脚前伸，左小腿后屈，大腿紧靠，两脚前脚掌着地，并在一条直线上。 | |
| 侧点式 | 两腿同时向左(右)侧伸出，右(左)脚靠在左(右)脚上，双膝并拢。 | |
| 侧挂式 | 两腿同时向左(右)侧伸出，右(左)脚脚尖勾靠在左(右)脚脚踝上。 | |
| 重叠式 | 右腿叠在左腿膝上部，右小腿内收、贴在左腿，脚尖自然向下垂。 | |

5. 走姿礼仪

| 考核项目 | 得 分 标 准 | 点评 |
|---|---|---|
| 标准走姿 | 步履轻盈、稳健、有朝气，步速适中、步态从容。头正、颈直、肩平、目视前方，不晃肩、不扭臀、无跳跃感，手臂摆动自然，腿部不僵硬，落脚成直线。 | |
| 前行转身 | 标准走姿有朝气，左右转向轨迹明。 | |
| 后退步 | 先要后退再转身，头比身体慢一拍。 | |

6. 蹲姿礼仪

| 考核项目(女士) | 得 分 标 准 | 点评 |
|---|---|---|
| 标准蹲姿 | 屈膝，不低头、不弓背，掌握重心，动作优雅。 | |
| 交叉式蹲姿 | 右脚在前，左脚在后，右小腿垂直地面，全脚着地。左脚脚掌着地，两腿前后靠紧。 | |
| 高低式蹲姿 | 右脚在前，左脚稍后，两腿靠紧下蹲，右脚全着地，左脚脚掌着地。左膝低于右膝。 | |

# 实训二　日常交际礼仪

## 一、实训的目的和要求

1. 掌握见面礼仪：称呼、介绍、握手、名片。
2. 掌握手势语礼仪在引导中的运用。
3. 了解微笑的要领，进行微笑日常训练。

## 二、情境模拟

人物：

A 公司：总经理：刘　杰　　项目经理：倪长天　　总经理秘书：孙　然

B 公司：总经理：蔡黎君　　项目经理：卞宙翔　　总经理秘书：李　浩

**第一幕：电话确认**

孙：您好！我是 A 公司刘总经理秘书，请问您那边是 B 公司吗？

李：是的，您好！我是 B 公司蔡总经理秘书小李。

孙：啊，李秘书，您好！贵公司已与我公司约定后天进行商务洽谈，请问你们将搭乘哪个航班，大概什么时候到？

李：我们搭乘的是明早 11 点的 CA1858 航班，大概明天下午 2 点抵达。

孙：请问你们一行多少人？蔡总经理会亲自来吧？

李：是的。我公司非常重视与贵公司的这次合作，我们蔡总会亲自到访，随她同行的还有我们公司项目部经理和我。

孙：好的。到时我们会去机场，在第 18 号出口迎接你们。

李：好的。谢谢。

孙：那就这样了，不耽误您的时间了，我们到时候见吧。

李：嗯，再见。

**第二幕：机场接机**

李：您好，请问您就是 A 公司的孙秘书吧？

孙：哦，是的。那您就是之前联系我们的李秘书吧？

李：没错。您好，您好！

孙：您好，您好！

(双方握手)

李：(转向蔡总)蔡总，这位是 A 公司刘总经理的孙秘书，就是她主要负责和我们联系这次项目合作的。(转向孙)孙秘书，这是我们公司的蔡总经理，这位是我们公司的项目部经理——卞经理。

蔡：孙秘书，你好(边说边主动握手)。

孙：蔡总，您好！叫我小孙就可以了。

卞：您好！麻烦您了(边说边主动握手)。

孙：哪里哪里，卞经理，您好！

孙：蔡总，欢迎来到上海，一路上辛苦了吧？

蔡：还好，还好。好久没来上海啦，上海的机场真漂亮啊！

孙：感谢您不辞辛苦，在百忙之中抽空来跟我们洽谈项目啊！

蔡：其实我早就想了解一下赫赫有名的A公司了，而且还可以借机游览一下上海，哈哈！

大家：哈哈！

孙：蔡总，今天下午我们会安排各位到宾馆入住，晚上设宴为各位洗尘。明天上午你们不用早起，好好休息一下。我们下午会派人来接你们到我公司进行项目洽谈，不知道蔡总意下如何啊？

蔡：你们考虑得太周到了，谢谢你们啊！

孙：应该的，应该的。车已在外面等候，那我们现在就走吧。

蔡：好，走。

(孙帮忙提行李)

**第三幕：双方见面**

(人员引见)

倪在办公室看关于合作项目的报告，孙引导卞、李进门。

孙(敲门)：倪总，客人已经到了。

倪：哦，好的，快有请。

(倪起身，走向会客角；孙引二人进入办公室)

孙：允许我介绍一下，这位是我们公司的倪经理，是此次项目的负责人(向倪介绍)。这位就是B公司的卞经理(倪先与卞握手：卞经理远道而来，幸会幸会，一路上辛苦了)。这位是总经理秘书——李秘书(倪与刘握手：你好你好，李秘书辛苦了)。

倪：两位快请坐(示意孙上茶水)。

倪：这是我的名片(双手递上分别给卞、李)。

卞：谢谢，这是我的名片(递名片给倪)。

李：倪经理这是我的名片，请笑纳(递名片给倪)。

孙端茶上，微笑静默上茶，众人点头微笑致意。孙然后坐下。

倪：二位请用茶。

卞、李：谢谢。

倪：我们刘总与贵公司蔡总一直有联系，私交不错。二位现在已经在叙旧了。上次与贵公司的合作非常愉快，希望这一次的也是。

卞(笑)：既然大家都很有诚意，我相信这次的合作肯定会很愉快。

倪：好的，项目的洽谈稍后开始，二位有什么要求的话可以随时向我们提出。

卞：倪经理客气了，先谢谢了。

倪(起身)：现在让孙秘书领你们去小会议室，那里我们已经准备好了资料，我随后就到。

卞(起身)：好的，稍后见。

孙：二位这边请。

(倪将二位送至门外)

**第四幕：双方签约**

道具：一张桌子、两张椅子、两本文件夹、两支签字笔、两面小旗子、背景音乐

双方入场……

刘：蔡总，这两天对上海的气候还适应吧?

蔡：挺好，上海是个好地方，到处充满时代气息，我很喜欢啊。

刘：是啊，上海确实是国际化大都市。这次能与蔡总和贵公司合作，真的感到十分荣幸啊。

蔡：呵呵，相信我们一定会合作愉快的，两家公司必定能在这次合作中实现双赢。

倪：刘总，蔡总，签约会议室到了，我们进去签约吧。

刘：好吧，蔡总，这边请。

倪：卞经理，这边请。

卞：请。

倪：(面向蔡)蔡总，您请这边坐。(转向刘)刘总，这边请。(转向卞)卞经理，这边请。

刘：(面向蔡)请。

蔡：(面向刘)请。

(背景音乐)

刘、蔡各签署桌上的合同书。

倪、卞帮忙互换合同书。

刘、蔡签署对方的合同。

签署完毕，刘、蔡起身互换合同书。(左手递，右手接，握手表示庆贺)

(大家鼓掌)

刘：蔡总，预祝我们两家公司合作愉快!

蔡：哈哈，合作愉快!

刘：蔡总在上海再小住几天吧，我带您游览一下。

蔡：呵呵，谢谢刘总的好意啊，不过明天我和小卞还要飞往广东参加一个商务洽谈会，下次有机会一定来。

刘：这样啊，生意要紧，那您下次来一定要事先通知我啊，哈哈。

蔡：一定一定。

大家：哈哈哈。

(资料来源：http：//hi. baidu. com)

## 三、实训要求

请分角色模拟以上情境，体会日常交际礼仪的规范和要领。

## 四、实训操作

1. 将全班学生分成若干小组，以小组为单位组织情境模拟；
2. 小组成员轮流扮演不同角色。

## 五、实训测试表

1. 见面礼仪

| 考核项目 | 得 分 标 准 | 点评 |
|---|---|---|
| 称呼 | 称呼正确、适当，声音与身体动作的协调性，展现敬意。 | |
| 为他人作介绍 | 介绍人应站在被介绍者中间，手指并拢，手心向上，抬起手臂，手肘弯曲，把手伸向被介绍一方，准确称呼，简明扼要，将职务低的、年轻的、男士介绍给职务高的、年长的、女士。 | |
| 握手动作要领 | 四指并拢，拇指张开，肘关节微屈，手臂抬至腰部，上身前倾，双脚立正，目视对方，面带微笑与之右手相握，上下轻摇，稍事寒暄，一般为2~3秒。 | |
| 握手的顺序 | 年长者、职位高者、女士、老师先伸手，然后年轻者、职位低者、男士、学生相呼应。 | |
| 递交名片 | 起立，由近及远的顺序(或由尊而卑)，面带微笑，目视对方，双手递，名片正面向对方，用拇指和食指捏住名片的两角。递名片时配合“请多关照”等话语。 | |
| 接受名片 | 双手接(或右手接)，接过对方名片应认真默读一遍，或轻声读出来，然后收起，不可随便一丢。接受名片时配合“谢谢”“请您多关照”等话语。 | |

2. 手势礼仪

| 考核项目 | 得 分 标 准 | 点评 |
|---|---|---|
| 横摆式 | 在表示“请进”时常用。五指并拢，手掌自然伸直，手心向上，以肘为轴轻缓向一旁摆出，到腰部并与身体正面呈45度时停止。头和上身微向伸出手的一侧倾斜，另一手下垂于体侧，面带微笑。 | |
| 前摆式 | 五指并拢，手掌伸直，由身体一侧由下向上抬起，以肩关节为轴，手臂弯曲，到腰的高度由身前右方摆去，目视来宾，面带微笑。 | |

续表

| 考核项目 | 得 分 标 准 | 点评 |
| --- | --- | --- |
| 双臂横摆式 | 两臂从身体两侧向前上方抬起，两肘微屈，向两侧摆去，也可双臂向同一方向摆去。 | |
| 斜摆式 | 手从身体一侧抬起，到高于腰部后，再向下摆去，使大小臂成一斜线。 | |
| 直臂式 | 掌心向上伸直，手指并拢，屈肘从身前抬起，向指的方向摆去，抬到肩的高度时停止，肘关节基本伸直。上身稍前倾，面带微笑。 | |

3. 微笑礼仪

| 考核项目 | 得 分 标 准 | 点评 |
| --- | --- | --- |
| 微笑口型 | 微笑要掌握时机，露上下八颗牙齿，表情要自然。 | |
| 与面部配合 | 微笑与眼神、表情、寒暄相配合。 | |
| 时机把握 | 微笑时机要合适。 | |

# 实训三　办公室礼仪

## 一、实训的目的和要求

1. 掌握使用电话和手机的礼仪。
2. 掌握座次礼仪在会谈中的运用。
3. 了解会谈的礼仪要求和基本程序。

## 二、情境模拟

**【背景资料】**

奇梦达公司(Qimonda AG)是2006年5月1日从英飞凌科技公司分拆出来新成立的全新内存产品公司，目前已成为全球DRAM内存产品的主要供应商，并于2006年8月9日在纽约证券交易所上市。奇梦达公司(原英飞凌公司)总部位于德国慕尼黑，是国际半导体产业富有创造性的领导者。奇梦达在中国涉及的领域包括：研发与设计、市场与销售以及生产等各领域。奇梦达主要进行300mm晶圆生产，提供PC及服务器市场的DRAM产品。公司还希望将产品成功延伸到图形、移动通讯和由低功率沟槽技术引导的消费类领域。奇梦达在苏州设有生产基地和IT研发中心，在西安设有产品研发中心，在上海设有销售中心，在北京、深圳设有销售分公司。

Gateway 于 1985 年在美国中西部创立，目前已经成长为一个世界最知名的技术品牌，拥有数百万满意的客户。目前，公司的品牌产品已经通过主要零售商进入美国、墨西哥、加拿大、日本、英国和越来越多的西欧市场。Gateway 始终致力于追求“让客户在购买、拥有和使用 PC 时感到方便无忧”这一境界。Gateway 凭借为客户提供物有所值的产品、无与伦比的服务和支持而闻名业界。

美国发生次贷危机，引发全球金融风暴。在这样的压力之下，两家公司同样面临一些问题。Gateway 公司欲将原先 100 万订单缩减至 50 万，但是奇梦达公司根据仓库保管资料，目前已有 90 万成品。针对这一突发情况，奇梦达公司韩总经理决定邀请美方代表到国内与之进行商务谈判。

Gateway 公司代表应约到来，奇梦达公司市场部王经理和总经理秘书小许前往机场接机，并领至宾馆休息。

第二天，双方代表进行商务谈判，最终达成协议，决定缩减 10 万订单。谈判结束后，双方择日举行了签字仪式。

**主要人员安排：**

奇梦达公司韩总经理(Peter)　市场部王经理(Judy)　总经理秘书小许(Echo)

Gateway 公司总经理 Johnson　市场部经理 Tinna　总经理秘书 Cherry

酒店前台接待员

**场景一：市场部王经理电话告急**

许秘书：您好，总经理办公室。

王经理：您好，我是市场部王敏。

许秘书：王经理您好，请问有什么可以为您效劳的吗?

王经理：上个月公司与 Gateway 公司的订单出现了变故，我想向总经理当面汇报一下，韩总在吗?

许秘书：请您稍等，我立刻帮您联系，稍候给您答复。

王经理：谢谢，再见。

许秘书：再见。

(许秘书致电韩总)

许秘书：韩总您好，市场部王经理电话告急：公司与 Gateway 公司的订单出现了变故，需要向您当面汇报工作。

韩总：请他马上过来。

(许秘书电话告知王经理，请王经理前来汇报工作)

**场景二：王经理向韩总汇报工作**

王经理：韩总，公司上个月跟 Gateway 公司拟定的订单出现了变故，受金融风暴的影响，Gateway 公司要求把订单从 100 万缩减到 50 万。

韩总：王经理，你有没有到生产部了解一下我们已经生产出了多少成品?

王经理：目前已经有 90 万的成品了，如果按照 Gateway 公司的要求缩减到 50 万的话，我公司将会有 40 万的产品积压在仓库里，这会给公司较大的经济周转带来困难。

韩总：你有没有好的建议？

王经理：能否邀请美方前来洽谈，我们争取把订单缩减到 90 万，尽可能地减轻我方经济周转压力，同时也能促进双方长久的合作关系，您觉得怎么样？

韩总：可以。你对 Gateway 公司比较熟悉，而且这个订单也是由你一直跟进的，就由你和许秘书来安排准备这次的商务洽谈吧？

王经理：好的，我们搜集一下相关资料，做些准备工作。

**场景三：许秘书邀约 Gateway 公司**

（许秘书立即整理好有关材料并发 E-mail 给美方公司，诚邀对方于 12 月 13 日至 15 日前来国内进行一次商务洽谈。第二天，许秘书致电美方公司，确认对方是否已收到邮件，并询问是否会应邀）

Cherry：Good morning，Gateway Company，Johnson's office，May I help you ?

许秘书：Good morning，Qimonda AG China Branch，Peter's office，we have sent you an E-mail yesterday，have you checked it?

Cherry：Yes，we have received. Thank you for your invitation. We will arrive on time.

许秘书：Well，it's our pleasure. Could you tell me about your arrangement?

Cherry：Ok，our president，salesmanager，secretary will attend.

许秘书：Do you need us to book the tickets?

Cherry：No，thanks，we have reserved. The flight number is CA984，the daparture time is 10:30 am on Friday morning.

许秘书：Well，CA984，10:30 am on Friday morning，right?

Cherry：Yes，that's right. Anything else?

许秘书：That's all，thank you. We will look forward to your coming.

Cherry：Thank you for your calling，byebye!

许秘书：Byebye!

**场景四：许秘书致电吴宫喜来登大酒店预订房间**

前台接待员：您好，喜来登大酒店，有什么可以为您服务的？

许秘书：您好，我想预定三间单人的商务间，其中一间要有会客厅。

前台接待员：好的，请问您什么时候入住？

许秘书：我们会在 12 月 13 日中午一点登记入住，会在 15 日中午办理退房。

前台接待员：好的，您预定了三间单人的商务间，其中一间要有会客厅，您会在 12 月 13 日中午一点登记入住，会在 15 日中午办理退房。有问题吗？

许秘书：没有问题，就是这些。

前台接待员：请问您怎么称呼？

许秘书：我姓许，言午许，我的联系电话是 159600×××××。

前台接待员：许小姐，您的联系电话是 159600×××××，对吗？

许秘书：没错。

前台接待员：好的，谢谢您的来电，再见。

许秘书：再见。

**场景五：机场接机**

（12 月 13 日上午 10 点，王经理和许秘书开车前往机场迎接美方代表）

Cherry：Nice to meet you，are you Echo?

许秘书：Yes，you must be Cherry，nice to meet you！

Cherry：Nice to meet you too.

Cherry：And this is the secretary of Qimonda AG Echo，this is our president Johnson，this is our salesmanager Tinna.

许秘书：Nice to meet you.

Johnson、Tinna：Glad to meet you.

许秘书：Did you have a good flight?

Johnson：I'm a little air sick.

许秘书：Oh，I'm sorry to heat that，do you feel better now?

Johnson：Yes，but I'm still tired，the flight is too long.

许秘书：Let's go to the hotel to have a rest.

（假设双方坐四座双排轿车回来，设置位次）

**场景六：奇梦达公司会议室商务洽谈**

（12 月 13 日下午，双方就订单问题进行了一次紧张而又激烈的商务洽谈。Gateway 公司坚持将订单缩减至 50 万，并且承诺日后会加强合作，但奇梦达公司认为将订单缩减至 50 万将严重有损公司的经济利益，因此双方僵持不下。）

许秘书：This way，please...Well，this our president Peter，the salesmanager Judy. And this the Gateway president Johnson，and the salesmanager Tinna.

韩总：Welcome to our company！We hope this meeting will be successful.

Johnson：It's our pleasure. We'll come out from this meeting as winners.

韩总：Hope so！Ok，now let's get into the negotiation directly.

Johnson：I'd like to get the ball rolling by talking about order.

Tinna：We want to cut the quantity of our order by half.

韩总：I think it must be a joke！You won't do like that！

Johnson：But I must say it's true. Let me explain to you why. You must have heard the financial crisis. Due to this crisis，the demand for goods and services remains weak.

Tinna：And lack of found is the main difficulty we face. So we can't afford the number before.

王经理：I'm sorry to hear that. But that's a big change from 1,000,000 to 500,000. If so it will damage our company badly. I'm afraid I can't accept it.

Johnson：We just cut the order in a short period. We promise we'll extend the contract and increase our purchase.

王经理：Promise? Yes，but all of us don't know when the crisis will end，and it's hard to see how and when you can place large order. If you guarantee that on paper，I think.

Tinna：Well，thanks for reminding us. But I don't think I can change it right now.

韩总：En，something must be wrong. Maybe we can have a break. OK?

Tinna：OK. We hope we can find some common ground on this.

(谈判被迫中止15分钟……)

(15分钟之后谈判继续)

韩总：I'm sure there is some room for negotiation. We'll have a happy ending.

Tinna：Actually，we still hope cut the order. In quantity，can we find a good idea?

韩总：OK! To be honest，we have produced 900，000 end products. So 10% is our limit.

Johnson：You mean we must accept it. Are you negotiable?

王经理：No change in order. But we can accept payment by installment.

Tinna：As you know，our funds is low，but your price is a little high. If you give us a suitable discount，I'll appreciate it.

韩总：Well，I understand. You can get a discount of 5%. We have already compromised.

Johnson：Thank you for your special discount. Is there any space?

王经理：We are here to solve problems，but it seems you have no sincerity.

Tinna：OK，good. Let me run through this again：we cut 10%，get a 5% discount and pay it by installment，am I right?

韩总：Right! It's about the best we can do。I think we've settled everything.

Johnson：Yeah! No doubt，it's benefit to both sides. Let's hope it's the beginning of a long and good realationship.

(谈判结束，双方决定于两天后重新签订合同。)

**场景七：举行签字仪式**

(略)

## 三、实训要求

1. 模拟奇梦达公司市场部王经理和总经理秘书小许准备商务洽谈的情境；

2. 模拟奇梦达公司市场部王经理和总经理秘书小许前往机场接机、将客人领至宾馆休息的情境，此场景用英语模拟；

3. 模拟双方代表进行商务洽谈的情境，此场景用英语模拟；

4. 模拟双方举行签字仪式的情境。

## 四、实训操作

1. 请根据情境描述，分角色进行模拟；

2. 将全班学生分成若干小组，以小组为单位组织情境模拟，小组成员轮流担任不同角色；

3. 鼓励同学大胆创新，设计出既符合规范又有新意的台词，不必千篇一律，但是要符合礼仪规范。

## 五、实训测试表

1. 电话礼仪

| 考核项目 | 得 分 标 准 | 点评 |
|---|---|---|
| 打电话 | 做好准备，选择适合打电话的时间，电话接通后，应问候，自报家门，然后礼貌询问。 | |
| 接电话 | 三声铃响前接听，接通后，应先问候，自报家门，然后礼貌询问。代接电话要告诉对方要找的人不在，然后才可以问他是何人、何事，并准确记忆、重复核实。如果是领导在会晤客人或会议，可向其说明原因，表示歉意，并承诺稍后联系，或请对方稍后再联系。 | |
| 通话时 | 交谈时简明扼要，注意力集中，善于倾听，并适时给予反应。传达电话内容要及时、准确，做好信息记录、核实。 | |
| 挂电话 | 结束交谈时，挂电话要比发话人慢一秒，并轻轻挂电话。或者由通话双方中位高者终止通话。 | |

2. 位次礼仪

| 考核项目 | 得 分 标 准 | 点评 |
|---|---|---|
| 乘坐轿车位次 | 公务用车时，上座为后排右座。接待重要客人时，上座为司机后面之座。社交场合，上座为副驾驶座位。 | |
| 行进中的座次 | 常规并行时，讲究内侧高于外侧，中央高于两侧。单线行进时，讲究前方高于后方。 | |
| 会见座位位次 | 主宾、主人座位位次排列准确。宾主对面而坐，面门为上，宾主并排而坐时，右为上。 | |
| 会谈座位位次 | 1. 双边会谈以长方形桌为首选会谈桌，宾主座位位次正确。<br>2. 多边会谈的座位摆放正确。 | |
| 会见会谈 | 双方就某一模拟问题进行严肃而郑重的会谈。 | |
| 合影留念 | 合影时主人和主宾居中，主宾在主人的右边，按礼宾次序主客双方间隔排列，各排两端均由主方人员把边。 | |

3. 签字礼仪

| 考核项目 | 得 分 标 准 | 点评 |
|---|---|---|
| 布置好签字厅 | 签字厅布置庄重、整洁、清净符合礼仪规范。 | |
| 安排好签字时的座次 | 签署合同时，签字各方代表的座次排定合乎礼仪程序。 | |
| 预备好待签的协议文本 | 待签文本是正式的、不再进行任何更改的标准文本，装订成册，涉外协议语言使用规范。 | |
| 规范好签字人员的服饰 | 所有人员着装符合正式场合着装要求。 | |
| 签字仪式开始 | 签字者按照主居左，客居右的位置入座，双方其他陪同人员按礼宾次序就位。双方助签人分别站在己方签字者的外侧，协助翻揭文本，指明签字处，并为已签署的文件，吸墨防洇。 | |
| 签字人签署文本 | 签字人先签署己方保存的协议文本，后签署他方保存的协议文本。 | |
| 交换协议文本 | 双方签字人正式交换已经由有关各方正式签署的文本，交换后各方签字人热烈握手，互致祝贺，并相互交换各自方才使用过的签字笔以示纪念，此时全场人员鼓掌表示祝贺。 | |
| 共同举杯庆贺 | 交换协议文本后，礼宾小姐端上红酒或香槟酒，有关人员尤其是签字人当场干杯以示祝贺。 | |
| 按顺序退场 | 请双方最高领导者及客方先退场，然后东道主再退场。 | |

# 实训四　商务活动礼仪

## 一、实训的目的和要求

1. 掌握商务接待的礼仪要求。
2. 掌握商务活动礼仪在产品推销中的具体运用。
3. 了解商务谈判的基本技巧。

## 二、情境模拟

**【背景资料】**

Q市华宇汽车公司成立于2000年，是一家国内超大型汽车集团，旗下拥有一汽马自达、长安马自达、一汽大众、一汽奥迪、一汽红旗等知名品牌汽车4S店。华宇汽车公司是按照高标准规划、高起点建设的汽车4S店。公司占地面积3458平方米，建筑面积1323平方米，其中轿车展厅357平方米，维修车间798平方米，并配有备件存放室、工具存放室、贵宾休息室等，为客户提供全方位、完善的服务。公司拥有一支热衷于汽车事业、具有全新理念的高素质管理团队；具有多年销售、维修经验且通过了厂家品牌专业培训的销售和售后服务人员。经过多年的不懈努力，取得了无数辉煌的成绩，并积累了丰富的行业经验，成为国内发展最快的汽车集团之一。“客户满意度+员工满意度+品牌满意度=企业发展”，是集团公司永远追求的目标。“为用户满意为市场负责”是华宇工作的指导思想。全体员工严格按照华宇汽车的管理模式，以最规范的接待、最先进的设备、最专业化的修理、最纯正的原厂备件、最合理的工时收费为广大用户提供汽车上牌、保险、售前、售中、售后一条龙服务。

一天，张宏先生准备给刚刚拿到驾照的太太买一辆大众系列的车，主要用于平时上下班代步。销售顾问王凯热情地接待了他们。当得知顾客的需求，王凯有针对性地进行了介绍。但是，张宏夫妇意见出现了分歧。张太太倾向于A级主流车型宝来系列，而张先生则倾向于具有可靠、耐用、高价值的产品优势及品牌形象的捷达系列。王凯巧妙地劝解了夫妻二人，并做了相应引导，最终达成交易。

**场景一：门口迎接客户**

销售顾问王凯：“下午好，欢迎光临。”(王凯站在门旁，张先生、张太太走向大门。销售顾问王凯快步迎上，并为张先生张太太打开大门)

销售顾问王凯：“我是这里的销售顾问王凯，叫我小王好了。这是我的名片，请问女士和先生如何称呼?”(王凯掏出名片递给张先生、张太太)

(张先生自报家门)

销售顾问王凯：“请问：张先生可否赐我一张名片呢?”(张先生拿出名片后递给王凯)

销售顾问王凯阅读他的名片：“是张宏先生吗？请问：有什么可以为二位效劳的吗?”

张先生：“我们想看看宝来和捷达两款车。”

**场景二：引导客户进展厅，介绍产品**

(王凯引导张先生、张太太进入展厅时，走在他们的左前方，保持一致的步调，并用手势引导二位到宝来和捷达展示场地)

销售顾问王凯：“张太太、张先生这就是大众的宝来和捷达。”(引导顾客参观展车)

(张先生、张太太绕着两款车看)

张太太：“我觉得还是宝来时尚，外观动感，捷达太普通了。”

张先生：光时尚好看有什么用，关键是要可靠、耐用。

张太太：“能上车感受一下吗?”

销售顾问王凯：“没问题，二位请到车上感受一下，这样更能体味我们大众汽车的特点。”(随即为张先生、张太太打开车门。张太太坐进驾驶座后，王凯蹲在车门旁)

销售顾问王凯：“请问：张太太位置坐得舒服吗？需要调整座位吗？感觉很好吧。”

张太太："感觉还可以，操控还可以，日常保养复杂吗？"

销售顾问王凯："张太太、张先生，要不我们到洽谈区坐坐，我拿点资料给二位看看，好吗？"

张先生、张太太："好啊。"（下车。王凯注意保护，并引导张先生、张太太前往洽谈区域）

**场景三：与客户交谈**

（引导张先生、张太太就座，送茶点）

销售顾问王凯："张太太、张先生，我去给你们准备免费的饮料。我们这里有茶、咖啡、矿泉水……张太太，您想喝点什么呢？张先生呢？"

（顾客点饮料）

销售顾问王凯："张太太点的是咖啡，张先生点的是绿茶，对吗？好的，请稍等。"

（端来饮料）

销售顾问王凯："让二位久等了。张太太，这是您要的咖啡；张先生，这是您要的绿茶，请慢用。"（双手递给客户）

销售顾问王凯："张太太、张先生，我可以坐这旁边吗？这样可方便为你们介绍。"

（王凯与张先生、张太太寒暄，递送大众宝来和捷达的相关资料，并谈论他们所关心的大众的问题。）

销售顾问王凯："张先生、张太太，看来对宝来、捷达挺有兴趣的，我刚才看到二位自己开帕萨特过来的，看来是我们的老客户了。现在准备再添置一辆车对吗？"

张先生："对，想买一辆车给太太用。"

销售顾问王凯："呵呵，张先生真体贴。张太太一般会用车去什么地方？"

张太太："我主要是用于上、下班，去超市购物。"

销售顾问王凯："哦，张先生、张太太是打算添置一辆车给太太上、下班和日常使用的，是不是这样？请问：张先生、张太太想买什么价位的车呢？"

张先生："买十五万左右的吧，这价钱可以买到舒适大方的车了。"

销售顾问王凯："张先生对车挺了解的。我觉得二位刚才看的捷达挺适合张太太。"

张太太："其他倒没什么，就是外形动感不如宝来时尚，宝来的内饰更新颖、精致，相比之下，捷达就一般了。"

销售顾问王凯："张先生、张太太请允许我花几分钟时间向二位介绍一下捷达，可以吗？"（递送捷达的相关资料）

销售顾问王凯："张先生、张太太这是捷达的资料请过目。全新捷达延续了大众的家族设计风格。全新捷达在中控区域的布局和功能按键方面，熟悉大众车型的朋友都不会陌生。全新捷达采用了 EA211 全铝发动机，提供两种动力选择，其中包括可输出 90 马力的 1.4L 发动机和可输出 110 马力的 1.6L 发动机，1.6L 的发动机还搭载了 VVT（可变正时气门）技术。传动部分，1.4L 发动机仅匹配 5 速手动变速箱，而 1.6L 发动机则提供 5 速手动或 6 速手自一体变速箱选择。全新一代捷达的上市，完全保留捷达品牌一贯可靠、耐用、高价值的产品优势及品牌形象，并注入年轻、动感的元素，进一步增加品牌厚度。”

张先生：“从资料上看，这个配置并不十分吸引人。”

销售顾问王凯：“其实花哨的配备不一定都实用。现在很多新车在配置上配得很花哨，尺寸也够大，表面看起来性价比很高，于是吸引了很多用户的眼光，但是性价比中‘性’字的内在含义不仅仅是配备、规格，它还包括技术含量、产品品质、安全性能、售后服务等综合因素。大众是性价比最高的汽车。它的故障率低、使用成本极低、残值高、售后服务是同行业中较好的，所以综合比较，大众汽车不仅物有所值，甚至是物超所值的。”

张先生：“大众车的性价比是不错，故障率低，又省油安全。捷达虽然没有惊艳的感觉，但很耐看，我看不错。”

张太太：“有没有现车，现在买什么时候能提车？”

销售顾问王凯：“预定后需要半个月以后才能提车。”

张太太：“半个月倒不算长。”

销售顾问王凯：“张先生、张太太，我们公司本月 20 号正好有捷达轿车试乘试驾活动，我可以请你们再来一趟吗？”（约定顾客下次来店）

张太太：“这个月 20 号吗？好，到时先来试试。”

**场景四：送客户**

（张太太站起来，张先生和王凯也随着站起来）

销售顾问王凯：“谢谢张先生、张太太光临我店，有需要可随时联系我，我恭候着二位的再次光临。谢谢！”（目送顾客出店）

## 三、实训要求

模拟王凯接待张宏夫妇、并向其推销汽车的情境。

## 四、实训操作

1. 请根据情境描述，分角色进行模拟；

2. 将全班学生分成若干小组，以小组为单位组织情境模拟，小组成员轮流担任不同角色；

3. 模拟之前需上网了解相关汽车的知识，根据案例描述，台词可自由设计。

## 五、实训测试表

1. 接待礼仪

| 考核项目 | 得分标准 | 点评 |
|---|---|---|
| 了解来宾情况 | 准确了解来宾目的及来宾组织或个人情况。 | |
| 拟定接待计划 | 接待计划在时间设计及参观线路方面合理。 | |

续表

| 考核项目 | 得分标准 | 点评 |
|---|---|---|
| 征求来宾意见 | 对来宾意见中合理的部分进行采纳，不合理的部分给予耐心、礼貌解释以求得理解。 | |
| 实施接待计划 | 接待热情诚恳，引领正确；举止稳重端庄、从容大方，言语方面声音适度、语气温和、礼貌文雅；在接待工作中，对待这些不同身份、不同职位、不同国籍的客人，一视同仁、平等相待；在接待工作中能按轻重缓急灵活处理各种特殊情况；在接待工作中注意分寸，严守机密。 | |

2. 产品推销礼仪

| 考核项目 | 得分标准 | 点评 |
|---|---|---|
| 拟定约见顾客计划 | 确定对象、事由、时间、地点。 | |
| 接近顾客方式 | 是否首先明白介绍自己，保持微笑，目光正视对方，自然引入话题。 | |
| 推荐过程中的礼仪 | 尊重顾客，热情解答问题，对顾客的问题回答准确，获得顾客的认可度。 | |
| 达成交易后的礼仪 | 表情自然，赞美顾客，留下顾客电话和地址，善始善终。 | |

# 实训五　公关专题活动礼仪

## 一、实训的目的和要求

1. 了解公关活动的礼仪特点。
2. 掌握公关礼仪在新闻发布会中的具体运用。

## 二、情境模拟

**【背景资料】**

### 农夫山泉饮用天然水标准新闻发布会策划方案

一、会议名称：农夫山泉天然饮用水标准新闻发布会

二、会议时间：2013 年 10 月 28 日 8:30—10:00

三、会议地点：北京凯华大酒店

四、会议目的：

（一）通过本次新闻发布会，解答关于农夫山泉标准门事件的相关问题。

（二）公开事实真相，让公众了解农夫山泉股份有限公司。

（三）重塑农夫山泉股份有限公司的公众形象。

五、会议主题：健康水质，品味生活——农夫山泉饮用天然水标准新闻发布会

六、参加人员：

农夫山泉股份有限公司董事长、总裁：钟睒睒

农夫山泉股份有限公司副总经理：杨凯

农夫山泉股份有限公司总裁办主任：钟晓晓

农夫山泉股份有限公司公关部发言人：周正华

农夫山泉股份有限公司公关部：任晓华

农夫山泉股份有限公司有关人员及与会有关人员

京华时报、香港大公报、中国经营报、国际商报、新京报、北京电视台、浙江电视台南方周末、华西都市报、杭州钱江晚报、搜狐、网易、新浪等主流媒体

七、会议内容

（一）播放农夫山泉股份有限公司形象宣传片

（二）农夫山泉股份有限公司公关部发言人周正华主持新闻发布会

（三）农夫山泉股份有限公司董事长、总裁钟睒睒就农夫山泉标准门事件进行解释说明

（四）播放农夫山泉水质检测以及生产过程的纪实片

（五）现场进行农夫山泉水质的简单检测

（六）答记者问

（七）现场邀请部分媒体到农夫山泉工厂进行实地考察参观

（八）农夫山泉股份有限公司主要人员合影

八、会议议程

（一）会前准备

1. 工作人员明确分工，坚守责任岗位，确保万无一失。

2. 礼仪小姐接待相关人员并引导签到及参会。

3. 礼仪小姐引导入场。

（二）会中流程

1. 开场播放公司形象宣传片

2. 主持人（农夫山泉股份有限公司公关部发言人周正华）发表开场白并宣布会议开始。

3. 发言人（农夫山泉股份有限公司董事长、总裁钟睒睒）发言。

4. 观看农夫山泉水质检测及生产过程的纪实片。

5. 现场进行农夫山泉水质的简单检测。

6. 农夫山泉股份有限责任公司董事长、总裁钟睒睒上台答记者问。

7. 现场邀请部分媒体进入农夫山泉工厂进行实地考察和参观。

8. 主持人宣布发布会结束。

9. 农夫山泉股份有限公司主要人员合影。

九、会场布置

(一)会场布置风格：大方、整洁、庄重

(二)会场布置：

1. 主席台区：用绿底白字有农夫山泉矿泉水底纹的背景板，两侧分别放上一个大寸 LED

显示屏，主席台前放置座位牌和麦克风，并摆放鲜花做装饰，另在舞台左侧方放置发言台，也摆放鲜花做装饰。主席台地面铺上深红色地毯，台面铺上枣红色桌布，桌上摆放农夫山泉矿泉水。

2. 嘉宾区：整体为长方形，设置桌椅，第一排为贵宾席，坐农夫山泉股份有限公司的相关人员，后面几排为媒体。桌面上均放置名签、农夫山泉矿泉水、纸、笔。

3. 签到处：来宾签到处设置在会场入口处并放有标牌指明此处为签到处。签到处配礼仪小姐指引签到，备签到用品一套(笔、签到簿)。

4. 休息区：配有专业服务人员以及烟灰缸、茶水饮料、小点心等；

5. 展示厅：配有专业解说人员解说展示厅内农夫山泉股份有限公司今年来所获得荣誉及生产情况。展示厅旨在展示农夫山泉股份有限公司的企业精神和文化。

十、组织机构及人员分工

(一)会务组

负责人：杨木菊

工作任务：

1. 负责此次发布会会议场地的预定和租赁，负责会后宴会餐点、酒水的安排以及参会嘉宾礼品的准备。

2. 负责会场的布置、检查和督促各项工作的开展。

3. 负责会场服务人员的构成，成员工作分配，制作工作进度表，工作完成时间表。

4. 拟写会场布置的策划方案。

(二)秘书组

负责人：郑哈妮

工作任务：撰写相关文稿及会议背景材料的准备。

1. 负责拟写会议整体方案、会议新闻稿、会议记录、会议总结。

2. 负责撰写主持人讲话稿以及董事长发言稿、答记者问准备稿。

3. 负责会议 PPT 制作，负责公司形象宣传片和农夫山泉矿泉水水质检测及成产过程的纪实片的准备。

4. 会议相关材料的印制及会议标语的制作。

(三)接待组

负责人：李时时

工作任务：负责拟写接待方案、导演讲话稿，准备会议签到表，人员的接待，餐饮的安排。

1. 会议用品的准备

工作证、签到表、黑色中性笔、签约表、纸杯、茶、开水、桌签等。

2. 会场布置工作

(1)审查确定此次职代会会场布置的策划方案。

(2)会议环境的布置、会议背景、桌签、座次的安排、签到台、音响设备的调试、话筒(准备好备用应急的话筒)、主席台鲜花的布置、地毯的铺设等工作。

(3)编制会议日程安排。

3. 礼仪、服务人员的确定。

4. 会场装饰物准备

会场布置所需要的标语、主席台的鲜花、背景的幕布、会场内周边的盆景、地毯的铺设、灯光效果准备、会场座位、座次的安排等。

5. 会场统一用品的制作

会议统一的装资料的纸袋、文具用品(笔、笔记本)、工作人员的工作牌。

6. 应急措施

应急措施的检查与落实如备用音响设备(音响、话筒、灯光)、备用电源、安全通道的方位、防火设施。

7. 其他工作

(1)收集、整理会前、会中、会后的资料并归档的工作。(包括文字、声像、影像等资料)

(2)会后会场的清理工作。

(四)宣传组

负责人：汪参差

工作任务：播放公司形象宣传片和农夫山泉水质检测及生产过程的纪实片；拟写宣传方案并制作邀请函。

(资料来源：https：//wenku. baidu. com)

## 三、实训要求

模拟新闻发布会的整个过程，重点考察接待礼仪、主持人礼仪和新闻发布会礼仪。

## 四、实训操作

1. 请根据情境描述，分角色进行模拟；

2. 将全班学生分成若干小组，以小组为单位组织情境模拟，小组成员轮流担任不同角色；

3. 鼓励同学大胆创新，设计出既符合规范又有新意的台词，不必千篇一律，但是要符合礼仪规范。

## 五、实训测试表

1. 接待礼仪

| 考核项目 | 得分标准 | 点评 |
|---|---|---|
| 了解来宾情况 | 准确了解来宾目的及来宾组织或个人情况。 | |
| 拟定接待计划 | 接待计划在时间设计及参观线路方面合理。 | |
| 征求来宾意见 | 对来宾意见中合理的部分进行采纳，不合理的部分给予耐心、礼貌解释并求得理解。 | |
| 实施接待计划 | 接待热情诚恳，引领正确；举止稳重端庄、从容大方，言语方面声音适度、语气温和、礼貌文雅；在接待工作中，对待这些不同身份、不同职位、不同国籍的客人，一视同仁，平等相待；在接待工作中能按轻重缓急灵活处理各种特殊情况；在接待工作中注意分寸，严守机密。 | |

2. 发布会礼仪

| 考核项目 | 得分标准 | 点评 |
|---|---|---|
| 发布会前的准备工作 | 主题材料准备充分，主持人和发言人身份合适，提前邀请相关记者，选择的时机与地点适宜。 | |
| 发布会进行中的礼仪 | 迎宾签到簿，席卡的摆放，主持人与发言人的相互配合，态度自然诚恳。 | |
| 发布会后的礼仪 | 及时整理会议资料，注意收集各方的反映，善始善终。 | |

**综合实训评价说明**

- ❖ 综合实训是全面考察学生对礼仪要求的掌握情况，在模拟过程中通过实训测试表重点考察相关礼仪，同时兼顾其他礼仪的要求，作整体评估。
- ❖ 90~100 分：认真主动参与模拟，准确理解和掌握相关礼仪要求，没有礼仪运用上的明显错误，对角色处置得当，语言措辞得体，切合身份，富有创造性，能有效地协调沟通信息；
- ❖ 80~89 分：努力参与模拟，较为准确理解和掌握相关礼仪要求，较少礼仪运用上的错误，能打破感觉和思维定势，善于发现问题，角色理解准确，语言表达清晰，基本理解和掌握相关沟通各方的信息；

- ❖ 70~79 分：能完成工作任务，较为准确理解和掌握主要礼仪要求，其他礼仪运用上存在不足，角色理解较为准确，语言表达较为准确，能设计出合理方案，具有一定的团体精神；
- ❖ 60~69 分：能完成工作任务，态度一般，基本理解和掌握主要礼仪要求，礼仪运用存在部分错误，角色理解基本准确，语言表达一般，达到基本要求，与人合作能力一般；
- ❖ 60 分以下：不能按时完成工作，没有理解和掌握主要礼仪要求，礼仪运用存在错误较多，不能正确演礼，达不到预期效果，缺乏合作能力。

# 附录　基本礼仪图例

男士基本站姿(正面)

女士基本站姿(侧面)

女士叉手式站姿

男士背手式站姿

男士背垂手式站姿

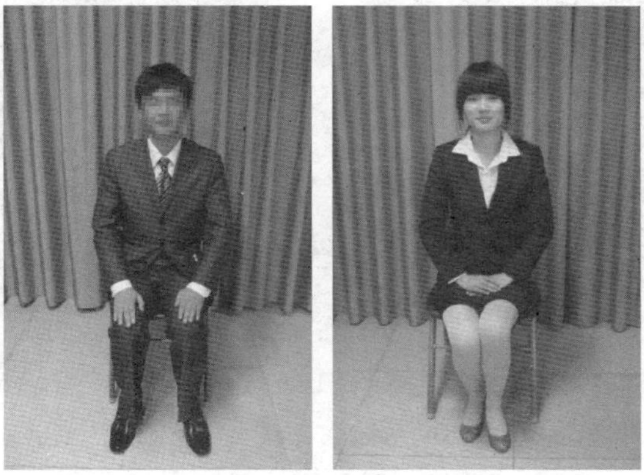

正坐姿

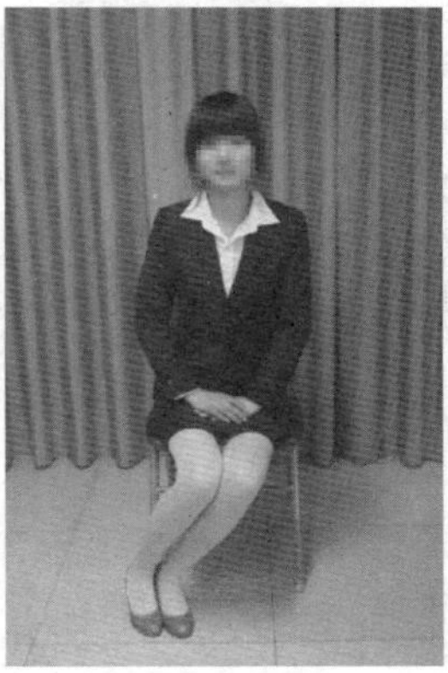

侧坐姿

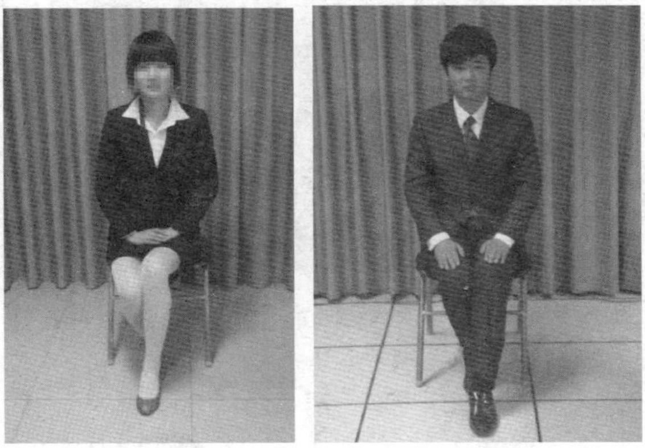

开关式坐姿

重叠式坐姿

交叉式坐姿

女士基本行姿

男士基本行姿

交叉式蹲姿

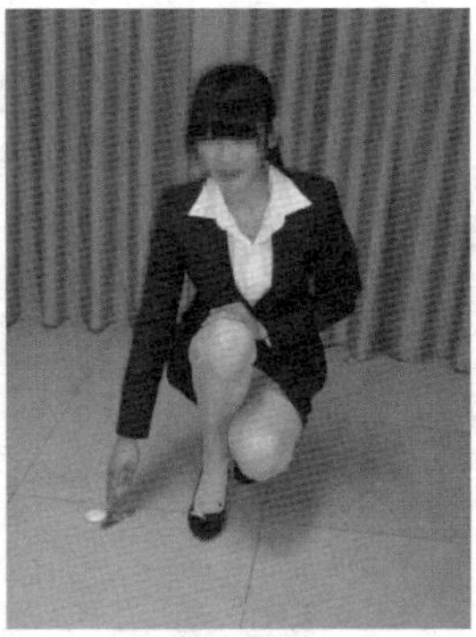
高低式蹲姿

“横摆式”手势

“双臂横摆式”手势

“前摆式”手势

“斜摆式”手势

“直臂式”手势

公务注视

社交注视

亲密注视

微笑

介绍

握手

递名片

交谈

后进后出引导

先进后出引导

上楼梯引导

下楼梯引导

门朝里开引导

门朝外开引导

# 参考文献

1. 吴蕴慧．现代礼仪实训[M]．镇江：江苏大学出版社，2014.
2. 吴蕴慧．现代礼仪实务[M]．上海：上海交通大学出版社，2011.
3. 孙虹乔．现代礼仪教程[M]．长沙：中南大学出版社，2008.
4. 张岩松．现代交际礼仪[M]．北京：中国社会科学出版社，2006.
5. 邱伟光．公共关系礼仪[M]．上海：华东师范大学书版社，2000.
6. 杨亦．社交礼仪[M]．北京：蓝天出版社，2003.
7. 金正昆．公关礼仪[M]．北京：北京大学出版社，2005.
8. 徐静．秘书实训[M]．北京：高等教育出版社，2012.
9. 杨眉．现代商务礼仪[M]．黑龙江：东北财经大学出版社，2000.
10. 韦克俭．现代礼仪教程[M]．北京：清华大学出版社，2006.
11. 张岩松．现代公关礼仪[M]．北京：经济管理出版社，2006.
12. 董桂英．公关礼仪教程[M]．南京：东南大学出版社，2003.
13. 杨群欢．秘书理论与实务[M]．杭州：浙江大学出版社，2009.
14. 普诚雨．秘书礼仪教程[M]．北京：高等教育出版社，2005.
15. 吕维霞．现代商务礼仪[M]．北京：对外经济贸易大学出版社，2006.
16. 姜桂娟．公关与商务礼仪[M]．北京：北京大学出版社，2006.
17. 李道魁．现代礼仪教程[M]．成都：西南财经大学出版社，2006.
18. 王水华．公关与商务礼仪[M]．南京：东南大学出版社，2004.
19. 陈平．社交礼仪[M]．北京：中国电影出版社，2005.
20. 关彤．社交礼仪[M]．海口：海南出版公司，2003.
21. 李荣建、宋和平．社交礼仪[M]．武汉：武汉大学出版社，2005.